当代中国高等教育改革口述史丛书（第一辑）
编委会

顾 问
柳斌杰　第十二届全国人民代表大会教育科学文化卫生委员会主任委员
　　　　原国家新闻出版总署署长　国家版权局原局长
　　　　清华大学新闻与传播学院院长
章开沅　著名历史学家、教育家　华中师范大学原校长

主 编
周洪宇　第十三届全国人民代表大会常务委员会委员
　　　　湖北省人民代表大会常务委员会副主任
　　　　中国教育学会副会长　华中师范大学教育学院教授

学术协调人
刘来兵（华中师范大学）

编 委（按姓氏拼音排序）
蔡三发（同济大学教授）　　　　　申国昌（华中师范大学教授）
操太圣（南京大学教授）　　　　　沈　红（华中科技大学教授）
陈洪捷（北京大学教授）　　　　　石中英（清华大学教授）
程方平（中国人民大学教授）　　　眭依凡（浙江大学教授）
程斯辉（武汉大学教授）　　　　　熊庆年（复旦大学教授）
杜成宪（华东师范大学教授）　　　熊贤君（深圳大学教授）
刘海峰（厦门大学教授）　　　　　徐　勇（北京师范大学教授）
陆根书（西安交通大学教授）　　　张传遂（湖南师范大学教授）
欧七斤（上海交通大学研究馆员）

湖北省学术著作出版专项资金资助项目

当代中国高等教育改革口述史丛书(第一辑)

顾问 柳斌杰 章开沅　　主编 周洪宇

行行重行行
王义遒口述史

王义遒 著

华中科技大学出版社
http://www.hustp.com

中国·武汉

图书在版编目(CIP)数据

行行重行行:王义遒口述史/王义遒著. —武汉：华中科技大学出版社,2019.6
(当代中国高等教育改革口述史丛书. 第一辑)
ISBN 978-7-5680-4734-0

Ⅰ.①行… Ⅱ.①王… Ⅲ.①高等教育-教育史-中国-近现代 Ⅳ.①G649.29

中国版本图书馆CIP数据核字(2018)第258741号

行行重行行——王义遒口述史　　　　　　　　　　　　　王义遒　著
Xingxing chong Xingxing——Wang Yiqiu Koushu Shi

策划编辑：周晓方　杨　玲　周清涛	
责任编辑：章　红	
封面设计：原色设计	
责任校对：何　欢	
责任监印：周治超	
出版发行：华中科技大学出版社(中国·武汉)	电话：(027)81321913
武汉市东湖新技术开发区华工科技园	邮编：430223
录　　排：华中科技大学惠友文印中心	
印　　刷：武汉市金港彩印有限公司	
开　　本：710mm×1000mm　1/16	
印　　张：25.25　插页：4	
字　　数：339千字	
版　　次：2019年6月第1版第1次印刷	
定　　价：198.00元	

本书若有印装质量问题,请向出版社营销中心调换
全国免费服务热线：400-6679-118　竭诚为您服务
版权所有　侵权必究

◆ 1985年五一节期间与北京大学自然科学处同事游香山植物园

◆ 1986年5月间与丁石孙校长谈话

◆ 1988年9月在意大利博洛尼亚出席世界第一所大学博洛尼亚大学成立900周年大会

◆ 1988年10月在南京大学出席"教育与社会进步中外学者研讨会",与南京大学副校长冯致光教授(左一)及厦门大学高等教育专家潘懋元教授

◆ 1993年6月教育部第一次"高等理科教育基地"选点评审会在北京大学召开。第一排左起:温纯(国家教委直属办副主任)、周远清(国家教委高教司司长)、王仁(院士,自然科学基金委地学部主任)、杨福家(院士,复旦大学校长)、张孝文(国家教委副主任)、唐有祺(院士,国家教委科技委主任)、吴树青(北大校长)、陈懿(院士,南京大学代校长)、林祖赓(厦门大学校长,化学家)、王义遒

◆ 1996年5月庆祝东语系建系50周年暨季羡林先生执教50周年与85岁生日

◆ 1996年6月与北京大学陈佳洱副校长和清华大学王大中校长、陈希副书记等访问新疆核基地

◆ 1996年7月,在给毕业研究生授予学位证书仪式上

◆ 1996年8月国家教委组织大学校长到武夷山修养,与华中理工大学(现华中科技大学)校长杨叔子夫妇在一起

◆ 1997年7月率北京大学合唱队赴西班牙参加Torrevieja合唱节，图为比赛前排练

◆ 1998年5月诺贝尔物理奖获得者朱棣文参加北京大学百年校庆，会见同行教师和同学

◆ 1998年11月教育部大学文化素质(通识)教育研讨会在广州召开。右起：胡显章（右一 清华大学党委副书记）、张楚廷（右二 湖南师范大学校长）、张岂之（右三 西北大学原校长）、杨叔子（右四 华中理工大学校长）、周远清（右六 教育部副部长）、方慧坚（右七 清华大学党委书记）、王义遒（右九）

总 序
PREFACE

一

"记忆的需要就是历史的需要。"①

历史是有目的的人的活动。这是自有人类记忆以来传统总是被口耳相传和文字记述的原因,也是今天学者们通过不同的历史课题探究过去的原始驱动。记述往往与客观现实有所偏差,使得部分历史学家不满足于从正统的史书和典籍中发现过去,热衷于从笔记、小说等私人叙述空间中寻找历史。在当代,越来越多的历史学者不再只是枯守故纸堆,而倾注时间走向更为广阔的生活空间,留心于观察、倾听、访谈,用声音和影像来保存历史,是为口述历史的实践。

20世纪80年代以来,中国处于一个前所未有的改革大时代,教育改革是社会变革的重要组成部分,并在一定程度上影响和推动了中国的社会变革。在这个过程中,涌现出一批思想解放、视野开阔、勇于改革、善于创新的高校校长,成为勇立时代潮头的弄潮儿。他们大都是中国高等教育改革的亲历者、参与者、组织者、实施者、推动者、见证者,他们或重教学改革或重科学研究,或重社会服务或重文化引领,或重国家需要或重大学自主,或重人文社科或重自然科学,或重行政改革或重教师作用,或重本科教学或重研究生发展,或重顶层设计或重基层创新,或重本土联盟或重国际合作,

---

① [法]皮埃尔·诺拉主编:《记忆之场:法国国民意识的文化社会史》,黄艳红等译,南京大学出版社2015年版。

以高等教育改革家之风范,从高等教育不同层面入手,披荆斩棘,大刀阔斧,为推动中国高等教育的改革和发展发挥了重要的奠基和垂范开拓作用。本套丛书以当代中国高等教育改革为主题,以当面访谈聆听20世纪80年代以来一批高等教育改革家的高等教育改革的亲身经历和体会,同时将这些一手资料整理成书,传于后人,具有重要性、必要性和紧迫性。

组织编写出版本丛书是一件很有意义的事情。现代口述历史先驱、英国历史学家保尔·汤普森(Paul Thompson)认为,口述历史的基本重要性在于给了孩子们、学生们,或者说年轻人,一个理解过去发生的事情的机会。2017年是恢复高考40周年,社会各界和人士通过不同的方式举行了纪念活动。恢复高考是国家的英明决策,于国于民都影响深远。那么,高考是如何恢复的?恢复之后大学的办学是如何逐步恢复并发展的?其中都离不开大学校长在此间的努力。本套丛书所邀请的校长便是这一重要历史活动的亲历者与主持者,他们能够提供作为历史参与者的视角与声音。2018年是改革开放40周年,教育作为社会系统中的重要组成部分,能反映社会整体变革的内容。1977年,邓小平在科学和教育工作座谈会上提出:"我们国家要赶上世界先进水平,从何着手呢?我想,要从科学和教育着手","不抓科学、教育,四个现代化就没有希望,就成为一句空话"。他明确把科教发展作为发展经济、建设现代化强国的先导,并将其摆在中国发展战略的首位。在教育系统中,高等教育的地位举足轻重,尤其是对于中断高考十年之久的国家来说,急需一批年富力强的青年骨干承担起建设现代化国家的重任。本丛书的出版对回顾过去40年来高等教育改革发展与社会经济变革具有重要意义,既是缅怀过去,也是总结现在,还能展望未来。

编撰出版本丛书为回顾中国特色社会主义高等教育制度发展历程提供口述历史资料很有必要。口述历史的必要性关涉的是历史本质、功能与意义的讨论。历史是什么?谁是历史的叙述者?怎样的档案资料才能呈现最客观的历史?在历史学的研究中,此类问题的解答通常被视为专业的缄默知识体系构建。口述历史研究者认为人民应该享有话语权,通过人民的声音,把历史交还给人民。正如意大利历史学者克罗齐所言,"一切历史都是当代史",口述历史的基本功能在于留存当代历史参与者的口述档案资料。收集口述历史资料的必要性在于:一是能提供档案资料的补充与印证,弥补档案资料中某些重大事件过程与细节的缺失;二是口述历史资料可以发挥历史研究和社会教育功能,那些重要历史事件的决策者、参与者通过口述历史能够提供更为丰富的历史细节,而对于一般公众来说,通过阅读这些口述资料更具有社会教育意义。本丛书是口述历史在当代高等教育研究领域的一次尝试。新中国成立以来,我国一直在探索建立中国特色社会主义教育制度,尤其是高等教育发展经历了起步、发展、挫折、中断、恢复、改革与腾飞的多样化的发展阶段,我国当代对教育改革发展历程的研究是当代教育史研究的重要组成部分。

本丛书编撰出版具有紧迫性。20世纪80年代以来,中国高等教育改革与发展经历了几个不同的发展阶段,不同时期均涌现出杰出的大学领导者。第一批引领高等教育改革的校长们有的已经辞世,大多已进入耄耋之年,本丛书的编撰有抢救性保护之意,是为这批勇立改革潮头的中国高等教育改革领军人物留下智慧以指导未来我国高等教育进一步改革创新。本丛书编撰的初衷之一便是考虑到曾担任华中工学院(现华中科技大学)党委书记兼院长的朱九思先生已年近百岁,为他整理完成口述史实属迫在眉睫。遗憾的是,我们在整理朱九思教育口述史的过程中,先生于2015年6月13日因病医治无效逝世,他指导的博士生、现为重庆工商大学副校长的陈运超教授在博士学位论文基础上,凭借朱九思先生生前谈话、师门集体回忆,以及朱九思先生系列著述,费时数年完成该书的整理工作。因而,当面访谈聆听20世纪80年代以来一批高等教育改革家的高等教育改革的亲身经历和体会,同时将这些一手资料整理成书,传于后人,已经成为一件具有重要意义和急迫的事情。

二

口述历史不同于学术著作,相比学术著作而言口述历史的读者受众更加广泛。我们在编撰本丛书的过程中,结合口述历史的特点考虑本丛书所追求的风格、特点和定位。

力求复原史实、保全史料、深化史学。要做好口述历史研究工作,应明确"历史"的三层含义,即客观的事实(史实)、主观的记载(史料)和主客观结合的研究(史学)。与传统的单纯以文献为依据进行的历史研究不同,口述史研究是史实、史料和史学三层历史的融合。口述者叙述的是史实,但首先是属于口述者自己认定的事实,还需要通过记载的史料去印证,整理者通过比对口述材料与文献材料也能得到最终的口述历史作品。口述历史必须恪守真实、客观、中立的基本原则,必须厘清访谈者与口述者之间的关系。左玉河教授认为历史研究者与历史当事人是口述历史研究的双重主体,但两者在口述访谈中充当的角色及所尽的职责是不同的。作为访谈者的历史研究者,是口述历史访谈的策划者和引导者;作为口述者的历史当事人,是口述历史访谈不可缺少的主角。口述历史访谈的过程,是访谈者与当事人通过口述访谈的方式共同回忆和书写某段历史的过程。本套口述史丛书力求做到以史为据、论从史出、史论结合、述多议精,求信、求实、求真,为后世存信史,为学术做积累,为改革指正路。

力求形式与本质的结合。口述历史作为一种史学实践在近年来颇为兴盛,源于社会大众对历史的关注热情显著增强。大众在获得一定的物质保障之后,会转向对精神、文化的追求以提升自身的素养,人们开始去关注历史的、过去的、传统的东西,而不只是当下的日常生活。口述历史能很好地满足大众对当代社会生活中某些重要事件的了解。这套口述史丛书,"口述"是形式,是特色,"历史"是本质,是根本。既要遵从口述的"形式"和"特色",更要坚持历史的"本质"

和"根本",使之与一般历史著作区别开来,具有口述历史的风格和追求。

力求口述文本鲜活、生动、可读。口述者有自己的语言风格,善述者引人入胜。作为大学领导者,卓越的演讲能力是其胜任领导职位的基本能力之一。然而,口述历史与平常的对话不一样,需要整理者在前期做好一定的准备,把要了解的内容提前告知口述者,口述者需要一定的时间去回忆,甚至是查阅资料去印证。对话的过程要尽可能做到问题有来由、事情有曲折、过程有细节、结果有悬念、语言口语化。问题有来由强调的是口述历史有自己的主题,是带着问题开展的研究工作,而不是日常生活中的漫谈。问题可以是整理者在前期准备的,也可以是口述者根据主题自我提出的。事情有曲折强调重要历史事件的发生发展均是螺旋式前进的,其过程大多循环反复,通过不懈的坚持与努力才能最终取得成功。过程有细节强调的是在事件的重要节点与关口,某些重要决策与行动使事件的发展方向发生根本性转变,在此结果之前所发生的细节过程仅仅是少数参与者才知晓的,而这也正是需要通过口述历史公之于众的。结果有悬念强调的是叙述能引人入胜,而不是故作惊悚,是增加可读性,使人们意识到任何一次成功的改革实践均是特定时期不同主体博弈的最终结果。语言口语化强调的是口述历史不是文本写作,是日常生活中口述者的自我呈现,这种表述更容易被大众所接受。

力求处理好共性与个性的关系。本套口述史丛书以当代中国高等教育改革为主题,每一位大学领导者均以个人主导大学改革为主题开展口述史的整理工作,每一本口述著作既要反映时代和改革的共性问题,也应体现传主的个别应对及其个性特征。共性指不同高校教育改革的普遍性质,个性指每一位大学领导者推进教育改革的特殊性质。教育是社会系统中的组成部分之一,教育改革离不开整体的社会变革系统的支持,也受制于一定时期的社会改革氛围。同一历史时期的不同高校的改革,所面临的时代和改革背景是一样的,具有共性的时代烙印。不同的大学领导者具有不同的改革思路与领导方式,即使在共性的改革背景下也会呈现出不同的改革实践。从纵向来看,不同时期的大学改革实践更是如此,因而,对每一位大学领导者的个性呈现是本丛书的特色所在。

力求处理好重点与非重点的关系。口述历史的叙事风格在追求可读性、鲜活性、生动性的同时,必然以付出较多的篇幅为代价,甚至是事无巨细的情节交代,在此过程中如何在有限的篇幅中呈现重点的内容,而不至于被其他非重点内容所掩盖,是本丛书在编撰时一直强调要处理好的问题。我们认为,重点不在于篇幅的"多",更是思考的"深",只有篇幅的"多"而没有思考的"深",那是"流水账",要避免写成"流水账",力争成为"沉思录"。而要成为"沉思录",需要做到"国际视野、中国特色、问题意识、改革导向"。国际视野是叙述中国高等教育改革的发生被置于国际高等教育发展趋势的观照之下。毋庸置疑,中国高等教育改革发展有自己的道路与模式,然而西方国家建设高等教育的经验应该成为我们建设中国特色社会主义高等教育制度的借鉴。中国特色是指我国高等教育改革是在中国特色社会主义教育制度内进行的,尽管有借鉴西方国家高等教育办学经验,但坚持社会主义办学方向是永不动摇的根本。问题意识是指以问题为中心论述大学改革的主要思考与举措,这些问题能反映大学改革的困境与突破以及决定未来走向,在推进大学改革这一过程中遇到哪些困难以及如何克服这些困难并有哪些经验和启示。改革导向是指这套口述历史丛书不是个人的生活史、活动史,而是以20世纪80年代以来中国大学改革为主线的口述史。在叙述的过程中要把个人生活史与改革史结合起来,个人的日常生活与后来的主持大学改革是有内在关联的。

应处理好经验与教训、正面与负面的关系。任何一项改革都不是一帆风顺的,其过程必然是反复曲折而最终达成的。20世纪80年代的中国高等教育经过拨乱反正后,在思想解放的大潮下获得快速发展,但在 80 年代末也遭受了西方势力侵蚀后的挫折,影响了一些大学改革的步伐,因而,该时期中国高等教育改革既有良好的经验,取得了积极的改革成效,也有深刻的教训。进入 90 年代尤其是 21 世纪之后,中国高等教育迎来理性的快速发展,逐步走向以中国特色的办学道路并入全球高等教育发展的轨道。因而,口述传主在对改革进行总结时应坚持客观理性的态度,认识到个体在整体中的作用是有限的,不宜只写传主如何"过五关斩六将",还要写其"走麦城",敢于自曝其短。这不仅反映历史的真实,体现人格的境界,而且也会给后人更多的启示。

力求处理好学校与个人的关系。一所大学改革的成功离不开校长的改革思路与实践以及协调各方关系的人格魅力,但不能完全归功于校长一人,与学校整体的改革环境也有密不可分的关系。正如曾任华中科技大学校长的中国科学院院士杨叔子所形容的,两者是"山"与"老虎"的关系,没有学校这座"山",就没有校长展示治校智慧与能力的舞台,所以说"山与虎为",而没有校长的治校智慧与能力,学校也难以实现跨越式发展,在这个意义上,可以说"虎壮山威"。两者不可或缺,相辅相成。因而,在口述的过程中,如何以大学领导者为核心,探讨学校在某个时期的整体发展环境,是很有必要的。

力求处理好大学自身办学规律与少数非学术、非教育因素但带有中国现阶段特征的关系。教育的发展离不开社会系统的支持,受政治、经济、文化的制约。大学发展同样如此,坚持社会主义办学方向,必须在社会主义制度内设计我国大学的改革方向。大学改革发展史,既有大学自身的办学规律,同时也要考虑到非教育因素、非学术因素的制约与影响。然而这部分的影响因素如何评判,不是短期内能够给予的,历史毕竟需要一定的时间才能看清背后的事实,这就要充分依靠传主和整理者的人生智慧。口述者应该谈出正能量,给人以温暖和力量,谈出未来,谈出希望。

三

本丛书最初的构想可以追溯到2008年初春,彼时刚好是恢复高考30周年,也是我们77级大学生30年前刚刚踏入大学校园的日子。犹记1978年3月初,我从湖北荆门姚河公社新华大队知青点取回行李,在家歇息几天后,便赴华中师范学院京山分院报到注册,正式成为华中师范学院历史系的一名新生,由此走上"知识改变命运"的人生之路。可以说,我个人命运的转折是以国家发展步入正轨为前提的,首先是整个民族发展的春天,其次才会有个人发展的春天。1978年这个特殊的年份,无论是对我个人而言,还是对中国来说,都是一个重要拐点,具有里程碑意义。作为77级大学生,自己又是从事中国教育史研究的学者,组织编撰出版一套反映中国高等教育改革口述史丛书的想法便涌上心头。2008年底,我在与新进入我门下攻读博士学位的刘来兵讨论他的博士学位论文选题时,与他交流了做大学校长口述史选题的想法,想借此机会推动当代中国高等教育改革口述史丛书的撰写工作。他在做了一番准备工作之后,随着个人研究兴趣的转移,改做教育史学理论研究,此事便搁置下来。2014年,我早年指导的硕士生、现在华中科技大学出版社工作的周晓方找到我,与我沟通策划组织出版丛书选题事宜。周晓方所在的华中科技大学作为全国高等教育改革重镇,系高等教育研究人才荟萃之地,在学术研究、人才培养方面已经形成独有的特色和优势,具备较高地位和重要影响。我立即想到将已搁置数年的中国高等教育改革口述史丛书交由该出版社出版是最佳选择,此事已是迫在眉睫,且刘来兵博士现已留在华中师范大学教育学院工作,可以协助我完成组织出版工作。周晓方编审向华中科技大学出版社汇报了本选题,得到出版社的大力支持,将本丛书列为重点出版支持计划,并于2015年获得湖北省出版基金的资助。

四

在选题确定之后,我们分头联系国内几所高校已经退下领导岗位的校长们,主要有华中科技大学前校长朱九思、杨叔子,华中师范大学前校长章开沅,厦门大学前校长潘懋元,湖南师范大学前校长张楚廷,西安交通大学前校长史维祥,北京大学前常务副校长王义遒等,他们作为本丛书第一辑的口述传主先行出版口述史,另有其他数位前高校校长也已参与到本口述史丛书出版工作中来,他们的口述史作为本丛书的第二辑也将陆续出版。他们对本丛书出版计划给予了充分的肯定与支持,尽管他们年事已高,但仍坚持著书立说,发表对中国教育的真知灼见。他们的智慧与思想无疑对今后中国高等教育发展起到启迪作用,他们的肯定与支持使我们信心倍增,促使我们更加坚定地、全力以赴地完成本套丛书的编撰与出版。

在得到这些具有时代大学改革鲜明特色的校长们的认可与支持之后,我们又分别与校长本人以及校长们的学生进行了单独的沟通交流,并逐一确立了各口述史著作的整理者。我利用在北京参加会议之机,与原国家新闻出版总署(现国家新闻出版广电总局)署长柳斌杰沟通本套高等教育改革口述史丛书的选题情况,邀请其担任丛书顾问,并联系全国各所大学的从事高等教育研究的学者担任本丛书的编委会成员。有关丛书的编写体例,前期我与策划编辑周晓方编审和编委会秘书长刘来兵副教授进行了多次讨论,第一辑出版计划确定后,我们又征求了各位校长及各位口述整理者对编写体例的意见。考虑到本丛书中校长们的身体状况各不相同,无法保证每一位校长都能完全以口述加整理的方式完成书稿著述工作,故根据具体情况具体组织编撰,总体上保持口述历史的风格即可。随后,我们积极申报各级出版基金资助项目,现已获得2015年湖北省学术著作出版基金资助项目,并为争取获得国家出版基金项目资助做积极准备。

2017年2月17日,为推进本丛书的撰写工作,统合在撰写过程中的不同意见,华中科技大学出版社专门组织召开当代中国高等教育改革口述史丛书(第一辑)审稿会。华中科技大学总会计师湛毅青教授、北京大学原常务副校长王义遒教授、华中科技大学教育科学研究院院长张应强教授,以及本丛书主要口述历史整理者来自华中科技大学、西安交通大学、厦门大学、同济大学、华中师范大学、重庆工商大学的专家学者相聚武汉,交流本丛书参与写作的具体情况,共同回顾与展望中国高等教育的改革发展。

与会的专家学者一致认为,策划出版当代中国高等教育改革口述史丛书,还原高等教育改革家在高等教育改革领域的思想理念、真知灼见、践行历程,给时代留下真实的记录,为后来改革提供有益经验,传承后世,具有前车之功。与此同时,在党的十九大即将召开之际,借中国高等教育发展的大好时机,对老一辈高等教育学家的高等教育改革理论与实践进行梳理,对中国高等教育发展进行回顾与展望,这对实现"推动一批高水平大学和学科进入世界一流行列或前列,提升我国高等教育综合实力和国际竞争力,培养一流人才,产出一流成果"的宏伟目标具有重大意义和推动借鉴价值。2017年10月,党的十九大报告中指出要优先发展教育事业,加快高等教育内涵式发展,推动一流高校与一流学科建设,加快我国迈入教育强国行列的步伐。这充分说明本丛书的选题与编撰出版非常契合当前国家大力发展高等教育事业的需要。2018年,时值改革开放40周年,我们推出本丛书,希望能为总结改革开放40年来中国特色社会主义高等教育建设提供历史的借鉴。

本丛书在编撰过程中得到了国内多所高校以及大学领导者的大力支持,尤其是各位愿意参与本丛书计划的老校长们,在此一并致谢。参与口述史整理工作的诸位学者与我们结成了当代中国高等教育改革口述史丛书编撰团队,他们敬业的精神、严谨的态度、深厚的学术底蕴为本丛书的出版提供了保证。华中师范大学教育学院刘来兵担任本丛书编委会秘书长,协助处理日常具体事务与联络工作,华中科技大学出版社策划编辑周晓方等老师为本丛书的出版给予了极大的支持和帮助,在此谨表示衷心感谢。

今年是中国改革开放40周年,仅以此套丛书的出版隆重纪念改革开放40周年,向40年来为中国高等教育改革发展创新做出过巨大贡献的先驱者、探索者致以崇高的敬礼!

2018年元月
于武汉东湖之滨远望斋

前 言
FOREWORD

从 1985 年到 1999 年的 15 个年头里,我"有幸"参与北京大学的行政管理工作。所谓"有幸",是指那一段时期,中国的经济从濒临崩溃的边缘迅速起飞;市场经济取代了原有的计划经济;国门大开,中国人走向世界;高等教育当然也经历了痛苦和巨变。这是中国几千年历史上所没有过的,参与和见证了这场史无前例的变革,怎能不算"幸运""幸福"!

我有幸,还因为丛书编者将我这样一个没有当过大学校长、书记经历的人选纳进来,以使我所服务的北大和我个人都能在这历史洪流中留下一线径迹。为此,我得对本丛书的策划者,特别是周洪宇先生,表示诚挚深切的感谢!

在我任职北大行政管理岗位的 15 年间,中国高等教育经历了从全面否定"文革"前 17 年到基本恢复至"文革"前 17 年旧体制的"拨乱反正";然后进行了体制改革,使教育转向服务于以经济建设为中心的轨道上来;接着是对外开放,引进国外办学理念,走向国际化;最后提出建设世界一流大学的目标,并朝此目标奋勇前进。我所乘的这条航船,经历了艰难险阻,从波涛汹涌进而一马平川,当然是世界和国家大势使然,但更是因为舵手掌握方向之正确和操持之有力。我所主管的学校教学、科研和学科建设等方面的改革与建设发展,如果说做出了一点成绩,应该归功于船长和舵手的领导和操持有方;还因为他们对我充分信任,让我能甩开膀子去干。我能留下这一丝痕迹,应该万分感谢三任校长和书记:丁石孙、吴树青和陈佳洱,王学珍、汪家镠和任彦申;是他们顶住了大梁,使我能在这个空间中尽兴施展。

我还要向提携我的前任和合作协同、和衷共济的同事们表示衷心诚挚的感谢，没有他们的努力帮助，我将一事无成。这里只能举出少数名字，他们是：张学书、朱德熙、汪永铨、陈守良，以及郝斌、谢青、罗豪才、梁柱、花文廷、张启运、向景洁、沈钟、毕源章、侯发高、苏志中、吴同瑞、睢行严、李安模、马树孚、杨以文、童沈阳、张丽霞、林钧敬、王希祐、崔殿祥、胡妙慧、周起钊、羌笛、史守旭、闵维方、迟惠生、沈鹏、赵存生、朱善璐、岳素兰、赵亨利、李克安、程郁缀、林被甸、戴龙基等。他们中有的已经作古，我深切怀念他们。

本书叙述的是我在这15个年头中所"行"的事——北京大学的教育教学改革、建设与发展，大体按照"史"的顺序，以"事"为线索来写，难免有重复之处。余东升先生建议用第一人称写。不过事实上，这"行事"的绝不止于我。上面这些名字不过是其中一些代表罢了。书名《行行重行行》表示这个改革、建设与发展的事业永远没有尽头。随着社会政治、经济、文化、科技的发展，教育与教学的模式、内容与方法总在变化，我也总是处在这种状态之中。15年过去了，另一个15年也已过去，我还在"行"。其实，"行"中也有"思"，并且"思"的成分越来越多于"行"了。这种"思"，不是《古诗十九首》第一首《行行重行行》描述的离情的"思"，而是对走过来的径迹回顾的"反思"和对前程期待的"前瞻"。

"行"已成为"史"了，"思"的相当一部分已经反映在文中了。由于篇幅关系，更多的内容没有写在里面。有兴趣的读者请参阅华中科技大学出版社同一时期出版的、我在此15年间和稍后三四年所写的教育文章选集《探索新型综合大学——王义遒教育文选》。而这一时期之后的我关于中国高等教育之"思"，请见我的文集《中国高等教育：多样化与教育教学质量》（上下册，高等教育出版社2016年版）。

王义遒

2017年6月15日

于北京蓝旗营

目 录

第一章　因缘际会 / 1

一、文化为任 / 3

二、着意树人 / 6

三、翻译出身 / 9

四、科研无"银" / 22

第二章　巨轮转向 / 28

一、科学标志 / 28

二、冲破樊篱 / 34

三、交叉学科 / 40

四、重点建设 / 50

第三章　初试校政 / 61

一、深知北大 / 61

二、胸有全局 / 71

三、八字学风 / 77

四、一流大学 / 81

第四章　涉足教改 / 86

一、专业目录 / 86

二、外校取经 / 90

三、课程建设 / 95

四、实践环节 / 104

第五章　教改方针 / 113

一、改革背景 / 113
二、改革准备 / 119
三、十六字方针 / 126
四、推进落实 / 132

第六章　借鉴外国 / 141

一、IMUA / 141
二、美加考察 / 148
三、博洛尼亚 / 158
四、收获体会 / 166

第七章　浴火重生 / 172

一、困境挣扎 / 172
二、兰州会议 / 181
三、学科建设 / 191
四、队伍建设 / 201
五、昌平校区 / 211

第八章　迎新世纪 / 220

一、教改会议 / 220
二、办试验班 / 230
三、课程改革 / 237
四、注重素质 / 245

第九章　四大工程 / 254

一、"211 工程" / 254

二、"CALIS 体系" / 270

三、百年庆典 / 284

四、"985 工程" / 292

第十章 管理改革 / 301

一、三级管理 / 301

二、北医合并 / 308

三、科研机构 / 319

四、师资职称 / 325

五、甘愿坐牢 / 333

第十一章 反思感悟 / 342

一、专业管理 / 342

二、大学之大 / 351

三、北大教师 / 360

四、自由统一 / 367

五、此生无悔 / 373

后记 / 384

第一章

因缘际会

1985年2月，春节前夕，我刚从法、美两国访学回来，到家的当天，教务长汪永铨就将我带到校长丁石孙先生的家里。丁校长说，自然科学处原处长陈守良因身体原因，不能履职，只好请你出马了。他要我节后即上班就任，并且嘱咐我，在这个岗位上要先抓科研，将北大理科科研水平搞上去；教学暂时可以少管些，因为北大各系主任都知道教学应该怎么抓。

这次出国回来要担负一定的学校行政管理工作，我有思想准备。出国前，我除了一直担任教研室主任外，还是无线电电子学系（下文有时亦简称"无线电系"）党总支副书记和副系主任。1983年10月下旬我去了法国巴黎，学习考察原子频标、量子电子学、激光光谱学方面的科研发展情况，特别是听了我所仰慕的法兰西科学院院士柯亨·达诺奇（Cohen Tannoudji）的"激光冷却原子"系列讲座，并跟他讨论了一些问题（他于1997年因该方向成就而获诺贝尔物理学奖）。但当时法国在这个方向的实验技术不如美国，我又在1984年3月到了美国科罗拉多大学的JILA（Joint Institute for Laboratory Astrophysics，美国国家标准局与科罗拉多大学合办的联合实验天体物理研究所），向该方向实验上很有成就的约翰·霍尔（J. Hall）学习实验技术(他于2005年因光频测量技术而获诺贝尔物理学奖)。这一计划我出国前已大体制订。学技术必须亲自动手。经过一段时间考查,我先后提出了两项实验任务:一是用激光减速原子束和磁偏转将原子上抛实现原子喷泉;二是用该实验室比较成熟的调制光谱技术实现半导体激光器降低噪声、压窄线宽与稳频。两项任务都是新的,得到"老板"的全力支持。实现前者,要设计一套较为复杂的实验装置,非一时所能成功;对后者,该所当时还没有这类激光器,我设法从另一研究所借到了两只,可以较快上手。而按规定,我一年访问学者计划(由世界银行贷款资助)1984年10月到期,这两项实验任务都无法完成,我希望学校能批准我延长半年。对此,系主任徐承和回信说,"你是'校管干部',能否延长要学校说话。"这时,有校内传来一些消息,说北大领导要换届,报到教育部去的名单里有我。但不久就听说丁石孙任校长,领导班子配齐了。这时约翰·霍尔已答应让我在我的访问学者计划到期后,以"顾问"名义留下工作,月收入也远高于访问学者300美元的津贴,所以我就放心做研究了。1985年1月,原子喷泉的偏转磁铁已做出了毛坯,半导体激光器降低噪声工作也初见成效,但与我想据此写出一篇文章的要求还有距离,系主任却来信说,学校要求我尽快回国。这样我只好放弃实验,2月回到国内。

对我说来,"将理科科研搞上去"已是一项压力极大的工作,觉得这方面有很多事情要做。第二年1月,学校又任命我为教务长。这个任命头天丁校长刚通知我,第二天就宣布了。丁校长说,汪永铨搞的高等教育学已很有成效,希望专心做下去,想辞去教务长一职,让我来接替他。我感到很突然;而且,我在自然科学处处长任上正踌躇满志,觉得有很多事要干。我感到不能胜任教务长一职,可又拗不过他,只好答应。我深感责任重大,因为北大教务长实际上是要具体管理全校教学科研和学科建设的"业务工作"的,简直就是学校的"日常管家"。不久,又任党委常委,正式进入北大的领导班子。后来又当上了副校长(仍兼任教务长)和常务副校长,前后整整15个年头,直至 1999 年 67 岁卸任。此后,我的主要工作转入了原子钟方面的专业领域,为国防建设服务。但由于我长期兼任着高等学校文化素质教育指导委员会、高等学校教学研究会和高等理科教育研究会等领导工作,还是经常思考和干些与大学管理相关的事。所以可以说,我的后小半生是以高等教育管理为业的。

1984 年,在美国科罗拉多大学 JILA 实验室 J. Hall 研究组做访问学者

我这个人性格内向,不善交际,为人随和,看重义气,抹不开面子。这种性格最不宜于当官。可是我却偏偏当了学校的"官"。这说来是偶然,但冥冥之中似乎也有点必然性。这"必然性"来自我的一些经历。下面,我将对此缓缓道来。

一、文化为任

如果说一个人可以"设计"自己的一生的话,那么,我在高中二年级时就大体有了这样一种"设计"。设计不是规划具体道路,更不是预计步伐,"设计"只是有个大致方向。为什么高中二年级要做"设计"呢?因为过一年就要高考了,总得想一想要考哪一个方向。按我家乡宁波的习俗,一般人家孩子读了一点书,长大了就"学生意",经商,去当学徒,将来好养家糊口,过上体面生活。这就算是"大志"了。所以如果有机会上大学的话,考工科的居多。因为那时工程师算是个体面职业,受人尊重。我父亲兄弟俩就是这样,一个学电机,一个学土木工程。只可惜我叔叔抗战时期随浙江大学搬迁到广西宜山,得了伤寒病,在那里过早去世了。我父亲后来在国民政府资源委员会所属发电厂任职,筹建过好几个电厂。可是,新中国成立前我们家生活并不好,特别是抗战中的一段时期,在家乡的我们和逃难到大后方的父亲失去了联系,我小学毕业后想要读书都很困难。抗战胜利后,由于没有门路,不会钻营,我父亲还是留在大后方工作。而物价飞涨,我上中学的学杂费、食宿费有时也不能及时供给,或当汇到我手上时已不足数而不得不靠借贷。我就得非常不好意思、低声下气地求人。这个经历使我觉得求人是件屈辱的事,做任何事决不要轻易求人。当时资源委员会规定:职工子弟上中学每门课程考试成绩在70分以上,就可凭成绩单报销费用。所以我要努力用功,保证门门功课考70分以上。有的课因为老师讲课太死板而使我毫无兴趣。在初中二年级的一次自由选题作文中,我用完满满一本作文本写就了一篇对当时教育制度发牢骚的文章,说要学生去学那些他不感兴趣而无用的知识的教育是"摧残人生",遭到老师的一顿猛批。因而我对当时的社会抱着严重的逆反心理,常想:一个大学毕业生连儿子上中学的钱都出不起,这算什么世道?这也是我后来倾向革命的一点先兆。

以后,父亲调到江西南昌,离家较近了。我就从宁波转学到南昌。在面临考大学的专业选择问题上,多数同学还是首先想要养家糊口、过体面生活,以报考工科为主。不过这时又多了一个堂皇的理由:国家要搞工业化,需要工程技术人才。我还是对工程师一类存在着某种逆反心理,并不买账。相反,我对1949年毛泽东在全国政协会议第一届全体会议开幕词中说的一段话记得很牢,他说:"随着经济建设的高潮的到来,不可避免地将要出现一个文化建设的高潮。中国人被人认为不文明的时代已经过去了,我们将以一个具有高度文化的民族出现于世界。"我非常兴奋,十分受鼓舞。新中国成立前夕,我读过华岗的《社会发展史纲》,知道了历史发展是有规律的,就对历史感兴趣,读了不少历史著作,想了解中国究竟有没有奴隶社会、社会发展到底有什么规律,当然也相信共产主义必然到来。另一方面,我对文学也很有兴趣。小学毕业后一度失学,我就把家里收藏的《中国八大诗人》(胡怀琛著)读了一遍,从一本厚厚的《中国文学史大纲》中抄录了一大本古诗,还看了家藏的线装古本《诗经》和《李青莲全集》,不过真懂得的并不多。新中国成立后,我又读了不少新诗,在南昌二联中上学时,我经常到省图书馆读文学刊物,将许多心爱的新诗抄录了一大本。我的几首诗作还被国文课老师在课堂上作为学生范文朗读过。但当时我的理科成绩也不错,我读了曾昭抡编著的《原子与原子能》科普小册子后,对钱三强这样的科学家在法国发现原子核三分裂等现象的事迹也很着迷,觉得中国也应该发展科学。总之,我希望将来能为国家的文化事业做点工作。北京是国家的文化中心,我认为上大学就应该到北京去。由于我对学文还是学理拿不定主意,就请教了当时的国文教师、班主任徐文星先生(他后来在江西省委统战部工作,多年后仍保持联系。已故),他说,国家要建设,更需要理工科人才,你还是学理科吧。这样,1951年考大学时,我就冲着钱三强先生去,将清华物理系作为第一志愿,第二、第三志愿则分别是北大的地质系和历史系。那时我看了一本叫《文艺概论》的书,让我对文学研究很反感,认为那只是将各种文学作品贴上"社会主义现实主义""革命浪漫主义"等教条标签而已。但我还是将清华中文系作为第四志愿。这是冲着李广田先生去的,我读过他的几篇文章,对他有较好的印象。当时,我父亲已被调到郑州电厂工作,我在与郑州邻近的新乡(当时是"平原省"省会,属华北区,而郑州是属"中南区"的中等城市,没有资格接收报考华北区大学的考生)报考同属华北区的清华、北大。我想,要是上述四个志愿都考不取,就意味着我不适合做文化工作,索性去修理黄河吧,不是说"黄河清,天下平"吗？于是，我第五志愿填了黄河水利专科学校。① 结果我以第一志愿被录取到清华物理系，我就真的成了"文化人"，一辈子以科学文化为职志，与科学文化打交道。

二、着意树人

1952年，我上大学二年级的时候，清华、北大与燕京大学的三个物理系合并，同到燕园。我在清华担任过团支部书记，一到新北大，就让我当团委委员，做宣传部副部长，与郑必俊一道协助团委副书记兼宣传部长杨传纬工作。团委书记是胡启立。时任北大党委副书记张群玉提出，团委的主要任务是团结三校师生建设好新北大，要把党团工作重心从新中国成立初频繁的政治运动转移到日常教学上来（此前政治运动有：迎接解放、新中国政府成立、土改、教师思想改造、抗美援朝、参军参干、"三反""五反"、院系调整等），提倡为祖国人民而学，为建设新中国而学。

那时学生党团干部里有两种不正确的倾向：一是将从事党团政治工作和学生社会活动看成是政治正确和积极、进步的表现，而将注重业务知识学习当作是"为自己"的表现，有的学生干部学习成绩也不佳；二是当时新中国成立不久，一些学生对共产党的理论政策还不了解，存在不少疑问（其实有的政策学生干部也不理解），一些学生对集体生活表现出自由散漫的习气。有的学生干部自以为"进步""革命"，认为这些学生不关心政治、思想"落后"，在政治学习、集体生活和社会活动中对他们加以批评、压制，使他们有形无形地感到压力，同学间出现种种矛盾。

---

① 关于那次高考，有点有趣的故事，见王义遒：《1951：我那会儿高考》，载《中国青年报》2011年6月2日，第7版。

为了落实党委提出的任务,改变上述不正确的倾向是当时团委的一项具体工作。我任宣传部副部长,一开始并没有什么实际的"部门工作"分配给我,要做的只是联系一些系级的团支部,协助基层团干部做好工作。我并没有比别人更高明的本事和能力,但我将这看成是学习的好机会。我经常到各支部去转悠,了解他们处理各种矛盾采取的灵活有效的工作方法,再将这个支部的经验搬给那个支部,做这种"输入""输出"的工作。这看来倒还是个办法,挺有成效。从这里我也积累了一点经验,就是做社会工作不需占用太多的学习时间,主要是头脑里要不断存些问题,休息走路时想想,想通了,就好办了。第二年初,在学校大饭厅南墙上出了一张墙报,其中有一篇文章,表扬我既做团的工作,业务学习还每门功课都考了五分(院系调整后,课程教学学苏联,按五分制记成绩),我成了一名"典型"。这是我学生时代得到的唯一的一次表扬,也算是学校对改变第一种倾向的一种态度。

对于第二种倾向,其实当时学校的风气总体还是比较自由的,对政治思想上的疑问同学间可以说出来讨论。比如,一年级时,我和孙述宇在同一个普通物理实验组。我们在去实验室的路上,有时会讨论一些政治问题。他来自香港,看过一些我看不到的报刊书籍。他认为,列宁主义统治下的苏联实行的是极权政治,没有民主。我就说苏联是社会主义民主国家。但我并没有多少理由可以驳倒他,只好说你是受了香港资产阶级报纸宣传的影响(1953年初,他二年级寒假回香港后没有归来,以后在香港改学古典文学,曾留学美国,后任台湾成功大学教授,研究中国古典文学很有成就,曾来内地讲学、叙旧,我们保持着青年时代的友谊)。又如,我和我同寝室的曾谨言(他后来是我国量子力学的教学名师,其著作畅行于内地和台湾)曾多次讨论过共产主义社会问题,他认为关于共产主义的说法与辩证法规律相矛盾,因为实现共产主义就意味社会大同,可是辩证法说,事物都是对立统一体,共产主义社会没有阶级斗争了,谁跟谁斗争?而如果有斗争就不是"理想社会"了。我无法回答,只好说到时候自然会解决。我自己学政治经济学,对"无产阶级绝对贫困化"的说法也深感困惑,难道20世纪资本主义社会的劳动人民,生活得比19世纪更差吗?这说服不了人!这类讨论,在学生中还是公开的。我认为诸如此类问题,靠深入学习思考是能够解决的;即使一时解决不了,也应包容,可存疑与存异。为此我当时还读了一些马列著作,多数是斯大林的;对于已出版的"毛选",更是仔细研读,觉得毛主席真伟大,文章写得令人心服口服,我崇拜得五体投地。我当时确信真理只有一个,"宣传"的职责就是让这"唯一真理"达于每一个人。同学中所谓"落后"的问题,必须采取以理服人的态度来解决。为此,我对"教育"问题发生了兴趣,读过加里宁的《论共产主义教育》,还热衷于读按苏联马卡连柯教育理论实施的、将流浪及顽劣儿童教育改造成人的故事,感到很有意思和兴味。虽然,如今对这些书的内容和故事情节早已忘了,但有两点认识仍然印象深刻:一是任何人都是可以教育好的,都能成为好人和有用的人;二是教育的根本就是让年轻人接受几千年来人类积累的文明。我对列宁在《共青团的任务》一文中提出来的关于建设新社会需要掌握人类创造出来的全部知识的论断十分信服,因而对当时流行的名言——"教师是人类灵魂的工程师"(加里宁)也深信不疑。上述认识由于带有"普遍人性"的观念,在20世纪60年代,特别是在"文化大革命"的阶级斗争风浪中,已经作为古的、洋的"封资修"东西而被彻底"砸烂"了。但对我这样20世纪50年代接受共产主义教育的人来说,这些认识还是在我身上烙下了深刻印记,并影响终身。

早在1954年上半年,我就初尝了这种"普遍人性"的苦果。那时我在团委宣传部已经有了一份"部门工作",就是分管学生会的一些文娱社团。当时有个文学社,主要是由中文系学生主持的,组织过全校性的文学作品讨论会,比如《牛虻》;还在大饭厅东墙上定期出版过文学评论墙报。此时《人民文学》刊载了一篇路翎的短篇小说《洼地上的战役》,说的是朝鲜战场上一位英勇善良的志愿军战士受到一个朝鲜姑娘爱慕的故事。故事动人,文笔优美。这种题材当时很敏感:残酷的战场上怎么还会有爱情?文学社负责人跟我商量,能不能对此文做正面评介推荐。我看了小说也很欣赏,认为志愿军战士能够得到一份真挚的爱情,说明残酷战场上还有人性的善与美,体现为了和平而战的正义性,就同意推荐。推荐文章不但登上了墙报,还在校内大喇叭里广播了。一年后,掀起反胡风和"肃反"运动,路翎被打成"胡风分子",《洼地上的战役》也大受鞭挞。这成为北大团委的一桩政治错误,我承担了全部责任,向团市委做了一通深刻检查,检讨自己政治意识淡薄、认识糊涂。幸好那时团委领导通情达理,没有给予任何处分,要是换一个场合,我是有可能被打成"胡风分子"的。由此,我谨慎多了,不敢再妄自张扬。

通过工作,我对"人"有了点兴趣。育人,树人,将科学文化及于人,将正确的主张达于人,似乎是我毕生应该做的。不过,要当心啊,也有点危险啊!这是我当时的想法。

三、翻译出身

◆ (一) 初习翻译

1954年7月初,三年级期末,我刚考完王竹溪先生的统计物理课,口试得了五分,正在准备考政治经济学。系里忽来通知,说不要准备了,马上去系里报到。原来下学期系里要来4位苏联专家,缺乏俄语翻译,要抽调几名三年级学生,提前一年毕业,赶紧学俄语以充当翻译。这样,物理专业有朱宜、侯伯元和我,气象专业有王绍武,被调出来学语言了。气象专业还有一位助教张玉玲,也跟我们一起成为学员,共同学习俄语。

大学三年,我没有学过外语。原因是:我入学考试英语及格,一年级免修英语;当时清华缺乏俄语教师,俄语课开不出来。院系调整到北大后,开始按照苏联模式来办学,很多课程是按俄文教材来组织教学的。大家觉得俄语重要,我也业余学过一点俄语,刚认识几个字母而已,一点底子也没有。我们几个人被抽出来,从字母开始学。教我们的是俄语系当年刚毕业的两位学生,他们推迟去工作单位报到,先教我们。另外还有一位白俄①老先生教口语。不过他的口头词语,不少还是俄国十月革命前的,与当代俄语还有点差距。

因为两个月后苏联专家要来,必须集中突击学俄语,我们将党的组织关系都转到了俄语系教师支部。除了吃饭睡觉,一天到晚只有俄语,一切情景都在俄语中。这种突击学习还真管用。大概就两个月,"先生"要去工作单位报到,我们就结束培训回物理系了,工作和职称都是俄文翻译。这时专家还没有来,我们只好拼命自学。为了扩充词汇量,我读了一本苏联小说《三个穿灰大衣的人》。现在看来,当时只掌握了一两千个俄语词汇。

等候苏联专家来的时候,系里给我们分配了工作。我给一位专业方向是光学,但主要从事教学管理的专家当翻译。这位专家名叫瓦西里·安德烈耶维奇·柯诺瓦洛夫,来自列宁格勒大学(现改名为圣彼得堡大学),以前是该校物理系主管教学的副系主任。他已经在哈尔滨工业大学工作过一年。由于当时国内大学普遍不熟悉苏联教学体制,高教部就将他从哈工大调到北大,帮助我们实施大学教学模式转型,以发挥更大作用。他来得最早,10月初就到校了。我其实既不喜欢光学,认为它不是物理学前沿,也不愿搞教学管理。但是,"服从组织分配"是当时的最高原则。

柯诺瓦洛夫的第一项工作就是给系主任(褚圣麟先生)和秘书

---

① 白俄,指俄国革命和苏俄国内战争爆发后离开俄罗斯的俄裔居民。他们中的一部分在20世纪上半叶流亡于中国上海和东北等地。

（潘永祥，物理系党总支书记，当时系里很多具体事务都是由秘书管的）当顾问，解释专业、专门化①设置，教学计划、课程体系和教学大纲的制定，诸多教学环节的运行，考试考查的组织，直至教研室活动的安排，等等。总之，系里的日常事务差不多都要向他咨询，听他的指导。可是他讲的话我一句也听不懂，和那位白俄老师大不相同。幸亏系里还安排了"生活翻译"（颜品忠，他后来去哲学系工作；之后是宋玉昇，他后在物理系图书室工作），大家互相帮忙。过了一段时间，我才慢慢听懂他的话。这位专家性情平和，很体贴人，理解我们的难处。我们的工作方法通常是：先书面提出问题，经过翻译转达给他，他回去准备，写出解答大纲，让我们准备，然后再直接谈话。这样困难就少多了。但对专家来说，工作量就大得多了。

他在哈工大时还带着一个"普通物理教学法"的研究生班。他将这个研究生班也带来了，每星期都有课，都是我现场做翻译。由于我的俄语水平太差，只好请专家课前写出详细讲义，以便我准备翻译（该课程第一部分的讲义经我翻译后内部出版，现北大图书馆尚藏有此书）。这也亏得专家的体谅了。这门"高等学校物理教学法"的课程不仅有大量物理学名词，还带一些教育学名词，如循序渐进、直观性、系统性、可接受性等。当时俄汉词典很少，特别是词汇丰富的词典更缺。对专业词汇，我们通常是用《露和辞典》（俄日辞典）查到后连蒙带猜地从日语汉字转译过来。而教育学名词就难了。当时已有中文版凯洛夫的《教育学》出版，我就从那里查找相应名词。但我对教育学并不感兴趣，我觉得它的很多"本质""原则""原理"都是教条，同前述我读《文艺概论》的感觉一样。我读书喜欢生动活泼的故事和细致的说理，很讨厌一二三四干巴巴的教条。

但我对专家所讲关于专业教育的一系列组织模式还是很感兴趣

---

① 专门化，也称"专门组"，是专业分层的一个层次。"文革"前中国高校学习苏联体制，将学科和专业划分为系、专业、专门化三个层次，"文革"后取消了，但不少学校还保留有"选修组"等称谓。

和佩服的，觉得这是过去教学模式中所没有的。比如：各种教学环节——讲授、答疑、辅导、习题课、小班讨论（seminar），考试、考查的组织与评分，三类物理实验（普通、中级或专业、专门化），生产实习，学年论文、毕业论文，教研室的科学讨论和教学讨论制度，等等，教学就是按部就班、有系统有计划有组织、井然有序的过程，它们之间有机联系。这一套是有规律、讲道理的。当下听来有些怪怪的提法，比如"教学大纲是法律"等，就是经过我的嘴说出来的。

专家在北大物理系所说的这一套，很快传出去了。大概一个多月之后，南开大学就来请专家去讲解、咨询、答疑。出差当然是不能带"生活翻译"的，我一个人得独当一面了。此时他讲的教学管理这一套，我已大体熟悉，但人家南开需要了解的教学管理，针对的不是一个系，而是整个学校。这样，很多专业的词汇我就翻译不出来了，实在下不来台，只好请南开的俄语老师来帮忙。更出洋相的是在生活上。我掌握的食品菜肴方面的俄语词汇几乎等于零。在宾馆，早上起来，人家专门来问专家想吃点什么。专家说了一些，我却大部分听不懂；他比画一下，我就大体知道了，但有一样东西，他怎么比画我还是不懂。最后到餐厅总算弄明白了，原来是粥！我怎么也想不到，苏联人早上也喝粥啊！不过，他们吃的"粥"跟我们中国人吃的粥还是很不一样的，他就只好将就了。总之，当翻译就是在这样的出洋相中磨炼出来的。

第二年，1955 年 6 月，柯诺瓦洛夫回国。回国前他和我在未名湖边转了几圈，他表示在中国工作很愉快。他说：一个人只要为别人所需要，就是自己最大的幸福。此话我铭记在心。那时我的俄文水平是只能听懂柯诺瓦洛夫说的，别的苏联人讲话，我往往还是不懂，因为我听其他苏联人讲话的机会太少。我的俄语是"柯氏俄语"！这不是水平问题，而是习惯问题。此时我从翻译转为助教，落户光学教研室，工作是讲授专门化课"应用光学"的上半部分，还带中级物理实验课。大概是系里认为我当过专家翻译，对教学管理那一套比较熟悉。

年末,系领导动员我出任系的教学秘书,被我谢绝了。理由是四年制学业我还没有毕业,业务底子薄,挑不起这副担子。其实,我更怕管教学的事务太多,影响自己学术上的长进。1956年春,我和同年级助教戴道生被选定参加留苏研究生考试,经过两个月准备,复习了大学全部物理课程,补习了电动力学下半部(放弃量子力学),收获很大。此时我才对物理学整体有所领会。虽然我已不必补习俄语,但考上后仍需第二年才能出国。

1955年6月初在苏联专家柯诺瓦洛夫即将离任前,和物理系普通物理教研室主任虞福春教授在未名湖边聊天

◆ (二) 苏联考察

1956年下半年,高等教育部决定组团由副部长曾昭抡带领赴苏联考察,我被选为随团翻译。这个团人数多,考察时间长(1956年11月3日出发,1957年1月31日春节前夕回来,几近三个月)。北大党委书记兼副校长江隆基是副团长,各校去的领导有东北人民大学(后吉林大学)校长匡亚明、天津大学校长张国藩、北京航空学院院长武光、俄语学院院长张锡淘、农业大学领导(记不起名字)等,还有各校的一些教授,高教部则派出综合大学司司长于北辰、工科司司长黄辛白,以及首席翻译邹延肃等。出发前似乎没有太多准备,开过一两次会议,听取了高教部部长杨秀峰的讲话,要我们虚心全面系统学习苏联高教方针、制度与做法。我们乘坐的是刚第二次试航的图-104喷气式飞机,上午10点从南苑机场出发,当地时间下午3点多就到了(实飞10小时多),当天还可以活动。我们真是兴奋!后头几天,主要是拜会苏联高教部部长叶留金,参观展览,参加十月革命节前的国庆招待会,红场观礼阅兵,内部讨论等。我们整团的活动十分有限,主要活动是分组进行的。我属于综合大学组,组长是江隆基,副组长是匡亚明,具体事务多由于北辰司长管,团员还有教数学的吴大任(南开大学教务长,我当时已认识)、南京大学物理教授程开甲(后是"两弹一星"元勋)和复旦大学化学系系主任吴征铠(后去原子能研究院,对我国核武器研制有重要贡献),我是唯一翻译。从这个团员的构成也可窥见当年中国高等教育的倾向了。这"综合大学",其实对文科是不太重视的。当然,文科并非绝对没有,相关的访问考察都安排在俄语学院张院长那一个组里,他本人俄语很好,兼任翻译。头几天在高教部访问,讨论全团的工作安排和听取有关负责人对苏联高等教育情况的介绍,以及第一天参观莫斯科大学,都由部里的翻译担任现场口译,我很轻松。经过几天锻炼,我的"柯氏俄语"已经"大众化"了,各色人等讲话,我基本上都能听懂了。从部里的翻译那里我也学到了一些如何使语言表达更为准确和规范的方法,对我帮助很大。

在莫斯科大学差不多有两个星期,仔细全面地了解了学校情况,参观了一些学校和学生的活动,听课、seminar、做实验。印象最深的是旁听了一次物理研究生的副博士毕业论文答辩,比当下我们所做的庄严认真得多。论文答辩要求事先在地方报纸上登广告,说明论文题目与答辩时间地点,还要将论文摘要印成小册子,发到全国各大学和公共图书馆,对此问题感兴趣的人都可来参加,能容纳约200人的阶梯教室坐满了人。人们可任意提出问题,由答辩人解答,必要时导师也可帮助解释。

在莫大期间,到各系的具体活动分工更细,翻译当然不够用,就请当地中国留学生协助,他们也乐意干这个差事。我每天跟莫大校长办公室的秘书打交道,安排活动,多数时间则陪着程开甲教授访问,拜访过一些教授。记得在著名的朗道教授(1962年诺贝尔物理学奖获得者)家里晤谈了半天,他们用英语交流,我听得似懂非懂。

这次访问,我们对莫大的物理系了解得比较详尽,也访问了一些相关的科学院的研究所。在这期间,有时也会开全团大会,交流经验,提出问题。曾昭抡团长较少发言,主要是黄辛白司长洋洋洒洒,侃侃而谈。江隆基书记几乎不发言。我则天天晚上要去江书记房间,请示第二天的安排和各种事务。当时他年龄最大,精神不算太好,记忆力也差些,所以他语言不多,具体事都请匡亚明和于北辰两位多管些。江书记非常厚道,从不指责人、责备人。之后有一次,在火车上,他谈起当年留学日本和德国,以及逃避国民党特务追捕的情景,非常风趣,判若两人。我对他很尊敬。回国后,他还专门请我到家里吃饭,追忆这一段美好的共事。

然后,综合大学组就去列宁格勒(今圣彼得堡)了。列宁格勒大学是仅次于莫斯科大学的综合大学,在学术上曾经有过辉煌的成就。学校保持着沙皇俄国时期古色古香的风貌。但当时的设施条件比起莫斯科大学的宏伟新建筑差多了。我们一到,学校学术委员会全体成员以隆重的欢迎仪式接待我们。老校长亲自给我们讲述办学指导思想和列大情况。主持人是一位副校长,他在介绍校长的学术成就后,还加了一句:他还是运动健将。在这庄严场合,我因为过于紧张,竟将"运动健将"听成了"辩论能手"(两个词在俄语中仅差一个字母)。我心存疑虑,但还是按我理解的意思翻译出来了。后来说到他擅长的具体体育项目时,我才知道译错了,当场向大家道歉,满脸通红,又出洋相! 不过好在苏联人不知道。

在那里,我们全组几乎花了一整天的时间访问了唯一的文科点——语言文学系。这里是当年北大俄语系主任、我国文学翻译家曹靖华先生曾经工作过的地方，列宁格勒大学对他非常尊敬，很怀念他。该系还设有汉语专业，学生出墙报欢迎我们，我们和汉语专业的学生开了一个座谈会。在物理系和物理研究所，我们拜访了福里斯教授。他是苏联科学院通讯院士，在我国鼎鼎有名。他和季莫列娃编著的五卷本《普通物理学》教材，几乎被所有中国大学采用。我还陪同程开甲教授和世界著名理论物理学家福克晤谈过，当时他已很老了，但思维仍很活跃。福里斯和福克，两人似乎都是德裔。从这里我们深感苏联科学根基的扎实深厚，受到欧洲大陆，特别是德国传统的重大影响。我们也体会到，许多所谓"苏联社会主义教育体制"实际上是继承自欧洲大陆的。程开甲先生当时还算年轻教授，跟他在一起，我也学到很多东西。他特别告诉我，不要将科研看得很神秘，以为一定要找到什么有重要意义的题目，只要盯住一个问题，深入想下去，做下去，想得透，做得深，耐得住寂寞，功到自然成，会出好结果。这使我一辈子受用。

在列宁格勒，匡亚明校长病了，住了四五天医院，我每天去看他。他交流不方便，就要我教他几句俄语，特别是医院里的告示语，比如"非请莫入"（ВЕЗ ВЫЗОВА НЕ ВХОДИТЬ），他学得非常认真，大声朗读，引得周围一些苏联人十分好奇！

以后我们又去了伏尔加河边的萨拉托夫大学。这是一所地方综合大学，也有悠久历史。这是苏联高教部有意让我们去的，以体会它与莫大和列大等"重点"大学之不同。

1957年元旦前后，我们在莫斯科休整了几天，就飞到新西伯利亚大学去了。它是处于边远地带的综合大学，有一些工程技术学科。那时该校还正在建设，校长非常年轻，他经常带着职工、学生到火车站去运输建筑材料。1月寒冬，在零下几十度的鄂毕河边，热气腾腾地搞建设、上课、做科研，使我们深受感动。不过从萨拉托夫和新西伯利亚这两个地方，已经使我们深深感受到苏联的地区差别、生活水平差别之巨大了。

1956年12月在随中国高等教育代表团访苏期间在萨拉托夫大学门前。左起：程开甲（时任南京大学物理系教授，后"两弹一星"功勋奖与中国最高科技奖获得者），吴大任（著名数学家、时任南开大学教务长），江隆基（时任北大党委书记、副校长），于北辰（时任高教部综合大学司司长，后任内蒙古大学校长）与我（俄语翻译）

◆（三）留学兼译

1957年1月下旬回国，经过伊尔库茨克和蒙古的乌兰巴托两次转机，到校已快到春节了。节后，我在高教部继续帮忙整理访问成果，差不多有一个月。3月，我正在补习我所缺的四年级量子力学课程，又接到去复旦大学物理系当翻译的任务。原来，他们请来了列宁格勒大学物理研究所所长宾京教授来讲学，该校的业务翻译也像我当初那样，刚刚接受一点突击培训，难以胜任，于是通过教育部的翻译求助于我，我去了。结果，这段时间成为我一生中物理专业水平长进最快的阶段。宾京教授的讲学内容是"气体放电光谱学"，其理论需要应用大量量子力学的知识。当时，国内第一本量子力学教材的作者周世勋也在听众之列，我正好向他请教。在他的辅导下学量子力学，而且边学边用，效率很高。听课的教师、学生三四十人。由于苏联专家不了解听众的水平，讲课有时比较简练，听众中有人不免茫然，我从大家表情上看到这一点，所以有时在翻译中添油加醋，带点自己的注解（这非我的"发明"，在北大听尹道乐给金属物理专家华西里耶夫讲课就是这样)。主持课程的周同庆教授大概看出这点奥妙来了(他曾将史鲍尔斯基的俄文巨著《原子物理学》翻译成中文,其书面俄语水平应该是相当不错的),索性要我上一堂辅导课,详细地对讲学内容做点演绎,居然比较成功。这使我的学习兴趣与信心大增。在复旦那段时间,生活也很舒心,我住得离化学系主任吴征铠家比较近,他好几次请我到他家里吃饭。当我正陶醉于学习时,复旦校长办公室接到北大电话,要我回去参加青年团的"三大"。事情原委是:我学生身份转变为教师后,团委职务变成了物理系团总支书记,不久又转为理科教师团总支书记。1955年我参加了北京市团代会,在会上被选为原定于1956年召开的中国新民主主义青年团第三次代表大会代表。后来"三大"延期了,而1956年团委改组,我已经不再担任团的工作,所以我觉得"三大"与我无关。但之后团委书记石幼珊催我,复旦领导也认为这事重大,应该参加。我这才匆匆赶回北京,到校后放下行李就去市里的团代会北京市代表驻地报到。那时大会住宿条件不好,十几人一间。

大会在政协礼堂召开,会议开得非常庄重、热烈,毛泽东等中央领导亲临大会。会上,新民主主义青年团改名为共产主义青年团,选举胡耀邦等为团中央领导。代表们兴高采烈,为祖国的美好前程而振奋。会议最后一天,5月25日,中央领导在中南海接见全体代表,毛泽东赞扬我们开了一个团结的会。第二天,报纸都以头版头条报道毛主席接见团代会代表的消息,并刊以大标题:"一切离开社会主义的言论行动是完全错误的"。我们都觉得好像主席当场没有说过这句话,是后来对领导说的?会后分工派我到门头沟城子镇向全区团干部传达会议的精神。我不太愿意,因为我感到我已不属青年团了,兴奋不起来,但勉强去了。不过我还是着重传达了我心存疑虑的毛主席的那句话,我觉得这表明一个信号:反右斗争开始了。当时已听说北大乱了,而第一张大字报就是责问谁当代表出席了团代会。我感到很委屈,我是合法代表,不能说这不民主,但我又确实已经没

1957年5月,参加新民主主义青年团第三届全国代表大会,举手表决通过青年团改名为共产主义青年团

有代表资格了。

大字报铺天盖地,关于团代表的第一张大字报早就被覆盖了,演说辩论很热闹。团代表的事作为一个由头也已无人过问了,团委连解释都没有做!我因即将长期离国、忙于结婚和回新迁到洛阳的家,对这场斗争连旁观也无暇顾及了。

1957年9月初,我到俄语学院留苏预备部报到集训。在那里主要做两件事:反右派和考哲学。集训班里的人都是新相识,凭原单位举报材料批判了几位同学的"右派言论",无非是应景,因为"积极参与反右斗争"是当时"政治鉴定"的必要语汇。倒霉的几位同学被剥夺了出国资格,以后是否划为"右派"和命运如何就一概不知了。哲学是苏联副博士研究生的必考科目,为避免中国留学生用俄文考试的困难,根据中苏协议,可在国内研读考试,成绩通用。我们学了四本马列著作:《费尔巴赫论纲》《反杜林论》《自然辩证法》和《唯物论和经验批判论》。我自认中国文化底子太薄,为了避免到外国又出洋相,还恶补了一通《红楼梦》和曹禺的《雷雨》等古今文学作品。

11月初我们乘火车赴苏,在车上庆祝十月革命胜利40周年。到莫斯科后就到莫大报到。我头年报考研究生的志愿是"高分辨率光谱学",莫大有最强的研究力量。但当年下半年,丁渝先生从加拿大回国在北大兼任教授,开辟了教研室的波谱学方向,这是那时物理学的新生长点,我决定改攻这个方向。根据我当时的了解,莫大无该方向,而列宁格勒大学在这方面则较强,我参观过那个实验室。所以我没有立即选定研究方向和导师,希望有机会转学。当时是中苏关系蜜月期,毛泽东来苏联参加世界共产党和工人党代表会议,高调宣布"以苏联为首"。他带领宋庆龄、邓小平等人参观访问了莫斯科大学,在大礼堂对上千中国留学生(一些苏联学生也来了)做了著名讲话:"世界是你们的,也是我们的,但归根结底是你们的!……"当时会场全体起立并报以经久不息的掌声。11月中旬,以郭沫若为首的中国科学院代表团访苏,时任北大副校长的周培源是副团长,我记得其中物理学家有钱三强、施汝为、赵九章、王竹溪等人。跟我一起突击学俄语的朱宜和张玉玲是随团翻译。因为团员多,翻译少,我充任临时翻译。记得一天在周培源房间,物理学界泰斗高朋满座,周先生就介绍我说,他就是北大"右派"第一张大字报攻击的对象,好像我是"反右英雄",说得我满脸通红。我跟着代表团还参观了在莫斯科远郊杜布纳的联合核子研究所,王淦昌、胡宁和周光召都在那里工作,他们也到代表团驻地来过几次。这次重点访问的是莫斯科物理技术学院。它位于莫斯科远郊,当时还处于保密状态。这次访问说明当时两国关系亲密。这所大学主要是为导弹、卫星、核武器等尖端科学技术培养人才的,教师都是从苏联科学院和莫斯科大学等重点院校转来或任兼职的,部分学生也是从这些学校的优秀者中选拔出来的,其课程也比这些大学要深和难,并且与科研任务紧密结合,成绩显著。此外我们也访问了一些大学和研究所,觉得苏联大学与科学院、研究所的关系是非常密切的,很多教授都互相兼职。团员每天访问回来还要热烈讨论,期望中国将来也办这么一所大学。这次访问或许就是中国科学院次年筹办中国科技大学的先机。

一天晚上,苏联科学院邀请代表团在"学者之家"看电影《第四十一个》。和我们当时搞反右派的阶级斗争相反,那时苏联流行这些宣扬人性论的作品。看后我们问郭沫若团长,应该怎么看待这部电影。他笑而不答。

利用这次机会,我向周培源副校长汇报了我想转学的意愿。他说,这好办,下次到高教部时说一声就是了。果然,1958年1月,苏联高教部以"命令"的方式要莫斯科大学将我转到列宁格勒大学。我感谢周副校长为我这一点小事劳神!其实,后来通过同学庆承瑞(何祚庥夫人),我打听到了发明氨分子钟的普罗霍洛夫就在莫大物理系核物理教研室兼职,可以招收波谱学方向的研究生。他当时已经很有名气(由于该项发明他与同事巴索夫和美国的汤斯并获1964年诺贝尔物理学奖)。我面见他请求他收我为研究生,蒙他当场同意,并根据我的基础当即列出了几本要我攻读的书目,主要都是超高频无线电电子学方面的。这些我确实一点底子都没有。我将此结果报告到系里,就正式注册成为他的研究生了。谁知1958年1月,系里收到了高教部"命令"要我转学,我去系里说,我已有导师了,可以不必转了。回答说:这是"命令",不得违背。当即给我办了去列宁格勒大学的手续。这其实是我自己找的。但我一点儿也不后悔,因为之后我列大的导师斯克利波夫一点也不比这位后来的诺贝尔奖得主差!我相信要不是他英年早逝,他也应该是诺贝尔奖的候选人!

差不多与此同时,复旦大学的周同庆先生来苏联参加光谱学大会,并且参与了中国科学院代表团的一些参观访问活动。他自己还专门参访了几个相关研究所,都是由我陪同的。后来他再三表示,希望我毕业后去复旦工作。

我絮絮叨叨说这些,无非是想说明通过做翻译的经历,我比一般同辈人多长了一些见识,对于如何办好大学的教学和科学研究,有了一些判断的概念和见地。

1959年5月，在苏联列宁格勒大学物理系读研究生

四、科研无『银』

1976年粉碎"四人帮"之后，次年大学恢复高考招生，拨乱反正，按常规办学。为了迅速赶上世界先进科技发展进程，师资力量成为关键。1978年学校提出恢复教师职称，并进行"文革"后首次评审；同时选拔一批教师出国访问，以便较快提高教学科研水平。我当时还在汉中分校，在原子频标科研上确实也做出来一点成绩，获得了当年"国家科学大会奖"。分校领导要将我的职称从讲师提升为副教授。我写信给学校党委，反对此时评审职称，我也不要这个副教授职称。我的理由是："文革"期间领导分配员工任务很随意，经常乱点鸳鸯谱，不给一些很有才华、学术水平较高的教师做教学科研工作，而让他们去干"杂活"、后勤工作，甚至养猪。一些水平不太高的人反而占据了教学研究岗位，得以拿出一点"成果"。我

希望学校此后能"量才录用",合理分配工作,两三年后再按业绩评职称,这样才能做到公平。否则将来人事安排上就会有人挑肥拣瘦、不服从分配,后患无穷。北大当年果然没有大批提职称。第二年,我们都回迁北京,全校开始大规模评职称。那时我也不反对了,因为这已成为全国高校的趋势,北大再不评,很多优秀教师在国内学术活动中就没有优势,这当然不是我们所希望的!我当时的想法确实过分天真,有点"理想主义"。

  由于改革开放,以经济建设为中心,我们以服务国防为主的科研项目下马,科研经费一落千丈,几乎等于零。重新确定教研室的科研方向是急务。当时教研室骨干教师都已先后出国进修。我在波谱学、激光光谱学和量子电子学等几个方向上了解情况,审时度势,筹谋教研室研究方向的转变。我长期从事的原子频标研究,尽管暂时拿不到项目和经费,但我确信,它是要必保的。因为这是保证国防力量独立自主所必需的课题。尽管国家一时顾不上,未来必定会有迫切需求,我们要为今后发展保留"种子"。到1983年,我们已改变了刚回京时"地无一垄、房无一间"的状态,有了实验基地,可以恢复一些科研工作了。此时学校又开展了第二次职称评审。系主任徐承和要我申报教授职称,被我谢绝了。因为我认为做一个教授的起码条件是,对于一个二级或三级学科的世界发展状况和未来趋势能有较清晰的认识。当时我自以为还做不到这点,我需要出国考察访问,以改变我对学科专业了解比较闭塞的状况(为此我也付出了代价。由于此后到1990年才正式实行定期遴选"博导"的制度,我取得"博士生导师"资格被推迟了七八年。其实,当1985年我评上教授职称时,尽管我的科学视界已大为扩展与加深,但实际成果与1983年无异,我出国后并未发表一篇论文)。当时,我选了以法国的柯亨·达诺奇和美国的约翰·霍尔的团队为主体进行访学,在妥善部署好工作后,我于1983年10月下旬出发。我庆幸我没有选错,这两位以后都获得了诺贝尔物理学奖。

我不止在这两个研究团队里工作,我还专门到德国和美国的其他几个相关单位做过一些考察。应该说,这之后,我对我们学科的科研发展方向已经心里有点底了。

我的感觉是:我们从事研究的方向处在物理学发展的前沿,但是,它暂时还不可能对中国的经济起飞和工业技术进步发挥关键作用,而它对我国科技的长远发展却有举足轻重的意义。要发展这些方向的实验研究,需要有高精尖的仪器设备和精湛的技术,这些都依赖于大量投资和能互相配合的高端人才。在当时人民温饱问题尚未彻底解决的国情下,政府和社会是不可能为此研究方向提供大量资助的。对此,我在出国之前已有所了解。我曾经跑过许多相关科技领导部门,探索过进一步协作获得科研项目和经费支持的可能性。希望极微。以前曾是我们顶头上司的国防科委十院(后属电子工业部)表示,以后不可能再直接插手管辖高校的科研了;科技司愿意以每年一两万元的经费来支撑原子钟研究方向不至于"死亡"!对我们多次申请希望开展的激光冷却原子的研究方向,此时的国防科工委赞赏我们具有开辟新方向的意愿与能力,好心给了几万元的启动经费,这当然是杯水车薪,只够做点调研。直到1994年,该方向在国际上的发展前景已十分明朗(1997年即获诺贝尔物理学奖)的情况下,我们才得到自然科学基金重大项目110万元的经费资助,开始进行实验研究。而其中一半用于设计制造一台设备,由于协作单位(其中一个单位是项目评审时指定的)的制造失误,此设备基本报废(这里,我因疏于仔细审核设计,特别是对加工过程缺乏随时跟踪检查,也负有主要责任),以致后来只能在极其苛刻的条件下做些比较简陋的实验,取得一点儿成果。

我对这种科研经费分配的政策并不反感、怨恨,反而认为是正确的。因为这是出于国情,囿于时代。我国13亿人口,资源不丰,工业不发达,经济落后,人民生活还处于较低水平。我们的科技首先应该促进产业发展,使人民生活能从温饱迈向小康。只有有了这样的条件，我们的基础研究才能得到发展。所以社会不仅是"衣食足而知荣辱"，而且还是"衣食足而做科学"的。但是，我们需要为这样的时代到来做好人才、条件、氛围和社会环境的准备。

经费不足不是从事前沿基础科学研究的唯一困难。当代世界科技竞争激烈，但合作更加重要。科学上只提出问题还不够。2000多年前的诗人屈原就在《天问》中提出了170多个问题，其中相当一部分是关于自然现象和涉及科学的。但是，由于当时对它们不可能有明确答案，就不能算是真正的科学问题。真正的科学问题既要及时，又要恰当。这就是说，它们是当时人们迫切需要解决的，对人类增长知识和改善生活能产生重要影响的；而且又要是历史已经提供了足够的理论工具和充分的实验条件，经过人们努力而能够解决的。问题提得过早，毫无解决希望，等于白提，没有意义。提晚了，科学没有第二，只承认第一，你就只不过是个跟随者，或是此后一些次要的、枝节问题的解决者。在各个学科领域里，这种适时而恰当的问题不是很多，机遇难得。因为它们意义重大，又处在解决的边缘，就更成为前沿同行科学家趋之若鹜的关注焦点。同行科学家之间会不断互相刺探：你想到了哪一点，他做到了哪一点，谁又出了一个什么新主意，谁又用了一个什么新方法，谁得到一个什么新结果。前沿尖端科学就是在这样的频繁交流、既竞争又合作之中，获得创新突破的。我看到我的美国老板霍尔，就隔三岔五地要给国内外同行打电话，一打就是一两个钟头；柯亨·达诺奇也是成天接待来访学者。拔尖创新的前沿成果就在这种条件和氛围中酝酿诞生了。当然，确立了课题，在一段时间里要坐冷板凳，耐得住寂寞也是必需的。但是在当今地球村大科学时代，如果缺乏充分的国际高层交流，休想在前沿尖端问题上取得重大突破。可是当时的我们，连个国际长途电话都打不起哩！由于经费、文化以及整个社会环境的约束，我们要做到这点实在太难了。

基于这样的认识，我当时愉快地接受了学校的行政任务。我想，即使我个人的研究方向进展放慢一些,甚至收缩一点,要是能使当前国家急需的科研方向都能在北大发展起来,给那些领域的教师、科技人员以宽敞的舞台,为他们充分发挥才华提供英雄用武之地,我也算尽职尽责了。因此,我目标明确,全身心投入,精神饱满,少有后顾之忧。既然干上这一行了,我就要将它作为"专业"工作来看待,要思考,要研究、探索规律,做到极致。

我将我从1985年到1999年的15年内在北大做行政管理工作的事,看作是一个风云际会的偶然事件。然而以上经历却是我做这项工作的背景,冥冥中使之成为必然。从这段经历所得到的知识、体验和历练,对于我的学校行政管理工作产生过深刻影响,许多思想观念潜移默化地贯穿在我的工作和行为之中。

1999年,我67岁,从学校领导岗位上退了下来。这时我国经济状况好转,武装力量薄弱的状况已难以保障国家安全,自建的卫星导航系统已经启动。我被有关部门聘为技术管理方面的首席科学家,之后为了酝酿建设我国独立自主的时间频率体系,又成为专家组长。在这岗位上我已耕耘了17年。为了保证公正,裁判员不能同时又是运动员,所以我被"剥夺"了参加任何相关研究组、从事实际研究工作的资格,当然也就不可能取得一份功劳。这样很好!年纪老了,做顾问、咨询、评估、审议、规划、检查、指导,也许"旁观者清",我还有点优势呢。

由于工作的延续性和惯性,1999年我刚退下来时,我所承担的学校的教育教学任务并未戛然终止。我还身负教育部科学技术委员会副主任(常务)和中国高等教育文献保障系统(CALIS)管理中心主任的职务。后来,我还一直担任着一些学会组织的领导职务或顾问,包括教育部高等学校文化素质教育指导委员会,以及中国高教学会下的分会——高等学校教学研究会和高等理科教育研究会。我做过一些调查考察、规划制定、政策建议、课题研究、评估评审、咨询顾问等工作。为此,我不时被邀写些文章、做点报告,有时还会就一些现象和问题发表评论和感想,于是积累了有一百多万字的文字,出了一些集子。有人说我是高等教育管理家、教育家,我其实都不是。我不过是一名大学教师,我的15年工作和职务使我可以称得上"高等学校行政管理工作者"。在高等教育学科领域,我最多只是一个"票友"。高等学校管理并非每个人一上来都能顺利胜任的工作。在此岗位上,我提倡,人人都要成为思想者,都要结合工作有所思考,有所探索,争取做出一些有自己独立见解的建树。我提倡,学校管理工作者要结合工作任务来理清思路、写些文章。依托北大高等教育研究所,我们还办起了一个内部刊物《高等教育论坛》,作为大家发表文章的园地。这样,我们就能不断提高工作水平,高等学校管理就可能成为一种"专业"。到那时,大学管理不但有章可循,而且能井井有条。可是,当下我们离此目标尚远。我不过是其中一个试图努力实践自己的提议,但却未完全实现目标的人罢了。

第二章

巨轮转向

一、科学标志

1985年2月,春节前,当我从美国回到北大时,我已经被学校党委和行政任命为自然科学处处长了。教务长汪永铨领我到丁石孙校长家里,只是因为我迟到而去"受命"罢了。丁校长要我着重抓理科科研,我自然心领神会,了解其意:北大理科科研的现状不尽如人意,需要扭转局面。

综合大学理科科研应当怎么样,我多少有点了解,但北大理科科研现状怎么样,要开创什么样的局面,如何打造这种局面,我却并不详知。所以我一开始接手相关工作,一方面是阅读学校以前的一些相关文件,以领会对综合大学的科学研究究竟有些什么具体要求和规定;另一方面就是向当时自然科学处的工作人员,特别是两位副处长沈钟和侯发高请教,了解当时学校的想法与意愿,以及过去自然科学处所采取的应对方针和具体工作的做法。沈钟资格比我老,比我高一届,也是1952年院系调整时从清华合并过来的,由清华气象系转到北大物理系气象专业,我们以前就认识。侯发高从技术物理系毕业后一直在自然科学处工作,对业务相当熟悉,过去在我的原子频标研究上还给过支持。另外还有一位副处长毕源章专管理科教学,制订教学计划、课程建设、教材、教学方法等我们称之为"教学研究"上的事都由他一手包揽,我很省心。所以在这样一个团队工作,还是比较和谐和舒心的。

在我的经历中,对大学教学科研的话题接触颇多,但对相关的正式文件读得不多。所以我还找了一些国家和教育部的文件来读。比如我了解到,1953年9月全国综合大学工作会议文件上规定,综合大学的任务"主要是培养在理论科学或基础科学(自然和社会)方面从事研究和教学工作的专门人才",同时还赋予综合大学科学研究的重要任务,指出:"综合大学虽主要是高等教育机构,但同时也是科学研究机构。……综合大学是其他高等学校和研究机构的基础,是国家文化和科学发展的重要标志。"这段话对我的刺激很大,一辈子铭记在心。"是其他高等学校和研究机构的基础,是国家文化和科学发展的重要标志"!好家伙,这不是说,你北大办得好不好,不仅是北大的事,而且还是"其他高等学校和科学研究机构"的事;国家的文化科学的水平怎么样,就看你北大这样的综合大学了!这个责任可了不起啊。

1952年院系调整,北大、清华、燕京三校的文理科合并到新北大,三校的两大类学科——数理化生地(数学、物理、化学、生物和地理,地质除外,新成立了地质学院)、文史哲政经(中文、历史、哲学、政治、经济,法律除外,当年都合并到新设的政法学院去了)的教师基本上都集中在一起了。尤其是哲学学科,当时竟将全国各大学原有的哲学系都集中到了北大,北大哲学系成为全国唯一的哲学系。当时北大真可谓名师云集,人才荟萃,师资队伍之强大无疑全国首屈一指。1955年6月1日,中国科学院学部成立大会在北京饭店隆重召开,我有幸跟着苏联专家列席了这次大会,见证了这中国科学技术发展史上的重要一幕。在全部233名首届学部委员中,北大教授占了28名,远超过了1/10。如果加上当时编制已在中国科学院各研究所,但仍在北大兼职的,如华罗庚、彭桓武、洪朝生、郑振铎等人,那就更多了。要说北大是中国文化和科学发展的重要标志,那可是当之无愧的!

可是30多年之后,我们还能这么说吗?可能腰杆子不那么硬了。毕竟全国高等学校都在发展,综合大学的数目也大有增加;而且,当年院系调整使北大得以"集中优势"具有非常不自然的人为性质,难以为继!另一方面,后来中国科学院及中央各部委及省市的各种科研机构如雨后春笋般成立,很多高校的教师被这些机构"挖"了过去。有的教师开始还是两边兼职的,经过反右运动,高校成为政治风波的中心,一些人更愿意"躲"到相对平静些的科研院所去。所以北大这样的综合大学师资队伍要继续保持原有的优势几乎是不可能的。不过,1953年全国综合大学工作会议对北大这样的综合大学提出的要求我们总得尽力去实现吧。而这对北大仍是一个艰难的挑战。因为我认为,北大是否能成为国家文化和科学发展的重要标志主要取决于其能否继续像院系调整后那样拥有大批名师。而在这方面,我一直是心存疑虑的,不过显露得较少而已(1986年我曾与丁石孙校长深谈过)。为什么呢?因为当时教师队伍的来源基本上是靠毕业生留校,北大长期受"左"倾思想的干扰,特别是反右运动以后,许多校系领导,或受"左"倾思想影响,或胆小怕事,以教师要"德才兼备"为名,不敢将学业表现突出的毕业生留下来充任教师,留校任教的"尖子生"不多。以我较熟悉的物理系来说,我从苏联留学回来后发现,不少新任教师是学业上稍好或平平、但政治上"老老实实听话"的学生干部留校的。这些人的一个特点是喜欢"管人管事"。经过"文革"动乱,以及此前此后的社会变迁和学校内部机构的更改,北大教师队伍已在相当程度上"杂化"了。比如,有一些文化水平不高的工农兵或革命干部出身的,甚至"文革"造反派,是进到"资产阶级知识分子统治的学校"来"掺沙子"的;有"文革"时期在江西分校或汉中分校为照顾夫妻分居而调进北大的,等等。此外,我觉得学业优秀的学生留不下来,还有一个原因。这是我在苏联留学时就已觉察到的:有的学生干部政治上表现得过"左",这与他的心术不正有关,嫉妒学习上超过自己的优秀同学。记得1959年庐山会议"反右倾"之风吹到苏联时,在列宁格勒大学中国留学生党总支委员会(我是副书记)的裁决下,一位化学系高年级留学生因"思想严重右倾"而被强制遣送回国。该生学习成绩突出,备受苏联教师的赏识,表现出少有的创造力。在讨论中,我认为这样的人才不多,应该为国家珍惜,予以保护,可是多数委员却对此全然不顾,为了一点并不十分过分的言论而惩罚他终止学业,个别人就是对他有妒忌心。我想北大也难免有此类干部。对于这些情况,我作为一个处长,根本无能为力,就是后来当了常务副校长,也只能心存防范,加以注意而已,很难有什么大作为。只是到了2002年,我70岁,退出校学术委员会工作时,我给了大家一句临别赠言:千万注意,北大要防止出现"武大郎开店"的现象!

文化和科学发展的"标志"在哪里?当然就表现在学术研究的成就,而且主要还是指理论科学或基础科学而言的。对综合大学来说,所谓"人才",其实也就表现在他们的学术造诣上。而研究成果是得有资源(科研项目、资金、图书资料、仪器设备、加工制造,直至房屋建筑等设施)来支撑的。应该说,那时候的北大,这些都处在紧缺状态。就以房舍来说,燕京大学这片校园,仅够1000多学生规模的大学使用,到20世纪80年代,学生人数已经超过1万,院系调整时期校园虽向中关村方向有所扩展,但面积不大,校内的拥挤可想而知。至于在我工作范围之内的项目、资金,与50年代也大不相同。50年代,做自然科学研究,特别重大、尖端、复杂、成套的仪器设备还很稀少,一台光谱仪、一只X光管等,都算是高档大设备了。一般的实验装置都是自己设计制造的,学校仪器厂有聪明能干的技师与工人。只要教师在教学、研究中想得到,就可以选作题目进行研究,采购一些常用仪器设备材料,经费不是问题。记得我刚进光学教研室时,老师们经常翻阅国外科技杂志,看有一些什么新东西出现(我为讲"应用光学"备课,也常去翻阅这些杂志,寻找点"新东西",即使可望而不可即,也要让学生知道些,以使他们"接近学科前沿")。那时候只知道花外汇不容易,但从未听说过做科研还要申请课题与经费的,似乎教师的研究经费是由国家依常规来保证的。可是,到80年代已大不一样。根据陈佳洱副校长的传达,1985年召开全国科技工作会议的时候,科学院系统的科研费(不包括事业费)是4亿元,而教育部给所有直属高校的科研费加起来仅为2000万元,全部高校为5000万元,只有科学院系统的1/8。因此,争取科研的课题和经费已成为获得科研成果的基本前提,如何帮助教师争取到重大科研项目和充足的研究经费就成为自然科学处的头等大事了。

经过反右运动、"大跃进"和"文革"之后,在教学、研究中凭着教师的个人兴趣,随心所欲、想做什么就做什么课题是不可能了,这会被批判为"从杂志缝里找题目"和"崇洋媚外"①的。研究课题要适应国家需要是当时的口号和实践的基调。对于我们数、理、化、天、地、生等基础学科(当时北大已重建了燕京大学曾有过的天文学专业,院系调整时该专业划给了南京大学),从学科发展的角度看,该做些什么样的研究课题各科教师多少还都晓得,也有点想法,当然兴趣和观点并不全都一致,但对国家需要什么、社会发展需要什么,大家却不很清楚(光从报纸杂志公开发表的文字里难以找准),自然科学处的工作人员更是如隔靴搔痒,摸不到准头。于是,我到处里后,头一项"举措"就是寻找一批"消息灵通"的教师当参谋,请他们到国家有关领导与产业部门,以及企业及其他科研院所去"刺探军情",了解当前国家科技经济发展的动态,探索究竟有哪些迫切需要解决的研究课

---

① "从杂志缝里找题目"和"崇洋媚外"是反右派和"大跃进"中批判"资产阶级知识分子"(尤其是理工科的)的常用贬词,意思是说,科研题目不是从国家建设实际问题中去找来的,而是读些国外期刊(当时理科期刊基本上都是外国的),从中提出些问题,作为科研题目。

题。经过大家推荐，我们找到了十几位在科研上比较活跃、经常与各部门接触、信息量相当丰富的"联络员"。我们不时约他们或集体或个别地来讨论，有些什么重要事件和动向，他们会向我们及时通报，或电话或递个三言两语的条子。这样，我们就能眼观六路、耳听八方，比较全面地掌握全国各方面的科技动态了。这批朋友很贴心，还真灵，向我们传递了大量信息。从能源、动力、控制、信息、通信、材料、环境、农业、水利、医疗、国防安全，直到仪器装备等方面，我们都能大体知道国家需求了，不过其中真正属于纯"理论研究"或"基础研究"的却并不多，绝大多数只是应用研究或技术开发，距离成为"文化和科学发展的重要标志"尚远。而一些真的可归为"基础研究"的大工程，如高能加速器、射电望远镜等项目，我们又没有能力，插不上手。

但是，从与国家相关部门接触中，我们也了解到国家对基础研究准备推出的一些重要举措，比如成立"自然科学基金委员会"，建设一些重大科研项目和科研机构，如国家重点实验室。对此，我们寄予很大的希望。其中我最为得意的一件事是，有了一些事先绸缪，在商讨并征得校长同意之后，在国家自然科学基金委成立的时候，我们通过积极推荐，派出甚至可以说是"安插"了15位北大教师在该机构各种岗位任职，包括领导职务，其中有王仁院士（当时名为"学部委员"）担任基金委副主任兼地学部主任，徐光宪院士任化学部主任（他们在基金委是兼职，编制仍属北大）。各学部基本上都有我们调去的工作人员，这对我们及时了解国家对基础研究的方针政策有些好处。但是，丁石孙校长跟这些人谈话的时候着重指出，要他们看问题要客观，办事要公正。他对从数学系去的许忠勤说（丁是数学家，担任过数学系主任）："你去基金委工作，我送你两句话：一是不要以为数学各分支都是北大最强，没有这回事，华东师大的代数就比北大强；二是不要以为年轻人的数学都不如我们这些老的强，没有这回事，华东师大的肖刚就比我丁石孙强。"学校领导叮嘱他们要了解世界科技发展情况,依靠专家,要为发展中国科学着想,不谋小单位利益。这种人事调动正切合北大对学科和教师队伍进行调整的时机,一些教师希望从教学岗位转到机关工作,以更适合自己的兴趣和能力。另外一件事是,1986年4月,我们争取到了国家"863计划"的首次会议在北大召开的机会,有了"近水楼台先得月"的好条件。

二、冲破樊篱

1953年全国综合大学工作会议对北大这样的学校的定位,固然很崇高,也很光荣;然而在国家还是"一穷二白"的情况下,这也可以说是一个对学校发展不大有利的"框框"。因为在人民的温饱问题尚未彻底解决的情况下,国家强调的是发展经济,实现工业化。而这并不需要太多的基础科学研究,因为当时世界上现成的科学技术成果已足以解决这类问题了,绝大多数的工业先进尖端技术,我们还得向人家学呢!

这样,"综合大学"这一定位在一定程度上就影响到北大切身利益和在高校中的地位了。从1953年国家实施第一个五年计划开始,工业化成为全国建设的主要目标,是全党全国的工作"重点"或"中心"。为了保证这一点,党和政府采取了各种有效措施。1952年高校院系调整的出发点就在于迅速提高培养工业化人才的速度。调整后第一年,1952年,工科招生人数就比前一年翻了近一番(从头年的1.5万人到次年近3万人)。而基础学科,尤其是"纯"基础学科则相对处于边缘状态。清华大学和北大既是邻居,又是兄弟,还是竞争对手。从学术上来说,院系调整对清华是沉重打击,使之从真正的综合大学变成了"多科性工业大学",大批名师转到北大,北大是学术上的受益者。但是,1956年国家实行"向科学进军",制定12年科技发展规划,优先发展计算机技术、半导体技术、自动化技术、电子学技术四大领域和原子能与导弹两个项目。它们都不是基础学科,而是从数学、物理学、化学等基础学科衍生出来的新兴"技术科学""工程技术",至少是"应用科学"。它们都是北大相对薄弱的方面。而事实上,国家和社会大众判断一所大学是不是科学发展的标志,就看它在这些科学技术上能否为国争光。因为一般人分不清"科学"与"技术",也不懂两者之间的区别和关系。更主要的是,进入"重点"或"中心",自然就能获得丰富的发展资源、大量的科研项目和研究经费。这对于办好大学是至关重要的。而工程技术项目和经费显然会大大超过"基础研究"的。这样,与清华相比,北大获得的科研经费数量就远远落后了。因此,北大人总感到"吃亏"了,突破"理论科学"或"基础科学"的樊篱就成为历届北大领导人的心愿。

这里还有一个重要原因,在历次政治运动中,北大总处于"风口浪尖",成为政治漩涡中心。其罪魁祸首之一就是"理论或基础科学"。为什么呢?因为高等学校,尤其是像北大这样的"综合大学",总被批判为"三脱离"的典型。所谓"三脱离",即脱离(无产阶级)政治、脱离实际、脱离工农(生产)。在社教运动和"文化大革命"中甚至还进一步上纲上线到执行"资产阶级反革命修正主义教育路线",罪莫大焉!究其渊源,是综合大学工作会议上给北大的"理论"和"基础"两顶桂冠作祟。"理论"自然容易与"实际"脱节,而"基础"也必然跟风风火火的现实政治斗争与热热闹闹的生产实践有点距离,从而对经济增长的贡献也不那么显著,因此容易成为任何"整风"和"革命"的对象。这个道理多数北大领导人大体明白,改变北大的学科结构就成了其天然愿望。其实,无论怎样来评价1952年院系调整对中国高等教育发展的功过是非(对此我将在别处有所叙述),区分综合大学和多科性工业大学等不过是一种分工罢了。这并非苏联"先进"教育制度的体现,不过是欧洲高等教育体制的翻版,现在德国几乎每个中心城市还不是照样都有一所综合大学与一所多科性工业大学并肩而立吗?人家可没有太多的厚此薄彼的感觉!所以,这是"中国特色",是我们的体制和实行的制度,特别是"重点"政策造成的。这种政策有利于快一点、早一点出"政绩",但总会因其违背自然规律而受到惩罚,最终影响事业长远、健康的发展。顺其自然,合乎规律,该重则重,该轻则轻,轻重有度,把握得当,才是和谐、均衡、持续发展之道。

所以,实际上,从国家第一个五年计划开始,北大已陆续设置了一些新的专业或"专门化",如原子核物理、放射化学、计算数学、半导体物理、地球物理、流体力学、固体力学、无线电物理、电子学、计算机科学、生物物理、生物化学,并且恢复了地质学。1958年的"大跃进"中,陆平校长对设置新兴的高科技与应用学科尤其操心,大力推进。最为明显的是从物理学系分出来了技术物理系(其中放射化学部分来自化学系)、无线电系(正式命名为"无线电电子学系")和地球物理系,新增了三个系,大大加强了国家优先发展的科技领域。"文革"时期及之后的一段时间,这种倾向更为明显。我从自己的科研工作经历中也深感北大缺乏工程技术所导致的薄弱点,在1983年出国前曾给学校领导写信,希望建设一些含有现代工程技术内容的学科,甚至具体到将仅为原子能事业服务的"技术物理系"改造成更具广泛意义的"真正"的技术物理系(从汉中回迁时,曾设想我们波谱学与量子电子学教研室归物理系,学校领导还做出了决定,后因无线电系坚决反对而作罢)。1985年我任自然科学处处长时,"理科"已有12个系(除上述外后又增加了力学、地质、计算机和从哲学系分出来的心理学4个系)。而此前,在1984年学校制定的《关于北京大学建设与改革的几点意见》中,又一次明确要求"调整、增设系科专业,改革学科布局和学校结构",而总的原则是"继续重视基础科学,大力加强应用科学和新兴科学,注意发展边缘科学"。在此基础上,还明确要建设6个跨学科的教学科研联合体:材料科学中心、环境科学中心、信息科学中心、生命科学中心、管理科学研究中心和社会主义建设研究中心。其中管理科学研究中心在丁石孙校长亲自主持下于1985年成立,他自己兼任主任,厉以宁、陈良焜、王恩涌任副主任(该"中心"后来并入光华管理学院)。我想完成的这些任务也正是丁石孙校长对我的要求。而要发展新学科,最简单的办法就是接受相关的重大科研任务,带起一支队伍,然后逐步充实、改革教学,形成新学科的架构。这种方式也叫做"任务带学科",是"大跃进"年代普遍采用的,被认为是有效的经验。我也是热衷于这样做的。

1985年3月,我刚参与学校行政管理工作不久,党中央召开了全国科技工作会议,发布了《中共中央关于科学技术体制改革的决定》。当时主管理科工作的副校长陈佳洱参加了会议,并向我们传达了会议情况和《决定》。《决定》的主要内容就是整个科技体制和科技工作要"面向经济建设主战场"。这对我们是一把"尚方宝剑",我们可以更加冠冕堂皇地冲破"理论科学和基础科学"的樊篱而面向应用了。《决定》规定重大科技开发和有实用价值的应用研究项目采取合同制,由中央或地方财政拨款,可以建立重点实验室或试验基地;而基础研究则采用基金制,国家自然科学基金委是其执行机构;要开拓科技市场,允许科技人员从事商品化的技术开发工作。我们讨论的主要问题就是北大理科科研如何按照《决定》来"转向",面向经济建设主战场。当时有个说法,叫做"万吨巨轮掉头"。意思是说,北大好像是条"巨轮","转向"是艰难的,需要花大力气。现在看来,说"掉头"实在是有点过了。至于"艰难",主要体现在打破北大领导和教师长期身处"综合大学"养成的思维定势,改变其工作的习惯与作风。部分北大教师做惯了基础研究,不大考虑也不会做应用或开发研究,常有不知从何着手的茫然感觉。记得此后曾任物理学系主任的甘子钊院士曾说过:我们物理系要提倡做点"脏"物理,可是有人总是很清高,只能做"干净"物理。"脏"指的就是应用和开发。另外,部分北大教师存在"等、靠、要"的思想。"文革"以前,北大教师做科研从来不知道还要申请项目和经费,他们认为只要自己想做、肯做科研,这些是自然会有的,国家会给予保证的。所以北大教师很少有"争"的观念。我曾将此归结为"北大特色"之一(见《闲话"北大特色"》,《湖边琐语》,北京大学出版社2008年版)。这里讲一个小故事:物理系杨威生教授是一位优秀的实验物理学家。1984年从美国纽约州立大学石溪分校访学回来后从事表面物理研究。凭着自己对物理概念的深入理解和灵巧的双手,他做出了一台当时国内领先的、能观察固体表面原子排列状态的"原子力显微镜"。我们去参观这一杰出成果时,发现所用的一些防震材料是普通包装箱的硬纸板,太简陋了,就动员他申请一个科研课题,获得经费资助,并与工程技术单位协作,做出漂亮产品来。他眼睛一瞪,甩出一句:"我花不起那闲工夫!"既可爱,也可叹!后来我们通过系主任赵凯华从学校自筹经费里给他拨了10万元,让他将样品做得更精致一些。所以,所谓"转向"也意味着,北大今后也要学会在社会上、在市场中去"争"了。

实际上,此前,这种"转向"已有所动作。1984年10月,北大已经成立了科技开发部,与自然科学处合署办公,由党委常委、副教务长花文廷任主任。不久,即筹办了一个科技开发公司,还设立了一个专利代理办公室(后发展成为专利事务所兼知识产权研究中心,归并到了法律系)。由于允许从事商品化的技术开发工作,教师也可以承接企业的技术开发项目,从中还可得到一点额外收入,学校则可由此得到"创收",从而发生了一些比较复杂的经济关系和纠纷,所以还成立了一个经济管理办公室,以规范各种涉及经济的活动。此后学校还创办了新技术公司(北大方正集团公司前身),主要从事王选团队研发的汉字激光照排系统的产品化。之后又成立了与日本佳能合资的北佳信息技术有限公司。此外,还办了一个专门以技术开发为主要任务的综合技术研究所,由无线电电子学系主任王楚担任所长。以后各系也纷纷办起了一些高新技术公司,其中还包括为社会举办的各种培训班(主要是文科院系)。这样,"创收"一时成了学校的一个时髦话题。其实,北大最早的"公司"是后勤系统的劳动服务公司,它是为安置编余职工和让职工子弟就业的。那时学校为扩展校园面积,必须将周边或校园范围内的私营企业职工"消化"为校内人员。由此可见管大学之"杂"。

自然科学处的主要任务还包括"继续重视基础科学",为此我们还写了两篇文章阐述综合大学开展基础研究的必要性,希望国家改变体制,增加投入。同时尽可能从夹缝中挤出一点经费来支持那些确有发展前途和研究水平的教师及其项目。当时北大财务上还遗留了一点"文革"时期校办工厂(如制药厂、化工厂、电子仪器厂等)积累的盈余款项,每年可用一二百万元来补助这类研究。不过重点当然放在"大力加强应用科学和新兴科学,注意发展边缘科学"上了。当时我们较为关注的新学科有信息科学、计算机技术、通信技术、材料科学、遥感技术、环境科学、生态学、分子生物学、生物技术与工程、能源技术(主要是石油天然气勘探开发)等,它们不仅是新兴学科,而且往往还是边缘交叉学科,需要从原有基础学科中吸引或抽调教师来开展工作。这里基本上采取两种做法:一是在原学科中生长,千方百计去争取国家、部门或地方的重大科研课题,成立相应实验室,招收研究生,逐步形成新专业;二是通过组织不同学科的教师座谈讨论和举办新兴的交叉学科的学术报告会,吸引大家兴趣,达成一定共识,在此基础上物色与争取共同课题,形成"交叉学科中心"。它们一开始都是"虚体",即人员编制留在原单位(系、教研室或研究所),时机成熟后,有的"中心"就成为"实体",成为具有固定人员编制的单位。我们希望,它们以后都能发展成为国家、地方(北京市)或不同部门的"重点实验室"。这样就有了科研基地,有了从事重大项目的科研经费和条件等基本保证了。

随着世界科学技术的突飞猛进,20世纪80年代后期与早先50年代开展科研的情况相比,已经发生了重大变化:为了完成这类项目,一般都需要配置功能先进、高端、精密的大型进口仪器及分析测试设备(例如大型电子计算机、高档电子显微镜、高分辨核磁共振谱仪、傅里叶分析质谱仪、分子束外延系统、强磁场系统等),不仅需要巨额人民币,还要有大量外汇,而这是一般科研项目和普通实验室所不可能具备的条件。自然科学处的职责就是为教师和科研人员服务,替他们排忧解难,造就让他们施展才华的舞台。这里,我的工作主要是建设新学科,而重点放在新兴交叉学科上面,特别是完成1984年学校规划的几个研究中心,以及大批的国家重点实验室的建设。

现在回想起来,当国家经济从计划体制向市场经济体制转型的过程中,大学的科学研究是否也必须"转向",甚至"掉头"呢?要是国家继续能给少数几所"国立"(或直接归属教育部管的"部属")"综合大学"(院系调整后,这样的高校,包括当年不设理科的中国人民大学,全国仅14所)以日常科研经费,维持它们的基础科学研究的优势(事实上,它们还会积极参与应用和技术学科的研究,因为科学与技术、基础与应用密不可分),或许我国本土的诺贝尔科学奖还会来得更早些,而大学也不致像后来那样完全失去了"象牙塔"和"清水衙门"的圣洁形象。后来方正集团出现了风波,有教师问我:当年学校是否不应该允许举办公司、企业?我不置可否。很多西方大学到现在不是还不许可学校举办这类经济实体吗?(不过,也有许多西方大学办起了自己的"公司"。)但是,从当时情况看,谁又能阻挡这股"市场化"的大潮呢?事关学校的生存发展,北大是不能独善其身的。

三、交叉学科

大家知道,20世纪科学技术的突飞猛进,既表现在学科迅速分化上,也反映在不同学科的不断整合上。不少人说,"综合"是科学发展的主要趋势。我却认为分化是更基本的。我曾根据美国物理学会发布的物理和天文学科的论文分类条目(PACS)演变做过统计,这两门学科的分支类别在2003年共约3000种的基础上每年以5%左右的平均速度递增,每十四五年就翻一番。这个数据大体可以反映所有学科的分支学科增加的速度。这是一个十分可观的数字：约 50 年学科数增长近 10 倍。学科分化越来越细密、专门，表现为原理更为周密，理论更为繁复，方法更为琐细，技术更为精湛，手段更为专门；每门学科或学科分支表现出强烈的独特性。这使学者隔行如隔山，不同学科、不同学科分支之间往往很难互相透彻地讨论、理解和交流。正是因为这种分化的势头太猛，才需要来一个"反作用"，从而出现一种要求"整合"与"重组"的趋势，以使科学技术更健康地发展，解决分化过程中不可避免地产生的问题，并产生了一系列的交叉学科、边缘学科和横断学科。这些学科成为 20 世纪后半叶科学的生长点，为学界所追逐。1984 年《关于北京大学建设与改革的几点意见》中明确要建设 6 个跨学科的教学科研联合体：材料科学中心、环境科学中心、信息科学中心、生命科学中心、管理科学研究中心和社会主义建设研究中心，确实大体是那时北大所需要的新的交叉学科。除了管理科学研究中心和社会主义建设研究中心之外，其余中心的建设我认为是自己的分内工作。为此我花费了很多精力。

  前面说过，我曾有将"技术物理系"改造成名副其实的"技术物理"的想法。后来，为了逐步加深和拓宽技术学科和应用学科的研究深度与广度，我们曾设想建立一个"技术科学学院"，并且成立了一个以王楚、杨芙清教授为首的学术委员会。按照钱学森先生的学科分类，技术科学应是介于基础科学和工程技术之间的独立科学层次，建立这样一所学院来统一筹划共同的教学科研事务是很自然的，而且，当时计划组成技术科学学院的几个系的关系也很好。本来建立这样一个大学内部机构，学校是可以自己做主的，我们却请示了国家教委。结果是不允许，也没有什么冠冕堂皇的理由。我是这个建议的积极提倡者，按我的想法，教委不批我们自己也可照样做（其实，当时复旦大学就有一个这种名称的学院，当然也是内部的），但许多同事说，既然我们申报了，上级不批，还是不做为好。这样，我们就只能更加集中精力去筹划上文说到的交叉学科中心了。

我参与建设的第一个中心是信息科学中心。按当时的设想，这个中心是一个包罗万象、涵盖了北大几乎所有有关信息学科的文理交叉学科中心。因此参与中心筹备的有数学、无线电电子学、计算机科学技术、中文、图书馆情报学、生物学、心理学等系，以及数学、计算机、遥感技术应用等研究所共十个单位的人员。这个中心以数学系和数学研究所石青云教授领导的用数学方法研究模式识别、图像处理（最具实用价值的是指纹识别）的团队为主力，加上计算机系杨芙清教授的软件工程、计算机科学技术研究所王选教授的汉字信息处理和计算机辅助教学，中文系和图书馆情报学系的语言和汉字信息处理、图书情报信息，无线电系的通信技术，心理学系的人脑功能，生物学系的生物和人体信息，以及遥感所的地理信息系统等项目的研究人员。

要建立这样一个中心，必须先有一些核心人物。当时的核心是数学系的程民德先生。程先生是我国大数学家陈建功先生的学生，美国普林斯顿大学博士，专业上有很高造诣。他1950年回国到清华任教，1952年院系调整到北大，很快就成为一位年轻的教授，是数学系和数学研究所的领导人。他积极推动数学的应用研究，在北大发展应用数学学科，有很强的号召力和凝聚力，工作极端负责。以他为核心筹划信息科学中心，得到了无线电电子学系主任王楚、计算机系主任杨芙清、计算机科学技术研究所王选，以及生物、心理、遥感等学科一批学者的支持。程民德先生担任学术委员会主任，深孚众望。当时程先生年事已高，实际工作主要是他的学生、后来也成为中科院院士的石青云教授来抓的。她是中心主任，在指纹识别及其实际应用系统研制上取得了国际领先的成果。无线电电子学系、计算机系推荐得力的骨干教师迟惠生和唐世渭担任中心副主任，协助石青云工作。

要将这么多不同学科的人员组织起来合作共事，并非易事。首先需要找到共同的学术兴趣、各学科交叉的结合点。这就是"信息"两个字。在筹备过程中,在将近一年的时间里举办了各种有关信息学科的学术报告会,从中找到共同关心的科学问题、研究方法和处理手段。达成共识之后,确定了以数学应用为核心的研究方向。中心具有自己的人员编制,即所谓"实体",这些人员在行政上不再隶属于原来的系所,但在教学科研上仍与原属系所保持着密切关系,例如继续承担原系所的课程和一些科研课题。而大部分中心成员则属"虚体",他们参与一些属于中心组织的科研课题,或与中心课题有协作关系,但人事编制不属中心。这种虚实结合的中心在管理上增加了许多复杂性。其中一个重要方面是学术和行政关系的错综纠缠。人员的单位所有制使在同一所大学而分属不同系所的人员的工作负担,甚至收入待遇有许多差别,而当时工资收入是个人收入的大头。又因系所的工作业绩完全决定于所属工作人员教学科研的成就,一个单位(系所)人员的进出(尤其是那些主要学科带头人)对该单位的业绩影响甚大。因此,当时把一批很有成就的教师的行政关系从数学系转调到信息科学中心是很有难度的,数学系系主任李忠认为这样会削弱数学系的科研力量。而差不多同时,在实际工作中具有更多的应用价值的概率统计学科从数学系分出来独立成立了概率统计系,也削弱了数学系的科研力量。因为概率统计本来是数学系的一个重要方向。这其实是学科发展中不可避免的常态。对此应处理好新兴的、应用性较强的学科与原来基础性很强的母学科的关系,使之达到双赢。这里关键在于"发展"两个字。我将这比喻为母亲生小孩。生育会使母亲的身体虚弱,但只要营养跟得上,母亲还会健壮起来,孕育出新的孩子。这也是母学科的责任和义务。为此,学校对母学科的发展和新学科的成长都要有相应的政策,使母学科不断增加新生力量,继续保持优势,同时要使新学科迅速壮大,源源不断给母学科提出需要解决的新的基础课题。为此,我们保留了相当一批信息数学教研室的教师,继续从事有特色的研究,没有全转到信息科学中心去；同时，还要摆正双方从学术到行政的复杂的利益关系。这里确实存在着千头万绪的问题。我记得当时信息数学教研室教师胡德昆隔三岔五地到我家里来唠叨，就是讲这些事的处理，他既是信息科学中心的热心支持者，却又要在数学系保存一支得力的信息数学研究队伍，两头为难！此外，实体中心的存在和发展还会遇到从人事、经费到实验、办公用房等许多实际问题，都需要一一帮助解决。

在解决这些错综复杂的问题中，程民德先生起到了顶梁柱的作用。在中心成立的近一年的时间里，讨论大事的重要会议，包括中心成员的学术交流会他都参与，中心筹备班子石青云、迟惠生、唐世渭等人讨论日常工作，犹豫不决的时候，就会跑到程先生家里去请教，有时还要熬到深夜。所以中心不少决定是在程先生家里做出来的。在这过程中，我几乎参加了中心筹备工作的所有会议，主要起协调中心和各系所关系的作用，同时从学校层面帮助解决建立中心的一些实际困难。特别是后来关于申请建立国家重点实验室的事，程民德先生会不时地给我打个电话，通消息、通情况，嘱咐我解决一些问题。他为中心真是倾注了全部心力。经过近一年的酝酿筹备，信息科学中心在 1985 年 5 月中旬召开最后一次筹备会议，丁石孙校长出席了。他说，中心要从培养人才入手，注意出经济效益。会上成立了中心学术委员会，委员会成员包括 10 个系所的学术带头人。6 月 14 日的校长办公会正式批准信息科学中心成立，7 月 27 日任命石青云为中心主任，8 月 1 日举行成立仪式。

另一个交叉科学中心——环境科学中心其实成立得最早，在 1982 年。环境科学是关系中国发展的重要新兴应用学科，从 20 世纪 70 年代起，北大就有一批学者对此十分关注。地理系的部分教师认为，自然地理学就是环境科学。我曾拜访过地理系的林超先生，他给我看过厚厚的一本美国自然地理学教科书，封面就写着"环境科学"。1989 年地理系改名为"城市与环境学系"。技术物理系放射化学专业唐孝炎教授在汉中分校时就开始从事环境化学的研究，她的兰州西固地区大气光化学污染的规律与防治对策研究的成果很有名,后来她被选为工程院院士。北大力学系还拥有一台国内稀有的环境风洞。地球物理系大气物理学科也有人研究环境问题,还有人研究环境数学,文科则有人从事环境法学、环境经济学研究。所以在1982年北大就成立了环境科学中心,由地理、技术物理、地球物理、力学、法律、经济、数学等系的相关教师参加,但人员编制仍属原系,中心只起协调研究课题、交流研究成果的作用,是一个"虚体"。1985年它也发生了质的改变,成为一个文理交融、虚实结合的研究中心,实体部分主要由以唐孝炎为首的环境化学研究团队、地球物理系的大气环境研究团队和地理系的环境地学教学研究团队,以及力学系环境风洞实验室等为主体。在任命石青云的同一次会议上,学校正式任命了唐孝炎为环境科学中心主任,金瑞林、陈家宜、叶文虎、陈静生为副主任,他们分别来自法律系、地球物理系、力学系和地理系,而金瑞林的人事编制仍属法律系(虚体部分)。这个中心已经有了几年的工作基础,在此过程我并没有参与太多,只是参加了几次会议,主要是协调中心与原来母系的关系,从学校层面为中心从编制到房子等做些具体的服务工作。当时这个中心的一个最大愿望,是与国家相关行政管理部门积极合作,以便在国家建设上发挥更重要的作用。所以中心与国家环保局密切联系,环保局局长曲格平也多次来到北大。1986年,在丁石孙校长的亲自过问下,环境科学中心终于获得了与国家环保局合办的资质,这样,该中心的地位就不同了。后来这个中心发展成了一个规模很大的学院。

1992年在里约热内卢召开的联合国环境与发展大会上提出了"可持续发展"的思想,通过了《里约环境与发展宣言》和《21世纪议程》。我国在国际上率先响应,由国家计委和科委联合编制了《中国21世纪议程》,并提出了一批优先项目。环境科学中心抓住这个时机,筹备建立北京大学"中国持续发展研究中心",为联合北大众多学科参与这个国家重大项目贡献自己的力量。我对我国发展中那种只图眼前利益、对子孙后代的福利置之不顾的现象深感忧虑,认为北大应该在这个事业中发挥重大作用,积极支持叶文虎教授组织的筹建工作。这项工作也得到了国家教委科技司的热情支持。这个中心于1993年末正式成立,行政上挂靠在环境科学中心。我还和叶文虎一起参与了不少由国家计委和科委举办的会议,提出北大可以承担的任务和项目,后来我利用担任北大常务副校长的职务之便,表示北大可以承担中央各部门与地方组织的有关"可持续发展"问题研究的干部培训。这样,我还担任了这个中心的学术委员会主任。后来,全国成立了由国家科委副主任邓楠为理事长的中国可持续发展研究会,我被选为常务理事,主要承担的就是干部培训任务。

当时国家科委政策法规司还和北大法律系合作,起草以《科技进步法》为主的一些法规。为此,学校成立了文理交融的交叉学科中心——科技法研究中心。此后专利事务所的工作也合并到这个中心了。我参与了该中心不少活动,包括准备给中央领导集体讲解有关科技发展的讲课提纲。后来全国人大通过的《科技进步法》,大体采用了我们的草案。

1986年1月我担任教务长以后,还花了较多心力建设一个交叉学科中心——石油天然气研究中心。建立该中心的主要目的是希望北大能为解决我国能源问题发挥更大作用。在此之前,我们与原石油部,后来的石油天然气总公司的科技司有过较多联系。对方希望北京大学能对油气藏储层的地质、勘探、开发、二次开发,以及相关仪器设备研制等方面提供综合性的科技支持。为此,需要地质、化学、物理、地球物理、数学、力学、计算机、无线电电子学等多方面人员联合攻关。我记得此前我们在利用地层对无线电波的反射来获取油气藏信息上已经获得了很有意思的成果,显示了这种交叉综合研究的优势。然而,在具体组织过程中,我发现要使不同行业的人汇合起来集体工作很不容易。由于这些人是初次集合,彼此不认识、不熟悉,要找到共同语言就比较难。知识分子常常有文人相轻的陋习,不同行的人互相看不起。我们的工作从组织相关学术交流开始,这时候学术语言不同常成为障碍。比如,学地质的人通常把观察晶体结构的一种显微镜叫做"偏光显微镜",而学物理的就会说他们"概念不清",应该叫"偏振显微镜"。其实这不是什么"概念不清",只是习惯不同,人家已经这样叫了几十上百年了,为什么非得要改呢?我常说,合作就是因为人们各有所长才需要,要是大家都一样,没有差异,你会的我也会,你不会的我也不会,要合作干什么呢?这个中心由地质系钱祥麟教授任主任,有一阵他跟我叫苦连天,因为初次合作中磕磕碰碰的事情太多了,其中也有不少单位间的利益矛盾。不过中心终于在1989年5月4日成立,此后也取得了一些显著成绩。

还有两个交叉学科中心,我曾经煞费苦心地设法让它们建立起来,最终却不成功,只好放弃。这成为我的一个心病。其中一个是材料科学中心,一个是语言科学中心,前者是理科的,后者基本上是文科的,但也有计算机、无线电学科的人员参与。至于1984年《关于北京大学建设与改革的几点意见》中明确规定的还有两个交叉学科中心——生命科学中心和社会主义建设研究中心,前者因主要仅涉及生命科学,后来生物系扩展为生命科学学院时就自然解决了,生命科学学院的几个实验室联合有时也叫"生命科学中心",没有另外的单独建制;后者则由吴树青校长牵头建立的邓小平理论研究中心替代了。

材料科学与我国成为制造业大国密切相关。但是材料种类繁多,性质各异,应用领域也完全不同,几乎牵涉所有理科。例如,化学系从事无机和有机材料、晶体、稀土、高分子、超导、纳米等材料的研究,物理系则研究金属、磁性、低温、超导、发光等材料,地质系研究宝石、矿物等天然材料,无线电系研究阴极材料,固体力学研究各种材料的力学性质,还有生命科学学院的生物材料,等等。因此很难找到一个核心,或领头的学科与人物。我们曾多次与化学、物理、力学、地学等学科的许多教学科研人员座谈过,开过几次与材料科学有关的研究方向和发展趋势讨论会。大家虽有一些共同语言,却很难找到协作的契合点,因而不能聚合成为一个有校级整体性的"中心"。不过,各学科在某些问题上也可以合作。例如,对超导材料,化学与物理系就合作得很好,在关键时刻,研究团队甚至像一个有机整体,实现了统一指挥;在纳米材料上,化学、物理、无线电和微电子等学科也结合得很好,后来还发展出了一个纳米科学与技术研究中心,取得了不少成绩。这个中心尽管研究方向和工作联系密切,各部分仍分属于不同院系,中心基本上是个"虚体"。后来,文理科这类研究中心还有不少,如世界文学研究中心、非线性科学研究中心等。

语言科学中心则是另一种情况。在北大历史上,语言学科是北京大学的一门"显学",曾经出过许多大师级人物,如黄侃、沈兼士、马裕藻、钱玄同、刘半农、黎锦熙、袁家骅、罗常培、魏建功、岑麒祥、高名凯、周祖谟、王力、朱德熙、李赋宁、季羡林等。改革开放后,一方面是国人学英语的热情高涨,对外汉语教学也大行其道,但语言学却成了冷门学科。对此,身为语言学家、主管文科的副校长朱德熙先生极为着急,总想改变这种局面。为了使语言学得到新生,他从建设计算语言学研究所入手,希望采用计算机的现代化方法来振兴语言学,以便出些新成果。在计算机系配合下,这个所由朱先生亲任首任所长,后来在陆俭明教授和来自计算机系的俞士汶教授的努力下,确实取得了许多独特的创新研究成果。在与朱先生接触,以及后来与季羡林先生晤谈中,我萌生了这样一种观念:语言学科将会是未来具有重要影响的领头学科。因为语言既是表达交流的工具,也是思维的工具,但表达与思维两者却难以完全统一起来,"词不达意"是常态。深入透彻研究两者的关系不仅可以给语言信息处理、机器翻译、同声传译等应用性很强的专业带来好处,而且必将对人类思维和认知科学的进步产生深远影响。所以我是真心实意热情支持这门学科在北大复兴的。1989年,已卸任的副校长朱德熙先生去美国讲学之前,曾跟我有过一次长谈,希望北大能促进语言学的发展,甚至将来能办起一个独立的语言学系来。后来朱先生在美国因病去世,我把这次谈话看成是朱先生对我的遗嘱,一直深埋于心。想到当年语言学研究之艰辛,甚至文章难以发表,著作难以出版,总是心中有愧。当时北大语言学研究,分散在好几个院系,文科有中、西、东、俄等不同的语言学科,理科也有语音感知、计算机语言等研究。我们召开过几次研讨会、座谈会,希望通过合作凝练研究课题,找出语言科学繁荣发展的路子,但收效不大。我还曾在访问美国时拜访原数学系的"才子"马希文,希望动员他回国从事这方面的研究,但无功而返。后来北大成立了以中文系为主的汉语语言学研究中心和一个挂靠在外国语学院的外国语言学及应用语言学研究所,应该说,语言学研究的情况在好转。但是,在社会急功近利的大背景下,要恢复昔日北大语言学的繁荣,似乎还有很长的路要走。我后来也在不同场合,呼吁各方应重视对语言学的研究,然而人微言轻,孤掌难鸣,成效自然难见!

北大后来成立了许多研究"中心",其中有的只是比较单一的新兴学科,综合交叉的性质不明显。而有的虽名为学科"研究所",却也具有多学科联合攻关的性质,如人口研究所。对这个研究所的建设,我也曾注入不少心力。人口研究所的张纯元和曾毅曾是我家常客。还有一个世界文学研究中心是由四个外语系(东、西、俄、英)和中文系在1986年末联合组成的,是不同语种文学研究的联合机构。它出版了《国外文学》杂志,由德语专业的张玉书教授任主任,季羡林、杨周翰和李赋宁是顾问,俄语系做了更多日常工作。

为了建设这些交叉学科的研究中心,需要煞费苦心地协调各种关系、照顾各方面的利益。在这方面,国际上也有不少经验教训,我们曾通过世界银行获得了一份"美国政府-大学-产业研究圆桌会议"的文件《如何组织大学多学科研究和教育项目》,里面写了13条原则。我们总结自己的经验,也写出了一篇文章《关于开展和加强跨学科研究和教学》(与羌笛和卢晓东合写),发表在《高等理科教育》1995年第3期上,并收录在我的《谈学论教集》(北京大学出版社1997年版)中。

在建立这些交叉学科中心的过程中,我感觉到"交叉"优势在于来自不同学科的学者都有深厚的本门学科的功底,这样"交叉"起来就会产生1+1远远大于2的能量。"文人相轻"的毛病在这种交叉中也会少些,因为越是对本门学科有深入理解和研究的人,越能感知别的学科的门道和长处,合作起来不但融洽,还津津有味。而对本门学科造诣平平的人,反而容易纠缠于名词术语,彼此看不起,难以合作。另外,正如上面说过,处理好新兴的交叉学科与母学科的关系是个大问题。这里牵涉到很多利益纠葛,其中不少和大学组织结构与管理机制相关,是大学改革的一个关键问题。

四、重点建设

20世纪80年代中期,国家经济已经起步,但国力还十分薄弱。经济建设开始呼唤科技,要求科技转向经济建设主战场,但对科技的投入却仍非常不足。那时在高教界有一句戏言:"要'科教兴国',首先应当'国兴科教'",就是要求国家增加对科技教育的投入。

要将大学的教学与科学研究搞上去,出人才、出成果,首先是要有人。特别是要有有远见、能开创、能带领一群人在学科前沿领域做出创造性成果的领头人。要稳定住这些人在大学干,就要给他们提供较好的工作和生活条件。当然,也要为更多的教职员工创造相应的比较体面的生活条件。但20世纪80年代和90年代中期之前,北大能给予的"条件"实在可怜。

北大理科实验室是在原北大和燕京大学的理科实验室的基础上,加上清华理科实验室的一部分,建立起来的。由于新中国成立前学生人数少,教学实验室的仪器设备也很少,1952年院系调整后,学生规模迅速扩大,这些仪器设备远远满足不了教学需求。后来学习苏联又开设了专门实验(在物理系,也称"中级物理实验")和高年级的"专门化实验"课程,更需要有比较高档精密的仪器设备。经过 50 年代教学科研经费的支持和教师、实验员努力自制一些设备,逐渐积累了一点家底,但是总体上底子十分薄弱,一些抗战以前的老旧设备仍在使用。为了说明实验仪器设备的窘迫状况,我们曾请国家计委和教委高教司的领导来校参观基础课教学实验室。那时看了生物系学生做实验,学生一只手扶着显微镜的镜筒,一只手描图。因为显微镜是 30 年代的,齿轮已经磨损了,如果不扶住镜筒,它就会掉下来。他们看后很有感触,说没想到北大还是这个样子。所以,无论从提高教学质量,还是从开展科研的实际需要来看,当时是应该增加大量投资来改善实验设备条件的。但是,80 年代中期,每年国家拨给学校的总经费约为 2700 万元,其中绝大部分用于教职工的工资(当时全校有教师不足 2700 人,教职工总数约为 7000 人)等,教学设备费用仅为 300 万元,少的时候甚至只有 150 万元(1987 年),只能买几台高档进口科研仪器。有的年份,可以从基建费中提取一点大型设备费,从科研经费以及校办企业的收入中补贴一些,多的时候有 200 万～300 万元,少的时候不到 100 万元。世界银行贷款项目彼时发挥了重要作用,它们使物理、化学、生物、计算机等基础教学的实验设备条件逐步改观。这些经费每年多少不等,有 100 万元到 300 万元。但是,对主要从事科学研究和研究生教学的学科建设来说,这些经费仍是杯水车薪,远远不够。因此,1985 年国家教委从建设重点学科出发,提出了建设国家重点实验室的设想,请国家计委和科委操办,得到计委的支持。1985 年《中共中央关于科学技术体制改革的决定》里明确规定了重点实验室的经费由政府拨款,这对我们是一针强烈的兴奋剂。我们近水楼台先得月,积极响应,并着手规划北大的国家重点实验室的建设。按当时设想,希望第一批建成低维导体、湍流、人工仿生、生物大分子结构和微电子薄膜等 5 个国家重点实验室。我们期待通过这个措施来加速从优势基础学科生长出来的新兴应用与技术学科的发展,在前沿领域做出创新成果。但是1985年由国家教委批准建设的第一批国家重点实验室项目,全是京外高校的,这说明我们的工作还不够积极和周密。

经过认真规划,我们最后决定第一批建设5个国家重点实验室:视觉与听觉信息处理、分子动态与稳态结构(与中科院化学所合建)、蛋白质工程及植物基因工程、生物膜与膜生物工程(与中科院动物所和清华大学生物科学技术系合建)、人工微结构与介观物理。对于建设国家重点实验室的规格,《中共中央关于科学技术体制改革的决定》里并没有明确规定,只是指出:"高等学校和中国科学院在基础研究和应用研究方面担负着重要的任务。……各方应当密切合作,人员相互兼职,开展合作研究,联合建立实验室或研究机构。"所以当时中国科学院和大学合建国家重点实验室成为趋势。1986年7月初,中科院副院长周光召等多位科学家和大学教授座谈了在中关村地区联合进行科研和人才培养问题。几天后物理系就和中科院物理所与清华物理系座谈,酝酿合建固体物理国家重点实验室。后来因为三家都沉浸在当时高温超导体的热点研究中,忙不过来,联合组建实验室的事被耽搁了。以后情况变化,且鉴于三家各有特点,联合起来不易管理,北大就单独建了人工微结构与介观物理国家重点实验室。

对引进人才、建设交叉学科研究中心和国家重点实验室,丁石孙校长积极性很高,抓得很紧。很多事情都是他亲自过问的。例如,生物系引进陈章良,就是在生物学系的潘乃燧、陈守良、顾孝诚等人的极力推荐下,由他做出决定引进来的。蛋白质工程及植物基因工程国家重点实验室就是在学校领导决心建设生命科学中心,为陈章良创造更好的工作条件,并在陈章良本人的积极努力下成立的北大早期的国家重点实验室之一。人工微结构与介观物理国家重点实验室的建设,也是首先由丁校长找物理系领导商议的。

建立国家重点实验室是一件非常复杂麻烦的事,事先要做很多准备工作。当时主管这件事的是国家计委科技司司长秦声涛,而具体工作主要由马德秀处长（后任上海交通大学党委书记）负责。从1985年到20世纪90年代，我多次到国家计委，就国家重点实验室建设问题与她沟通，向她请教。包括向她详细介绍北大基本情况、科研基础与成就、实验室的建设条件，以及建设方案、经费投入、设备使用的设想、实验室的管理与开放办法，乃至论证报告的内容与格式等，都要协调妥当。实验室建设论证的具体工作一般是由国家教委科技司来抓的。我们的第一个国家重点实验室就是在信息科学中心的基础上成立的，由石青云任主任的视觉与听觉信息处理国家重点实验室，它的英文名称是"machine perception"（机器感知）。我记得为了确定这个名称，在程民德先生指导下开过多次会议。成立蛋白质工程及植物基因工程国家重点实验室也是这样。那时候，给实验室起名是有很大学问并须煞费苦心的。后来，甘子钊院士曾为当年没有听取钱学森先生的建议，把"人工微结构与介观物理实验室"的"介观物理"改为"纳米科学"而后悔不迭。因为"纳米"两个字后来非常流行，叫得非常响亮。

1986年3月11日和12日，国家教委主持召开了北大第一个国家重点实验室——视觉与听觉信息处理实验室的立项论证会。会上，石青云教授做了论证报告，由12位顶级专家组成的专家组经过参观、讨论，一致肯定了北大建设国家重点实验室的必要与可行，研究内容和设备配置合理。一个月后，4月12日，国家教委批复批准了该实验室计划任务书，并列入1986年国家重点实验室项目计划，投资总额为580万元，其中含155万美元的外汇额度。这在当时是笔数目很大的经费，对科技工作者和教师在科技前沿展开工作起了很大的推动作用。为了这次论证，我们足足准备了将近一年的时间。又经过一年多时间的建设和准备，在1988年12月下旬才通过了实验室建设的验收。

北大第二个国家重点实验室是分子动态与稳态结构国家重点实验室。这个实验室是化学系在1985年底成立的以唐有祺先生为主任的原结构化学开放实验室的基础上,与中科院化学所联合组建的。这是一种新的组织形式。为了这个实验室的建立,我跟化学系唐有祺先生的助手桂琳琳教授多次到教委和计委汇报,同时也要跟中科院化学所协调研究内容和管理方式。1987年3月5日,该实验室通过了以国家自然科学基金委主任唐敖庆先生为首的专家组的立项论证。

应该说,为了这两个实验室的建立,我是花了不少心血的,多次到国家教委与计委汇报工作。对于第一个实验室,主要是讨论实验室的定位、建设目标、研究方向、经费申请与使用管理等问题;对于第二个实验室,因为涉及与中科院共建,还讨论了管理职责等问题。有了建设这两个不同类型实验室的经验,以后有关实验室建设的事就清楚多了。两个生物学和一个物理学的国家重点实验室建设,学校讨论过几次,但我具体过问并不多,基本上都是这两个院系的教职员工自己努力建成的。

对于学校来说,当时建设这种国家重点实验室要解决的一个突出难题是房子。视觉与听觉信息处理国家重点实验室是在信息科学中心基础上成立的,它是一个新成长起来的单位,没有一点房源底子。我们与学校房管部门合作,花了九牛二虎之力,把原来的哲学楼的西边大部分房屋腾了出来,给信息科学中心和重点实验室使用。可是与别的大学的国家重点实验室的用房面积相比,这点面积非常可怜。那些大学新建的国家重点实验室,动辄拥有几千平方米,整栋楼,而我们却只有几百平方米,不足1000平方米。但对北大来说,这已是很大的面积了。可是专家们评审实验室建设的时候,这体量不足、条件不够往往被视为学校不重视、不支持的主要表现,使学校十分为难。后来建立的分子动态与稳态结构国家重点实验室要稍微幸运些,因为那时在中关村新建了一栋化学大楼,就将原来的化学南楼整栋楼给该实验室使用,但面积也不足2000平方米。以后,建设人工微结构与介观物理国家重点实验室,用的就是物理大楼。其实,这个国家重点实验室的许多下属实验室本来就是物理系的。为了整合成为一个"国家重点实验室",给人以整体感觉,系主任甘子钊不得不动员各实验室搬家,把它们集中到一起。这件事劳民伤财,招来系里教职工的怨言,认为是搞形式主义。但在当时,这是不得不做的。而为了将"文革"中无线电厂占用的房间腾出来,我也费了九牛二虎之力,亲自一间间地去了解其功能。有时,房门关着,就得站在高凳子上通过门顶玻璃窗观察其设施以做决定。

第一批国家重点实验室确实收到了很好的效果。例如,由于实验设备的改善,指纹自动识别系统的研制很快取得了突破,后来在美国国际招标中战胜了日本与北美的公司一举中标,实现了产业化,此后又成立了指纹电子公司,产品远销国外。1987年教委研究生司和科技司联合考察了美国、加拿大高校重点学科建设以后,1988年教委又提出了利用世界银行贷款建设100个重点学科和一批(约60个)国家重点实验室的计划(这可以看成是后来"211工程"的雏形)。这使我们很兴奋,于是我们一方面积极筹备新的重点实验室的建设规划,另一方面也积极切实解决建设这类实验室给学校带来的问题,包括上面提到的对北大来说十分头疼的老大难的用房问题。另外,还有管理问题,因为国家重点实验室原则上是在北大筹建的国家机构(行政上属"处级"),需要独立管理与运行(包括资产)。因而要有人员编制和配套条件,以及相应的管理措施与办法。再有,这些实验室必须是"开放"的,即实验室设备资源要能为外单位同行科研人员所共享,部分课题与经费应由外单位人员来参与和使用。为此,学校需要为他们提供工作和住宿等条件,甚至还要占用一些对北大教师来说是十分珍贵的研究生名额。凡此种种都会成为问题,都会增加学校额外的负担和管理的复杂性。如果要进一步扩大国家重点实验室的数量与规模,必将占用学校更多资源,从而增加后勤和管理等工作的难度。这必须得到学校各方面的理解与支持。为此我们于1989年初筹建了由教务(包括科研、研究生、实验室与设备管理)和人事、财务、后勤等部门负责人组成的重点实验室管理委员会,以便统筹兼顾,全面协调解决各方面的问题。该管委会由陈佳洱副校长任主任,我任副主任,具体工作由我来抓。总务长张启运、研究生院副院长童沈阳、自然科学处处长沈钟和副处长侯发高、财务处处长胡妙慧、人事处副处长兼师资办主任杨以文、实验室与设备管理处处长李安模和副处长张宏健,以及房管处代表等人都是成员。不过1989年后,由于一年级新生要到军校接受一年军训,学校用房紧张程度缓解,不少问题因而自行解决,刚成立的这个委员会反而显得有点清闲,麻烦不多。可惜这只是一个暂时状态。

对于这一批利用世行贷款建设的国家重点实验室,我原来设想北大所有大的基础学科都能拥有一个,而且,考虑到北大特色,还应该有少数文科或文理交融的实验室。这样,连同已有的5个,总共可能建立约15个国家重点实验室。在充分考虑了学科发展的必要性和教学科研现状与前景,特别是科研力量规模与实验室建设的可能体量(这常常是非常关键的)以后,经过与自然科学处、社会科学处、研究生院、实验室与设备管理处等共同研究,并反复与所在院系的学术领导人商量,尤其是对实验室名称做了仔细斟酌,初步确定向国家计委再申请建6个国家重点实验室,它们是:湍流研究、稀土材料化学及应用、暴雨监测与预报、文字信息处理技术、区域光纤通信网与相干光纤通信系统、环境模拟与污染控制。其中后两个是分别与上海交通大学,以及中科院生态环境研究中心和北京师范大学共建的联合实验室。我的一个重要工作是要使一批北大名师的科研优势通过国家重点实验室得以继承发扬,但实际上当时有的后继力量不够充分,因此实现的难度也可想而知。

这6个实验室科研方向的前沿性和应用前景的迫切性,以及学术根基的坚实性都是毋庸置疑的,有的现有的设备条件也是较好的。其中湍流研究实验室紧贴周培源先生开创的流体力学方向,拥有大风洞等装置,在湍流理论上有独特的建树;在徐光宪先生的稀土串级萃取理论指导下，化学系团队在稀土分离、提纯方面的研究以及稀土材料的应用上，对中国稀土工业的开发与应用做出了重大贡献（2008年徐光宪院士获得了国家最高科学技术奖）；谢义炳先生等人提出的"湿斜压动力学"理论在解释中国暴雨成因问题上取得了很大的成功，对中国气象灾害预报与预防做出了重要贡献；赵柏林院士主持研制的微波辐射计，在天气预报中发挥了独特作用；而王选等人开发的汉字激光照排和电子出版技术为文字信息处理的进一步深入研究打下了很好的基础。相干光纤通信和大气环境模拟是北大新开辟的两个研究方向，也已取得了不凡业绩，为建立后两个联合实验室奠定了很好的基础，承担了相应的职责和功能。

此外，还与中科院动物研究所、清华生物科学与技术系合作成立了一个生物膜与膜生物工程国家重点实验室。这个实验室的北大分室主要研究突触传递与细胞膜离子通道的特性。

但是，要建设成为国家重点实验室，还必须有相当规模的队伍，并形成一支年龄结构、职称和学历结构层次合理的科研梯队，以及一支精干的管理人员队伍。此外，还要认真处理好与院系其他学科方向之间的关系，做到既内外有别，又能互相促进，和谐共赢。这里，稀土材料化学及应用国家重点实验室做得最好。该实验室以徐光宪先生为核心，有黎乐民、黄春辉、严纯华（他们后来都成为中国科学院院士）等老中青结合的队伍，理论和实验能力皆强，而且还有较强的管理能力，实验室管理得井井有条，十分规范，在专家立项论证和之后的验收评估中都得到了很高的评价。后来其他实验室立项论证，我都介绍他们到稀土材料化学及应用实验室去取经。但是，这些优势却不是这6个实验室都具备的。比如，建设湍流研究实验室就让我煞费苦心。力学系是北大学术力量很强的一个系，但是强人多就容易针尖对麦芒，搞不好团结。湍流方向是周培源先生开创的，在国家急需的航空航天事业，以至燃气、水利等工业发展中，几乎都有重要应用。北大在这个方向上既有一支理论队伍，也有实验设备，却一时难以物色到一位深孚众望、善于管理的学术领导人。为了建这个实验室,我曾几次到年届 90 的周培源先生家中请教,他很瞩望于当时在美国留学的他的年轻学生陈十一(他在 21 世纪初回到北大,后任副校长兼研究生院院长,现为中科院院士,南方科技大学校长),却是远水解不了近渴。后来请来刚从日本回来的相对年轻的魏庆鼎任实验室主任,为了协调实验室和力学系的关系,我和相关人员进行了多次斡旋讨论,之后还要不断去实验室具体处理一些内部矛盾问题。成立暴雨监测与预报国家重点实验室也有类似问题,任命的实验室主任陈受钧经常出国以致延误一些重要问题的处理。文字信息处理技术国家重点实验室的建立则有另一方面的难处,主要是研究方向不够宽阔。由此可见,成立这些国家重点实验室还是颇费周折的,确实要下不少功夫。

有的研究方向,虽然具有重要意义和重大应用价值,但难以发展成具有较大规模(体量)的实验室。对此,我们申请了 4 个专业实验室,包括数学及其应用实验室、生物有机分子工程实验室、第四纪年代测定实验室、电子光学与电子显微镜实验室。这里,"生物有机分子"主要指药物分子,所以这是一个制药化学实验室。电子光学与电子显微镜实验室在一定意义上是一个公用的分析实验室,它以北大具有的电子光学的强大理论研究为背景,为本校及其他兄弟院校、科研机构提供服务。第四纪年代测定实验室则是在考古方面为文科研究服务的实验室。我们曾设想在文科方面建立更多的实验室,例如语言学实验室(部分体现在视觉与听觉信息处理国家重点实验室)、经济模拟实验室、刑事侦查实验室等,但经过论证觉得它们很难在规模体量上与多数重点实验室相提并论,所以它们只能作为北大自建的重点实验室。我们认为建好文科实验室应该是北大的一个独特职责,所以尽量在经费和条件上给予倾斜。特别是对语音实验室,可以说是情有独钟,给予了更多的关注和支持。我们还希望地学方面有一个实验室,但始终没有找到一个合适的、能够聚拢众多人才的项目。后来在"211工程"建设中总算弄了一个地质博物馆。这样,就使用世界银行贷款,北大又提出了10个国家实验室的规划方案,其中6个属于国家重点实验室,4个是国家教委的专业实验室。这10个实验室的规划方案于1989年初向校长做了汇报,丁石孙校长对此非常关心,在规划酝酿过程中,对一些实验室(如湍流研究实验室)的建设曾多次过问。在此过程中,国家计委马德秀处长曾多次和我们讨论,并从全国科研布局的角度对实验室定位、研究方向和实验设备使用等问题提出了宝贵意见。

1989年2月15至17日,学校根据教委和计委的要求,进行了申报实验室的立项自评。从2月27日至3月1日,计委组织以师昌绪为首的专家组对北大实验室进行了评估,基本上全部通过了我们的建设方案。根据专家意见稍做修改后,在3月4日的校长办公会上正式通过了我们的申报方案,同时批准设立重点实验室管理委员会。这些实验室的批准特别迅速、顺利,3月15日即得到国家计委批文,批准北大建设文字信息处理技术等6个国家重点实验室。以后国家教委又批准了4个专业实验室的建设。这样,北大总共有15个国家级实验室,其中11个是重点实验室,4个是专业实验室。

北大还建立了一个软件固化实验室,它是北京市的重点实验室。这个实验室的定位是为北京市的信息产业服务,它利用北大计算机软件研究的优势,通过微电子技术将软件固化在芯片上,成为产品。当时的主要服务面向是量大面广的家用电子产品的智能控制芯片。为了建设这个实验室,我随微电子专家王阳元教授(后来他成为中国科学院院士)多次求见北京市副市长和市科委主任陆宇澄。我去主要是向市里表态,表示学校支持建立这样一个实验室,并保证提供必要的条件与措施。与此类似,后来又建了一个省部级实验室——与科技部、教育部、中国科学院、解放军总后卫生部共建的北京核磁共振中心,为建此中心,我更是花了大量心血与时间进行考察筹划,不过这已是我离开学校领导岗位后受命组织的专门任务了。这样,进入

21世纪,北大又有了两个省部级实验室。此外,北大还建有两个国家级工程研究中心(电子出版新技术中心和软件工程中心)。

这样,在1989年上半年,我们基本上完成了为北大"巨轮转向"所需要的重要应用交叉学科中心和国家重点实验室的建设。这为后来北大的学科和教学科研的发展,奠定了扎实的基础,搭建了实用的平台。

这些重点实验室带来不少的麻烦问题,其中包括上述的要求实行"开放"。"开放"程度还是一个国家重点实验室的主要考核指标。这不是简单地对外招标,将部分研究课题、资金和实验设备提供给校外单位人员,或由北大人员与外单位人员联合开展工作就能完事的。"开放课题"的成果属于重点实验室,请校外人员来做相关研究工作并不容易,组织者要煞费苦心。对于房源如此紧张的北大,一般情况下要为这些"访问学者"提供食宿条件是一大难题。这成为北大国家重点实验室管理委员会的重要任务。此外,实验室用房、人员编制等也都是难题。以后,为了应对定期或不定期的各种实验室评估、检查等,在管理上也颇费心思。在评估中,一些实验室常常因为我校这类实验室比较多,相关场合没有学校领导人出面,以及因为实验室人员编制不够、房屋过于拥挤等客观条件的匮乏而得低分,甚至被挂牌警告,个别的甚至被撤销"国家重点"资格。此外,对于国家重点实验室,当时国家只负责提供建设经费(只限于实验设施,不包括房屋建筑和人力资源),而不负责日常运行费用,只能靠实验室申请各种科研项目取得研究经费。所以,拥有众多国家重点实验室既是北大的优势,体现其科学研究力量的雄厚,但对于学校运行管理却也是很大的负担。当然,前者是主要的。所以之后有条件的时候我们还是试图不断增加这类实验室。

第三章

初试校政

一、深知北大

(一) 教务长制

1986年初,我正准备在自然科学处处长岗位上大展拳脚的时候,丁石孙校长找我谈话,要我出任教务长。他说,汪永铨在高等教育研究上已很有起色,希望能保证他在这方面的时间和精力,要我接替他。他说,他和汪永铨已对我考察了近一年,认为我可以胜任此职务。我立即回想起一些往事,才意识到原来这事他们早有"预谋"了,让我当自然科学处处长其实是一种过渡。我虽对担此大任毫无准备,心有疑虑,但也只好受命。第二天,1月9日,校长就召开了教务部门干部会,正式宣布此任命,弄得我有点措手不及。

在北大,当时实行国家教委并未承认的协助校长管理校务的"三长制",设秘书长(主管校园规划、校长办公室、学校档案、附属中小学等)、教务长(主管教学科研和学科建设等业务)和总务长(主管后勤服务)。当时秘书长为文重,他离任后该职暂缺。教务长是管的面很宽、具有实权的人物。教务长通常管八大部处:教学行政处、社会科学处、自然科学处、物资设备与实验室管理处、科技开发部、生产管理处、学报编辑部和成人教育部;并协调研究生院和成人教育学院的工作。研究生院和成人教育学院名义上是校长直接管的,但成人教育学院院长却一直都是由副教务长兼任,因此实际上也属教务长管。研究生院在学科建设和招生等大事上也是由教务长来协调的(有一段时间,研究生院常务副院长还是由副教务长兼任的)。说实话,我觉得当时我作为自然科学处处长还大有可为,还有很多想法想要实现,对担任教务长感到有点力不从心。另外,我在北大校级管理层面上资历较浅,我又是理科出身,对文科的事从未介入,由我来管全校教学科研大计能否服众,这些都是我所担心的。社会科学处副处长吴同瑞就在教务部门干部会上直接表达了由学理科的人来担任这个职务的疑虑与不满。值得欣慰的是,由于我有这种思想准备,理解他们的这种忧虑,而且我个人对文科也有一定兴趣,经过多年相处,我得到了大家的理解与支持,我和吴同瑞及社会科学处同仁都合作得很好,工作上互相理解,有默契。许多文科教师成为我很好的朋友,直到今天,我在学校的工作得到文科教师的称誉甚至是胜过理科教师的。

我任教务长,当时还有两位副教务长,一位花文廷,是党委常委,主管科技开发和校办产业,后来还曾兼任研究生院常务副院长。他是学有机化学的,学术上也很有成就,著有厚厚的一本《杂环化学》。另一位是向景洁,主管教学行政和成人教育,后来设立成人教育学院,他就兼任院长。他是燕京大学新闻系毕业的,后来在教学行政部门任职,"文革"前任中文系副系主任,主管教学。当时北大不像一般大学设有教务处,而是将教务处工作分属三个处来管,教学行政处主管学生学籍、制定校历,以及安排课表、教室等事务(在港台及一些西方大学往往称为"注册处"),而课程设置、教学内容和质量管理等事务则分别由社会科学处与自然科学处来管理。这样,我就不得不逐渐深入到教学管理工作中去了。由于教务长管的面宽,学校还设有一个教务长办公室来处理一些日常事务。一般一个月左右开一次教务长办公会,有事时也可临时召开,八大部处长都是办公会的成员。一些重大决策,如招生人数及专业分配、教学计划的修订、科研计划及相关规章的制定和运行,均在会上讨论决定。

1986年3月下旬,北大召开了第八次党代表大会,我被选为党委委员和常委。在实行党委领导下的校长负责制的北大,我算是正式进入了学校领导班子,成为参与校政的重要角色。

◆ (二)"863"启动

刚接手教务长的工作,我关心的主要还是科研。受命后我的第一件大事就是做好上面说过的我校第一个国家重点实验室——视觉与听觉信息处理实验室的立项论证。不想这时冒出一件更为重要的事来。4月6日,国家科委、教委和中科院联合在北大召开酝酿"863计划"的高技术研究发展会议。会议在勺园2号楼地下室召开,现在看来,召开这样一个重要会议的场地实在是过于简陋了。我作为承办方的代表列席了会议全过程。时任中科院院长的卢嘉锡详细介绍了会议的来龙去脉。他说,3月3日四位科学家王大珩、王淦昌、杨嘉墀和陈芳允给小平同志写信,内容是:鉴于美国出台了战略防御倡议(即星球大战计划),欧洲提出了尤里卡计划,日本实行了科技振兴政策,我们应该跟踪研究国外战略性高技术的发展,以应对威胁,带动我国科技进步,并应用于国民经济(所谓"一箭三雕")。两天后小平同志就批示:"此事宜速做决断,不可拖延。"3月7日国务院总理赵紫阳做出了批示,并先后在3月8日、17日和22日召集了部分有关领导座谈,对一系列重要问题提出了明确意见,大体有:到20世纪末我国科技发展分两大部分,一部分应用于生产,服务经济建设;一部分研究发展高新技术,主要是跟踪性的、原理上立足于最新科学成就的，要在某些方面取得突破，带动科技进步，在国际上有发言权。该计划要求从国家利益出发，打破部门、地区、行业界限，集中精干力量，选定项目（不限于军用），既要抓物质文明，也要抓精神文明。它有别于"七五"计划，称为"863计划"（1986年3月发起），到2000年总投资100亿元。卢嘉锡说，总理明天要接见，所以这个会议要听取大家对该计划的意见。会上，中科院力学所的同志详细介绍了美国星球大战计划的情况，国家科委的同志对尤里卡计划做了介绍。我们是近水楼台先得月，这次会议对安排北大科研工作起到了指导性作用。

◆ （三）科研新局

我的工作面扩大了，不仅要关注理科，还要关心人文和社会科学的学科发展。

这时期全校科研的一项重要工作是评选第一届北京大学科研成果奖。这是符合丁校长"把科研搞上去"的意图的。对于理科科研，我大体上是心中有底的。但是，文科怎么样，我只是道听途说，心里没有个准头。我想趁此机会摸清整个学校的科研状态，特别是文科老师在做什么，有些什么项目、重点和成就。获奖成果由文理两个学术委员会进行评审，学者说了算。但是具体工作都是由社会科学处和自然科学处承担的。因是首次评奖，成果有多年积累，各院系都做得很认真，评审很严格。结果评出：文科荣誉奖15项，著作一等奖12项、二等奖37项，论文一等奖16项、二等奖55项，青年鼓励奖9项；理科一等奖12项、二等奖39项、三等奖44项、荣誉奖2项。我参与了文理科评审的全过程。记得为了准备文科项目的评审，我与社会科学处的同志曾两次到朱德熙先生家里细致推敲。事后看来，我们这次评奖的标准是过于严格了，犯了北大人"自己卡自己"的老毛病。例如，按规定，已经得过奖的项目不得再报奖（包括1978年在国家科学大会上得奖的。其实外单位获得1978年国家奖的科研项目后来照样再次报奖,因为科学大会奖都是给单位集体的,之后的科技进步奖、发明奖之类则是发给个人的,但是有人数限制,我们的"老实"遵规使北大人在后来评审职称、学衔时都吃亏不少);得了校级一、二等奖的才有资格申报省部级和国家级奖。其实,我们有的校级三等奖的水平高于某些国家级奖。因为项目多,一些本可得奖的项目也被淘汰了。不过,评奖中北大学者表现出的淡漠、大度与谦让的精神也实在使人感动。很多学者是经过动员才申报的,有的还是别人代为填表的,对奖项名次,也没有人来争过,更未听到有人抱怨。通过这次评奖,我对全校科研情况心里有了一点底。

学校决定于1986年五四校庆开一个隆重的授奖大会,公布评奖结果,同时广泛宣传北大对科研的新布局、新方针。为此,我起草了一个名为《扬长补短、加强组织,开创北大科研工作新局面》的报告,并经常委与校长办公会联席会议讨论通过。我把"扬长避短"成语中的"避"字改为"补"字,意思是说要"调整科研布局。文科在继续保持和发扬历史研究传统优势的同时,大力加强理论和现状研究;理科要继续保持和发扬基础研究的优势,大力加强应用研究和开发工作"。总之,是要发扬优势,弥补不足。另外,要克服北大科研方向过于分散、过分强调个人兴趣、自选课题的毛病,要求加强组织,承担"一些重大课题和综合课题,需要有组织的集体研究,或组织多学科联合作战才能解决"的国家级项目。但是,仍宣布了要继续鼓励"百家争鸣",尊重教师个人科学兴趣和自选课题,强调集中,也允许有分散,但学校资源将主要支持选定的重要课题。报告还强调了实验和工艺技术工作对科学研究的重要性。这个报告由朱德熙副校长在5月10日全校科研成果奖励大会上宣读。这次大会是我组织的第一个全校大会,我对它抱有很高的期望,希望开成一个气氛热烈而隆重的鼓劲会。我们事先发了通知,请各院系全体教师与会;还邀请了国家教委、科委和北京市的领导来参加。教委来了刘忠德副主任和科技司司长秦关林,市里来了副市长兼科委主任陆宇澄和教育局局长陆钦仪,科委来了成果局局长邓君璧,当时在校的领导几乎全参加了。我根据无线电电子学系开全系大会教师都踊跃参加的经验,估计全校约一半教师(1200~1400人)会来与会(此前,无线电电子学系主任王楚曾要我就一年多出国访问的经历谈点感受体会,我的研究生认为不会有太多人来听,因为当时出国的人已很多了。结果会场爆满,我兴奋异常,足足讲了两小时。这位研究生后来说,原来还是很有听头、很有收获的。无线电电子学系是一个年轻的系,教师都比较遵守纪律,开会很少有不到的)。实况却使我颇为丧气,大失面子。我没有想到北大教师如此散漫,结果一个能容纳2000人的大讲堂只到了七八百人,会场显得有点空旷。那时的条件也实在太简陋,与会者都是站着的,少数人自带凳子。会上秩序很好,几位领导讲话和受奖者代表王选、曹凤岐、林炳雄、严家炎发言时,大家都很安静地听,因此会议还可说是开得不错。这次会对我是一个教训,从此,我对开全校大会等举动绝不敢掉以轻心,事先要做各种各样的"功课"。

◆ (四) 社教遗事

要了解那时北大的"全局",不能不提一下具有深远影响的社教运动。我在学校任职的那些年,只要有机会出差到武汉华中工学院(今华中科技大学),就会专门去看望该校原党委书记朱九思先生(后还兼任校长)。我跟他较熟,是因为1964年北大社教运动,他是我们无线电系和昌平校区的工作组组长,而我"有幸"忝列"积极分子",就是说,我应该是积极揭发、批判斗争别人的。

1964年10月,中宣部决定在北大进行社会主义教育运动试点,中宣部副部长张磐石任社教工作队队长,队员有260名,其中有从全国101所高校来的领导干部。工作队一开始就将北大定性为"烂掉"的单位,要"揭开阶级斗争的盖子","重点是揭发校系两级领导的主要问题",绝大多数党总支的领导被"夺权"。我是1964年4月才当上无线电系的总支副书记,列为学校中层干部,当政时间太短,还没有什么"劣迹"和"民愤",所以就被系里"社教"工作组定位为可以"依靠"的"积极分子"。无线电系的社教工作主要是批判系主任兼总支书记汪永铨和陆平等学校领导执行的"资产阶级修正主义教育路线"。当时无线电系地处昌平园区,对总校情况不太了解。只听说哲学系斗争十分激烈,校党委内部对陆平的批判异常严厉。工作组主持召开了一场全系教职工大会,听取总校技术物理系揭发批判斗争大会的现场录音。这使我们心惊肉跳,毛骨悚然。批斗对象主要是该系总支书记石幼珊,她是原北大团委书记,和我共过事,我与她较熟,平常说说笑笑。她居然是混进党内的"三青团"分子,大搞阶级报复,残酷迫害工农干部。具体事证是一位工农干部受到了核辐射污染,损伤了身体。而"控诉"陆平校长,印象最深刻的一点是说他"排挤打击工农子弟"。在"大跃进"时期,为了改善大学的阶级成分,学校招收了一批学业基础较差的工农或"调干"大学生。1961年后实行"调整、巩固、充实、提高"方针和《高教六十条》,教学步入正轨之后,这批大学生中的一些人由于基础不够好,难以达到按六年制学业要求毕业的水平,还有一些人由于有家庭拖累等原因,也希望早点毕业,学校就以削减课程的"速成"办法让他们提前一年毕业分配。这本是符合实际的适当做法,却被扣上了实行"阶级报复"的帽子,污蔑陆平对他们的做法是"泻肚子"(意指作为"废物"被处理掉)。这后面一桩事,无线电系当然也照样做了,不过在全校各系中人数还是相对较少的。于是汪永铨实行"阶级报复"便是顺理成章的了。至于像技术物理系那样与核技术专业相关的事,当然就得"各放异彩"了。我们没有放射性物质,但是有灵敏度很高的无线电接收机,还有雷达样机,于是,便产生了非工农家庭出身的人员保管雷达室"不交钥匙"和夜间以加班为名"偷听台湾敌台"等"莫须有"的事,以说明无线电系是由阶级敌人掌权,是非"夺权"不可的单位。况且,汪永铨还是被陆平视为年轻有为的"大红人",他的倒霉也就是自然的事了。

在那样的环境情形下,朱九思作为工作组组长,曾专门跟我谈话,要求我能揭发批判汪永铨和陆平等人的一些"执行资产阶级修正主义教育路线"的"罪行"。说实话,我1961年末才回北大,以后又常在昌平,跟陆平没有见过几面,但对他的印象不错,至少他是很想有所作为的。对他提出的"学习苏联,参考英美"的教学改革方针我也比较欣赏。汪永铨曾从清华拿到过一份美国麻省理工学院(MIT)的教学计划和课程表,该校对理工科学生开设了许多人文课程,这使我们耳目一新。要我揭发批判汪永铨,唯一有分量的一点似乎是"排挤打击工农干部"。因为在1964年4月,原为革命干部的总支书记谭继震调走了,系主任汪永铨兼任书记;原来的也可说是"工农干部"的总支副书记李醒民也调走了,换成了计算机教研室的陈良焜和我。可是,我任副书记是谭继震亲自找我谈话的,他说得很恳切:"北大总要按正规办学的。我从机关来,对学校的教学科研工作不熟悉,还是要靠你们学校出身的人来办学校。所以我和李醒民要回机关去,请汪永铨来兼书记,你和陈良焜来协助他。"我对谭继震这位老干部印象不错,他为人忠厚诚恳,关心群众,一点架子也没有,但对如何进一步搞好教学科研,确实出不了高明的点子。我当时说,我常被批评为阶级斗争观念不强,恐怕难以胜任党的工作。1964年初,学校号召"学大庆",各教研室开会给自己"评功摆好",我们教研室对自己认为的集体优点总结了这么三句话:"政治上老老实实听话,业务上勤勤恳恳干活,生活上平平淡淡无所求"。所以我这样的教研室负责人是不宜于做政治工作的。他说,党委已经定了。我只得受命。此后,我经常与陈良焜在汪永铨寝室(在昌平我们都住集体宿舍)摆龙门阵至深夜,说的无非是系里的工作,如何处理各种矛盾,以及国家大事和个人命运。当时我们已有"山雨欲来风满楼"之感:毛泽东"春节谈话"严厉批评了当时的教育制度,"课程多,压得太重,是很摧残人的","现在的考试办法是用对付敌人的办法";哲学界批判杨献珍的"合二而一"和冯定的"平凡的真理";经济学界批判孙冶方的理论;史学界批判翦伯赞的"让步政策"论和周谷城的史论;文艺界批判演"鬼戏""有鬼无害论"和"写中间人物论",等等;农村在搞"四清",甚至解放军也批起了"大比武","不突出政治"。对这些五颜六色的阶级斗争,我们感到无所适从,更难以掌控了。我们都自叹是"书生"的命,最多只能做个"幕僚",决不能担大任当主帅。可见我们在政治上的不自信,自以为是"改造对象"。在这种情况下,要我批判汪永铨,"排挤打击工农干部"的话是说不出口的,我这个人实在是"觉悟太低",竟然一点也揭露不出他的重大"反革命"或"修正主义"罪行,自认为可属于"重磅炸弹"的只能是汪永铨自己在检讨中所说的自高自大、资产阶级名利思想严重,等等。比如他说过:"我非学物理学不行,物理学也非我学不行",他奢望无线电系将来会在"西山某处",配有"警卫一连"来保卫,体现重要的国防地位。其实,这也是我自己的奢望或梦想。所谓汪的"名利思想",不过是想把北大无线电系办成国内最好的、能为国防建设做出重大业绩的无线电系之一而已(当时该系刚建立,跟国内一些名牌无线电系相比还有不少差距)。现在看来真是极其可笑,难道让自己的系平庸无所作为才算"正确"?对于这场社教运动,我的这些"揭发"当然不过是鸡毛蒜皮,无足轻重。所以我这个"积极分子"是既不称职,也不合格的。

  北大社教运动的残酷斗争情况惊动了中央领导。1965年3月3日中央书记处开会讨论北大社教运动,邓小平定了调子:"北大是比较好的学校,陆平同志是好同志犯了某些错误,不存在改换领导的问题。"之后,经过工作队内部的会议和北大干部两次"国际饭店会议",一直到9月初,社教运动中整人的和被整的才大部分实现了和解。朱九思后来说,批判的北大教学方针,其实华工(当时的华中工学院)也是这么做的,北大是资产阶级修正主义教育路线,我们回去不是也要挨斗吗?所以他总是忧心忡忡。这连我都看出来了,我多次看到他一边思考如何布置批斗会,一边在宿舍里踱来踱去,显得心情很沉重。后来他与汪永铨和我都结为好朋友。他对高等教育学科很有研究,成为汪永铨的同行,他们常有问题互相探讨,真是"不打不相识"。

我去看望他时,他深知教务长工作对于北大的分量,谆谆告诫我:"办学校最重要的是上下要有统一的指导思想","北大要统一思想"! 我也深知,这是对北大知根知底的人的珍贵箴言。在以后工作中,我总时时回味,思考着如何实现它。但同时我也常反问:北大能做到么? 做到了还会是北大么? 可以说,在我的整个工作中,我始终是处在这样的目标设置和反问的矛盾纠结中。

朱九思先生给作者的信

社教运动使北大撕裂。尽管后来经过半年多的努力,多数单位还算实现了和解,但裂痕难以彻底消弭,而少数单位,如哲学系,分裂持续存在。这使北大后来成为"文化大革命"最先爆发的源头。然而仔细想来,"撕裂"与其说是社教运动之"果",毋宁说是其中的一个"因"。事实上,在社教运动之前,北大内部种种矛盾已或隐或显。其核心内容是围绕着北大的目标——国家文化和科学发展的重要标志——来展开的。为了实现这个目标,北大应当是由一群学术上的尖子,或将来有希望成为这类尖子的人和甘心为这群人成长服务的人组成。而按当时的政治意识形态划分,这类人无疑更接近"资产阶级"。为了使无产阶级占领文化领域和意识形态舞台,院系调整后党和政府向北大陆续派遣了大量革命干部,占据了许多中层干部的岗位。完成"三大改造",特别是反右以后,教师队伍里增加了一些学术水平不高的工农和革命干部出身的人,以及学业上不很突出而政治上比较"可靠"的毕业生。在强调发展经济和科技的时期,业务尖子往往扬眉吐气,成为学校的宠儿;而在阶级斗争之弦日益绷紧的日子里,业务尖子往往成为运动中的"靶子"。由于他们中的多数是非工农家庭出身,政治上背负着一种"原罪",一些人被批为"白专典型",另一些人表现积极以表示背叛家庭献身革命,从而得到使用,甚至被提拔为干部,在社教运动中就成为"修正主义苗子"。总之,两种人既各有优势,也各有自卑。这种错综复杂的矛盾,在反右运动、"红专辩论"、"反右倾"、社教运动、"文革"等各种政治运动中纷纷表现出来,并成为后来许多问题的一个缘由。

二、胸有全局

上节所说,无非是想阐明:北大管理体制的特点(后面我会讨论这种制度的由来,并分析其在大学管理中的优缺点),北大在我国文化科学发展中的地位,北大人的气质特征,以及所形成的错综复杂的局面。作为教务长,就不得不在这样一种环境下踌躇应对。

教务长的工作必然涉及学校的全局,因为实现教学科研的目标是需要人、财、物来保证的,其中最重要的一个方面是人事。经过历次政治运动,特别是"文化大革命",又加上两年的江西鲤鱼洲分校和十年的汉中分校的办学经历,少数军、工宣队人员留校工作,校园周围居民区和企业划归学校后所带来的人员"消化"问题等,学校里人员"杂化"现象严重。正像社教运动后期中宣部部长陆定一在讲话中所说的,办万人大学,吃喝拉撒睡,从出生到出葬都管,"校长变市长"

了。不过,在当时的社会体制下,这是不可避免的。也不能将这个全看成是"坏事",应尽可能将消极因素化为积极因素。当时学校教师和一般社会舆论都认为,中国大学机构臃肿,人浮于事,效率太低。1985年末,全校有各类学生约14700人(本专科9900,成人1500,研究生3300);教师近2700人,教职工合计约7000人。1995年我到美国考察,曾向加州大学伯克利分校预算委员会请教,他们说,他们有学生约30000人(本科20000,研究生10000),教师不足2000人,正式职工8000多人,但要养活近12000人,其中包括勤杂人员。所以大学是很"杂"的。高校管理的任务即将"杂"化为集中的共同目标。而北大的问题还不仅在于多和"杂",还有"苦乐不均"。有的单位人多事少,闲得发慌;有的单位人少事多,忙不过来。而中国的"人员单位所有制"不仅在社会各单位中存在,在一所学校的各个小单位之间,也是泾渭分明,绝不调和的,因为这涉及利益分配。于是国家教委和学校领导都提出要各单位"定编"。定编光靠人事部门来做不行,各系的教学任务的重与轻、科研项目的多与少,都掌握在教务部门手里。这是一项极其复杂的工作,我想聘请一些高级研究员来处理这件事。在征得校长特许后,以教务长办公室名义陆续聘了4位教授级的研究员。他们参考国外情况,细致了解了不同系科的实际,根据各系公共课、基础课、专业课、实验课、实习实践、带研究生、科研任务等工作负荷,制定出了十分复杂的计算工作量的办法。人事部门按照工作量,在与各院系协商后确定了各系教师编制和各类岗位("定岗")。"定编"后,各单位就不再争人了。多出来的人学校也不能将他们"扫地出门"。几年前北京市要求我们办分校(后来成为"北京联合大学"一部分),分流出去了部分教职工;学校又办起了各类成人教育,以及科技开发和校办产业,这样又分流了一些人;还有的人主动申请到兄弟院校去发展,有的到社会与学校的党政机关,从而平稳地使全校人员编制逐步趋于合理。"定编"之后,学校又实行了各院系单位"工资包干"的政策,更使各单位主动精减人员,提高工作效率,从而使教职工的收入有所增加。

在"定编"和"定岗"过程中,我们没有实施"一刀切"的办法,对教学人员没有完全用"职称"来衡量、来定岗。我们以"能者为师"为原则,只要有能力,助教照样上讲台。有的小语种专业,招生人数不多,甚至隔年或隔两三年才招一次生,很难聘到合格教师。比如,有一段时间,希伯来语专业的口语课是由一位打字员来上的。她仅有中学毕业学历,但希伯来语讲得很好,口语课就请她来上,效果很不错。一次,以色列总理来北大访问,我们希伯来语学生应答如流,总理对我们能培养出这么好的语言人才非常惊奇。

在这里,我特别注意到教辅人员的重要性。从我的科研教学经验中,我深知,在当时实验设备基本依靠自制的条件下,高水平的工艺技术人员和工人往往起关键作用。记得1955年我从俄文翻译刚转为助教时,系里交给我的第一项工作是要我对刚从上海调到北大物理仪器厂来的十几位工人做安抚工作。他们都是上海刚被公私合营或国有化的原私营企业里的能工巧匠,是被我们"挖"来的。他们刚到北方,从生活习惯到待遇(开始十几人同住一间集体宿舍)都很不满意。我告诉他们:你们来北京是要干大事的,北大要向科学进军,你们可以大显身手,待遇也会逐渐改善(后来他们中一些人成为校办工厂的技术骨干,给他们的待遇也不薄,有的是和副教授同等级的)。他们才稍为安心。在汉中分校时,我们原子频标实验的成功;我在美国能设计出一个利用磁偏转实现连续原子喷泉的实验装置而得到认可;后来陈佳洱校长将牛津大学报废的 $2\times6\mathrm{MV}$ 串列静电加速器要了过来,拆卸装运,万里迢迢运到中国,居然还能正常工作,做出漂亮的成果,使英国人佩服得五体投地:在这里起关键作用的其实都是技术人员和手艺精湛、头脑灵活的工人。其中有八级工金瑞鑫(是从英国拆运静电加速器的主力)和倪国杰等人,后来都成为我很好的朋友。我们物理系实验室过去有董石如、石志光(后来在无线电系)等实验技术人员,对保障教学科研,功不可没。就是在高端精密科学仪器十分发达的今天,如果不会自己设计制作实验装备,光靠买来的现成设备,要做出世界一流的、原始创新的科学成果,也几乎是不可能的。要是学校里这批工艺技术人员和工人的地位得不到保障,大学大概很难居于世界科学的领先地位,实现其"国家文化和科学发展的重要标志"的目标。在这方面,我经常提醒人事部门注意。

至于"财",学校的预算是由校长办公会决定的,分给教务部门的数目基本上是按人头计算的。但是我还是能够从基建经费和校办工厂积余中获得一些额外补贴,作为一些受学校重点支持或教师个人自选课题的经费。为此,我得向财务处长胡妙慧力争,总能得到她的理解。至于当时主要科研项目经费和支撑教学实验室建设的经费,则要靠教师和教务部门(两个科学处和设备与实验室处)去争取了。后者在当时申请和取得世界银行贷款项目中起了重要作用。

说到"物",可以用"可怜"两个字来形容。对此我后面还会提到。北大的"物",最紧张的就是房屋。1986年全校建筑面积60多万平方米,但教学科研和行政办公用房仅17万多平方米,其拥挤不堪可想而知。记得后来在制定"211工程"规划时,国家计委曾表示该项计划经费只能用于学科建设,而不能用于基础设施建设。为此我曾陪同计委和国家教委的负责人一起参观北大房屋设施,在四院中文系办公楼(原燕京大学女生宿舍)楼上一间不足18平方米的房间里,容纳了一个近20人的现代文学教研室,一位教师只能分到一个抽屉。我问:"一流学科能这样吗?"我又带他们到38楼男生宿舍,见到厕所靠尿池的墙面,由于多年腐蚀,踹一脚一块砖就碎了。他们看了叹气:原来堂堂北大还是这副样子(后来"211工程"规划中允许我们用1/3经费投入基础设施建设)。当年新学科不断增多,科研项目数量增长,房子之紧张成为学校发展的"瓶颈"。为此,学校专门成立了一个公房委员会,由陈佳洱副校长任主任,我和总务长张启运任副主任,成员有房产处和公房科的负责人等。因为新学科、新科研机构的成立都要通过教务部门,所以我实际上成为权衡轻重缓急拿主意的主角。张启运也总是能从教学科研的大局出发，尊重我的意见。我任副校长之后，该委员会就由我任主任了。

那时，计算机开始在教学科研和管理中发挥作用。为了商讨全校计算机的合理配置，不断更新计算机教学的要求与内容，提高教学质量，并为了在全校管理部门推广应用计算机，以及在学校做好网络建设，实现全校"信息化"，1986年初决定设立一个直属校长的计算机委员会。那时曾任数学系党总支书记、后来在美国卡内基-梅隆大学进修过计算机科学技术的林建祥教授对计算机发展情况和趋势比较熟悉，他积极提倡推广计算机教学和计算机辅助教学与管理应用，对推进学校信息化建设提过不少好建议。成立该委员会的建议也是他提出来的，他就任主任（他后来获得了"全球华人计算机教育学会终身成就奖"和"中国教育技术事业杰出贡献奖"）。学校里著名的计算机专家如杨芙清、王选、张世龙、张兴华（他于1985年被任命为从计算机科学技术研究所独立出来的计算中心的主任）等人都参与了。我虽是无线电系出来的，对计算机却一窍不通。1985年我从美国回来时花500美元买了一台最低配置的Commodore个人电脑，到1990年初才摆出来学些基本操作。1995年才用"长城"微机，通过电话上网，发些电子邮件；直到1996年学校连上了教学科研网，我才甩掉纸笔，开始用Windows软件写文章。此后，学校各机关部处（首先是教务部门）都纷纷出台了计算机管理方案。学校的计算机委员会对此前成立的为全校教学和科学计算服务的计算中心建设，以及全校的信息化事业都做出了很大贡献。后来成立"中关村计算机网"和作为"211工程"公共服务体系之一的"中国教育和科研计算机网"（CERNET，由清华大学牵头），该委员会的工作也是其中的重要基础。我作为该委员会的成员之一参加了每次会议，从中学到了不少新知识，后来居然是由我长期抓学校信息化的工作。此后又为北大争得了"211工程"另一个公共服务项目"高等教育文献保障系统"（CALIS），因此与图书馆工作结下了不解之缘。为全校公共计算机教学争取机器、场地、房屋设施是我奋斗的中心任务之一。那时,国外计算机公司,像HP、IBM等,向北大捐赠的大型计算机和工作站也逐渐增多,这为我们开辟科研公共计算平台提供了良好条件。但筹措设施的场地与房屋始终是一件十分伤脑筋的事情。

保障大学教学科研的众多之"物",除了仪器设备材料之外,都是总务长及其属下掌管的,包括水、电、气、供暖、房屋、伙食、住宿、维修,等等,这一大摊子能否顺利运行,关系极大。而从事这些工作的除少数技术人员之外,大多数是文化水平相对较低的工人。丁校长物色到张启运为总务长,十分幸运。张启运是化学教授,是科学家,在焊接材料与工艺等研究上有很深造诣。但我对他更为佩服的是,他能自如应对这些工人。他有个绝招:看什么人说什么话,使用语言雅俗共赏。他表扬人时说得头头是道,言辞漂亮,促人奋进;他批评人时,语言泼辣,带点讽刺和调侃,有时甚至粗俗、带点脏话,但总能让人心服口服。总之,他能充分调动工人们的积极性。我自叹弗如。为了使后勤部门能理解大学努力的目标,我跟张启运说好,每年年末都要以教务长身份到后勤部门的总结大会上去,一是感谢后勤部门的员工为全校教学科研顺利进行做出的巨大贡献,二是向他们介绍一年来学校教学科研的成就以及将来的发展前景,并强调其中都有他们的一份功劳。我觉得后勤部门的人员对此很感兴趣。会后,我跟着总务部门领导一起去慰问假期还在岗位上辛勤值班的工作人员。这样,我跟他们拉近了距离,关系十分融洽,工作也会得到他们的支持。后来张启运教授一直没有评上博士生导师,他其实并没有完全放弃自己的专业研究,经常工作到深夜,退休后还有出色的工作成绩。我对此愤愤不平,但也无能为力。

除此之外,我还注意跟党委的学生工作部搞好关系。我认为学生来校的基本目的是要学好本事,思想政治工作要与业务学习结合才能使学生成长成人。所以除了因品行不好要处理学生等具体事务外(处分学生的重要事件要经过校长办公会通过,我是固定成员),我也经常参与学生工作和教学会议,特别是朱善璐任学生工作部部长之后,他经常邀请我参加学生工作的一些会议,互相配合密切。

在教务部门内部,为了使全体工作人员能够了解学校教学科研的整体情况,彼此理解,互相支持,以凝聚人心、鼓励士气、振奋精神、促进竞争,我们决定在每年年末召开一次教务部门(含研究生院)的总结联欢大会。在总结一年工作、展望明年前景后,各部处表演节目,一些职工展现了绝活,我也被赶鸭子上架地演唱过《思念远方朋友》等俄文歌曲。第一次总结联欢会在红三、四楼之间的教工食堂召开,大家欢聚一堂,其乐融融。特别是头几年的联欢会,显得更有成效。

从这里我体会到,办事光抓"重点"只能见一时之功,绝非长远之计。真正要使事业和谐、均衡、持续发展,必须胸怀全局,像毛泽东在《党委会的工作方法》一文中所说,要学会"弹钢琴","十个指头的动作要有节奏,要互相配合",这样才可能奏出优美和谐、抑扬顿挫、节奏分明的乐曲来。

三、八字学风

我担任教务长后,一开始还是主抓科研,丁石孙校长让我当自然科学处处长时也说过:"教学暂时可以少管点,北大系主任都知道怎么抓教学。"但是,当教务长了,我就不能不过问教学的事。因为我过去对教学管得比较少,对该怎样抓全校的教学,我心中无底。为此,我曾请教过当时主管文科的副校长朱德熙先生,他讲课很受学生欢迎。我问:"教学该怎么抓,是不是应该抓一抓教学方法的改进?"他给我泼了一盆冷水:"没有听说过大学还要抓教学方法的,教师有学问,自然会讲好课,你要把教师的学问抓上去!"我一想,这话的意思跟丁校长讲的有点像。不过两个人看问题的角度不同而已。丁校长想得更多的是大学的学术地位，而朱先生想得更多的是学生的学业水平，但两者根本一致：目标一致，路径一致。朱先生的话让我受益匪浅！后来，我读到朱先生的学生、著名语言学家陆俭明教授的文章，他刚留校任教时也向朱先生问过类似问题：怎样上好课？朱先生笑笑授以"诀窍"说："要多从学生的角度着想。"这一答案跟对我的提问的回答不一样。我想，朱先生的回答是很有分寸，是因人而异的。对我，是一般的，要从教学的"根"（学术为根）上去抓，而对像陆俭明那样学问已经做得很好的（他后来是北大计算语言学研究所所长，国家级教学名师），就要从"本"（以人为本）上，在枝繁叶茂上下功夫了。"要多从学生的角度着想"就是要体现对学生的爱，是一种态度。不过要是教师自己没有学问，没有本事，那么无论你多么爱学生，为他们着想，也是空的，帮不上什么忙。所以朱先生的两句话成为我抓教学的"根本"。

不过，从我接任教务长的1986年前后的学校状况看，固然需要抓教师的"教"，但抓学生的"学"却显得更为重要。中国变化之快真是惊人。20世纪70年代末粉碎"四人帮"，恢复高考，全国开始"以经济建设为中心"，邓小平发出"尊重知识，尊重人才"的号召，郭沫若发表的《科学的春天》的文章传遍中华大地，那时候年轻人具有"学好数理化，走遍天下都不怕"而争相上大学的心态。而到了80年代中期，此种心态已经不那么吃香了。市场经济的风头逐渐涌起，社会上"搞原子弹的不如卖茶叶蛋的"的声浪有点泛滥。确实，经过几年的补充，"文革"造成的各单位人员短缺的局面已经缓解，一些基础专业的毕业生分配去向已非十分理想，有的甚至没有单位要。学校里"读书无用论"又有了销路。在这种气氛影响下，一反当年文科生争上"作家班"、理科生想当陈景润的势头，高考第一志愿文科报哲学、理科报数学的人数几乎降至谷底。有的学生在学校里还想开咖啡馆、茶馆什么的，要求学点经商、做生意、当经理的本事；有的学生干脆将家乡土特产运到学校里来贩卖。他们对于打好学科功底兴趣淡薄。我对此非常焦急，要是这样下去，将来中国到哪里去找思想家、科学家啊！

而社教运动和"文革"时期的那种"打击报复"工农学生造成的后果还有一点余威,有的教师不大敢严格要求学生。

另一方面,学生思想也很活跃,社会上各种思潮纷纷涌入学校。经过"文革"洗礼和"真理标准"讨论的反复,人们原有的价值观念完全动摇了。新的是什么?无所适从。"信仰危机"笼罩在广大青年头上,"自我"意识大为扩张。学校里天天都有学生们自己请来的各派社会名流的讲演,"三角地"(指当时学生宿舍16楼西北三岔路口,设有布告牌,可张贴各种各样课外讲座和活动的通知与布告)乱七八糟地贴满了各种讲座的布告,一张摞一张,目不暇接。西方的各种哲学流派的名字和名词广为传播,像萨特、弗洛伊德、海德格尔、尼采,等等,也许真正理解他们学说的人并不多。改革开放的环境下,学生的思想意识也是纷繁杂陈:自由、民主、法治的要求固然强烈,但也不乏论述"新权威主义"之必要的主张。"大讲堂"前面还曾有人用麻绳缠身,表演"行为艺术"。各色各样标新立异、张扬个性、卖弄辞藻、浮光掠影的货色多了些,而深入钻研、扎实探讨、持久生根的东西少了点。

1986年暑期,党委召开了一次常委扩大会,学校行政管理各部处负责人都参加,讨论学校面临的各种问题,以及如何改进工作。各部门从教学科研、学生工作、人事财务、行政后勤,直到党的建设等方面都做了汇报,大家畅所欲言,将平常遇到的学校工作中的各种问题都摊开来,对长处短处都做了分析,然后根据主次分别提出一些解决办法。在上述背景下,我将"学风"问题作为一个当时应该力抓的大问题提了出来,立即得到大家的认同,并引起热烈讨论。

我对学风感兴趣,我力主在师生中应该响亮地提倡和宣扬一种规范的北大好学风,做到家喻户晓,深入人心,身体力行,成为习惯。在1985年12月国家教委召开的广州会议上,我将这种学风凝练成为"勤严实创"四个字。这并不是我的"发明"。1984年,在"读书无用论"盛行的情况下,前教务长、时任党委书记的王学珍和党委政策研究室的赵存生等人曾讨论过北大应该提倡的学风,提出了八个字:

"勤奋、严谨、求实、创新"。后来国家教委副主任彭佩云在一次讲话中也提倡在全国高校推广这八字学风。但当时并没有广为宣传、深入人心。我为广州会议写文章时感到这八个字含义稍窄了一点,比如,"严谨"这个词含意单纯,不能概括严肃态度、严格要求、严密组织、严守纪律(如对考试作弊等的处理)等更多意思。"求实"也是这样,应该涵盖求真务实、实事求是、诚实守信、联系实际等内容。"创新"强调了"新",而"新旧"不是科学的标志,我们更应该强调的是首创精神、原创思维和创造能力。所以我将八个字改成了"勤严实创"四个字,作为北大应提倡的学风写进文章里。在1986年暑期学校党委常委的扩大会上,我又觉得广州会议上提出来的"勤严实创"四字虽然含意广泛些,但念起来不够朗朗上口,不像延安抗大的"团结、紧张、严肃、活泼"八个字那样流畅顺口。我和当初提出"勤奋、严谨、求实、创新"八个字的王学珍、赵存生等人进行了沟通,最后决定还是以这八个字作为北大学风,也得到了大家同意。于是校办就在暑假请法律系教授、书法家李志敏用草书写下了这八个苍劲的大字,并用金色颜料涂刷在大讲堂东墙上,非常醒目,成为北大的一个标志。北大校报也在刊头右侧的空白处,用这八个字来补白。从此,"勤奋、严谨、求实、创新"作为北大学风而深入人心,流传开来。还有人认为这八个字是北大校训,到处宣传,引起误解。现在,这八个字已经成为北大传统的一部分而列入学校各种正式文件,并融入每个北大学生的头脑中成为他们共同的精神财富了。这"八字学风"后来经受过一次周折,但总算有惊无险;不过,校报刊头补白处失去了这醒目的八个大字,使我懊丧不已。此是后话,暂且不表。

这次会上,我还提议北大应该打造一种浓厚的学术氛围。当时校内各种学术报告很多,气氛活跃,但大都是各系所或学生社团请来的。布告多贴在各系所内部布告栏,或"三角地"的布告板上,非常分散,十分凌乱。我想把它们集中起来,整体呈现北大琳琅满目的学术活动,激发师生学习研究的热情。我看到复旦大学校门内有一片告示牌，就起到了这样的作用。我的这个提议得到大家赞同，请总务长来实施。之后我还催促过好几次，但终未能实现。后来发现，北大教职工的住处非常分散，主校区东西南三边都有出入口，而且每边还不止一道门，找不到一个人员来往的交会之处。试了几次，效果不佳，这个提议就不了了之。而"三角地"还是作为一个中心，虽然做了点整顿，安置了玻璃门布告栏，但是各种非正式告示、纸上叠纸的凌乱现象还是屡整不止。

四、一流大学

1986年那次党委常委扩大会后，丁石孙校长似乎觉得对北大的问题还议得不透，要我再考虑考虑学校到底有些什么主要问题，下一步应该怎么办，提点想法。于是我认真考虑，将我到北大后三十多年，特别是近几年的感受在脑子里过了一番电影。在那年暑假的一天下午，我到他的办公室，以交谈聊天的方式，痛快地谈了对北大工作的一些看法，当时说了四五点意见，现在记起来的主要是下面一些。

我觉得当时北大总的说来空气比较沉闷，思想不够活跃，工作墨守成规，创造性不足，积极向上的气氛淡薄，学术上也是如此。我认为，其原因主要是政治上过"左"。我以20世纪50年代物理系的情况为例做了说明，那时候领导往往喜欢挑选老老实实听话的、"好管人"的学生干部（我自己其实也属于这类，但我不认为自己是"好管人"的）毕业后留校任教，而对"凡事有看法"的，即使学业上很强的也不敢留用（尤其是1957年反右运动以后）。这是后来北大工作起色不大、学术上成就不显著的一个根本原因。在业务上，北大以严谨和严格要求著称，这当然是好的。但是过头了，只喜欢考试成绩分数高、熟读书本知识的学子，就会产生负面效应。如果有人提出点与权威表述不同的说法,就容易被扣上"概念不清"等帽子。对于从事基础学科研究的人,一旦被戴上这种帽子,并被传播出去,这个人就会比人矮三分,抬不起头来。这样,学术上大家就会感到压抑,谨小慎微,对权威唯唯诺诺,不敢大胆发表意见。这种情况既妨碍学术自由、百家争鸣的活跃气氛,也会堵塞创新之路。我们应该创造一种既严格要求,又宽松宽容、鼓励争辩、允许出错的自由空气(我在自己的科研工作中对此深有感受,并针对自己的教训写过几篇短文,收录在我的《湖边琐语》散文集中)。我还感到,北大行政管理总体上比较松散,积极进取的劲头不足,精神不够振奋,工作拖拉、互相扯皮的情况时有发生。对学生往往也不敢严格要求,生怕学生"造反";而学生表现也过于散漫。因此,我认为应该提出"从严治校"的口号。我觉得,学术上提倡宽松自由的气氛和在行政管理上要求"从严治校"并不矛盾。为了凝聚人心,我们要有一个振奋人心的目标,使大家有一个奔头。我建议提出建设"一流大学"的口号。当时我并没有想什么样的"一流",只是觉得做事就应该"取法乎上",即使结果"仅得其中",也比浑浑噩噩、得过且过好。我的这些想法,丁校长都表示同意。他也跟我谈了他想到的一些问题,如北大资源有限,要处处发展很难,所以要分轻重缓急,要有综合平衡的观念,控制规模;要鼓励竞争,引入竞争机制,保护先进,淘汰落后;还要简政放权,实行分层管理,等等。我也都表示赞同。这次谈话差不多用了两个小时,我感到谈得很投机。

后来,在一次党委常委扩大会上,作为新学年的施政方针,丁校长系统地谈了办校指导思想,主要有六条:第一,明确把北大办成世界一流大学的目标,并以此要求和衡量自己的工作;第二,从严治校,改变学校纪律松弛和涣散的局面;第三,贯彻竞争原则,鼓励保护先进,抑制摈弃落后;第四,活跃学术空气,坚持双百方针;第五,树立综合平衡和全局观念,近期着眼于质量,不片面追求数量;第六,简政放权,分层管理,放权放责,进一步完善和健全各项规章制度。在讨论

与丁石孙校长谈话，时间约为 1986 年 5 月间

过程中，大家对"世界一流大学"有很多争论。一些人主张在"一流大学"前面加上"社会主义"的定语。但很多人反对，一来是语句太长，二来当时其他社会主义国家只有朝鲜、越南和古巴（苏联东欧都是"修正主义"国家）等，我们跟这三国的大学比，还有什么意思，早就是"一流"了。我说，我记得毛主席曾赞扬过兴国县创造了"一流"的工作（后来我发现自己记错了，在《毛选》第一卷《关心群众生活，注意工作方法》一文中说："兴国的同志们创造了第一等的工作"，是"第一等"，不是"一流"），我们就是要这样的"一流"。他没有指这"第一等"是苏区的"第一等"，还是包括国民党统治区在内的"第一等"。确实，我说的这"一流"不过是"力争上游"的意思，并没有设定具体目标和比较对象。丁校长具体化为"世界一流"，尽管定量指标当时也不明确，终究是"具象"的。所以多数人还是主张就说"世界一流"，就是要向世界最好的大学看齐。不过也有人怀疑这个目标是否定得太高，难以实现，我们当时的办学经费还远远不到国外顶尖大学的十分之一呢！但是，如果连个目标都没有，怎么还能以高标准要求自己？这样，这个目标就确定下来了。在 8 月底召开的一次全校干部会上，丁校长就向全校宣布了这六条办校的指导思想。全校人心为之一振！当然，也有一些怀疑的，认为这不过是说大话而已。不久，1986 年 9

月 12 日《光明日报》就在头版头条宣布"北大要成为世界第一流的高等学府",并以"北京大学校长丁石孙谈办学目标和指导思想"为副标题。这样北大的雄心壮志就轰动了全国。

可是过了一阵子,这个口号就销声匿迹了。据说是国家教委有关负责人找到我校几位领导人,批评了这种提法,说它不分姓"社"姓"资",没有阶级观念。但七八年后,我们还是重新把瞄准"世界一流"作为我们的奋斗目标提出来了,不过前面加上了一个定语"社会主义",比如,在 1994 年学校第九次代表大会报告和申报"211 工程"的文件中都是这么提的。1998 年百年校庆时,江泽民总书记在我们草拟的庆典致辞稿中勾去了"社会主义"四个字,这桩公案才算了断。

尽管"一流大学"的帽子很长时间没有被戴上,但是,我们确实在朝这个方向努力。上面说到了建设交叉、应用性学科,国家重点实验室,以及后面要说到的提出教学改革的十六字方针等,都是朝该方向努力的一个个环节。这里顺便再讲一件事,它体现我们试图作为"一流大学"来影响国家方针大计的雄心壮志。1988 年,市场经济已经比较活跃了,沿海各省经济开始繁荣,可是内地却相对冷落。当时西北的高校,像西安交大、兰州大学等,都刮起了一股"孔雀东南飞"的风潮,一些教师向东南沿海一带和深圳、珠海等新兴城市迁移,人才流失严重。1988 年底,我们在讨论材料、能源和环境等学科建设的时候,一些教师对西北发展发生兴趣,认为中国发展,不能光靠沿海,必须使大西北和西南也发展起来,西北有丰富的油气资源,需要开发利用。地理系的陈昌笃教授还提出建设欧亚大陆距离最短的铁路线的建议,并集中力量解决沿线生态环境问题;文科老师对此也大有兴趣,认为发展西北大有可为,可结合解决"老少边穷"问题,其中涉及民族政策,有很多社会学研究课题。国家民委和中央统战部都对这些问题很感兴趣。这样,经过几次"神仙会"似的座谈,居然酝酿出来一个"开发大西北"的人文自然交叉学科的大课题。我将多次座谈情况向丁石孙校长和王学珍书记汇报,他们很高兴,觉得在中央没有提出这样的课题之前，北大先酝酿起来，可以为国家今后的发展战略打前站，很有意义。丁校长还说，要专门跟民盟中央联系，后者对此也很有兴趣，可以一起出主意来落实这个课题。经过一段时间的筹备，文理科相关各系都分专题做了深入准备，以便讨论。这些单位有经济系、社会学研究所、地理系、地质系、环境中心、无线电电子学系，以及社会科学处和自然科学处。经过与民盟中央副主席冯之浚等人商讨联系，我们决定在1989年3月底中央"两会"结束之后，请西北各省、自治区的领导到北大来听取我们对"开发大西北"课题的设想，并由此建立联系，确定研究方向与课题，与地方密切结合开展考察、调查和进一步深入研究。1989年4月1日，我们在临湖轩召开了"北京大学西北发展研究汇报会"。时任全国人大常委会副委员长费孝通、国家民委副主任伍精华、中共中央统战部副部长张声作、甘肃省省长贾志杰、青海省省长宋瑞祥、宁夏回族自治区主席白立忱、新疆维吾尔自治区副主席黄宝璋、民盟中央副主席冯之浚等应邀出席。学校王学珍书记、丁石孙校长和周尔鎏副校长等领导，以及相关各部处与院系负责人都出席了会议。会议由我主持，有关专家教授王恩涌、王楚、关伯仁、李茂松、安维华、杨开宗、马戎、李孝聪等分别汇报了北大各学科在研究和促进西北发展方面所做的工作及成绩，提出了进一步研究和促进西北地区发展的设想。听取汇报后，贾志杰、黄宝璋、冯之浚和费孝通等人先后发言。这次会议开得很成功，是北大对国家建设发展的一个大动作。会前，我们做了积极筹备，很多发言都是事先经过预演的。会后，我们打算逐渐深入到各相关地区进行考察调研。可惜，最终未能深入落实下去。

第四章

涉足教改

一、专业目录

我从1964年担任无线电系党总支副书记起,就成为北大"中层干部"的一员。开始是做学生工作,"文革"后又抓科研,基本上没有管过教学。我也害怕管教学,因为管教学要做安排教师上课等工作,往往吃力不讨好。我任自然科学处处长时,原则上应该抓理科各系教学的,但是因为上任时有丁校长的一句话"教学暂时可以少管点",所以我在处里对教学的事不大过问,只参与过几次修订教学计划的讨论,即兴发表点看法。汪永铨对教学评估比较感兴趣,认为这是需要向西方学习的一件新事物。为此,我把无线电系的讲师喻岳青请到自然科学处来工作,专门研究教学评估。喻岳青是学电子物理的,这门学科在很大程度上是为做电子管服务的,当时电子管正被半导体器件所替代,电子物理这门学科往何处去未有定论。我觉得喻岳青很有思想,也许转而研究教育会做出点成绩。他后来到高教研究所跟汪永铨一道工作,对中国高等教育学科建设做出了贡献。

1985年中央出台了《关于教育体制改革的决定》，对高等教育进行招生和毕业生分配的改革（有国家计划招生、委托招生和招收自费生三种招生办法和本人志愿、学校推荐与用人单位择优录用的毕业生分配制度），以及实行扩大办学自主权和实行学分制、双学位制等教学改革措施，北大这些年已经这么做了，触动不大。

1985年10月，教务长汪永铨忽然找我，说国家教委12月要在广州召开综合大学教学研讨会，要我们准备一份关于这几年北大教学改革情况的报告，总结经验教训；并且说，这个会他因故不能参加，要我代他去，并要我准备这份报告。因为我对教学情况不了解，让他请社会科学处处长苏志中准备。他还是坚持要我来做，并让我趁机全面了解一下北大教学改革的来龙去脉。后来我才明白，这是他想辞去教务长让我来接替的一个重要步骤。他把苏志中找来，请苏志中配合准备材料。10月31日教委高教一司开了一次广州会议的准备会，我和苏志中都参加了。会上说明了广州会议应介绍三方面内容：一是教学思想、制度和管理的改革，二是教育评估，三是专业建设。主持会议的高教一司副司长蒋妙瑞还说南京大学在教学改革上已经出台了19个文件，要各校在会上介绍经验。汪永铨对广州会议很重视，认为应当展现出北大的工作成绩。对此我觉得很吃力，一来我对北大教学情况确实不是很了解，二来我从来没有写过这类文章。我硬着头皮准备，到学校党委政策研究室，把几年来学校出台的有关教学改革的文件都搜罗出来。这样写写停停，边写边收集材料、整理思路，差不多用了一个月时间，总算写出了一篇题为《从北大的实践探讨教学改革中的几个问题》的文章，其中写了四个问题：第一，改革学科结构和人才培养的层次结构，以适应经济和社会发展的需要；第二，全面修订教学计划，使人才培养的规格符合四化建设和科技发展的要求；第三，"活"与"严"相结合，改革教学管理制度；第四，教学改革要落实到提高教学质量上。这里,第一个问题明显体现汪永铨的思想,他对大学学科结构等问题很有兴趣,正在做专题研究;教学计划则反映了丁石孙校长的一些想法;在第三个问题里,我把"勤严实创"这四个字作为北大应提倡的学风写进去了。这篇文章经过与汪永铨和苏志中等人讨论,并与汪永铨一起到教委向蒋妙瑞做了汇报,经他同意,才算完稿。12月2日,广州会议如期召开。我因为11月底在重庆参加计量测试学会的时间频率学术年会,第二天(12月3日)才赶到广州参加会议。报告由苏志中在会上宣读,据说反映还好(该文以我和苏志中的名义发表在北大的内部刊物《高等教育论坛》1986年第1期上,删节后收入北京师范大学出版社出版的《论中国高等教育》文集,全文也收录在我的第一本教学文集《谈学论教集》中)。从此以后,我才算真正介入了北大教学管理的全面工作。

我1986年任教务长后,关于教学的头一件大事是国家教委高教一司抓的修订文、理、法、经本科专业目录。我校承担了理科专业目录的修订工作,要提出修订方案。这件事由我负责。为此,成立了由几位系主任组成的研究小组,大家集体讨论,对院系调整后我国综合大学的定位、理科专业设置的历史和现状、理科的特点、学科与专业的关系、理科本科人才的培养要求、划分专业的原则,以及高等教育与社会需求的关系等问题进行了比较全面的了解与思考。我们仔细研读了一些高等教育的相关历史文件,在此基础上,制定了一个修订方案,我写了一个报告《关于修订理科本科专业目录的意见》,在教委召开的研讨会上发了言,对上述问题做了详细说明(该文收入《谈学论教集》)。其中论述了理工科的区别,对理科学生的培养要求着重于基础性,以便其能广泛适应各种实际工作和科学技术日益快速发展的需要,强调每一个专业应该有一套独特的课程体系,要开设一些选修课或实行专业分流,拓宽学生的知识面,使他们接触实际工作,并掌握某些实际工作能力。这些原则也体现在后来北大的专业设置、培养目标和课程体系的制定上。

这两篇文章虽然涉及了一些教学改革的内容，但教学制度总体上并未摆脱苏联模式和计划体制的窠臼。"专业"还是高校人才培养的基本单位，具有比较"刚性"的原则。一切教学计划、培养目标、课程设置、教学大纲、教学环节等都以此为出发点。但是在修订的教学计划中，丁校长和大家共同提出的"加强基础，适当扩展知识面，注重培养实际工作能力和创造精神，增强适应性"的原则，确实也体现了一种改革的精神。记得那时候丁校长曾跟我谈起，他在新中国成立前做学生的时候，由于频繁的政治运动，没有一门课是学得完整的，常常闹学生运动，停课。后来自己所教课的内容，基本都是靠自修得来的。他说，不要以为只有教师在课堂上教了，学生才会学到知识。教学，主要是靠学生自己学、自己钻研来获得知识。所以我们在制定新的专业目录中，也贯彻了这种精神。

写了这两篇文章之后，我才算深入到了教学工作中，我发现管教学比管科研工作更有意思，更需要而且可以多动脑筋。管科研，一方面要熟悉学术动态，了解学科发展和国家与社会的需求，争取项目、争取经费；另一方面要物色人才、组织力量。这都要跟人打交道。我说服人的本事不大，有时候处理起来十分困难。即使有了人，还要大家和衷共济，心往一处想，劲往一块儿使，很不容易。我在组织多学科中心时尝到过苦头。而教学工作中有很多问题值得思考，可以单纯从学理上进行探讨，就事论事潜心研究，与人交换意见也容易些。更因我并不在基层工作，安排教师授课等求人、与人打交道的具体事务不用我去处理。所以我渐渐喜欢上了这项工作，也渐渐形成了对教学工作的一些想法，希望每年重点抓一个方面深入地工作，逐步做出成绩，进一步将北大教学搞上去。

二、外校取经

1986年党委常委扩大会和丁校长在全校干部会上做报告以后,北大上下确实有了振作精神的气象。那时候正好是中共十三大召开前后,"改革开放"的旗帜举得很高,市场经济的风刮得很盛。面对市场经济状况,原有的基本上是按照计划模式进行人才培养的制度是否需要改变,应该做什么样的改变,对此我们虽有一些设想,却并没有充分把握。对兄弟院校的计划和措施,虽在广州会议上了解到一些,却不尽全面、准确。我感到自己对大学全面工作比较生疏,很想到有经验的学校去见识见识、学习学习。我的这个想法也符合教务部门不少干部的愿望。在9月末的一次教务长办公会上,大家都说,北大太闭塞了,很少到兄弟院校去访问学习,吸收人家的长处,应该走出去向人家取经。我当时第一个想到的就是被蒋妙瑞表扬过的南京大学。正好1986年12月在南大有一个教学理论和教材建设学术研讨会,邀请我们参加。这个会是高教出版社和南大联合召开的,有点半官方的经验交流性质。我和刚调到教务长办公室的力学系主管教学的原副系主任周起钊及教材办公室干部容平一同去,另外还请了几位担任过教学行政工作的教师,其中有原副教务长兼自然科学处处长陈守良、无线电电子学系主任王楚、地质系的白顺良和技术物理系的江林根。会上我做了一个系统介绍北大教学改革情况的报告,大体与广州会议上说的相同,但对提高教学质量问题,做了更详细的介绍。会议开了两天。会后我们行政机关的三个人就和事先约定的社会科学处处长吴同瑞、自然科学处处长沈钟、教学行政处处长睢行严和成人教育办公室的熊汉富一行七人对上海和南京的几所大学做了访问学习。

为了这次学习访问,我们拟订了一份"学习提纲",共有14个问题(见本节附录和附图)。七个人除了共同听取了所访问学校的领导的综合介绍外,还按职能分工分别拜访了几个相关单位。在上海我们只访问了复旦大学,听了主管教学的副校长严绍宗的全面介绍。我对复旦大学的教授上基础课、师资培养、导师制,以及解决公共英语教学问题的做法等印象较深。复旦大学在学科和课程建设上也有较深入的思考,实行教学评估,由教师本人、学生、教研室和主任来评分。根据教学水平、师资梯队和教材等情况所达到的程度,复旦大学将课程分成一、二、三类等。学校鼓励教师通过编写教材来提高教学水平,并成立了教材建设委员会,对基础课程教材做出了规划,共100门。要求基础课的高级职称教师上课率达到40%,高级职称教师总的上课率在28%～32%。在学生管理制度上,首先要做到严格管理,对低年级学生实行浮动学制(严格退学、转入大专班、试读等制度),专科学生学得好的也可转本科;然后逐步过渡到学年学分制。严绍宗副校长还介绍了教师"定编"情况、实行导师制和公共英语等基础课教师管理方面的经验。这些问题与我们类似,其处置方法很值得我们借鉴。我和沈钟等还访问了生命科学学院和材料科学系。我对这两个院系比较感兴趣,它们不仅是复旦理科中较强的学科,而且也具有重要的潜在应用价值,是面向21世纪需要重点发展的学科。我们也很想建立材料科学中心,这门学科涉及的学科面广,各学科差别又大,例如,半导体材料主要涉及物理学,而有机、高分子材料主要与化学相关,材料还有力学、光学、电学和磁学等许多不同性质,制备、冶炼等工艺技术更是五花八门,要凝聚在一个院系,形成统一的教学科研体系很不容易。复旦大学的经验很值得借鉴。在那里我们差不多访问学习了一天半。

之后整整两天都在南京大学。南大主管教学的副校长冯致光在教学管理上的系统思考给了我们深刻印象。他将南大教学改革的方针归结为四个方面16个字:"全面培养,强化基础,因材施教,增强活力"。这一方针通过课堂教学(含讨论、实验、实习)、学术活动和社会实践三条渠道来实施。在课程建设、教学奖励、优秀生培养等方面南大也都有成套的措施。比如,在课程建设上,南大也将课程按照具备一支教师梯队、一套革新的大纲、配套的教学资料(包括教材、参考书与文献)、启发式的教学方法、科学的考核方式,以及现代化的教学手段等几个方面,来区分甲、乙、丙三类课程;然后做出规划,争取升级。根据因材施教原则,南大对不同学生分别给予如"少年班"、第二学位、优秀生等不同对待。冯校长给我们详细地讲了一个上午,使我们受益很大,让我觉得教学管理确实是一门学问,大有可为。我们到校时南大正在开教学奖励大会,我们趁机"偷听"了一番,觉得气氛比我们在1986年5月召开的科研奖励大会好得多。为了验证冯致光所介绍的做法是否真正在基层落实,我们也拜访了一些系,了解到系领导们大体上贯彻了学校的意图。这不简单。因为我觉得北大领导的想法往往落实不了,甚至下面所做的是另一套。我们还采访了主管科研的副校长王德滋和科研处,南大对科研项目采取"分级管理"的做法给了我们较深的印象。那时恰好碰到南大学生闹事,包围了校长办公室。南大校部办公室都设在平房里。北大的校长办公室已经够简陋了,南大比我们还要差。我们被久久地困在办公室出不去。那时我们住的招待所邻近学生宿舍区,墙上也贴满了大字报,内容无非是表达对学校生活与后勤管理的一些不满,不过已经感受到了学生思想的起伏。此后,我和冯致光,以及南大校长曲钦岳和常务副校长陈懿等人都成为朋友,不时互通信息。1999年我还被教育部选为南大教学评估专家组的组长。一段时期,南大是我最熟悉的一所大学,南大人也认为我对南大的评价和意见很中肯。

在南京,我们还去了南京工学院(现东南大学),陈笃信副院长给我们介绍了学校情况,讲了七个方面教学改革的措施。我们则想从这里了解一下工科院校与综合大学办学的不同特点,特别想了解该校在加强文理基础课和实验实习方面的考虑。南京工学院在学分制、设置暑期短学期、社会实践和开展教学研究活动等方面的工作都令人瞩目。

　　这次访问学习,时间整整一周,收获很大。回来后我们花了一天时间进行总结,寻找差距。大家觉得新时期教学管理上各校有不少共同问题,比如:如何解决师资队伍青黄不接问题、从学苏联旧轨转型到新课程体系建设、推行学分制,以及英语和计算机等新基础课如何设置,如何对待老的公共基础课(大学语文、数学、物理等),还有实践实习问题、特殊学生培养问题(如少年班)、暑期课、自学考试、继续教育、学院设置等,都是当时的热点问题,各校都有自己的思考与方法,这种深入交流对启发思想很有好处。大家觉得我们在学生管理方面还是比较严格的,但与南大相比,我们在课程建设等方面差距较大,应当奋起直追。同时我们感到,北大也不能照抄兄弟院校的经验,我们必须根据自己的特点来改进工作。比如,课程体系建设,复旦和南大都将课程分等划级,我们就只强调目标是要建设优秀课程(当时也学南大,有时也称为"甲类课程"),各系要着力培植几门优秀课程,尤其是基础课,其他课程按照一般课程标准随时进行评估,以求提高改进。

　　这次向兄弟院校学习后,我更感到进行教育教学管理研究之必要。此前在教务长办公会上已经有过设立北京大学教育管理研究室的讨论,这时我的决心更大了。由于原自然科学处的喻岳青已到高等教育研究所任职,我又将力学系主管教学的副系主任周起钊挖到教务长办公室来组建教学评估室。周起钊在力学系教理论力学课程,专业学科上有很高的造诣,他编写的《理论力学》教材很有名气;他对教学管理也比较上心,有思想、有条理,对学生要求很严。这个教学评估室具有教育研究与行政管理的双重任务,名义上属汪永铨主持的高教研究所和教务长办公室双重领导。后又从天津大学要来了一位从事教学评估研究的硕士毕业生宋映泉来充实这项工作。为了组建教育管理研究室,我们又从电子学系、地质系、地球物理系和俄语系分别调来了蒋曼英、孙桂玉、王文清和俞仁山四位具有教学经验和教授职称的教师来教务长办公室工作。蒋曼英是电子光学专家,研究生毕业,对国外教学有较多的了解;孙桂玉是学地质的留苏本科毕业生,多才多艺,文字功底也很好,原在唐山地质学院教课,后因解决夫妻分居到了汉中分校,因专业不对口,在教改组任职,回总校后在地质系做教学工作;王文清是空间物理专业毕业的,也有很多教学经验,对教学问题持有一定见解;俞仁山是唯一学文科的,但后来去世较早,很可惜。虽然这个研究室的名义始终没有确立,但这时教务长办公室的研究阵容在北大历史上可谓空前绝后。他们针对北大实际情况做了大量研究工作,包括上面已说到过的教师教学工作量的计算等,当时出台的几乎每一项教改措施都是建立在大量调查研究的基础上的,做得有根有据,对开展教学研究起了很大作用。

◆ 附录:对兄弟院校访问的"学习提纲"

  1. 对目前教学改革的深入有哪些设想,目前教改的重点是什么,要解决哪些问题?
  2. 在提高基础课质量上正在或将采取哪些措施?
  3. 如何进行课程内容的改革,遵循哪些原则和做法?
  4. 在提高教师教学积极性上采取了哪些政策措施?
  5. 在青年教师的培养使用上有哪些设想和做法?
  6. 公共课教学,尤其是外语教学如何抓?
  7. 实验教学、实践环节、习题课等教学如何抓?
  8. 教学评估活动怎样做,效果如何?
  9. 科研工作怎样组织,科研梯队如何组织?
  10. 如何抓学科建设?
  11. 在学生学风建设和学习管理上有哪些考虑和做法?
  12. 对不合格学生的处理上有哪些考虑,"过关"考试如何考虑?
  13. 校系两级在教学、科研体制和权力上做哪些分工?
  14. 管理队伍的建设。

从这张手写的"学习提纲"可见当时工作条件之简陋。

附图　对兄弟院校访问的"学习提纲"

三、课程建设

1986年可以说是我步入教学管理的"见习期"。1987年以后，我开始对这项工作有了一些自己的想法。我任教务长后，有两个人对我的工作给过感人肺腑、难以忘怀的鼓励。一位是周培源先生，他对我这一生有三次重要影响。一是在苏联留学时转专业，从莫斯科大学转到了列宁格勒大学。二是1965年我任无线电系总支副书记期间一同去汉中，筹建汉中分校，曾受过他的表扬。三是1979年我从汉中回京后，中科院武汉物理所所长王天眷先生(他20世纪30年代从清华物理系毕业,是周培源的学生)来京代表中科院武汉分院和他自己找周校长,想把我调到武汉去接任他的所长,被周先生婉拒。说可以让我去兼任,调走不行。我觉得我无"兼任"的本事,就没有去。我任教务长时周先生已经离开北大,但有时候还到北大来,有一次他到北大来,我们见了面,他对我说:"你现在是教务长了,教务长工作很重要。"我把这看成是院系调整后新北大第一任教务长对我的托付,铭记在心。另一位就是上面提到过的原华中工学院(现华中科技大学)党委书记朱九思。在大学圈子里他挺受人尊重,大家认为他办大学很有见地、有思路,对后来华中科大的崛起颇有影响。我到武汉出差有时会顺便去看望他,他叮嘱我:"办学校最重要的是上下要有统一的指导思想","北大要统一思想"!我反复想过,对北大这样一所提倡学术自由的综合大学,要像工科院校那样统一思想很难。但如果教学行政管理没有统一步调,工作势必松懈分散。我把朱九思的话铭记在心,深感这确是北大行政管理的薄弱环节,总想竭力纠正。我考虑从1987年起,要在教学管理上每年抓一个重点,统一思想,全校朝一个共同目标奋进,几年之后北大教学科研工作必会有一个大变样。

考虑到经过20世纪80年代以来的几年努力,学校在学科专业和办学层次结构上已经发生了很大变化,除了文理基础学科以外,应用学科、技术学科和新兴边缘学科已经有了长足发展。上面讲到的主要是关于自然和技术科学方面的新学科,其实,在人文社会科学方面,到80年代末也组建了不少新学科,如恢复了社会学,增设了社会工作与社会管理、国际法、经济法、宗教学、逻辑学、政治学、行政管理学、企业管理、国民经济计划与管理、国际经济、国际金融、财务学、国际文化交流、科技情报学、编辑学、博物馆学,以及希伯来语、泰伽勒语等专业。考古、英语扩大成系,法律系人数大为增加,成为全校第一大系。新增文科专业占了全部文科专业的1/3。当时本科专业已达到78个,硕士专业125个,博士专业75个;研究生人数2800人,接近本科生的 1/3，包括干部培训班、进修班、函授班、夜大学和短训班在内的成人教育学员人数已接近本科生人数。1985、1986 两年，在丁石孙校长直接指导下，按照"强调基础，适当拓展知识面，增加适应性"和"加强实践环节，注意培养实际工作能力和创造精神"的指导原则，修订了本科教学计划，并且据此进行了课程体系的设计。根据这种情况，我们认为不管是对老专业还是新专业，要实现教学计划的培养目标，提升专业教学质量，关键就在于做好课程建设。因为课程是学校教学的基本环节，是构成教学计划的细胞。结合向兄弟院校学习的经验，在 1987 年初教务长办公会上，我们确定当年以抓课程建设为重点来落实提高教学质量的任务，并就此专门召开了一次全校教学工作研讨会。

和南京大学相比，课程建设是我们的一个弱项。会前教务长办公室已对全校教学情况做了摸底调查，特别是收集了引进评估制度以后学生对课程教学的评价和意见；并就优秀课程的标准做了很多研究探讨，到几个系里去深入了解情况，开了几次教师座谈会。课程的教学评估过去在中国并非没有，对一门课的教学质量总是有客观评价的，包括学生评价、教研室其他教师的评价。日积月累，评价还是比较准确的，一批名师也就这样出来了，并由此口口相传，代代称颂。但是这种评估是自发的，不是有组织、制度化的。1986 年我们设立教学评估室后，在周起钊、蒋曼英等人的努力下，按照一些美国大学的做法，建立了基础课学生评价系统，制定了标准的课堂教学评价表，学期末由上课学生填写，收集后用计算机统计计算，可以大致了解全校课程的教学状况，提供给系主任和教务部门作为衡量教学质量的参考。开始评估结果是不公开的，只给领导做参考，后来就公开化了。对此，学校里议论不少，认为只凭学生评价比较片面，有不确定性。有的教师为求学生打高分，不敢严格要求。不过长期实行下来，我们认为总体上还是比较公正有效的。而且我们对课程的总体教学评估，不光看学生的打分，更多的还靠同行教师的互相听课；之后，对基础课我们还组织了老教师调研组(许多大学称为"督导组"),实行调研组随时听课和领导定期听课制度,使教学评估更为规范化和制度化。1987年1月27日,在美中教育服务机构(ESEC,是美籍华人余国良博士发起组织的一个民间机构,从1981年起与北大合作,先是帮助我们培训出国进修教师的英语口语,以后又组织了帮助我们了解和引进美国的教学评估方法的活动)的协作下,我们组织了一次有校内外约60人参加的中美教育评估讨论会,由美方6位专家介绍美国高校教学评估情况,研讨中国如何开展这项活动;并决定暑假召开一次规模较大的教育评估会议,在我国全面推开教育评估制度。同年8月10日,在国家教委高教司的指导下,召开了第一次有多所兄弟院校参加的中美教育评估研讨会,请两位美国大学的同行系统地介绍了教学评估制度的组织和实施。此后,这种课程评估制度逐渐在全国许多大学广泛实行。

有了这样一些准备,1987年4月24—26日,我们召开了一个以提高教学质量和课程建设为核心的教学研讨会,各系主任和主管教学的副主任与教务部门的人员都参加了。因为担心在学校开会大家会被各自负责的事务打扰,专门借了香山植物园后面的国务院西山招待所作为会场,让大家集中精力专心开会。为了提高教学管理干部对教育教学理论研究的兴趣,了解当前世界高等教育界对教学理论研究的现状及其与改进教学的关系,我们专门请了北京师范大学副校长、教育学专家顾明远先生在会上做了一场报告。他从研究教育教学理论对改进教学的意义说起,结合高等教育的历史和现状,将苏联和英美的制度、做法进行了详细比较,系统地谈了高等教育的培养目标、基础与专业的宽窄、教学安排、教学方法和能力培养等问题,讲得非常细、很具体、很深刻,大家收获很大。

这次会议共开了两天半,丁石孙校长亲自参加并讲了话。会上除了几个事先安排的大会发言外,还安排了分组讨论,大家发言非常踊跃热烈,细致分析了影响当前教学质量的主要问题,提出了许多改进措施。最后我做了一个"关于课程建设的几点意见"的总结发言,讲了七个问题:第一,为什么把课程建设作为当前教育改革的中心;第二,课程建设的出发点和主要内容;第三,师资队伍的配备和建设;第四,教学内容改革和教材建设;第五,教学方法的改革和探索;第六,现代化教学手段的建设和运用;第七,怎样开展课程建设。这最后一点将教学评估、课程规划、教学奖励、创建优秀课程,以及工作方法和安排等具体事务做了布置(该报告整理后发表在《高等教育论坛》1987年第3期上,删节后在1987年11月19日的《中国教育报》上转载,收入《谈学论教集》)。

这次会开得很认真,比较成功,大家统一了一些认识。我们决定以后每年开一次这样的全校性教学研讨会,围绕一个主题,大家来分析研究,提出解决方案和实际措施,从而逐步提高北大的教学质量和水平。初步商定1988年的主题是实践环节。

课程建设的具体工作,是由各系主任来抓的,社会科学处和自然科学处两个处的教学研究科的工作人员经常与他们联系,了解情况、督促检查。教务长办公室的几位具有研究能力的教师发挥了重要的作用,工作中不少主意是他们出的。我重点抓公共基础课,当时主要是公共英语、计算机基础和政治课。时任校党委书记王学珍曾担任过教务长,很熟悉教学工作,沙建孙副校长调离北大后,政治课实际上是由他主抓的,我只是发表点意见;而研究公共英语教学问题时我也请他来参与,传授他的经验。我国改革开放以后,公共英语成为全国性的热门课,还有国家级考试。但是学生花的学习时间很多,而实际使用能力却不大理想。由于学生人数多,需要的教师和教学设备也很多,因而实施中还有不少实际问题,比如,如何提高公共英语教师的教学与学术水平,工作量计算与超工作量待遇处理,与专业英语教师的关系,以及职称提升等。我们曾经试图将公共英语教师与专业英语教师打通使用,以此提高师资业务水平,因为过去都是这样做的。但是由于修读公共英语的学生人数远远超过专业英语的学生,实际上行不通,仍不得不为公共英语教师单独另设编制。政治理论课也是一个老大难问题。其课程名称是中央规定的,学生不感兴趣,有些概念提法常因政治经济形势的变化而做相应更动,教师往往也无所适从。那时学校根据实际情况,大胆将上级规定的"中共党史""哲学"和"政治经济学"三门马克思主义理论课改为三类课程:马克思主义基本原理、中国革命与社会主义建设和其他有关哲学与社会科学的课程;每类中又各开设了若干不同名称的课程,如中国革命的基本问题、当代世界政治和国际关系、自然科学中的哲学问题,等等。将这样一系列课程提供给学生选修,学生学习的积极性就提高了。这种做法当时还得到了国家教委的肯定。

计算机基础是当时新设的公共工具课。20世纪80年代,计算机使用还不十分普遍。但大家都已意识到了计算机对今后教学、科研和管理的重要性和学生熟练掌握使用的必要性。文科除了经济、管理类外,其他专业似乎对此课程要求的迫切性小一点。但我记得那时候中文系古典文献专业郭锡良教授从欧洲(挪威)访学回来后,曾生动地给我描绘了利用计算机进行古代语言研究的极大便利性。他说,古文献某个字或词汇的使用频度及其变化对语言文字研究十分重要,挪威汉学家都会使用计算机。一个汉字或词组在古籍里是怎么演变的,我们要花很大工夫将大量文献仔细查阅一遍,数出那个字或词汇的使用次数,人家用计算机一下子就得到结果了,效率高得多。我才意识到对一般文科而言,计算机也是不可或缺的,应该使每个文科学生都能使用计算机。所以我们把用计算机来武装教学科研作为学校的重要任务。那时最通用的配置是"286""386",最好的是"486"个人电脑。这些电脑当时全校还很少,后来通过世界银行贷款等方式,总算添加到了百台以上。为了能容纳学生上机,专门将红一、二楼(德、才斋)的部分房间和楼顶,以及两楼间的原食堂建筑分配给了计算中心,学生可在上午、下午和晚上规定的时间段使用。至于科学计算用的计算机,那时还只有"文革"末自己研制生产的150

机,其所用语言和编写程序都采用了我们自己研发的软件:"北大"。后来得到了一些大型商业的通用计算机工作站(如 Honeywell、惠普、SUN、IBM 等),这些计算机多数放在计算中心供全校使用,有的在视觉与听觉信息处理国家重点实验室建立时才落户至该实验室。

为了落实现代化教学手段的建设与应用,学校在 1978 年就成立了电化教学中心,汪永铨为首任主任。几年后建成了电教大楼,是当时全校使用频繁的会议中心之一。电化教学中心的职责先是进行幻灯片、录像、影视等教学辅助工作,同时承担了文科计算机教学的任务;以后着重计算机辅助教学(CAI)和计算机辅助设计(CAD)的推广和使用,对推进教育信息化做出了贡献。后来,电化教学中心发展成为教育学院的教育技术系和教育信息化服务中心。在当时它和计算中心都是直属于教务长管辖的公共教学服务中心,对课程建设发挥了重要作用。

课程建设中一项不可或缺的工作是教材建设,相当一部分课程建设的成果要落实在教材上。那时的教材除了有一些正式出版的教科书和教学辅导材料之外,主要是靠油印讲义。正式出版物多是"文革"前的产物,或是用当时的讲义印成的书,它们所反映的差不多都是二三十年以前的教学要求,"过时"是比较普遍的。"教材陈旧"也成为学生对课堂教学的主要意见之一。因此教材建设具有迫切性。而从"文革"后开始招生起,教师也已积累了十来年教学经验,编写教材有了现实可能性。而且,由于那时各校开始评定教师职称,科研项目少、教学任务重的教师,能交得出来的"成果"就是教材了。这也是此后教材出版大行其道,有的内容相似,甚至雷同、相互抄袭的书籍频频出现的一个原因。因此出教材既要积极,又要稳妥。我们建立了由丁石孙校长亲自挂帅的教材建设委员会(我任副主任),既鼓励促进,又严格把关。我们要求各系都制定教材出版规划,一年出版一两种,对油印讲义也做了一些规定。当时出书也难,不少出版社都要求作者缴纳一定的出版补贴费用。教材建设委员会会同北大出社，根据各系上报的计划，每年评审出约 50 种教材，给予经费资助，优先出版。评审工作虽分文、理两科进行，但基本上还是外行评内行。这样的方法虽很难做到"择优"，但"汰劣"却是做得到的。这在后来学位委员会评审研究生论文时也体现得很清楚，以后再表。教材建设工作的具体事务还是不少的。之前我们的教材建设是由两个科学处的教学研究科来管，而讲义油印和教材发行等工作则由直属教务长的教材办公室来办，具体由该办公室的容平来负责。差不多与成立教材建设委员会同时，学校的印刷厂也归出版社管了，这样，即使是油印讲义，其工作也与出版社相关。于是，教材办公室和教材建设委员会的办事处就都设在出版社。当时随唐敖庆先生出任国家自然科学基金委主任的一位助手是由吉林大学调来的谭仁泰，其夫人汪淑哲由北大安排工作，我们就请她来负责整个教材工作。她原是化学教师，办事细致认真，工作很得力。之后，我考虑到文理两科的教学工作尽管与科学研究密切相关，但教学终究是全校一体的，以统一步调来管理更方便，就萌发了要像全国绝大多数高校一样，设一个教务处来统一主管教学的想法。不过它的实际落实，已经是 1992 年初的事了。

  1985 年国家确定每年 9 月 10 日为教师节。学校决定从那年起每年颁发"教学优秀奖"。1987 年关于课程建设的教学研讨会之后，比较详细地制定了制度化的奖励办法。在教务长办公室几位研究人员的努力下，我们将每年获奖教师的事迹或个人的教学经验与体会收集起来装订成册，在校内广为宣传，使之发挥影响。其中少数后来还收录在下面要说到的《文理基础学科的人才培养》（北京大学出版社 2005 年版）一书中，成为北大教学的宝贵资料。蒋曼英等人还从国外资料中发现，针对新任教师上课，有一些教学指导书传授一些有效教学的策略性的"诀窍"，告诉新任教师如何处理一些突发事件等。我们觉得这对于新任教师很有帮助，值得借鉴。于是组织进行翻译，作为助力课程建设的一环。之后北大出版社出版了诸如《给大学新教员的建议》《理解教与学:高校教学策略》等书,可以看作是这项工作成果的后续。对于新教师的培训,它们发挥了一定作用。

1987年还有另一件事,多少也与课程建设有关。在汪永铨的力主和帮助下,我们拿到了一个"七五"全国教育科学规划研究课题:"基础学科人才培养规律若干问题的研究"。我认为这是使教务部门人员将本职工作转变成为专业研究的重要机遇,在与汪永铨讨论后,根据课题要求拟订了一个详细的研究计划,按照部门分工将课题分解成为几个子课题,召开了相关工作人员(几乎是全体教务部门机关工作人员)大会,宣布了这个计划,希望从当年起到1990年能完成课题,写出一本书来。我强调这是把日常事务变成研究工作来做的一个契机,请大家都投入研究。我还专门请蒋曼英、孙桂玉等人来做国际比较部分的调研。在这个会上,大家似乎都很兴奋,因为机关工作从来还没有这样做过,这样一来,我们也可以做科研了。大家还认为,北大从1952年院系调整成为综合大学以来,教学科研方面在国内还算是领头的,应该有经验可以总结;在学习苏联、"大跃进"、搞教育革命等运动中也有许多教训可吸取,是能够写出一本质量较高的、关于高等教育的书的。这样,我们准备经过1988年一年的资料整理和观点探讨,1989年进行仔细研究和写作,1990年拿出初稿。可是,1989年夏季之后,大家都像泄了气的皮球,谁也鼓不起劲来。我督促大家根据原先的计划进行汇报讨论和准备写作时,竟没有人肯动笔。教务部门当时要全力维持教学秩序,忙不过来。我说服不了大家,只好放弃。可是课题是要交账的。拖到1992年,我只得请孙桂玉和王文清两位动手,勉强完成任务。这样,我们三人拼拼凑凑,虽然内容已与1987年的提纲相差万里,但总算在1995年结了题,通过了专家评审。对于出书,我已经提不起精神来了,因为觉得质量不够,没有充分反映北大几十年来的历史经验与教训。但是当一些素材被同仁看到后,他们认为资料还是弥足珍贵的,应该将它们定型下来,给后人一个交代。这样,经过我们三人集体修改,采用对一些文字资料进行夹叙夹议的方式，把书稿写了出来，再经过了十年，于2005年由北大出版社出版，书名为《文理基础学科的人才培养》。我把这个惨淡经营的过程都写在"前言"和"后话"之中了，不胜唏嘘！

通过这些活动，我对教学研究更有兴趣了，认为应该将教务的职能工作变成专业业务，使工作人员能用研究的态度来对待工作。为此，最好能够使大家的研究收获与心得有一个发表与交流的平台。为此，我主动配合高等教育研究所和汪永铨出版内部刊物《高等教育论坛》，鼓励大家结合工作发表研究文章。我自己也在那里发表了一些工作体会。这个刊物受到大家欢迎，之后在高教所的努力下，它成了一个公开发行的刊物《北京大学教育评论》，在高教界享有较高声誉。

四、实践环节

根据原定计划，1988年全校教学工作的一个主题是研讨和落实"实践环节"。这是修订教学计划提出来的一个重要内容。对于综合大学来说，这个问题特别重要。这不仅是因为基础学科常被批判为"理论脱离实际"，历次政治运动中，这个问题首当其冲，成为批斗对象；更因为"实践环节"确实是培养学生各种能力的法宝。然而，解决这个问题却是说起来容易，做起来非常不轻松。为什么呢？这牵涉到两个方面，其一是教基础学科的教师多数比较习惯于抠概念、搞理论，强调抽象的基本规律，对于实际状况比较陌生，不少老师教课"照本宣科"，像丁石孙先生那样，教代数课还常跑图书馆去查阅物理、化学等学科的书籍，想从其中找到代数在这些领域实际应用的例子的人实在是凤毛麟角。一部分教师的实际动手能力也较弱。当然不能一概而论，也有很强的。原清华物理系（该系教师大部分都到了北大）曾津津有味地举办过教授吹玻璃技术的比赛,有的教授技艺相当了得。其二是落实实践环节,需要有相当雄厚的物质条件和经济实力,还要有社会有关部门和企事业单位的配合,这对于20世纪80年代的北大,实在是很困难的。

这里所说的实践环节是广义的,包括习题、作业、实验、试验、实习、实训、野外考查、社会调查、各种社会实践、劳动与军事训练,以及查文献、参与科研、写论文等。实践环节中相当多数是教学计划内规定的,但也有一部分是教学计划之外的,是学生按志愿自主选择参与的,其中包括各类课外学生社团活动。北大有文艺、体育、学术、休闲、生活、社会服务等各种各样的学生社团。每个新学期开始,这些社团都竞相招募新成员,号称"百团大战"。实践是学生获得各种实际工作能力和培养创新精神的主要手段,其中包括选择、专注、表达、交流、沟通、合作、协调、组织、管理、领导等。一个人的能力只有从自己亲身实践中才能练就,并比较牢固地掌握。然而,要让学生在学校学习中能够得到各种各样的实践锻炼,除了教师本身的实践能力之外,学校能否做出恰当安排,学校和社会能否提供充足的条件和宽裕的经费,以及合适的舞台与基地也是很关键的。对于理科,这些条件当然主要是实验室及其相关的仪器设备,但也有些特殊条件。例如,地质和生物学的野外实习基地,实验动物的养殖和处理,物理与放射化学的放射源的安置(当时是钴源),都是有关院系和学校须煞费苦心才能解决的。文科一般没有实验室,但是,为了体现北大文理综合的优势,我们特别重视几个文科实验室的建设。例如,为了建设考古实验室,学校专门从核物理、无线电,甚至清华化工系调来了资深教师。记得全校第一个配有音响演示功能的教室就是专门为考古系筹建的。20世纪八九十年代,在实验经费奇缺的情况下,我们还为中文系的语音实验室、法律系的刑侦实验室配备了较好的设备;为经济学院建设了经济模拟实验室,为法律系建设了法律数据库(当时北大的地方法规数据库在全国是领先的)和模拟法庭等。而实习场地的安排在当时可说是难上加难。例如,到工厂实习往往不受工厂欢迎,因为在市场经济条件下,生产成本与效率是要被有关各方斤斤计较的,学生实习一般难以产生即时的经济效益,反而会加重工厂负担。所以对方一般要求有经济补偿,而学校难以负担。到农村实习和劳动在实行"包产到户"的情况下也相当困难(改革开放前,学校每年都要组织学生参加郊区农村收麦子等劳动,还颇有收获)。地质、生物学等野外实习基地,也需要学校提供日常维护经费,往往也超出学校开支预算。更有甚者,对于考古的野外发掘,由于地方上盗墓之风猖獗,有时不得不要求调动地方武警和当地军队来保护,例如,山西晋侯墓葬的发掘就是如此。这不仅需要大费周折,而且经济负担也很重。

以上种种,既说明我们对学生实践环节的重视,也说明这个问题解决之难,有时甚至让人心力交瘁,因此难免要倒点苦水。下面要说明我们在"尽可能"条件下所采取的一些办法。

第一,实验教学的改革。理科各系教学计划中都有实验课(数学系也曾规定有物理实验课,还有计算机实验课),但大都是基础实验和专业实验两大类,有的系分得更细些。这些实验的题目都是教学大纲内规定的,配备有现成的仪器设备,学生按照实验教材(或讲义)课前准备,了解实验目的与设计原理,在实验室里摆放好各种仪器设备装置,按照操作规程完成制备、观察、测量、记录、整理数据等步骤,得到结果,再进行分析,与预期或理论结果做比较,对误差来源和不一致结果做出解释,写出实验报告,就算完结。这种实验有助于学生理解某种自然现象的规律,并掌握其研究方法。实验一般有教师指导、答疑解惑,并且检验学生所得初步数据是否正常,是否符合实际,而实验报告则在课后撰写。我们认为,实验课是一种独立的教学环节,它并非依附于理论课的、用于验证理论的辅助环节。可是,一些学生,甚至某些教师或校外人士经常怀有后一种本末倒置的不正确看法,从而贬低了实验教学的地位。造成这种状况的一个原因是,实验课不考试,所以成绩往往不计分,而用"合格"或"不合格"等来记录。后来,有不少专业对实验课进行考查,成绩也记分了。对于自然科学来说,实验是认识和检验理论知识的前提和基础,这是唯物论的认识论的基本原理,也是做自然科学研究的最重要的手段。不过,这种常规实验对于训练基本实验能力,学习观察、测量和处理数据的方法虽是十分有效的,但却缺乏对学生创造性的锻炼、对探索未知现象的勇气和方法的培养。为此,各系实验课推出了各种开放性、综合性或设计性实验。这种实验由学生在教师事先设定的若干题目中自由选择,或由学生自己凭个人兴趣提出问题,然后独立进行实验设计,列出仪器设备清单,由实验室给予保证。有时实验室难以提供完成学生设计方案所需装备,学生就要学会妥协而求其次,由学生自己装配或制作器具,然后进行观察测量,取得实验结果,找出科学规律。这种实验耗时较多,一般需要一整天,甚至几天,所以一学期往往只能做有限的几次,但它对学生思维训练和提高研究能力帮助极大。以后,这类实验成为理科各专业实验课的常规。

第二,暑期社会实践。文科,尤其社会科学各系在教学计划中几乎都安排了社会实践环节。但是,如以上所述,由于接受单位之不易觅得,真正落实起来十分困难。于是各系都采取了一种补救措施:利用暑假,要求学生回到自己的家乡去做社会调查,进行社会实践,回来写出总结汇报。当年北大来自农村的学生人数比例还较高,大约占 1/3,甚至更多。他们的社会调查报告都会反映一些改革开放以后农村变化的新气象。有的对当时实行的"三农"政策还真有点研究价值。有的系还规定,一年级暑假以记录观察为主,二年级做点小题目调查,三年级要写出小课题论文,实际上相当于过去的"学年论文"。有的理科系也开展类似活动,其中一些实习场所(例如工厂、工地等)还是学生自己通过各种关系联系上的。这也锻炼了学生的社会活动能力。活动内容除了社会调查之外,还有科技文化服务、扫盲等。在这项工作中,学校团委、学生会和学生社团发挥了重要作用。每年暑假后新学期开始,他们总要联合召开总结大会,表彰取得突出成绩的学生。确实,每年都有非常优秀的成果问世。我几乎每年参加这种活动,为北大学子的这种自主学习和研究的精神所感动,并且认为从中可以"冒"出许多人才来。我记得当时社会学系的一位浙江籍同学后来在学期中也经常到北京南郊丰台一带,与浙江来的农民工同吃同住,调查研究,写出了一篇十分有分量的"浙江村"调查报告。其中将这些农民工的生活状况、自发的组织结构、管理规章,以及存在的种种弊端和问题,都表述得清清楚楚,受到北京市领导的重视和赞赏。

第三,学生早期参与科学研究。吸引少数学有余力的学生从二三年级起就开始参与教师和研究生的科研课题,共同进行学术讨论,从事他们力所能及的工作,是国际上通行的一种培养科研人员,使之早出成果的有效方法。它在北大各系也广泛推行。我印象较深的有生命科学学院每年暑假前召开学生大会,由各科研组向二三年级学生介绍各自的研究课题、人员和进展情况,招募志愿者参加研究组活动。总有一些学生选择暑期留在学校与研究生、老师们共同做课题,参与讨论。一开始他们只能做点刷试管、打下手的工作,逐渐进入角色后,有的在本科期间就发表了相当有水平的学术论文。文科各系,如历史系等要求学生写小论文的风气更盛。后来在 90 年代成立了文、理科试验班之后,这种方式更是制度化了,这些试验班里出了好多有一定学术水平的论文。没有加入试验班的同学也有不少在早期积极投入到教师与研究生的科研活动中,为他们以后的学术发展奠定了基础。

第四,学生社团实践活动。北大丰富多彩的学生社团是教学计划外实践环节的重要内容。许多人才是从这些社团活动中涌现出来的。这些社团有在国内小有名气的登山队"山鹰社",有为社会底层和特殊困难人群志愿服务、为之脱困解难的"爱心社",等等。在学术上,有马克思主义研究会,以及理科的各种科技组,学生们积极参与

"挑战杯"等科技竞赛,多次获得过好名次。1986年由经济学院洪君彦和巫宁耕两位老师带领的北大代表队参加在新加坡举办的首届"亚洲大专辩论会",获得团体冠军。全校为之振奋。我参与过山鹰社、学生摄影协会等社团的活动,做过讲话。我对北大艺术团下面的几个团队,如合唱队、舞蹈队、民乐队、管弦乐队等,以及指导与管理这些社团,并进行艺术类课程教学的艺术教研室(后升格为艺术系)比较关注,经常参加这些社团的活动。这些社团人员的进出、活动安排、经费筹措、设备采购,以及聘请校外名师指导等事,都频繁地跟我商量。1997年7月底,我率领北大合唱队40多人去西班牙的海滨城市多列维哈(Torrevieja)参加第47届哈巴涅拉(Habanera)和波利弗尼亚(Polifonia,复调)合唱节比赛。有来自五大洲的24支队伍参赛(主要是欧洲的、美洲的,亚洲仅中国一支代表队)。比赛演唱的两种乐曲的节目都是指定的,并要求用西班牙语唱,无伴奏。各队可以唱一首本国歌曲。我们特聘了在各种演出、合唱节中担任指挥的高伟为指挥,他到过西班牙,对那里情况比较了解。我们为此准备了近半年。由于北大有西班牙语专业,学生稍经训练,就对歌词意思理解得比较透(都是咏唱大海和海港的),身临其境时更能唱出感情。排练时,我们得到一位当地中学女教师的志愿指导,我们的队员西班牙语

1997年7月率北大合唱队赴西班牙参加Torrevieja国际合唱节比赛,获复调歌曲第一名,图为比赛前排练情况

发音也很纯正,深得裁判好感;赛场上我们与多数团队不同,是不带曲谱唱的,因而形象也相当雅致整洁,观众们惊讶:这么长、这么多首歌词,中国人怎么都能记得住?你们有什么诀窍啊?结果我们得了波利弗尼亚一等奖,指挥高伟得了最佳指挥奖。我队是唯一得到两个奖的。组织者还邀请我们为闭幕式做了演出,这是最高礼遇。其实,此前我们还犯了一个致命的错误,在国内排练时,一段按乐谱该由男声领唱的乐曲我们自作主张换了女声,觉得女生唱得比男生好。这说明我们对乐谱理解不透。到了当地,在观看其他队的排练时发现了这个问题,专门向评委打听:是否可以由女声领唱。结果说不行,要算作一个错误而扣分。于是临时请两位男生张佩和撒贝宁(他后来成为中央电视台的"名嘴"之一)猛练,居然很成功。张佩尤其出色,临场表现非常沉稳。我为北大学生的杰出表现而骄傲。俄罗斯队后来对我说,他们不懂西班牙文,利用俄语注音、不懂词意,唱出来的西班牙歌曲当然不会有感情,失败是肯定的。很多队还对我们学生没有一个是学音乐的大为惊奇:你们是业余队啊!这次演出使当地华侨很受鼓舞。西班牙人酷爱音乐,我们应邀在几个城乡巡回演出,受到极大欢迎。以后还到了法国等几个地方才回国。中央电视台对此次活动进行了全程跟踪拍摄,回国后播放了一个多月时间,我也因此出了一次彩!知道我的人大为惊奇:你怎么去搞文艺了?!通过与艺术团的经常交往和这次活动,我对学生也更有亲切感了。

第五,实践基地的筹措。这个问题是当时的一大难题。如上所述,工厂实习基本不可能,偶尔通过关系得以参观一次就了不起了。农村劳动也是一样。生命科学学院还保留了一个北京西郊金山鹫峰的生物学基地,但维持也十分困难。只有地质系在北京附近的房山、周口店、门头沟和河北的北戴河等处有与其他兄弟院校地学类专业共享的几个基地。考古系在山西晋侯墓葬有一个实习基地,在陕西宝鸡周原遗址等处也有几个实习基地。如上述,当时社会上盗墓之风猖獗,为维持山西晋侯墓葬基地,需要请当地武警和部队保护,不但费用不菲,而且仍难持续控制。山西省的一位领导还说风凉话:都是你们北大惹的,要是你们不来发掘,或者一天就将它全都挖光,就不会有盗墓者来惹事了。殊不知,考古遗址的挖掘是个细工慢活,往往需要几年、十几年,甚至几十年才能功成。其他各院系要找到实习场所也非常不易。更有甚者,当时有的地方农民自己修路,过路要付"买路钱",学校自己派车接送还要支付不少类似这些难以承受的费用。另外,当时实习人员的食宿、交通等花费在市场经济条件下已经暴涨,而我们的实习教学经费则十几年不变。以 1986 年为例,当时按照学生人数发放给各系的实习教学经费文科仅 100 元/人年(数学按文科计),理科因有实验,为 150 元/人年(管理学科按理科计),生物、地质、考古等实习较多的专业,以 200 元/人年计(这算是提供某种照顾了)。各系反映,实际上这点经费连一次实习都不够用。为此,我们曾请求国家教委和北京市有关部门为我们解决学生实习困难的问题,但收效甚微。为了解决生物和心理两个院系的实验动物养殖和维护问题,我们也是煞费苦心:既要达到科学标准,又要满足北京市规定的处理动物排泄物与尸体等卫生条件的要求。我们只能两头求情,互相将就,凑凑合合地保持了一所动物房。事实上,当年养殖白鼠的数量和条件都是不能满足教学与科研的需要的。

教学计划内规定的实践还包括劳动和军事训练,一般劳动每年一两周(开始是两周,后来减少至一周),军训则有校内授课和部队实训两种。其中校内授课在一学期中安排每周一次,一次 2 学时,一般请部队教官来讲授,也有校内教师讲的,除了讲授中国人民解放军军史外,还有各种武器装备知识,学生还有点兴趣。由于很难找到适当的劳动内容与方式,有时就只好在校内找空地让学生拔草,实际上成为走过场,徒然浪费时间而已,以后索性取消了。军训因与北京的部队订立了协议,通常能在南口、房山和保定等地的部队参加训练,开始时间为四周,一般在一年级末或二年级初,后来时间也越来越短,只有两周多,甚至由部队派军官在学校训练(例如昌平校区)。这种训练对培养学生的纪律性和艰苦朴素的作风有一定作用。

　　为了准备1988年以实践环节为主题的教学研讨会,我们在这方面总结了部分成果和经验教训。但是由于最根本的实践场所和经费缺乏等难题无法解决,我们对解决这些问题也信心不足,结果1988年的教学研讨并未以此题目为中心。更为重要的是,1987年10月底召开了中共第十三次代表大会,吹响了向市场经济进军的号角。我们觉得,思考与讨论如何将建立在国家计划经济体制下的高等教育制度转型为适应市场经济体制的高等教育制度具有更深刻的意义,为此,需要对院系调整以来的整个教学体制做一个通盘的系统反思:过去的教学体制能否适应新的市场经济体制?要不要适应?如何适应?等等,都是问题。因此,就将1988年的研讨主题调整为"深化教学改革的设想"了。

　　1986年年末,朱德熙先生辞去了副校长和研究生院院长职务。大概丁石孙校长认为我比较熟悉研究生工作,有意要我来兼任研究生院院长,被我婉拒了。当时我还不是博士生导师,我认为研究生院院长应该是由学者担任的政务官,而我自认为是个事务官。我建议由丁校长自己兼任,或请陈佳洱副校长兼任,我可以做些协调的具体工作。前任研究生院院长是由主管文科的副校长兼任的,后任由主管理科的副校长来兼任也是顺理成章的。丁校长采纳了我的意见,1987年3月陈佳洱副校长正式兼任北大研究生院院长。

第五章

教改方针

一、改革背景

在叙述高等教育本科教学体制和模式改革之前,先对整个中国高等教育的发展做一个简单的历史回顾。

中国现代大学制度是一件"舶来品"。1840年鸦片战争以后,特别是1894年甲午战争以后,我国沦为被列强宰割瓜分的半殖民地国家。当时从清政府到平民百姓,都将我国的失败归咎于武器不好,没有坚甲利兵,所以要"师夷长技以制夷",要学习西方国家制造洋枪洋炮的技术。1861年洋务派首领恭亲王奕䜣请设"总理各国事务衙门",1862年正式成立京师同文馆,教授外语,翻译洋书。继而船政大臣沈葆桢于1866年在马尾设立了福建船政学堂(中专性质)。之后洋务派巨头盛宣怀于1895年和1896年在天津和上海分别设立了北洋大学堂(天津大学前身)和南洋公学(上海交通大学前身),这是效法西洋以培训技术人才为主的中国最早的现代高等学府。1898年清廷举办了京师大学堂（北京大学前身），可说是中国中央政府办的第一所"综合大学"。这时眼界稍为开阔了一点，学习科目涉及西方近代科学和文化。这意味着朝廷开始觉察到，中国所以挨打，除了技术落后之外，还有缺乏自然科学理论，以及缺少组织治理社会事业的思想、学说与制度上的原因。但根本上还是恪守"中学为体，西学为用"的指导原则，即以"忠君报国"作为办学的最高纲领。1902年颁布的《京师大学堂章程》明确其设置目的是"激发忠爱、开通智慧、振兴实业"，还要遵谕旨"端正趋向，造就通才"。其为清王朝服务、强国富民的主旨跃然纸上。所以，中国近代高等教育从一开始就是建立在救亡图存的强烈功利目标上的，这与西方大学以塑造人格、追求知识的建立背景完全不同。由此带来中国高等学校始终与国家民族息息相关的传统和特色。这既是它的优点，也是缺陷。这样，政府和社会办大学是为了国家兴旺，发展实业，个人上大学则是为了谋职业，奔前程，乃至升官发财。这种过分浓烈的功利色彩成为后来中国高等教育许多问题的根源。

  辛亥革命建立民国之后，第一任教育总长蔡元培思想十分解放，提出了国民教育的方针，注意了人的发展。特别是1915年后的新文化运动和1919年的五四运动，提出了科学和民主的口号，人们思想空前解放，"全盘西化"成为一时潮流，当时高等教育可以说是完全依照欧美模式来经办的。在教育理念上，规定"大学以教授高深学术，养成硕学闳材，应国家需要为宗旨"（1912年10月《大学令》第一条）。以后国民政府制定了《大学组织法》（1929年8月），又强调大学及专门学校"以研究高深学术，养成专门人才"为目标。不过，总体说来，那时候的"大学"（不是职业学院），即使是对于"专门人才"的要求，还是体现蔡元培的"学为基本，术为支干"和梅贻琦的"通识为本，专识为末"的精英教育模式的。

  但是，由于中国传统的"学而优则仕"和"读书做官"的观念深入人心，国民党北伐基本统一全国之后实施"党化教育"（没有成功，后来改为"党义教育",即"三民主义教育"),在教育方针上提出注意人格修养、发展科学理性,但往往只表现在口头上,人们实际追求的还是功利——从统治者的角度是要使国家强大,要维持国民党的专制独裁统治;从个人的角度是要谋求体面生活或升官发财——真正"志于学",以追求真理、研究高深学问、发展科学文化为职志的人不多。

新中国成立以后,实行向苏联"一边倒"的政策,很快放弃了新民主主义,推行计划经济和社会主义现代化。国家百废待兴,迫切需要各级各类应用技术人才。为了大规模培训急需的专门人才,高等教育仿照苏联模式实施改造,在1952年进行了"院系调整"(开始名为"全国工学院调整",可见着眼点在于国家工业化),原有的综合大学数量大幅减少,并被改造成为只有文理基础学科的狭义"综合大学",而多数高校被改造成为多科性工业大学或单科性的专门院校(按苏联模式,一个大城市一般只有一所"综合大学"和一所多科性工业大学,其余均为单科性专门学院)。这种调整确实大大加强了当时高等学校培养应用性技术人才的能力。按原有高校招生的规模,1952年全国高校只能招收15000名工科新生,经调整后,全国共招收了29500名工科生,几乎翻了一番,占全国招生人数59%(见1952年4月7日《人民日版》社论)。

应该说,当时高校多数教师是不赞成这种调整方针的。为了消除这种抵制,在1951—1952年的知识分子思想改造运动中,还加了一项内容,就是批判国民党时期的大学教育制度,不只涉及国民党的"党化教育"或"三民主义"政治教育,而且涉及教育制度本身。我清楚记得,当时在清华主要就是批判旧清华和许多名校实施的"通才教育"和"天才教育"思想。今天看来,可以将它叫做批判"两才"教育思想。"通才教育"其实是指清华前校长梅贻琦所说的"通识教育",即把人的素质教育放在人才培养的首位。而当时却将它说成是国民党时期大学生"毕业即失业"的罪魁祸首,以为"通才教育"就是使人什么都懂一点,却没有一技之长。对"天才教育"的批判则直指老清华较高的"淘汰率",这是当时名校的普遍现象。当时对此批判十分严厉。例如,当时某知名大学校长曾在 1952 年 6 月 23 日《光明日报》的一篇文章中介绍其大学教师思想改造的成绩,就批判该校以前推行的资产阶级"天才教育"思想是"反民族,反科学,反大众"的,并举例说,电机系一年级曾有 40 名学生,每年被"过滤",毕业时不到 10 人。其实,那时这些名校"淘汰率"高,部分原因是有的学生经过一段时间学习后认为原所学专业不适合自己的个性,要求转到其他院系去的"再选择"的结果,并非全是被逼离开大学。当时,一些名教授拥护"院系调整"是鉴于它可大大提高大学办学效率,多招生,帮助国家实行"工业化"。

院系调整时我在清华读一年级,当时我们这群少不更事的一年级学生对这种批判感到很高兴,觉得它很在理。不搞"通才教育"了,我们这些人都有一技之长,成了"专门人才",政府按计划分配,我们就业、前途就有保障了。正像蒋南翔在 1952 年对北京市高校毕业生讲话时所说:"旧中国那种'毕业即失业','奔走钻营各找门路'等等可恶现象是一去不复返了。"而批判了"天才教育",可使一些并非"天才"的学生即使不用功,也能勉强过关,不致被淘汰。这为一些贪玩而不愿刻苦学习钻研的学生找到了借口。正是这类批判,使当时的清华学生虽然有点不愿意,却还是心平气和地服从了院系调整。

院系调整后我们并入北大,就按照专业教育模式来培养了。先是有了"专业"概念,我们是"物理专业"的学生,和我们一同从清华过来的原气象系学生,虽同属于物理系,但他们却是归"气象专业"管的。然后有了"专门化"(有的学校称为"专门组"),一个专业分为若干"专门化(组)",我们物理专业就分成了理论物理、光学、固体物理(后又分成半导体物理、金属物理、磁学、低温物理等)、电子物理和无线电物理等"专门化"。再后来,我所属的科研组又从光学专门化中进一步分化,与无线电物理等专门化一起转到了从物理系分出来的、新的"无线电电子学系"(后又改称"电子学系")的无线电物理专业所属的波谱学专门化（后来又改称"波谱学与量子电子学"及"量子电子学"专门化）。总之，专业是越分越细了，要求掌握的知识面也越来越窄了。我记得在苏联攻读"无线电物理"专业的研究生时，虽然研究方向是核磁共振波谱学，但还要经过一些无线电基础课程的学习和考试，其中包括线性系统、非线性系统、超高频电子学、无线电波传播等。但在国内攻读波谱学的学生却并不需要学习、考试这些课程。后来"文化大革命"中为了培养工农兵学员，我们在汉中分校办起了"雷达专业"，我专门拜访了国内著名的"西军电"（现在的西安电子科技大学）。该校甚至按照雷达的型号设置了"专门化"，毕业学生走出校门可以闭着眼睛将该型号雷达拆卸组装，简直就是熟练技师。而我们在汉中分校所办的"频标"专业，更可谓"空前绝后"。总之，我们这帮向苏联"老大哥"学习的学生"青出于蓝而胜于蓝"，将专业教育模式搞得比"老师"那里更加细碎、更加狭窄！这种过分狭窄的专业教育模式，对工科等应用技术类高校危害更大。

其实这种教学模式的弊病在"文革"前的 20 世纪 60 年代中期已经显现出来了。经济布局是随时变动的，"计划"绝不可能周全。一些专业和专门化很快就出现了人才饱和，于是出现了毕业分配"专业不对口""学非所用、用非所学"的现象，一些人在"贮备师资"①等名义下实际上成为"待业"人员，而这只被认为是计划工作的"失误"。但这种现象刚出现苗头，就迅速被"文化大革命"的洪流淹没了、冲走了。1970 年后一些大学开始招收"工农兵学员"只是一种点缀，当时的口号就是"以典型产品带动教学"，北大出现"中草药专业""频标专业"等不足为怪，专业培养实际上成了职业培训。"文革"结束后，1977 年大学恢复招生，虽然各大学采取的仍是"文革"前 17 年的人才培养模式，但因恰逢"文革"10 年断层造成的人才奇缺和改革开放后

---

① 20 世纪 60 年代中期毕业生分配工作中有少数学生已无法按照"专业对口"要求分配到适当的工作，于是以"贮备师资"名义继续留在原校，等待找到合适工作岗位再行分配，所以实际上等于是"待业"。

又一次百废待兴的人才旺盛需求,这种狭窄的专业培养模式(尽管做了一些局部修改,如专业面稍微拓宽了一点,北大理科从"文革"前的六年制改为四年制等)仍能继续维持一段时间。但是不到 10 年,从 20 世纪 80 年代后期开始,这种模式的弊病再次暴露:毕业生分配"专业不对口"现象再次出现,而且其严重程度远超 60 年代,"文革"刚结束时那种"学好数理化,走遍天下都不怕"的"科学的春天"很快走到了尽头。北大占优势的基础学科专业再次受到社会的冷遇,以致 80 年代末,哲学和数学这两个文理两科的领头专业分别成为北大招生录取分数线最低的专业。"基础科学无用论"再度抬头。

更为重要的是,1987 年 10 月召开了党的十三大,宣布我国即将实行社会主义商品经济,市场规则将主导经济生活。这使原有依靠国家计划来支撑的狭窄专业教育模式失去了根基。尤其对像北大这样的以文理基础学科为优势的大学,如果不采取适当措施,其培养的人才将不能在人才市场上占据优势,从而失去自己在我国高等教育中的地位。所以,十三大报告一出来,我就感到十分紧张,压力沉重。因为在市场经济条件下,一所大学办得好不好,关键要看其毕业生在人才市场的出路。而毕业生要出路好,一是他们应是人才市场急需的"抢手货";二是他们要有真本事。中国的人才市场还要求学生一进门就能用,能"上手""出活"。因为中国一般用人单位的职业岗位培训能力大多不足,毕业生谁能上手快,谁就占有"先机"。当时我满以为只要有了这两条,毕业生就能够在"人才市场"上"适销对路"站住脚。没有想到后来"市场"其实并没有那么重要,更重要的还是"关系"(那时我对中国社会的实际情况还了解得比较肤浅,感觉比较迟钝)。不过至少那时我们还是实实在在地想按照"市场规律"的思路来想问题、做事情的。

这样,我们就力图按这两条要求来培养学生。我很清楚,在当时的现实环境下,这两条恰恰都是北大的"弱势"。因为首先,在学科上,北大以文理基础学科见长。可是,在经济建设大潮中,尤其是当中国经济主要还是依靠投资性发展和简单劳动密集型产业的时候，市场对这些学科的需求明显不足。尽管从长远来看，它们对中国的发展和中国对世界文明的影响举足轻重，但暂时的劣势却是不可否认的。其次，攻读基础学科的人往往强于理论思维，而在实际工作中却几乎被公认是"动手能力差"的。在社会用人单位看来，北大毕业生往往表现出"上手慢""眼高手低""志大才疏"的毛病。跟其他实用专业的毕业生相比较，他们难免有"输在起点"的劣势。要摆脱这种"劣势"，真正做到上述两条，对北大来说十分不容易。怎样做到？依赖上级领导，"等、靠、要"，以北大的基础学科定位是上级的安排为借口要求对北大学生给予"照顾"，继续使北大毕业生通过"行政分配"得到条件优越的教学科研岗位显然不切实际。所以关键还要依靠和取决于北大自身。而且，此前在1985年5月中央已经出台了《关于教育体制改革的决定》，在某种程度上改变了过去政府"管得过多，统得过死"的局面，在专业设置、招生分配、教学改革等方面给予了高等学校较多的自主权。经过深入思考，我们认为办法只能是改变原有的人才培养模式。①

二、改革准备

其实对改变北大人才培养模式这个问题我们已经思索了较长时间，因为当时改革开放的大局早已确定，走市场经济的道路是迟早的事。所以，1986年在向兄弟院校学习考察过程中我们就注意这个问题了。在北大领导层，对这个问题也取得了共识。

---

① 当时的基本情况是本科生毕业攻读研究生的比例还比较低，大部分本科毕业生要直接就业，面向人才市场。

改变北大原有的人才培养模式，首先要改变单纯强调基础和理论学科的局面，发展和加强应用、技术、前沿、边缘、交叉和综合的学科，对此，前述1984年制定的《关于北京大学建设与改革的几点意见》已做出了"继续重视基础科学，大力加强应用科学与新兴科学，注意发展边缘科学"的规划。这里主要从教学的角度再进行详述。

我们认为，1952年院系调整中国家给北大的定位是基本正确的，即要求北大承担为国家培养基础学科的研究和教学人才，成为"国家文化和科学发展的重要标志"。这就要求北大在哲学、人文和数学、自然与社会科学学科上，即在基础学科的教学和科学研究上成为国家的一面旗帜，要使我们的民族在继承与发扬中华民族优秀文明的基础上，为世界文明进步添砖加瓦，做出更大的贡献。但在以经济建设为中心的新时期，仅仅这样就不够了，有点"远水解不了近渴"的味道。北大在保持原有的基础学科优势的前提下，也要为国家经济建设主战场做出更大贡献，才能立足于国内和世界；至少要有较多的毕业生能够成为专业人才市场上的"抢手货"，为此要发展一些国家发展中急需的新的应用技术学科、边缘交叉学科。这实际上就是要对院系调整后的定位来一次"再调整"。

前面已经说过，其实这种"再调整"从1956年"向科学进军"的年代，尤其是1958年"大跃进"年代已经开始了，只不过改革开放以后这种"再调整"的要求显得更为紧迫而已。从表1数据可以看出这种"再调整"的过程。

表1　北大专业数的变化（括号内为专门化或选修组数）*

年份	1953—1954	1959	1962	1979	1986	1990	1997	2014
文科	8	21(32)	13(15)	14	22	26	28	44
外语	13	17(17)	14(14)	16	18	18	18	13
理科	13	37(63)	26(52)	35(57)	38	31	41	42
总计	34	75(112)	53(81)	65(87)	78	75	87	99

* 此表主要数据根据杜勤、睢行严著《北京大学学制沿革（1949—1998）》一书及北大招生资料整理。表上特别列出了外语学科，是因为外语学科按语种划分专业，数目比较多，尤其东方语言类的。2014年北大已与北京医科大学合并，医药类专业这里没有计入。

由表1可见,1958年"大跃进"中建立了大量新兴学科,主要都具有应用性质,尤其是理科增加了许多技术科学学科,这是对单纯基础学科的重要补充。不过"大跃进"显然过于"冒进",所以1961—1962年又做了调整,相对于1953年,文科增加的主要还是基础性的专业,如中文系增加了古典文献专业(取消了编辑专业),历史系将中国史与世界史分开,增加了政治、法律、世界经济和图书馆学4个具有现实意义的专业。理科专业数翻了一番,充分反映了工业和国防现代化的需要。增加的专业有计算数学、原子核物理、放射化学、无线电物理、电子物理、声学、计算技术、地球物理、大气物理、生物化学、生物物理学、经济地理学、地貌学等,还新增了地质学、古生物学、地球化学等专业。而对原有的几个化学专业则进行了合并,专业降格为"专门化"(应该说,政治、法律、地质学等专业,院系调整前的北京大学都有,调整中被分出去成立了独立设置的学院,此次在某种意义上说是"恢复",而不是"新增")。"文革"中招收工农兵学员时期,专业设置比较混乱,1977年恢复高考后基本上按照1962年的模式进行教学。在经济建设大潮中,围绕着新形势的需要又大量发展了新专业,其中文科发展得更快些。这可从1990年与1979年的专业数比较中看出。文科新设专业情况已在第四章第三节"课程建设"中提到,不再赘述,而1990年以后又增加了国际经济法、保险学、思想政治教育、艺术学、广告学和文化艺术管理等专业。1997年以后又有大量发展。理科也增加了应用数学、信息数学、概率统计、工程科学(后又改为"结构工程")、天体物理学、天文学、计算机软件、计算机系统结构、微电子学、环境生物学与生态学、微生物学、细胞生物学与遗传学、地震地质学、古生物学与地层学等专业,放射化学改为"应用化学",心理学则从附属于哲学系的学科中独立出来,成为理科专业。到1998年全校共有87个本科专业。

与此同时,为了适应人才市场的需要,一些新设的专业成为系,一些系的名称也做了改变,最早分系改名的是国际政治系,分成了国际政治和政治学两个系,前者设国际政治、国际文化和国际共运3个专业,后者设政治学与行政管理学2个专业。以后地理学系也要求更名。"文革"前该系是与地质学科结合在一起的,名为"地质地理系",1977年以后分成两个系:地质系和地理系。地理系的老师们认为,以"地理系"命名的系的毕业生往往只能被分配到中学去当老师,要求改名为"城市与环境学系"。我开始不大同意,认为后者的包容度不如前者,改名容易引起对学科的误解。后来系里的人与我一起拜访了老教授林超先生,他给我看了一本美国地理学的专门教材,主标题名为"环境科学",副标题却写着"自然地理"(natural geography)。后来该系的更名也在校长办公会上通过了。之后无线电电子学系直接更名为"电子学系",因为当时市场上"无线电"行业相当不景气。接着又有:图书馆学系改称"信息管理系";力学系改为"力学与工程科学系",这反映了学校试图恢复工科的决心;东方语言文学系改名为"东方语言文化系",旋即又改为"东方学系",这一字或几字之差反映了试图从纯基础学科向基础与应用学科并存转变的决心;如此等等。学校管理体制则逐渐从校、学系、教研室三级向校、学院、系三级过渡。首先在1985年成立了经济学院,下辖经济系、国际经济系、经济管理系。该学院后来又分为经济学院和光华管理学院。前者下辖经济、国际经济、国际金融、国际贸易、保险学5个系,后者下辖企业管理、财务学、会计学、市场营销、货币银行学5个系。以后又陆续成立了生命科学学院,下辖生物化学与分子生物学、细胞生物学与遗传学、植物分子及发育生物学、生理学及生物物理学、环境生物学及生态学、生物技术6个系;数学科学学院,下辖数学、概率统计、科学与工程计算、信息科学、金融数学5个系;化学与分子工程学院,下辖化学、材料化学、高分子科学与工程3个系;国际关系学院,下辖国际政治、外交学与外事管理、国际传播与文化交流学3个系,以及马克思主义学院等。我认为学院内应该将基础与应用学科结合起来,以便院长统筹考虑教学科研与理论实际的结合,乃至办学与开发创收结合，才能发扬综合的优势。我积极主张将化学系扩展成为化学与分子工程学院，这个名称体现了化学将用人为的工程手段来创造与合成出人类所需的各种材料。但这个名称当时受到一些老教授，包括一些院士的反对。我专门向张青莲院士征求意见，进行解释和讨论，后来总算得到大家的认同。这个学院成立的时候，我出席了成立大会，代表学校表示祝贺，并宣布干部任命。当时差不多每一个理科学院和少数文科学院的成立大会我都参与了，而且干部任命多数是由我出面宣布的。

我们更为关注的问题在于：即使是基础和理论学科，也要使毕业生在社会人才市场上有用武之地，发挥出重要作用。我们充分意识到，这是一个艰难的任务。首先，就是要使社会公众认识到，从事基础学科研究和教学的人承担着对国家民族而言伟大而光荣的使命，他们所做的事并不都是"虚"的，在以经济建设为中心的大潮中，他们照样也能起到重要作用而不应被边缘化。这样，北大毕业生才能在激烈的人才竞争中占据一席之地，不至于从一开始就陷入"输在起点"的被动局面。

为此，从1986年开始，我们就发动了几次大规模的文理基础学科人才使用的调研活动，一直到1990年结束。这实际上是对新中国成立以来，特别是20世纪80年代以来北京大学的人才培养效果做了一次全面而完整的调查。这种调查主要先从中文、历史、哲学和数学、物理和化学等文理基础学科开始，以后是全校性的文理学科综合调查。调查的地区遍及北京、天津、上海、广州、西安、石家庄、苏州、深圳等大城市及邻近省区，调查单位涵盖高校、科研院所、党政机关、厂矿企业等。这些调查积累了大量原始资料，其中主要情况已汇集在《文理基础学科的人才培养》一书中。这次调查表明，北大在20世纪50年代，十分出色地完成了为国家培养科学研究人才和高等学校师资的任务。进入改革开放后的新时期以来，也有大批人才进入经济建设主战场上的企事业单位工作，也同样起到了重要作用。例如，有两位地球物理系毕业的学生,分配在江南造船厂工作,专业明显不对口,却做出了出色的成绩,他们利用所学到的数学和物理学知识,解决了造大船中打大样的计算机软件设计问题,从而攻克了技术难关。这些调查使我们感觉到,作为基础学科人才,基础打得宽厚扎实是最重要的。科学技术虽然不断发展,新技术、新工艺层出不穷,但是它们差不多都是在旧的基础上衍生出来的,有了牢固的基础,就能在百般变化中应付自如。这里最重要的基础当然就是一种自主学习、独立获取知识的态度和能力,以及在此基础上的提出问题、分析问题和解决问题的能力;这些能力其实也是创造能力的基础。毕业生们都说:北大使我终身受益的最宝贵的东西就是自主学习的本事。有了它,什么新知识都能学到手,从而应付自如。同时,结合这次调查,我们在报刊上做了大量宣传,说明基础学科人才在实际工作中也能发挥重要作用,其特点是"宽口径、厚基础、后劲足"。调查结果还显示,由于政治、经济、科技形势的迅速变化,大学生毕业后转换工作岗位的概率很高,频次很多,真正一辈子坚守在所学的专业岗位上的人是少数。这表明过分强调狭窄的专业培养在实践中是没有充分根据的。

我国基层企事业单位岗位培训能力普遍不足,毕业生要在人才市场上占有先机、优势,就不仅要有"后劲",而且更要有从一开始就能快"上手"的"前劲",即能迅速了解实际,解决问题。这也就是说,北大毕业生既要保证有"后劲",还要加强"前劲",取得"先机"。但解决北大毕业生的实际工作训练与动手能力不足的问题却并不容易。为此,我们要求各系开出各种不同类型的实践课,鼓励学生参与各种实践活动,根据市场形势让学生多少能知晓一些不同行业的基本术语,我们称之为"接口技术",以便使他们缩短工作适应期,早点上手。对于这类课程,不能要求同一专业所有学生都上一样的课,应当允许学生根据个人的兴趣爱好、志愿特长、对未来工作岗位的期待来进行选择。学生还可以选择其他专业的课程,也允许他们参与多种多样的课外活动。对于即将毕业的高年级学生,这类选修课尤其要丰富多彩,充分照顾学生的个性特点。也就是说,我们要对不同学生进一步实行"因材施教,分流培养"。在教学管理上,这就是既要严格要求,也要灵活处理,"活"与"严"相结合,真正贯彻实施"学分制",允许学生转系、转专业,实行主辅修、双学位,只要修满一定学分,就可毕业,并允许提前或推迟毕业;还允许"夹心式"学习,即学习一段时间后休学工作或自主创业,到以后当他们感觉到需要的时候,再来补足所缺学分,达到毕业要求。

这样,我们在20世纪80年代逐步实行学分制。那时候,我们将贯彻学分制所采取的八条教学管理措施戏称为"向八条",因为这些制度的文件都是由主管教学行政的向景洁副教务长起草的。其内容包括:规定各专业毕业的学分数,实行弹性学制,允许修完学分提前毕业,允许免修取得学分,允许转系、转专业,实行主辅修、专升本、本转专及试读制度,开设暑期课等。在1985年修订的教学计划的"加强基础,适当扩展知识面,注重培养实际工作能力和创造精神,增强适应性"的指导原则下,还进一步确定了"加强基础,分流培养"的教学改革方针,同时拓宽专业面,淡化专业界限,全面贯彻学分制,实行"活"而"严"的教学管理制度。在发展规模上,我们适当控制了基础学科的学生人数。我们希望这样做了之后,北大毕业生在社会上既具有在科学文化上进行创造性劳动的潜力,又能够从一开始参加工作就给人以"快上手"、具有实际操作能力的印象。

1987年底,党的十三大之后不久,国家教委高教司的王冀生副司长来北大蹲点考察,了解我们如何贯彻十三大精神,使大学能够适应市场经济的变化。我当时就将这些设想跟他进行了讨论,他认为很有道理,期待北大能在深化改革方面起带头作用。王冀生是一位学者型的官员,他喜欢思考,我们多次讨论不同问题,成了朋友。他退休以后专门研究大学文化问题,编写了几本关于"大学文化学"的著作,还发起了由北大、清华和高等教育出版社联合组建的"大学文化研究与发展中心",开展了不少有关大学文化和大学精神的研究及其推进工作,我也协助他参与了一些事务和活动。

三、十六字方针

经过一段时间酝酿,包括:1986年末在南京、上海的访问学习,1987年6月25日至7月10日这一段时间里一个一个地听取了21个系和经济学院关于教学问题的汇报,同年9月、10月近一个月到美国、加拿大的大学对重点学科建设与研究生教育的考察访问,以及中共十三大以后的调研与思索,我开始对深化教学改革提出了一些系统设想。在2月初的党委常委扩大会上,我汇报了一些想法。我原来想沿用南京大学的提法,提出"强化基础"四个字,没有被通过,大家认为"强化"二字不妥、不规范。我还试图提出"淡化专业"四个字,我认为我们过去教学的一个主要问题就是太看重"专业",专业之间壁垒森严,教学计划体现着"一切为专业教学服务"的思想:学生入学一考定专业、定终身,专业不适合个人情况也不能自由转换,想转专业就是"闹专业思想情绪",不允许学生去听非本专业的课程,基础课为专业课服务,专业课用不到的基础课内容一概不讲,毕业分配必须专业对口,否则就是学非所用,等等。实际上大家也已经看到,学生毕业以后能一辈子在与所学专业相关的岗位上工作的人并不多。但即使如此,当时要通过"淡化专业"的提法却不容易,后来只好加上"界限"二字,即"淡化"的是专业的"界限",而不是"专业"本身。因为当时不少人认为高等教育就应是"专业"教育。不过,低年级加强基础,高年级多开设一些选修课以适应市场多元化需要的"分流培养"的想法还是得到了大家赞同。丁石孙校长还强调大学教学不能看成是"专业教育",教学计划要有弹性,可以因人而异;可以用转系、转专业的方法来解决"中期淘汰"等问题。在1988年2月26日召开的全校干部大会上,党委书记王学珍就贯彻十三大精神,坚持一个"中心"、两个"基本点",加强和深化改革等问题发表了全面讲话,包括合理调整专业设置、方向和招生人数,修订教学计划,加强基础,拓宽专业面,增加选修课的比重,加强课程建设和实践环节,改革教学内容,要为三、四年级多开设一些应用性、技术性、实践性课程等教学改革问题。丁校长则强调了要用改革精神统帅全局,准备过穷日子、紧日子,加强团结。

由此可见,市场经济对高等学校,尤其是对像北京大学这样以文理基础学科为主的高校冲击是很大的。在教学方面,基础学科的那种"学好数理化,走遍天下都不怕"的学科优势已经失去,除了前述哲学、数学这两个文理顶尖学科的招生录取分数线已落到全校最低外,历史系提出要"跳出史坑",希望能换个人才市场上受欢迎的专业名称,却不知改什么好;物理系也好不了多少。在毕业生就业上,国家包分配的制度已经悄然淡化,开始了学生与用人单位的"双向选择"。当时返城知青卖大碗茶,大学生在校开茶馆、咖啡店、为家乡贩卖土特产的潮头虽已过去,但要求学校培养"经理型"人才的呼声仍不绝于耳,对学风仍有较大影响。科研上,基础研究课题缺乏支持,很少有什么重大项目。也不像20世纪五六十年代有固定的科研经费。那时国家虽已成立了自然科学基金委员会,而且北大与该委员会还建立了比较密切的沟通渠道,但一般的课题经费只有几万元。只靠国家下拨的一点经费,学校连起码的教学科研条件都难以维持,更谈不上使教职工过上体面生活了。学校周遭环境恶劣,违章搭建的摊贩棚屋包围了校园。在这种情况下,争取"创收",就成为改善学校办学条件、改善职工生活的重要手段。只有这样才能使北大在高校激烈竞争中保持自己的地位。于是1988年3月,由教务部门出面召开了一次为期四天的"深化教学改革和开展有偿服务工作会议"。学校领导对这次会议非常重视,党委书记王学珍和校长丁石孙在会议开始和结束时都做了重要讲话。我做了一个"北京大学关于深化教学改革的设想"的报告,副教务长花文廷则做了有关科技开发和有偿服务的报告。社会科学处和自然科学处两位处长吴同瑞和沈钟分别代表文理学科做了情况汇报。所谓"有偿服务",俗称"创收",主要是指科技开发、为社会举办培训等继续教育和利用学校资源开展的社会服务,如举办科技开发公司、劳动服务公司等企业。应该说,不少"创收"活动先是由各系自发搞起来的,因为校系各级都缺钱,都想改善本单位教职工的工作与生活条件,学校加以规范是非常必要的,否则将严重败坏校风学风。对此下文有叙述,这里先讲教改问题。

我的报告回顾了改革开放以来北大教学改革的成绩,主要归结为四方面:第一,调整专业布局,发展了新兴应用技术学科;第二,增加了办学层次,扩大了研究生、各类成人教育的招生规模;第三,调整培养目标,按照新要求修订了教学计划,增强学生适应性和实践能力;第四,制定了以学分制为核心的教学制度,强调"因材施教"。然后着重说明在市场机制深入、人才供需逐步市场化的形势下,进一步加速和深化教育改革的必要性和紧迫性。新的改革目标主要是在市场经济条件下要使毕业生能保持优势,既有宽厚基础的"后劲",又有近期见效的实际本领,从而使北大在国家科学文化事业中继续保持和稳固自己的地位,提高在经济建设主战场和社会发展中做出直接贡献的能力。报告提出了八项改革设想与措施,其中最主要的就是明确北大要培养基础研究和实际应用两种类型的人才;采用"加强基础,分流培养"的方法,拓宽专业面,淡化专业界限,真正贯彻学分制,实行灵活的教学计划。其中强调要让高水平教师上基础课,基础课按系或学科大类来开设、按教学内容与分量来分类,让全校学生根据个人情况进行选择,强调北大开设的每一门课原则上都应提供给全校学生自由选读。学生可以跨专业选课,鼓励文理互选,规定文科学生要选读理科课程、理科学生要选读文科课程,并达到最低限度的学分数。实行灵活学制和主辅修、双学位制度,允许学生中途休学就业并可在一定年限内继续返校就读(所谓"夹心式"学习)。高年级多开各种应用性、实践性选修课,使学生熟悉各相应行业的"接口技术",还可以根据毕业后工作意向("预分配")选修课程并进行实习与毕业论文工作等。会上还要求继续开展人才需求和毕业生跟踪调查,以确定专业调整和教学改革的方向和招生规模等。作为"有偿服务"的一种方式,会上还提出了增加定向和委托培养的学生人数,并拟订了试招少数"自费生"的计划,这开启了学生上北大要支付学费的先河。

这次会后,各院系进行了较长时间的讨论,并结合本单位情况提出相应的教学改革举措,特别要求再次修订教学计划。总的说来,大家确实对基础学科的教育感受到了一种危机意识和改革的紧迫性。但是北大人对基础学科的感情非常深厚。多数人认为,虽然目前国家的确并不需要大量从事基础学科研究和教学的人员,但从国家长远发展看,基础学科很重要,北大必须将它的教学和研究搞好,决不能降低质量。大家也认为,即使是基础学科专业的学生,将来真正能做本学科研究和教学的恐怕不会超过 1/3,其余 2/3 左右的人将从事实际应用工作。所以发展应用方向是对的,但绝不能降低基础学科的教学质量。只有基础打好了,具有很强的自主学习与独立获取知识的能力,学生的适应性才会较强,不管将来科技与社会怎么迅猛发展,他们都可以灵活应对。这个优势一定要保持住。看得出来,北大干部教师要求保持传统的愿望十分强烈。讨论中,大家就"加强基础"措施提出了一些具体办法,认为"分流培养"不能搞得像"专门化"那样过窄。大家也表示了对北大开设应用性课程与提高学生实践能力等方面面临困难的忧虑,主要有:一是师资不足,具有实践经验的教师数量很少;二是教室不够,当时全校只有 100 多个大小不同的教室,难以满足开设大量选修课的需求;三是仪器设备等实验设施不足,现有教学设备基本上都是"文革"前的,有的还是新中国成立前的,破旧不堪,各系实验室场地也都很紧缺。要解决这些问题,关键都是一个"钱"字。不过总体上大家对"加强基础,分流培养"的提法还比较认可。特别是通过调查,大家对基础学科人才在实际应用岗位上也能够得心应手、发挥重要作用取得了共识。这样,一方面需要适当加强学生的实践能力和应用本领,另一方面大家对办好基础学科教学也增强了信心。比如历史系的一部分学生分流出来从事博物馆工作就很恰当(后来专门办了一个博物馆学专业),还有一些学生不仅受到党政机关的欢迎,甚至在厂矿企业也受到青睐,因为他们具有历史地分析社会问题的能力,对办好企事业也能起到很好的决策参谋作用。理科人才在厂矿企业,特别是科技开发部门也比较吃香。他们的一个优点是在企业改变经营方向时能较快适应新方向,不至于"下岗"。将这些调查结果做了一些宣传,也多少扩展了基础学科人才的适用面。在讨论基础上,1988年7月我又对《北京大学关于深化教学改革的设想》做了一些修订,成为下一步教学改革的正式文件(修订稿已收入《文理基础学科的人才培养》一书中)。

其实在3月的会议上,我口头上已经使用了"加强基础,淡化专业,因材施教,分流培养"这16个字作为教学改革的方针。但是,在文字上并没有明确的表述,而是分散在不同地方。比如,用"淡化专业界限"对"淡化专业"的提法做一些界定和稀释;将"因材施教"贯穿在整个教学管理中。这是因为北大教师在多年政治运动中对口号式的语句已经听腻了,很反感。而且,在讨论中,一些系和教研室对"淡化专业"的提法也不能认同。比如,中文系就有老师说,我们中文系全国有名,就是专业教学搞得好,专业淡化了,我们靠什么啊?而当时持有这种看法的人还比较多。我个人觉得,用一种明确、响亮易记的语句来描述教学改革的方针对于全校统一思想、统一步调有利,但真正要提出来,落实在文字上还必须等待大家取得基本共识。欲速则不达,慢慢来。到1988年下半年关于修订教学计划的校内文件中才出现了这十六字方针的提法,而对校外公开宣布这个方针则已是1989年春天的事了(见《中国高等教育》1989年第4期我的文章《理科毕业生到工矿企业或管理部门工作大有作为》)。

这次会后,各系都计划开设大量实用性的选修课程,修订教学计划的事情则需要有一个较长的研究过程。但是此后学校处于不稳定状态,这项工作一直拖到一年多之后才结束。不过,这时北大校长换由吴树青担任,修订的背景也有所不同了,比如,必须考虑新生一年军训以及由此带来的相关问题。

一年多后重提修订教学计划时,校一级领导的会议上已很少具体讨论教学改革问题了,大家比较关心的只是招生人数等事。当时校长分工中也没有明确谁来分管教学,所有关于教学的事都是我直接向吴树青校长汇报,而他大体上都同意我的看法。在由教务部门召开的系主任会议上,吴校长也经常出席并讲话,他主要是鼓励大家振奋精神、做好工作。因为此时北大最大的问题就是大家对办北大失去信心,精神不振。在这种情况下,我反而可以放开手脚,提出原先的设想。在一次主管教学的副系主任座谈会上讲到进一步修订教学计划工作时,我就说:还是根据1988年深化教学改革的精神,继续按照"加强基础,淡化专业,因材施教,分流培养"的方针进行修订。之后这十六字四句话的说法才被广泛传开,大家称之为"十六字方针"。不过,由于专业教育的思想在广大北大教师中已深入人心,这时仍有不满意"淡化专业"提法的。他们总觉得大学应该首先搞好专业教育,才算有水平。所以我那时着重阐释的就是"淡化专业"思想。所谓"淡化"并不是"不要"专业;"淡化"的前提是存在专业,大学还是要培养专门人才,没有各种专业无所不通的人。但是不能将"专业"看得过于狭窄、死板,高于一切,不能让专业之间壁垒森严,不可逾越。从某种意义上来说,"专业"学习只是提供一种"载体",用以掌握学习该专业的知识、理论和技能的一般套路和方法;随着社会科技经济的发展,一个人一辈子都守住一个"专业"从事相关工作的情况将会越来越少。因此,"淡化专业"就是要放弃计划经济时代将专业作为人才培养的"基点",一切以"专业"是从的做法。过去那种专业教育,完全忽视学生个性,武断假定所有人都能学好所分配的特定"专业"。

学生以一考定专业、定终身,那些不是按个人志愿而被分配到该专业就读的学生,以及因个人兴趣爱好、特长优势不适合于该专业而不愿学该专业的学生,则被认为是"专业思想不牢固",要用"思想工作"的方法来"打通"思想,使其勉强服从,并一般不允许"再选择"、转专业。这就抹杀了个性,因而也束缚了创新。而专业教育视野狭窄,专业划分过早过细,教学内容过窄,基础课为专业课服务,整个教育过程束缚于"专业",这些都非常不利于学生充分发挥自己的天赋优势和潜在才能。"专业"本来是因人力资源分工的不同而设置的,但社会不断进步,科学技术突飞猛进,专业需要随时更新。如果一个人死守住一个专业,时代更替,技术转变,他就适应不了,只能"下岗"了。现代信息社会,一百年前非常时髦的电报行业消失了;"高铁"时代只会开蒸汽机车的司机必然失业。但是,为了保证学生毕业后能快速走进社会、适应工作,取得所谓"赢在起点"的"先机",我们还必须给学生传授能从事各行各业工作的必要知识和本事,而这种本事随着社会科技迅速发展变化会越来越快地"失效",显得"短寿"。因此,过窄的专业教育实际上会"坑"了学生,使其将来前景黯淡。真正为学生着想,就要帮助他们夯实基础,拓宽视野,具有独立的自主学习、获取知识和自我发展的能力。这就是"加强基础,淡化专业"的良苦用心。

四、推进落实

为了落实这个教改方针,我们首先要做的是"加强基础"。大家公认基础宽厚扎实是北大的教学优势和特色,没有一个北大人反对"加强基础"的提法,或对此提出异议。而我自己将"加强基础"理解得比较透彻,却花了五六年甚至十来年的时间!

"什么是基础?""应该怎样加强基础?"可以有种种不同理解。

在开始提出"加强基础"的时候,我考虑得比较多的就是原来北大学生的优势,即基础宽厚扎实。这个"基础"主要是指 1961 年总结"大跃进"教训后出台的《高教六十条》所说的"三基",即基本知识、基础理论和基本技能,其前提还是专业教育。我认为对理科学生来说,它主要就是数理化这"三基",对文科学生来说就是文史哲这"三基"。我确信这一点不仅受到"文革"前北大毕业生良好社会反映的鼓励,更因为我接触到一些学系的历史。如地质系,这个小系居然为中国地质学界培养了近 50 名学部委员(后来的院士)。在该系"系庆"时,我跟王鸿祯、董申保等前辈地质学家聊天,知道当年李四光、孙云铸等人办北大地质系,学生的数学课在数学系上,物理课在物理系上,化学课在化学系上,还在生物系听课做实验,因而数、理、化、生等课程基础扎实。而对地质规律的认识和研究是要建立在这些学科基础之上的,所以他们做起工作来能得心应手,思路开阔,心灵手巧。他们说,那时候真正属于"地质"的专业课上得不多,就四五门。而当时我们地质系的专业课就有 30 多门(更早时有 90 多门)。从这些比较中我领悟到给学生打下宽厚、扎实的基础的重要性,从而更促使我树立"加强基础"这个北大固有优势的信心。当时我力促地质系缩减专业课课时,把学习时间更多地用在数、理、化、生等基础课上面。应该说,这个努力还是取得了一定成绩的(将 90 多门专业课缩减成 30 多门就是一个实例)。同样,我认为对于文科学生,只要具有理性思维能力,能对复杂环境进行历史分析,思路清晰,文字通顺,善于表达,就不妨碍他们在人文社会科学领域做出成绩。所以,所有理科都要强调数理基础,所有文科都要加强文史哲的学习,而且要文理互通,教学就一定会取得成果。这就是我理解的本科教学改革的重要目标,尽管对这一点我并不经常挂在嘴上。

对于理科学生加强数理基础所做的一项重要工作,就是将全校高等数学和普通物理两门课分成 ABCD 四类来开,其课程深度、难度和教学时数依次降低,学生可以根据所学专业和本人情况选学其中一种。而且将原来普通物理中的力学、热学、分子物理、电磁学、光学、原子物理和核物理分别讲授的做法变成逐步打通,由一位教师从头到尾讲授全部普通物理,这当然对教师水平提出了更高的要求。这样,在课程内容上就可以互相渗透结合了,如力学中讲碰撞问题,就可以从抽象的两个钢球碰撞直接过渡到用原子核对 α 粒子的散射来讲。这种方法对于研究复杂物质形态的理科(化学、生物、地学)学生加强数理基础训练,优势明显。至于对全体文科学生加强文史哲学习的要求,则由于需要相应增加大量人员编制,一时难以完全落实。

为了保证使北大开设的每一门课原则上全校学生都可自由选读,我们对各院系教学经费的分配办法也做了改革,经过教务长办公室研究人员分门别类的细致测算,提出了一种按每门课学生上课人数来计算教学经费的复杂方法。

1993 年 2 月,中共中央国务院颁布了《中国教育改革和发展纲要》,提出高等教育的改革与发展目标。针对 21 世纪人才培养需求,并结合北大"211 工程"的实施,我们召开了一次教学改革研讨会(详见第八章第一节)。这次会议重申了十六字方针,并对转变教育教学思想和改革目标与措施进行了大讨论。之后,全校对这个方针就不再有什么异议了。接下来,我们就开始进行"面向 21 世纪课程体系和教学内容改革"的大讨论(详见第八章第三节)。这次讨论动员了全体理科院士和文科名师,在 1994 年持续了约一整年,主要内容就是根据学科发展情况与未来趋势,确定本专业的"基础"究竟是什么,以及应该怎样"打基础",以此来确定课程体系和教学内容改革的方向,并落实到编写新教材。我们认为,尽管一门学科、一个专业的基础是最基本的东西,是相对稳定而长期不变的,但随着学科内容不断丰富,学科分支不断发展,专业体量会不断扩展,"基础"也在慢慢变化。就以物理学为例,20 世纪,其学科内容急剧扩展,但该学科的基础却是在二三十年代形成的。其中,哪些是最基本的,属于"基础"?哪些可以舍弃?哪些需要以另一些更新的内容来取代?这些,只有对学科进步有深刻领会、能高瞻远瞩洞察其未来发展的学者才能判断。所以这是一项高水平的艰苦的工作，非由全校最高水平的教授参与不可。幸好北大的很多院士名师对此都很热心，他们积极响应这项工作，出了许多好主意。第二年，国家教委正式启动了"面向21世纪教学内容和课程体系改革"的项目，在各学科领域专家讨论研究的基础上具体落实到出版"面向21世纪课程教材"（后称为"精品课教材"）。我校的此项工作也汇入到教委的项目里了。至于各专业到底"什么是基础""怎样加强基础"，以及如何重构或更新各专业课程体系的讨论却并未完全如我所期望的那样坚持下来并得到圆满结果。这让我至今感到遗憾！

1995年在美中教育服务机构（ESEC）余国良博士的安排下，我和闵维方、史守旭三人考察了美国几所顶尖大学（加州大学伯克利分校、斯坦福大学、哈佛大学和麻省理工学院等）和联邦政府教育部及全美高等教育委员会等机构，跟这些机构的行政管理人员和少数教师共同讨论了21世纪高等学校改革与发展的新形势。这次考察使我对"加强基础"有了一种新的感悟。通过这次访问，我对21世纪科技迅猛发展、社会将有更多错综复杂的变化有了进一步的深刻体会。学生要能灵活应对新世纪迅速变化的局面，不仅需要具有更扎实的基础知识和更强的能力，更重要的是还要有良好的心理素质。这就是美国同行们所十分强调的"态度"（attitude）。后来我向国家教委副主任周远清汇报我们这次考察的收获，他说可以将这种"态度"看成为"素质"。我也同意这个意见。这也成为后来我积极参与他所倡导，并由华中理工大学（后来更名为"华中科技大学"）等学校带头推动的"加强大学生文化素质教育工作"的契机。

1995年访美回来，我在《北京大学学报（哲学社会科学版）》（1996年第6期）发表了一篇题为《进入21世纪的中国高等教育追求什么样的教育质量》的文章。我分析了会对高等教育发展产生普遍影响的世界变化趋势的六个因素，将大学生为应对这种趋势所应具备的基本品质归结为"两种态度,两种能力"——积极学习和正确做人的态度,独立获取知识和表达交流的能力。我将它们看成是更为宽泛的"基础",把原来提的"加强基础"的内容也都包含进去了。而这"两种态度,两种能力"比之前所说的"基础"更重要。有了这"两种态度,两种能力",一个人就会有如饥似渴的求知欲,有独立自主获取知识的能力,就能将"未知"变为"已知",什么知识都能学会,什么能力都能掌握。而这"独立自主的学习能力"本身就包含了基本知识、基础理论和基本技能的"三基"内容。因为一切新知识都根植于原有的知识,所有新学问都导源于旧有的学问。而一切"学习"都是直接或间接地向人家学,从自己的经验里学,从工作的对象那里学(即从实践中学)。所以学会正确对待他人、对待自己,以及正确对待工作的对象、周围世界和大自然是第一位的。那么怎样"对待"呢?对待就是一种交流,对待他人与工作对象、自然和环境,就是跟他人与工作对象、自然和环境交流,对待自己是自己跟自己交流。这种交流必须具备平等热情的态度,不能居高临下,也不能淡薄漠视。交流还需要能力。起码要学会礼貌的语言,与外国人交流还要懂外语。跟范围更为宽广的人和事交流还要学会跟各种媒体打交道,学会采集、贮存和处理各种信息资料的手段和方法。在现代认知过程中,更注重群体工作,就还要具备协调、合作、组织和领导的能力。

我萌生这样的想法,与北大的两个案例有关。

一是1993年北大五四校庆,化学系1963级毕业生聚会,邀我参加。午餐时我问同桌校友:"你们在北大读了六年书(当时北大理科是六年制),30年过后,你们觉得在校时哪门课学得最好,记得最牢?"他们交头接耳一番,齐口同声说:"黄子卿先生的'物理化学'。"黄先生是大牌化学家,中科院首届学部委员。我问:"黄先生的课好在哪里?"他们哈哈一笑:"我们从来没有听懂过他的课!"我大吃一惊,那为什么说好呢?他们说,学化学的不懂"物理化学"等于白学了。他讲课题目明晰,但条理不大清楚,再加上有口音,课堂上总听不大懂。

他有一本讲义（后来出书了，成为名著），写得很好，不懂的地方我们课后反复钻研，还互相讨论，结果理解得就很深刻。由此，我觉得知识要通过学生自己钻研，反刍消化，才能为自己所掌握。我也由此领悟到，如果教师上课讲得头头是道，天衣无缝，学生全懂，没有问题，不需深入思索了，这样的课并不算成功。当然，这只对好学的学生才成立。

另一个案例是，一次研究生教育工作研讨会上，电子学系介绍了一位博士毕业生，他毕业两年后就被中科院研究所聘为正研究员，后又很快被国外研究所作为研究员聘走。这样的事例在北大毕业生中尚未有过，说明这位博士生的博士论文一定特别出色。他论文涉及的研究课题是一种纳米材料，这是一个前沿课题，牵涉物理、化学、电子学等多门学科，即使导师本人是院士，也有不少不懂的问题。他能就这些问题找到国内相关领域学术能力最强的学者，甚至不远千里，虚心向他们求教。甚至他的英文文章也能请到北大英语系最好的老师来给他修改，而一般英语专业老师是不会去读、更谈不上修改理科专业性很强的论文的。可见他是以至诚的求教之心感动人的，这种态度十分难得。当然他的勤奋坚毅也是少有的，为了做实验，他可以一星期不离实验室，饭都是同学帮着买来的。这使我深感对于一个人的成才，态度确实是第一位的。我们宣传了这种典型，还提出了可为博士生设置"导师组"的建议，即除了主导师之外，还可从相关专业聘请一些"副导师"，通过学科交叉使论文质量进一步提高。

这样一来，"基础"就大为拓宽了。而学校的专业学习，实际上只是提供一个"载体"。我们所关注的不仅是具体的专业知识和能力，更重要的是整体素质，包括态度、知识和能力。在知识经济时代，"创新"被提到了更为核心的地位。人在自我完善的学习中，其实就包括了创新。创新的基础就是要能质疑，要能发现问题和提出问题。我们过去在制订教学计划、提出培养目标的时候确实对创新关注不够，在能力培养上将着重点放在"分析问题和解决问题的能力"上，却较少关注"发现问题和提出问题的能力"。在 1998 年的一次会议上,我曾说:只提培养"分析问题和解决问题的能力"而不提"发现问题和提出问题的能力"是一种培育"奴仆"的教育思想。从人的发展上说,能质疑,具有"批判性思维能力",对人、对事、对自己能够不断反思,是人得以进步和完善的重要动力,是取得"自由"的前提。

但是,对于"加强基础"的提法,不乏质疑之声。我的一位好友,复旦大学前副校长孙莱祥就跟我讨论过:中国学生缺乏创新能力,是否与我们过分强调"基础"有关,因此他对不少学校,包括复旦的"加强基础""强化基础"或"夯实基础"的提法表示质疑,认为有可能"赢在起点,输在终点"。我认为"加强基础"没有错。"基础"就是一栋大厦的地基和基石。基础不扎实、不牢靠,大厦很容易倾倒坍塌。但对于一个专业来说,什么是基础,如何打基础,却大有讲究。我分析了中国传统文化对"打基础"的影响,既有正面的,也有负面的(见《中国文化传统与高等学校基础教学的改革——从丘成桐先生一席话说起》,载《大学科学教育:改革与发展》,北京大学出版社 2008 年版)。正面的有重视教育、勤奋刻苦、尊师重道、严格要求等,负面的则包括功利主义、将"受教育"看成为"读书"、迷信圣贤古训、忽视健全个性、蔑视体力劳动与工艺技术等。我认为在"加强基础"的过程中必须时时提防传统文化中的负面成分对"基础"造成的消极影响。

近来又有人怀疑加强基础是否会使学生因习得某学科领域的"范式"而束缚创新[1][2]。这是对"范式"的误用、滥用的结果。"范式"一词作为术语是美国科学史家库恩引进的[3],他认为科学的革命性进步是范式更替的结果。"范式"英文为"paradigm",原意为样式、方式、典型、范例等,库恩所指,就是学科领域内所共同主张的一种思维方式

---

[1] 卢晓东:《关于北京大学"十六字"教学方针的反思》,载《中国大学教学》,2014 年第 1 期,19-28 页。

[2] 文小刚:《"新颖"为什么比"正确"更重要?》,载《物理》,2015 年第 5 期,334-339 页。

[3] 托马斯·库恩著,金吾伦、胡新和译:《科学革命的结构》,北京大学出版社,2003 年。

和表述格式,甚至包括该学科教科书中所使用的各种概念、事例、原理、规律、理论和方法等。但库恩使用这个术语时并未给出明确的界定,含糊不清,以致学界颇多争议,他本人晚年也不再使用它了。[①] 我们认为科学的革命性进展源于科学工具(科学生产力之要素)的革新和科学对象的深化。话又说回来,习得了一定学科的"基础",肯定同时也学会了这门学科所特有的思维习惯。既然是习惯,就有惰性,就有保守性。但是,这并不妨碍创新。其实,创新并非全盘否定旧的、原有的。任何创新只是破除原有的不适应新情况的部分。库恩认为科学革命仅仅是"范式"变更的结果是站不住脚的。新理论、新思维是在发现了新情况,旧的理论、旧的思维不能或不足以解释的情况下才会产生。这种"发现"往往要归功于科学仪器设备等——"科学生产力"的进步。"学习"本身其实就蕴含着"创新",因为学习就是对自己、对事物的认识的立新或更新。要真正做到有自己的认识,而不是拾人牙慧,重复别人的话,就一定要有自己的创造,这才是"真知识"。所以"学习"过程就要不断质疑、提出问题,看所学的是否符合实际,是否符合客观情况。只有这种真知识,才能将主观与客观统一起来,完成认识过程。所以保守与改造、守正与创新是同时发生的。把两者割裂开来,不是科学。所以,我们所说的"基础"就包含了这种包括质疑、反思、批判性思维在内的独立自主的思维习惯,这就是真正的科学精神——"求真"。这是"基础"的更重要、更根本的内容。之后,我又写了一篇题为《"基础"与"创新"关系辨析》的文章,专门探讨这个问题(见《中国大学教学》2015年第10期,收入《中国高等教育:多样化与教育教学质量》(下册),高等教育出版社2016年版)。

至于"因材施教",并没有什么新意,无非是说明教育要充分照顾人的个体特征,要个性化。"分流培养"则主要是为了使毕业生面向社会、适应人才市场需求且有点就业优势,而按照个性特长将同一专

[①] 王纪潮:《为库恩的"范式"申辩》,载《博览群书》,2006年第1期,31—38页。

业的学生分成几种不同类型（即"流"）来进行培养。分流主要可分为理论和应用两种类型。在应用型中还可根据毕业生的不同去向或出路，分成几类；甚至还可根据人才市场的"行情"实行"按销定产"进行"接口技术"的培训。比如，学数学应用的可以根据不同的实际工作岗位，如计算机信息技术、工程、金融、财会、统计等，进行对口培养。不过，后来受到各种客观条件的约束，这种"分流"实际上并未能完全实现。

第六章

借鉴外国

一、IMUA

前面说到,在学校行政管理工作中,我提倡工作人员要将自己的工作当作一种"专业",人人都要成为思想者,要结合工作有所思考,有所探索,掌握规律,争取做出点自己独树一帜的成绩。我还要求大家结合工作厘清思路、写些文章。那么这个"专业"的内涵是什么?当时,高等学校管理学这门学问还刚刚起步,作为一门"学科",它尚待发展,很不成熟。可以说,它还是一个正在孕育中的新的交叉边缘学科的胎儿。绝大多数大学行政管理人员不但没有学过教育学,更没有接触过高等教育学,也不知管理学为何物。在上岗之前,也很少有所谓"岗位培训"。每个工作人员对自己岗位的认识说是"无师自通"一点也不过分,他的"师"不过是自己对经历过的大学工作的了解、前人的工作经验、上级的指示与要求,以及一些书面的和各种道听途说的相关信息资料罢了。我自己就是这样。到兄弟院校考察就是想"求师",也希望有机会考察一下国外大学的管理。此前在国外的学习和访问中，我多少知道各国大学的一些管理情况。比如，在法国，我所在的法国国家科研中心（CNRS）巴黎高师的射频波谱实验室和巴黎第六大学的教授卡尼亚克（B. Cagnac）就经常到教育部开会，回来后就发牢骚，说教育部管得太宽，一些课程的具体事务都要管，但又管不好。我从中知道法国高校管理制度跟我们中国类似。与我同一办公室的副研究员格拉斯（M. Glass，女，后来当了巴黎第六大学副校长），对法国的学制比较了解，有空就给我介绍法国学制的特色，和中国的以及我所知道的美国的都不相同。在美国，我从科罗拉多大学校长刊登在大学校报上的"离职感言"里知道，在美国要当一个州立大学的校长，其主要任务是做"政治工作"，即向州政府和议员及其他政治家宣传办学的情况，争取经费支持。这位校长不愿也不善于做这类工作，只想实现自己的教育理想，就选择去一所私立大学当校长了。当时，我对学校机构到底怎样运作、各部门的具体职责与功能，以及工作的方法与所要达到的目标等等，都不甚了了。所以，专门到国外大学考察管理情况是我的一个愿望。

1987年我的这个愿望得以实现。那年4月，国家教委国际合作司给了北大一个名额，去澳大利亚悉尼参加第5届国际大学行政管理人员会议（International Meeting of University Administrators, IMUA）。这是一个由英联邦国家发起的系列会议，每隔一年半或两年开一次会，后来超出英联邦国家范围而具有国际性质。国家教委接到英国相关组织的邀请函后就分别给了北京大学、厦门大学、上海交通大学和华中工学院。学校外事部门就让我去参会，厦大由党委书记、经济学家吴宣恭，上海交大由副校长盛振邦，华工由副校长朱耀庭参加，我们四人组成中国代表团。名单报到教委外事司后，就指定我为团长。其实，就是因为我在北京，当时办一切出国手续，以及与外方联系都要通过北京，我"当差"服务比较方便。因为这是我们以大学行政管理人员的身份第一次"受命"出国，我们都想趁机到澳大利亚的一些大学考察一番，也得到了外事司的同意。会议连报到不过5天，我们却在澳大利亚停留了整整三周。

我们在1987年7月18日星期六直飞墨尔本，首先访问了墨尔本大学和墨尔本理工学院。对这两所大学的教学科研和机构管理及经费情况有了一般了解，也就对澳大利亚大学的概况有了一些大体概念。我们参加了墨尔本大学开放日的活动，我还与该校商谈了两校合作事宜，主要是交换研究生和联合培养研究生，但由于经费问题难以解决，只签了意向书。在墨尔本理工学院，我特别对应用物理和通信与电子工程两个系的研究工作做了较细致的考察。22日我们乘飞机到首都堪培拉，考察了澳大利亚国立大学。它是澳大利亚学术水平最高的大学，1946年才建校，学科较齐全，开始只招收研究生，以后才有本科生，规模并不大。学校设有校务委员会（council），由教师、学生和政府代表组成，有44位委员。此外有两个学术委员会：一个是院系的，一个是研究机构的。它们都有校外的评审员参与相关工作，教务长（registrar）是校务委员会和学术委员会的秘书。学校设有公司，以便将科技成果转化为工业产品。我校有一些学者在此访问，我对与我专业相关的实验室参观了解得比较详细，有不少收获，该校的研究水平在一些科研领域还是处在世界前沿的。在那里我们还与"中国图书馆"做了一些交流，主要是互赠图书。我们还受到使馆教育处的接待，该处工作人员带着我们参观了堪培拉的市容和一些建筑设施。这个城市完全是人为地规划出来的，布局严谨，很有气派，我对这个地广人稀的国家的建设深感兴趣。26日，我们乘大巴到达悉尼，参加IMUA会议。

当天晚上，我们在世界著名的悉尼歌剧院大厅报到，并出席了会议的招待会和晚宴。晚宴是自助餐，非常自由，一边欣赏风景、观赏宏伟奇特的建筑，一边与新认识的英国和印度的代表聊天，一天的劳累都消融了。第二天在悉尼大学举行了会议开幕式及第一天议程。澳大利亚总督出席了会议，并单独接见了我们中国代表团，算是对我们的特别礼遇。这次会议讨论四个主题：高校的国际交流与合作、大学的资源分配、在变化世界中保持大学的形象、学校管理与决策的国际比较。四个主题的会议分别在悉尼大学、新南威尔士大学、新南威尔士工学院和麦考瑞大学举行。会议是一天换一个地方，这使我们对悉尼四所主要大学的外貌有了印象：悉尼大学在城里，历史悠久，显得古典庄重，但哥特式建筑与新式楼房多少显得有点不协调。其他几所大学都在郊区，建筑风格也各不相同。麦考瑞大学的所有房子都有连廊连接，雨天可以不打伞，非常方便。会议讨论的几个主题涉及大学如何应对复杂多变的社会关系、大学经费的多元化、大学内部管理的学院型和经理型的关系及其平衡，以及国际交流与合作等问题。中国代表团有三个发言，分头介绍了各自的情况和看法。中国人的参与引起会议参与者的极大兴趣。我的发言题目原是针对第三个主题的，后来发现大家对中国高等教育很感兴趣，临时插进了一些情况介绍的内容。互动讨论的时间远远长于发言时间，涉及十几个问题，包括招生、少数民族学生优待、经费来源、教学评估、教师奖励、联合培养研究生、留学生学汉语，等等。总之，人们对中国什么都感兴趣。他们说："我们就是想了解一些与我们不一样的东西。"闭幕式上，会议主席、英国巴斯大学教务长 R. Mawditt 和我们主题分会主席加拿大滑铁卢大学的 A. Headlam 都表扬了中国代表团对会议做出的贡献，美国马里兰大学的代表还热情邀请我们参加 1989 年在该校召开的第 6 届会议（我写的会议汇报发表在教委的内部刊物《国际学术动态》1988 年第 2 期上，收入我的《谈学论教集》）。

会后，我们再次访问了悉尼大学、新南威尔士大学、新南威尔士工学院和麦考瑞大学，以及悉尼附近的纽卡斯尔大学，连同墨尔本和堪培拉的 3 所，我们共考察了 8 所大学。我代表北京大学与墨尔本大学、澳大利亚国立大学、悉尼大学和新南威尔士大学重申或建立了两校合作关系。

这次会议与访问使我大开眼界，知道其他国家的大学都面临许多与我们类似的问题,很值得交流。会议还引起了我对大学管理问题的进一步兴趣,认为它是一门学问,是值得研究的。所以此后我尽可能地参加了这个系列会议,直到2004年在北京由北大承办的最后一次第15届会议。

这个国际大学行政管理人员的系列会议是由英国大学管理人员协会和教务长与秘书长联合会共同发起组织的。起初只是为了在英联邦国家高校行政管理人员之间交流工作经验、商讨共同关心的问题。这些学校具有相似的教育体制,存在着类似的问题。后来,发起者逐渐邀请非英联邦国家的大学参加。到1987年第5届时,已有21个国家的大学,共150人出席会议。英联邦大学管理制度的一个特点是非常专业化,将学校行政的"政务官"和"事务官"分得很清楚,前者可以是学者,握有学术大权和最高行政决策权,比如校长,但很少管具体事务;而事务官则具体落实政务官和大学决策机构(各种委员会)的决定,忙于事务,不可能有时间做课程教学和学术研究。比如,教务长,一般称为"registrar",也有译作"注册主任"的,是管理全校教学科研等日常事务的,一般都是博士,却没有"教授"头衔。出席这次会议的代表看到我的职称为"教授",很惊奇,甚至很"佩服":教务长一天到晚忙于学校事务,居然还是"教授",要教课,做研究。大学管理制度也因校而异,有的还设有"校务长"(principal)(比如加拿大的许多大学)、"秘书长"(secretary)等,也是只管具体事务,不属教师编制的。这些人是既事务繁忙、又有很大权柄的职员,有自己的业务和烦恼,他们和政务官及教员之间的矛盾也很突出,经常显现出来。所以他们需要常开些会,来互相沟通,讨论共同关心的问题。这些问题也确实是高校办学中的现实问题。

这个系列会议还有一个特点,就是特别知名的大学很少来参加。英国牛津和剑桥的人员,虽也曾参加过,但总体上参加的次数不多。后来范围扩大,不限于英联邦国家了,但美国的常春藤大学和法国大学从未有人参加,德国也只有少数不很知名的大学有代表出席。这里管理体制的差别可能是一个重要原因,与这些知名大学存在的问题不尽相同也有关系。我参加过一些大学校长会议,相比起来,我更喜欢这个系列的会议,因为这个系列会议讨论的问题和措施都比较具体,不仅仅是"理念",而且是实际可操作的"事情"。大学校长会议空谈"理念"的比较多,发发宏论,不切实际。也可能是因为大学校长会议的参加者多以"学者"的面孔或"政务官"的面貌出现,而我认为自己在大学里只是一个"事务官"。

下面我将这个系列会议的 15 次会议的时间地点做一个统计(见表 2,打"＊"号的是我参与了的)。

表 2 国际大学行政管理人员系列会议统计

届次	1	2	3	4	5＊	6	7＊	8＊
举办时间	1981.8	1983.1	1984.8	1986.1	1987.7	1989.8	1991.7	1993.1
主办国家和地区	英国	香港	加拿大	印度	澳大利亚	美国	荷兰	新加坡
主办地	巴斯	香港	滑铁卢	新德里	悉尼	马里兰	恩施赫特	新加坡
代表国家					21	47	40	41
出席人数					150	241	155	229

届次	9＊	10＊	11＊	12	13	14＊	15＊
举办时间	1994.7	1996.1	1998.1	1999.9	2001.8	2003.1	2004.8
主办国家和地区	捷克	南非	新西兰	英国	芬兰	牙买加	中国
主办地	布拉格	开普敦	奥克兰	爱丁堡	赫尔辛基	金斯顿	北京
代表国家	55	47					32
出席人数	251	300	>300				204

会议大体是一年半开一次,我参加了其中 8 次会议。大学与社会经济发展的关系和国际交流合作是这个系列会议的两个永恒的主题,大学管理的学术型和经理型的矛盾以及资源经费的筹措和分配也几乎每次会议都提到,可见当时这两个问题是经常让大家困惑的,高等教育公平、学生入学机会均等问题也经常讨论,但谈及教学质量

1987年7月在澳大利亚悉尼召开的第5届IMUA会议上
（中为吴宣恭，其右为朱耀廷）

的问题较少。这多少说明这个系列会议上大家主要关心的还是高校管理方面的问题。每次会上各议题都有主题报告，报告人却并非都是"事务官"，往往请了一些较知名的大学校长（也有一些大学副校长与会，难以分清他们是政务官还是事务官）。荷兰那次会后，还专门组织到欧共体总部比利时的布鲁塞尔去考察了一番，向有关人员请教为实现欧洲大陆经济一体化，促进劳动力在各国流动，如何在高等教育制度不同的国家之间实现和谐统一。他们介绍了实施欧共体大学生流动的计划，称为"ERASMUS"，这个计划下有个国际大学合作网（ICP），建立了学分转移系统（ECTS）、国家学术成绩信息系统（NARIC）和外语培训系统（LINGUA）。这使我对欧洲一体化的努力有了深刻印象。由于参加会议的都是学校做实际管理工作的人，共同关心的问题多，所以大家谈得比较投机，讨论热烈。通过这些会议，我与Mawditt和Headlam等人都建立了很好的朋友关系。他们还多次表示，希望能在中国开一次会，了解这个与大家不太相同的国家的高等教育。不过，这个系列会议的核心还是英国的两个发起单位，每次在什么地方开会，都要得到这两个单位的同意。随着这批热心人的逐渐年老退休，进入新世纪之后，这个系列会议就显得不那么景气了。只有Mawditt等少数人坚持到最后。2004年在我国举办的会议成为"绝唱"，Mawditt也来参加了。

二、美加考察

1987年我甫从 IMUA 开会回来,在世界银行安排和协助下,国家教委要我跟学位与研究生司司长吴本厦、处长吴镇柔、科技司副司长陈清龙和清华大学研究生院常务副院长过增元等组成中国高等教育代表团去美国和加拿大两国考察大学研究生教育和重点学科建设。此次考察的背景是国家教委希望利用世界银行贷款来建设和发展我国高校的研究生教育和重点学科。前面提到,我对研究生教育的具体事务虽管得不多,但学科建设却是我工作的一个重点,所以北大研究生院特别推荐我去参加,教委也认为我去合适。这次在美、加的考察都是由世界银行安排的,具体事务由该银行在中国的主管比默(Beemmer)承担。我跟他比较熟悉,因北大利用世行贷款购买的实验设备较多,我跟他打过不少交道,他还给过我一些高教方面的国际资料,比如第二章第三节说到的关于美国大学组织多学科研究与教学的圆桌会议资料。这次考察历时近一个月(9月28—10月24日),他一路陪着我们,做具体安排和联络工作,帮助很大。这次考察的收获也很丰富,为之后国家教委出台的"211工程"计划铺了路。考察没有专职翻译,我和过增元轮流充当译员。过增元的英文水平比我高,但因我是职业翻译(不过是俄语)出身,所以多数时间还是由我来翻译。我的英文口语实在蹩脚,就靠在中学打的一点底子。在美国做访问学者时,大多数时间是我一个人在实验室里单干,空闲时也多与同宿舍的中国人消遣,所以在美国10个月,口语长进不大。此时也只好硬着头皮来做。

在出发之前,吴本厦司长已经给我们介绍了大体计划,考察范围涵盖了美国和加拿大的各类大学,还有美国国家科学院(NAS)、国家科学基金会(NSF)、北美大学联盟(AAU)、美国研究生院理事会

(CGS)、世界银行和加拿大的高等学校联合会(AUCC)、国家自然科学工程研究理事会(NSERC)与安大略研究生教育协会等,总共十来个单位。主要是想通过对这些机构的考察,了解北美高等教育的宏观管理,有没有重点和优先计划,如何设立和资助重点科研项目和重点学科,以及如何对它们进行评估等问题。然后是考察一些大学,其中有美国的华盛顿大学、俄勒冈大学、俄勒冈州立大学、乔治·华盛顿大学、马里兰大学、康奈尔大学、麻省理工学院、哈佛大学,以及加拿大的麦吉尔大学、多伦多大学、滑铁卢大学和不列颠哥伦比亚大学等。比默告诉我们,不同大学的情况很不相同,私立大学和州立大学以及州立大学之间也都有不同,比如,俄勒冈大学和俄勒冈州立大学,要我们多看看,这样可以避免对北美的大学留下一些不完整的片面印象。

我们9月28日飞抵旧金山,立即转机到西雅图。考察从西海岸的华盛顿大学开始。这所大学以设计B-52轰炸机和波音747大型客机而著名,不但航空技术强,在生物与物理学方面,也居领先地位。我很熟悉的做离子贮存研究的物理学家Dehmelt就在那里工作,他两年后于1989年获得诺贝尔物理学奖。该校副教务长给我们做了学校的全面介绍,我对该校重视交叉学科的发展印象深刻。华盛顿大学不按传统将数、理、化、生、机、电等学科分类,而是将这些学科有机地组合在一起。该校的华盛顿工艺中心的能力非常强,注意创造新技术,使研究成果产品化,取得经济效益,因此发明、专利也特别多。华盛顿州政府对该校的资助力度很大,但60%的经费来自企业,为该校组建了15个实验室。之后,我们南下俄勒冈州的尤金,考察俄勒冈大学。它也是一所公立大学,其学科以文理学科为主,教育学和商学比较有名。然后又北上俄勒冈州首府波特兰,访问俄勒冈州立大学。这是一所基础研究和应用学科都较强的大学,海洋科学与农业科学很强,旅游专业在全美最知名,是美国百强大学之一,培养了十多位诺贝尔奖获得者,学校对俄勒冈州的经济发展起着重要作用。

全校有教职员工8000多人,其中研究服务人员有近700人,而学生则只有15000人,生师比较低,而俄勒冈大学的生师比为20∶1。俄勒冈州立大学也强调学科交叉,注意与企业的联系。理学院中每个教员都既属于一个系,同时又在一个相关研究中心做科研。本科生在四年级时都分到各专门化,从事科研,该校的电气工程、计算机与生物学的研究水平较高。

之后,我们直飞首都华盛顿,在那里拜访了上述美国国家科学院等几个单位。美国国家科学院成立于1863年,主管科技政策。它由三部分组成:国家研究委员会(NRC)、国家工程院(NAE)和国家医学研究院(NIM)。实际办事机构在NRC,它由8个部分组成:其中有4个委员会,按数学、物理、生命科学和工程学科划分;2个董事会,按职业、专题来划分,一个管农业、交通,一个管行为科学和社会科学;还有2个办公室,分管国际事务和科技人才,并协调其他各处的事务。该委员会研究科学、技术的现状和未来发展趋势,提出迫切需要解决的问题与公共政策;协调政府、大学、研究机构和企业界之间的相互关系,组织圆桌会议和论坛,研究对年轻人的数学和科学训练等宽泛的教育问题。NRC不直接从事创造性研究工作,但却进行"对研究的研究";也对大学的研究工作进行评估,包括对研究生的教育水平排名次,十年一次,采用的主要方法是给教师做问卷。这涉及2000多个培养研究生的专业,200多所大学。其最主要的工作在于要建立一个有效的指标体系,这需要国家基金会、国家卫生研究院(NIH)、各州、各大学的支持。NRC的研究人员并非政府工作人员,而是科学家、志愿者,他们自愿从事无报酬的工作,向政府提出建议(例如,全球气温上升的影响,核武器的影响等)。每年有六七千位科学家通过咨询参与工作,一年要提出200多份报告。但该委员会也有一些雇员,为科学家们做些服务工作。

在美国国家科学院和NRC,大家谈得很具体。从这些机构的谈话中可见,美国普遍感到担心的一个问题是将来美国工程研究人员会不足,因为工科学生50%是外国学生,20%的工科教师也是外国人,而35岁以下的工科教师中更有一半是外国人。因为本国学生毕业后大都去工业部门和企业工作,攻读博士和当教师的就少了。所以吸引学生学工科对美国是一项重要任务。在与美国国家科学院与NRC人员的谈话中,还可普遍感觉到他们的怀旧心态,认为二战及其以后的年代,国家很重视工程学科,学校有关的研究工作也兴盛。他们认为,学校应使大多数硕士生朝实际应用方向发展。学生倒也愿意去企业工作,因为薪资较高。但是教师因为签订了科研合同,要完成任务,却希望学生多做学术性研究,这就常发生矛盾。另外,他们还反映,学理科的如果能获得高学位在工作中就会有好的晋升机会,而企业的待遇更高,所以即使有博士学位往往也更愿意去企业工作,而不愿留在高校。所以感到有点"教师荒"的危机。而学工科的,只有学士学位在企业也能找到好工作。所以不同学科的就业前景差别很大。

对美国国家科学基金会(NSF)的访问也很有收获,详细了解了该机构对科研项目的评审与资助情况,包括标准、手续和人员等。1986年共有申请项目29477项,获得资助的有13981项。同行评审更倾向于新建的单位和年轻人,但要对大学和科研机构排名是很困难的,因为标准的区别很大。NSF资助的方向很复杂,不仅有基础研究,也有应用与工程(但不支持生物医学与临床医学,因为有国家卫生研究院(NIH)专门支持),不仅资助科研项目,也资助"科研潜势"(指潜在的科研能力,主要是拔尖研究生奖学金或科研启动资金,还给弱势人群或地区等提供科研基金。类似于我国某些"拔优"和"帮扶"的资助),其中就包括科学与工程教育。这种资助直接给研究生提供奖学金或科研资助,而不是给学校,研究生拿到奖学金或科研资助,可以自己选择到任何一所学校,找任何一个合适的导师(不管导师有没有研究经费)。我们访问的1987年,有1600人获得了这类奖学金,每年总数2700万美元,每人能获得3年的资助,但可在5年内使用,以后还拟增加。他们说,从这些被资助的研究生中冒出了很多著名科学家。所以基金会对美国研究生教育也起到了重要的、看不见的作用。NSF还资助一些不发达地区,使之具有经济竞争力;还支持妇女与少数族裔的科研。这些也是属于发掘潜势的。

NSF还设置了不少工程研究中心(ERC),负有提高工程研究在国际市场的竞争力的职责,并鼓励技术转让,促进教育与企业界合作,使学生能更好更快地接触实际,进入企业界。其办法是通过科研课题使学生能与企业人员接触,企业人员也能进入学校。当时已经建立了14个这样的中心,还将扩大到25个左右。看来美国的国家科学基金会很注意将基础研究与实际应用相结合。这样的中心实际上就是重点建设的项目。例如,麻省理工学院就有一个生物工程中心,将生物技术、过程控制等结合起来,由教育经理和企业经理共同合作组成委员会来进行管理。但是在NSF我们并没有了解到是否有所谓重点学科的设置和遴选的方法,但有一些重点或优先项目安排,称为 centre of excellence 或 program of excellence。NSF还负责总统青年研究人员(PYI, president young investigators)的选拔,这些人每年可获得10万美元的科研经费,分别由NSF、企业界和政府出钱,当时已资助了700人,准备增加到1000人。

美国的高等教育的管理机构我们只拜访了北美大学联盟(AAU)和研究生院理事会(CGS),却没有去联邦教育部,比默认为它不起作用,不过我们听说联邦教育部设有一个有4000多人工作的教育统计机构,收集了美国所有高等学校的各种信息,我对此很感兴趣,但却没有机会去考察。AAU是一个民间组织,1900年由14所能授予博士学位的大学发起,由一些学科领域较宽的研究型大学自愿参加,入选还要经过严格审查,有一定质量标准。当时只有54所大学(含2所加拿大大学)参加。有的大学进入联盟后虽然表现并不怎么好,却从没有一所大学被开除过,有的很好的大学也并未参加。入选联盟的质量标准主要看科研成果,要研究水平高,获得NSF、NIH等机构的经费资助多。研究生院理事会有约400所大学参加。那时美国每年有约 286000 名硕士研究生，32000 名博士研究生入学（相比较，1986 年我国招收硕士研究生仅为 34159 名，博士生为 2248 名；到 2014 年则已分别增加为 548689 名和 72634 名）。美国高校的主要问题是学理科和工科的人数在减少，大学教师也不足，入学机会不均等，妇女、黑人进入 AAU 等高水平大学的不多。我们与美国同行讨论得较多的是如何建设重点大学问题。他们认为"重点"是自然形成的，不能指定，如果指定，就会形成压力，就难以有创造性。他们认为当今的主要问题是大学过分强调研究生教育，结果培养的方向越来越窄，学生越来越职业化。他们强调继续教育的重要性，特别是在当下职业变化很快、同一职业的工作内容与方法也迅速变化的情况下，学生需要重新学习。关于授予学位专业的宽窄问题，他们倾向于不给过窄的科研方向授予学位。比如，过去生命科学的学位专业类型分得很细，现在倾向于拓宽专业面。但是也有矛盾，中央的研究与教育部门要求专业面宽一点，而地方企业则希望能实用、窄一点。办学主要还是靠政府和私人捐赠，当时直接从产业部门得到的经费还是比较少的，占 10%～15%，不过总体上研究生教育对企业发展的影响在加强，新兴学科，如自动化、机器人、计算机等与企业联系密切。

对于世界银行，我们只做了礼节性的拜访，因为我们在国内就了解这一机构了。在华盛顿，除了几个全国性机构以外，我们也访问了乔治·华盛顿大学。它在政商界比较有名，培养出了很多美国高官和大企业家。

之后，我们就飞到了纽约州的锡拉丘兹，先访问伊萨卡的康奈尔大学。这所大学给人印象很好，校园开阔，占地面积宽广，建筑风格各异，但比较分散。学校的学科非常齐全，以"在这里任何人都能学到他想学的任何学科"（where any person can find instruction in any study）的办学理念而出名。该校引以为豪的是有世界上第一个酒店管理专业，可以授予博士学位。这所学校的农业学科也是世界有名的。我国很多学术大师在该校学习过，如胡适、任鸿隽、赵元任、茅以升、唐钺、黄万里等。该校虽是私立大学,但获得了不少政府资助,创办了一些学院,所以可以说是"公私合营"的。

然后,我们就直奔波士顿,重点访问了麻省理工学院(MIT)。在那里,麻省理工学院前教务长罗森勃利斯(Rosenblith)给我们讲了一整天的课。他年龄很大了,但精神矍铄,边讲边在黑板上书写,从MIT的发展历史,讲到学校各院系和管理机构的现状,一直到研究生的培养等,内容丰富,非常详尽。该校成立于1861年,第二年就有了莫里尔法案(Morrill Act),建立赠地大学,MIT也受惠于此。开始它只是工程学院,1930年物理学家康普顿任校长,将其建成为理工学院。在第二次世界大战中它建立了辐射实验室,是美国第一个交叉学科研究单位,主要做雷达研究,从基础研究到战场应用都有涉及,工作人员达到4000人,对二战胜利贡献很大。战后,该校继续开拓电子学研究,又增加了人文社会科学和管理学院。二战前,该校只有300多名教授,我们访问时已有各级教授1000多名(2/3正教授,其余为副教授与助理教授,各占一半),非教授的教员(讲师、助教)1000多名,研究人员1000多名(其中博士后约占一半)。约10000名学生(研究生5000多,本科生4000多),外国学生约占20%(其中研究生中约占30%,本科生中约占10%。由此也可看到美国同行担心高端科技人才匮乏的顾虑是有根据的,像MIT这样的理工科高校中,研究生中外国人的比例居然是本科生的三倍!)。可见这所大学的国际化程度之高。在讲到教学与科研的关系时,罗森勃利斯说科研就要满足社会各方面的需要,而各学科的具体做法又极不相同,需要自己去探索。所以该校研究生培养的学科方向是非常分散的,管理不能搞集中,不能"一刀切",主要依靠各院系教授。学校有个研究生教育政策委员会,每个系有一人参加,商讨共同的政策。在学科专业面的宽窄问题上,该校主张本科要宽,研究生可以窄一些。生命科学的专业往往分得很细很窄,但是,该校还保留了一个"生物系",进行宽口径的本科生培养。我们也参观了材料科学与工程学院,该院课程建立在材料的结构、性质、合成加工和功能四个方面的基础上,有材料科学与工程中心和材料处理中心从事专门研究,研究生总要5年以上的时间才能毕业。该校要求学士、硕士和博士都必须有论文,要将想的与做的结合起来,鼓励学生提出问题,并要求学生学会如何提问题。该校教师认为这是教学上的一个难点。理学院强调本科生早期参与科学研究的必要性,有一种本科生参与研究的计划(UROP, undergraduate research opportunity program),鼓励一年级学生参加科研,加入到教授与研究生的团队,感受科研氛围。一般二年级以上的学生都能做科学研究了,但科研并不能挣学分,即使做了3个月科研,虽会得到点科研报酬,但不交学费,就不算"学习",不能计学分。要得学分就得付学费。罗森勃利斯还就研究生做助教(TA)和助研(RA)等制度向我们做了详细解释。

在哈佛大学,我们只做了礼节性的访问。哈佛大学由一位正式代表校长的礼仪官(marshal)来接待,全面而简单地介绍了学校情况,不过只是官样文章而已。第二天晚上,MIT的官员和相关学院跟我们见过面的教授十来人请我们参加晚宴。席间有一位教授说,哈佛与MIT两所学校的区别,可以从位于两校间的一个生活超市的告示上看出来:这个告示两校学生都看不懂。我一听紧张得要命,怕有什么难题会把我难倒,翻译不出来。他接着说:告示说,今天本店货物都打七五折。这里用了一个英文词"discount"(打折),一个数学符号"75%"。他说,哈佛的学生看不懂"75%"是什么意思,而MIT的学生不认识"discount"这个词表示什么。于是,大家哈哈大笑,不过是互相抹黑的戏谑而已:一个不懂数,一个不识文。据说在这两校之间,这类故事还多得很,有点像北大和清华这对难兄难弟。

离开波士顿就到了加拿大。首先在首都渥太华访问了几个机构。其中一个是加拿大高等学校联合会(AUCC)。据介绍,当时加拿大共有85所高校(不包括社区学院),有3个协调组织:一是大学生联合会,主要讨论学费问题;二是大学教师联合会,已成为一个劳工组织;

三是AUCC,它成立于1911年,由各大学校长组成一个11人的董事会。AUCC每年开两次会,讨论共同关心的问题。例如,我们访问那年讨论的是大学的公众形象和大学教师的需求与培训计划。该机构的主要任务是与政府和国外建立联系。后者主要是进行学科的学术评估,以了解不同国家学位与学分的价值,以便进行交流。加拿大的大学都是省政府管理的,即办学经费由省政府支出。但是科研却是由省政府和联邦政府共同管理的。而大学研究经费则主要来自国家的科技机构,如国家自然科学工程研究理事会(NSERC)等。国家提供的研究经费不能用做工资(这一点与美国的国家科学基金不同)。20世纪80年代中后期,企业对大学提供的研究经费逐渐增多,其合同经费可以用做人员的工资。政府鼓励大学从企业得到研究经费,政府承诺,企业给多少,政府再配套给多少。这种配套经费的方式改变了大学基础研究和应用研究的比重,使后者更受重视,这也引起了学界的关注,并招致激烈的争论。加拿大国家自然科学工程研究理事会支持的研究经费需要进行申请和评审。评审有两种机制:一是NSERC直接评审,二是与科技部联合评审,后者组织了三个委员会,分别评审基础研究、开发研究和战略研究。在访问过程中,他们还给我们具体介绍了各种计划的经费数字。由于省政府具有管理大学的重要权力,我们还在安大略省省会多伦多拜访了该省的研究生理事会。该省所属有15所大学、500个硕士专业和300个博士专业,访问中对方还给了我们一整套评估材料,包括入学要求、学生人数、教师工作量、课程、研究经费、图书仪器设备、建筑面积与地方大小等等,以及建设一个博士点所要求的最低限度学生人数(一定的体量)。这些也值得我们参考。

我们访问的大学从东向西有麦吉尔大学、多伦多大学、滑铁卢大学和不列颠哥伦比亚大学4所,它们是加拿大最好的大学,各有特色。麦吉尔大学在魁北克省,是一所法语和英语并用的大学,有约20000名学生,其中1/3是研究生。20世纪80年代中后期,加拿大青年人口下降，导致本科生人数减少，而研究生人数则在增加。大学教师岗位的竞争非常激烈，至少要有博士后的经历才能被接收。麦吉尔大学学科齐全，医学、法学尤其著名，设有专门研究所对英法两种法制进行比较研究。学校鼓励教师争取科研经费，教授从外面争取到1元钱，学校不但不提成，反而配套补贴1元钱，所以研究经费增加很快。但是，加拿大不能从这些经费中提取人头费，这一点与美国不同。学校还鼓励教授自下而上组织研究中心（往往有外单位支持），这当然要求教授们在学术上有一定地位，还要有适当的条件，如房屋、设备等。该校在环境科学、气候变化研究、人类学、认知科学、结构生物学和数学与统计，以及造纸工业等方面都有水平很高的研究中心。全校100个系，研究中心就有75个。学校对与企业合作研究也很支持，由个人申请的专利，个人与学校的收益分成的比例为8∶2；而通过大学申请的专利，收益分成的比例为各占50%。在大学排名中麦吉尔大学和多伦多大学经常处在加拿大的第一或第二名。这两所大学还是北美大学联盟成员中仅有的两所外国大学。多伦多大学是加拿大学生人数最多的大学，学科也很齐全，全校只设有一个研究生院，统管全校各院系的研究生录取、入学，以及教学质量等。这在美加两国不多见。该校不但研究生入学要求是统一的，导师也要特别遴选，全校有一半教师有带研究生资格（这与中国类似）。那时该校在建的新学科方向有生物工程、老年学、人工智能等，其认知科学研究也很强。该校还附设有一个空间研究院，学校出资1/3，有很多大设备和计算机，学生上课很少，主要做研究。对于工程学科的学生，学校特别强调要打好数学基础，并按学科分成8类不同要求的专门组进行教学。但是，学工的本科生往往一年之后就学不下去了，50%的学生读完一年就走。可见该校对数学的基本要求还是很高的。滑铁卢大学处在多伦多西南不远处，是一所以数学、工程和计算机学科见长的大学。它的著名特点就是实行与企业合作的教育模式（co-operative education），学生在学校学习一段时间之后，可以到企业工作,然后,再根据情况回校学习相关科目,直到毕业,我们称其为"夹心式"教学制度。学校的机构和学制都富有弹性。学校也设有很多研究中心,一些是教授自己建立的研究中心,一般是从外界弄到经费,建立实验室(有时甚至自己租房),然后从各院系招募学生,进行研究。学校设有研究办公室,帮助教授推广其成果,并协调各方面的关系。不列颠哥伦比亚大学(UBC)是我们此行访问的最后一所大学,它在加拿大的西海岸。这所大学地域辽阔,风景秀丽。当时有28000名学生,其中研究生4000人。有教师1800多名、职员5000多名。是仅次于,甚至是可与多伦多大学和麦吉尔大学相比拟的大学。UBC大体上每五年自行进行一次大检查(加拿大高校没有统一的、自上而下的校外评估制度),由校外人士(有些是大学校长)来评估。

三、博洛尼亚

按计划,1988年9月5—9日,我在意大利的安科纳要参加一个量子频标的专业会议。这是该领域世界上学术水平最高的一个系列会议,有一些诺贝尔物理学奖得主参加。该会议每隔六七年才开一次。1981年在法国的小镇奥苏阿开了一次,我出席了,那是我第一次参加的国际学术会议。七年后的会议我被聘为该会的"程序委员会"成员(此后一直担任此职到21世纪初),我应邀在会议上要做一个报告。去之前,我向丁石孙校长请假,他说,正好9月中旬意大利博洛尼亚大学成立900周年,有盛大的庆祝活动,纪念世界上第一所近代大学的诞生,邀请北大参加,他因有别的事去不了,要我顺便去参加。我当然很高兴能出席这样的盛典。这样,学校外事处就为我准备了北大的贺信与贺礼,还要我顺便到锡耶纳大学去商谈两校的合作协议,因为先前两校曾表达过这样的愿望。我1984年离开法国后,再没有到欧洲去做过学术访问，这些年激光冷却原子及与此相关的原子钟研究进展很快，我很想具体了解一下这方面的实验情况。从意大利到法国巴黎要经过瑞士，瑞士的纳夏泰尔天文台也是一个著名的国际原子钟研究中心，我跟其领导人 G. Busca 见过几次面，讨论过一些科技问题，我也很想顺便拜访他，参观一下他们的实验室。这样，我的此次欧洲之行行程内容非常丰富，既涉及我的学科专业，又涉及教育管理，而且还可欣赏意大利和瑞士的大量名胜古迹和旖旎风光。

我9月2日赴意，当天就到了罗马。和我同去的有上海计量局的郑裕民，他在我们汉中分校举办的量子频标短训班上学习过，是当时国内氢原子钟研究水平最高的，其"壁移系数"测量取得了国际领先的成果，我曾是他这个成果鉴定组的负责人。20世纪最后十几年，国际上原子钟研究发展迅猛，1989年原子钟研究获得了诺贝尔奖，但我国这方面的研究却因"不打仗"而沉寂冷落，研究团队纷纷下马，人员散失。1981年在法国举行的专业会议上，我国还有三个单位三人参加，安科纳的会议就只有我们两个人参加了，而他在参加完这次会议后也离开了这个领域。我们住在使馆招待所。从罗马机场到市中心，我乘了大巴，由于访问的单位多，我带了不少礼品等行李，很担心路上不方便（当时出国经费抠得很紧，"打的"是不敢想象的）。可是从机场乘大巴到罗马市中心，再转车到我要去的目的地，却很方便，也不觉累。中心站很大，各路交通齐集，标识清晰，我这不懂意大利语的外国人拖着大箱子走没有任何障碍，也没有上下楼梯扛不动箱子之累。我想要是在北京，我真会苦不堪言了。从这里看到人家的城市建设确是为旅客着想的，是值得我国好好学习的。9月3日、4日是周末，我们在罗马参观了各种景点，包括梵蒂冈。4日我们到了安科纳。那是一座海滨城市，风景秀丽，四天会议一天参观，会议议程很紧张，当然也学到了不少东西。10日飞米兰，在那里停留一天观景，然后就去博洛尼亚报到。因离博洛尼亚大学庆祝成立900周年的活动还有两天，我趁机观赏了佛罗伦萨风景。11日晚到达锡耶纳，第二天访问锡耶纳大学，和校长见了面，了解了该校的一般情况，并和副校长和对外联络委员会主席一起讨论了交换学生和图书资料的可能性，我对该校的生物技术和经济学科印象较深，对与其进行交流也很感兴趣，但当时开展这种活动的一个大难题是经费紧张，所以只能订出几条原则协议，实际落实却都有困难，只能作为一种意向。与意大利的交流还有一个语言问题，其大学的教学科研不是都使用英语。锡耶纳大学是一所很古老的大学，创建于1240年，现在还是意大利最好的大学之一，建筑风格典雅严整。锡耶纳城市很小，没有什么大街道，古色古香别有风味。住的宾馆是一幢非常老式的三层楼房子，家具用品似乎都是中世纪的。

博洛尼亚大学建立于1088年，最早是一些脱离教会的世俗学者自行组织的学术共同体，随意研究文法、修辞、法律和医学等学术问题，其口号是"Alma Mater Studiorum"（拉丁文），意为"大家来学之宗"，一般译为"大学之母"，以后就成为"母校"的意思。一开始是连学生和教师都不分的，大家坐下来讨论一些法律文书，能者为师。之后由学生聘请教师，确定他们的工资，不满意的可以辞退，权利全在学生。这与稍后成立的巴黎大学很不同，后者是"教师的行会"，是教师说了算的。不过博洛尼亚大学被公认为世界上第一所大学，当时的一些校舍至今保存着，还在继续使用，当然内部装修已经现代化了。其标志性建筑是耸立在中央校园的著名双塔。古老的学术委员会的会场，两壁上挂满了历任领导人的画像，桌椅厚重端庄，古色古香，体现了一种神圣殿堂的气派。据说这个古老的会场及其相应的摆饰现在仍在使用。

庆祝建校900周年的活动是从9月13日开始的，其内容丰富多彩，基本上都是教育和学术论坛，每天一个主题。此次活动的组织者邀请了400多所大学代表来参加，绝大多数是欧洲大学。中国有两所大学出席，除北大以外，还有广东江门的五邑大学，该校副校长魏佑海参加此次活动，他是北京航空航天大学调到那里去办学的。我估计,此次活动的组织者以为北大是中国最古老的近代大学,而五邑大学是当时中国最年轻的大学(成立于 1985 年),由一老一少来代表中国的高等学校似乎很合理。其实,并不完全正确,它们不是我国最古老或最年轻的大学。

第一天(9 月 13 日)上午讨论的主题是大学对国家发展的贡献——从欧洲到全球。有五个主题发言,发言人包括博洛尼亚市长,意大利教育部长,耗散结构理论提出者、诺贝尔化学奖得主、布鲁塞尔大学教授普利高津,荷兰莱登大学校长,著名哲学家、哈佛大学教授普特南(H. W. Putnam),然后是热烈的讨论。主题发言除了阐述大学既是教育中心,更是研究中心,对于发展科学技术和经济有重要贡献之外,都强调大学对于促进人的发展与世界和平的作用,强调文化的作用。普利高津还特别说了中国虽不是现代科学中心,但过去对于世界文化贡献极大,他所指的主要是"文官制度",即科举取士的制度。普特南则阐释了知识与真理的关系,并强调大学不仅仅生产知识,而且生产文化。该日下午主要发言人只有两位,一位是苏联列宁格勒大学校长梅尔库里耶夫,他介绍了苏联大学制度的历史与现状,除了详细说明列宁格勒大学情况外,主要说了大学研究与科学院的关系。因为我是从该校读研究生毕业的,后来又与他多次遇到,跟他用俄语交谈过几次。之后,在 1993 年,我们又在纽约大学建校 50 周年的大学校长论坛上见了面,成为朋友。此前该校副校长克拉西里尼科夫曾率团来北大访问,因为他也来自物理系无线电物理教研室,和我熟识,北大外事处专门安排了他们一行四人由我设家宴款待,相聚甚欢,这是后话。另一位发言的是美国耶鲁大学的代表,他详细介绍了美国高等教育的情况。总体说来,美国高校的管理与地域分布是非常分散的,联邦政府不管教育,各州情况很不相同,大学的特色分明,大学的自治程度也很不一样,有的与政府关系密切,有的与企业联系紧密。从科学技术开发上,美国大学是使企业能与欧洲和日本竞争的主要力量。他的报告列举了大量数字,我记不过来。

莱登大学的著名物理学家卡西米尔（Casimir）从专业的角度补充了一些大学对解决全球问题（如生态环境、安全）的政策建议，他说的一句话我印象深刻："大学没有研究，等于游泳池里没有水。"在讨论中，一些代表就本校情况各做了些补充，如有美国代表介绍了一些社区学院的情况，等等。

1990年五一前夕以克拉西里尼科夫为首的列宁格勒大学代表团来访，我设家宴招待

第二天（9月14日）讨论的主题是大学的职能。上午做主题发言的是当时联邦德国汉诺威大学校长Seidel和巴西圣保罗大学校长Morine。前者主要提出了大学教育是否需要适应市场的问题，其中又包括市场需求与大学科学研究之间的矛盾：市场希望科研能很快带来经济效益，而从研究到应用的周期很长；关键技术（know-how）从大学到企业的转让过程不易实现等。还有大学教育与人才市场之间的关系问题：学校课程必须考虑学生学术上的发展，而同时又要满足人才市场对劳动力的要求，这里也存在矛盾。还有受教育年限和工作年限的关系问题，从经济上看，希望前者要短，后者要长；但从学术上、从科技发展上看，从全球生态环境保护等需求看，专业发展越来越细，学生要学的东西越来越多，学制又不能缩短。这些矛盾都不易解决，而大学要保持教学与科研的平衡也很难。Morine的报告也谈到了上述问题，但他主要讲到大学要保持一种独立的文化，他认为大学要适应经济和市场的变化,主要是一种文化的适应。他认为当前科学文化处于危机之中:学科划分越来越细,而对人性问题很少考虑,因而必须张扬人文文化。他认为对高等教育的最大挑战是民主化,即让所有人都能接受高等教育,让一切基本的知识能为所有人共享。但是,他又认为大学改革是不会成功的,因为人性不能改造。在讨论中大家对 Morine 的观点提出了质疑,认为将文化分为科学文化和人文文化的观点是不对的。就学制问题,卡西米尔说,学好理论物理要 50 年!当时日本的经济发展势头强劲,让欧洲和美国都很羡慕与妒忌,所以,讨论中对日本高等教育说得较多,认为日本在解决基础研究与应用技术的矛盾上做得较好,值得借鉴。但是,对于解决大学教学与科研的矛盾似乎没有人有充分信心。下午的会议由东欧最古老的大学——爱沙尼亚的塔尔图大学校长和联邦德国康斯坦茨大学的一位哲学教授做报告。前者借用大物理学家海森堡的话来解释人文科学与精密科学(自然科学)之间的分歧。海森堡有言:"科学即语言,方法即翻译。"因此人文科学与自然科学联系密切。人存在于两个世界。文化是人们想象的世界,或人所创造的世界,而人还有一个日常生活的世界。这些带有哲学意味的问题令人深思。

第三天(9 月 15 日)上午的主题是大学与发展中国家,下午的主题是大学自治。这次会议对这些议题讨论并不十分热烈。出席会议的人数在 200 人左右,甚至不到。

9 月 16 日上午是欧洲大学校长会议,讨论的基本上是与欧洲统一(1993 年欧共体正式易名为欧盟)相关的问题。下午的"大学与企业论坛",也是对 4 天会议的总结,一下子到了 800 人左右,会议大厅挤满了人。大会主席是汉诺威大学校长、欧洲大学校长常设会议(CRE)副主席 Seidel 和芬兰诺基亚公司主席 Kairamm 两人。这种论坛是 CRE 和欧洲工业界联合组织的圆桌会议(荷兰飞利浦公司董事长任主席,意大利菲亚特主席参加),每年开两次会,讨论大学与企业界合作的相关问题。讨论中,大家并不要求大学直接提供技术,而要支持大学的基础研究,生产知识;给予大学学术自由和自治,以保证发展智力,保护文化遗产。大家只要求大学能与企业联合,科研能力与市场能力相结合,要求有创造性。所以这个论坛对大学表现出相当程度的宽容与自由,是从长远着想的。

17日,对这所大学来说是紧张筹备正式庆典的一天,而我则相对轻松,我访问了该校物理系,对其专业方向、课程设置、实验室情况等都做了全面了解。该校物理系的专业面还是很宽的,从地球物理到天体物理、从粒子物理到应用电子学都有专门研究,实验设备也是先进的。但并没有杰出的建树。那天,活动组织机构向所有代表分发了要求大家第二天在庆典上签字的《欧洲大学宪章》的文稿,让大家研究。这个宪章在"序言"里指出,大学是文化、知识和科学研究的中心;而在"基本原则"的第一条里则规定"大学应独立于一切政治、经济和意识形态权力之外"。对此,我心犯嘀咕,我们中国大学是在共产党领导之下,虽然当时已不提"为无产阶级政治服务"了,却是附属于党和政府的,能"独立"吗?当天晚上,学校举办了一场盛大的庆祝晚宴,是庆典的重要组成部分,参加者不但有邀请来的全球高校代表,还有各国使节。五大洲的大学代表,纷纷上台宣读他们的贺信,代表亚洲的那时当然就是日本的东京大学了。晚宴后,我找到了我国的沈大使,悄悄问他,明天要大家代表学校在《欧洲大学宪章》上签字,我们能签吗?他说,这么多大学都签了,你能孤立吗?大使一席话,使我安了心,这种宪章不过是官样文章,是没有任何约束力的。而且宪章是属于"欧洲大学"的,我们不在欧洲,自可不必计较。而且,在"多元化的巨型大学"的今天,大学要促进社会经济的发展,与社会有千丝万缕的联系,哪一所大学能完全做到独立于政治、经济与意识形态呢?美国的哈佛和耶鲁所倡导的"通识教育",其核心不是还在于树立学生"政治正确"的价值观吗?然而,大学要从科学文化上引领社会发展,没有这一条确是难以实现其根本任务的。我想,宪章之所以强调这一条,IMUA会议之所以经常对此问题争论不休,无非是为了争取实现这一条罢了。尽管,也许在当今的形势下,这不过是个奢望!之后,这个宪章中译本在我国《参考消息》上刊登了,没有任何人对此发表过意见,也没有多少人知道我曾代表北京大学在上面签了字!

下一天,9月18日,星期天,博洛尼亚大学在该市的市中心广场举行了声势浩大的900周年庆典。意大利总统科西加(Cossiga)出席,国家仪仗队列队行进,盛大的管弦乐队奏乐,气势宏伟庄严,周围看热闹的人群如潮。我们这些国外来宾,有的并没有带学位袍(邀请信上有说明希望自带这类服饰,但当时我们中国在学生毕业典礼上还不兴穿戴博士服、硕士服、教授和校长服),于是学校给我们临时准备了这样的帽服。我们按规定排成方队,作为贵宾站立在主席台前(除临时搭建的主席台上外,都没有安排座位)。简短讲话后,最主要的节目就是在宣读《欧洲大学宪章》后,各大学代表按照大学名称字母排名,依次上主席台签字。北大的校名没有用我们自己宣称的"Peking University",而是"Beijing University",所以我沾了光,能在头几名上台签字。仪式的最后一个节目是授予总统名誉博士学位。能参加这样一个活动,目睹这样一个场面,令人感到终身有幸。

1988年9月在意大利博洛尼亚出席世界第一所大学——博洛尼亚大学成立900周年大会,与世界上众多大学校长共同签字《欧洲大学宪章》前

庆典以后，整个庆祝活动就告结束。第二天我就乘火车去了都灵，访问了都灵工业大学的 CSELT 实验室，它是本次安科纳会议主席 De Marchi 所在的实验室。以后又访问了瑞士，到达巴黎，拜访了几个原来熟悉的实验室。

这次庆祝活动既给了我一个了解世界大学发展历史的机会，也使我对当代大学面临的问题和挑战有了进一步的认识。我从那里带回了一堆资料，其中尤为珍贵的是一部装帧精美、足有七八厘米厚的记录博洛尼亚大学 900 年历史档案的巨著，可惜都是意大利文的，我看不懂，给图书馆收藏了。我不知道近 30 年来是否有人曾经翻阅利用过。

四、收获体会

在一年多的时间里，我连续参与了三次高等教育的国际活动，使我大开眼界，对不少相关问题的思考拓宽了思路，改变了观念。下面就几个问题做点讨论。

◆（一）关于大学的职能与使命

大学以育人为中心，开展教学、科研和社会服务已成为多数大学人的共识，后来也写进了《中华人民共和国高等教育法》的第三十一条。但是，在实践中，对大学的职能还常有片面的领会。有人将育人看成是单纯的知识传授，固守早期英国纽曼的自由主义教育思想，认为知识就是目的。也有不少人坚持洪堡的观念，强调大学应从事教学与科研，认为大学直接为社会服务是多余的。其实将大学的使命扩展到为社会服务是高等教育从欧洲延伸到美国的一个划时代的进步，对于后来美国成为世界一流强国具有重要影响。1862 年的莫里尔法案（建立赠地大学）和之后 1904 年的威斯康星思想的基本精神就是高校要在输送人才、发展知识以外，更直接地服务于社会经济的发展。特别是在知识经济时代,知识创新成为经济增长的原动力,大学与社会经济的结合更加密切,大学与企业界共同举办合作教育、互相授课、定期召开高层论坛(university-industry forum)等方式,当时在美国、加拿大、欧共体和澳大利亚等地都十分普遍。在 IMUA 的会议上,我还多次听到人们说到"entrepreneurial university"这个名词,可译为企业型或创业型大学。这在新中国成立前的大学中是很少有的。一些人沿袭过去的思想,对于高校直接为社会服务抱有一些抵触情绪是可以理解的。有人还将这种思想看成是"大跃进"时期实行"教育必须为无产阶级政治服务,必须同生产劳动相结合"的"左"倾产物,而产生反感。但是,也有另一种相反的想法和做法。有人以发展知识经济、服务商品市场为借口,热衷于直接举办大学企业,开公司、做有偿服务,甚至倒腾股票、搞理财,进行金融投机。这些人片面理解"大学从社会的边缘进入社会的中心",冀图直接置身于市场经济领域。这后一种想法具有更大的普遍性。具有这种想法的人忘记了大学是个文化机构,肩负着重大的文化使命。从根本上来说,大学的社会作用是通过文化来实现的。传承知识、扩增知识、发展科技、输送人才,就是传承文化、创新文化,以文化力来推进社会经济的生长。如若说,强国之基在于教育,在于提高国民素质,那么,大学本来已绝非"社会的边缘"了。而政治、经济、文化,是社会的三大支柱,各有分工,各司其职,不能互相混淆。在"以经济建设为中心"的口号下,谁都想挤到这个"中心"去,来主宰社会,就必然会乱象丛生。目前高等教育上的很多问题其源概出于此。所以,高等学校一定要强调文化,坚守文化的本色。考察中,我们看到尽管美国高等学校以培养人才为中心,强调教学、科研和社会服务三大职能,与企业联系紧密,却很少看到有大学直接经营公司的,即使有一些,也以向企业做技术转让、承接企业的开发研究为主要业务。中国还处在经济转型时期,各种法制不够健全,尤其是知识产权等问题一时难以厘清,大学直接办公司有其特殊理由,但随着社会经济发展，法制建设逐步完善，正确处理大学与企业之间既独立又密切联系的关系，非常必要，否则难免影响大学使命的完美实现。

◆（二）关于大学管理

由于大学要直接服务于社会，承接了不少企业、国防和政府所要求的科学研究、技术开发和决策咨询项目，以促进社会经济和国防实力的发展，这样，大学就离中世纪的"象牙塔"的形象越来越远。实际上这样的大学由于学科众多、事务纷繁、人员复杂，学校管理是一件十分困难的事。掌管一所大学绝不比掌管一个大城市更省心。大学到底应该如何管理？我们中国人常说的"教授治校"，我在国外访问中却从未听到这样的说法。"教授治校"大概是我们中国人发明的名词，也许起源于蔡元培任北大校长时治理大学的"评议会"和"教授会"。我没有考证过。我想，"教授治校"无非是代表一种学院型的治校模式。但我觉得以"教授治校"来概括这种治校模式也难免牵强。在 IMUA 会议上，"学院型"（collegial）和"经理型"（managerial）管理模式之争是一个经常出现的主题。因为拥有千差万别的众多学科，以及教学、科研和社会服务三大职能错综复杂的大学使命，大学实际上已成为曾任加州大学伯克利分校校长和加州大学校长的克拉克·克尔所说的"多元化的巨型大学"了。管理这样的大学应该是一种"专业"的职业，应该有自己的理论体系和实践方法，是可以作为一门学科来研究的。这样，大学里就会产生两种人员：从事教学和科研的学术人员（可统称"教师"）和从事管理和服务的职工（统称"职员"）。当然，管理人员有的也可从事教学与研究，如讲授"高等教育学"或"高等教育管理学"之类的课程并从事相应研究，正像蔡元培将自己看成是"职员"，却也讲授"美学"等课程。这两种人之间的矛盾时有出现，教师看不惯或看不起职员的事情更是经常发生，认为管理就是"管、卡、压"的说法绝不只是"文革"中的过激口号。在布拉格的 IMUA 会议上，一位美国代表在机场上遇到了本校一位来开专业会议的教师，后者问道:"你来干什么?"他回答,开大学行政管理人员会议,这位教师不屑地说:"你们也要开会?"在新西兰,我曾听到一位学者说到对大学行政管理人员的看法:他们做的是无聊的工作,"文件多得很,看了一页不过就是一句话:教学很重要;再看一页,也只是一句话:科研很重要;尽是废话"。这表示学者轻视服务工作具有国际普遍性。但是,管理人员能否服务到位是产生问题的重要根源之一。所以要从服务方面多找原因。不过,大学既是文化机构,就要体现学者的意志,所以,应当由学者来当"政务官",以实现大学的宗旨和使命,而"事务官",包括全体职员,都要为实现大学的宗旨和使命而服务,要听命于政务官。或许这就是我国一些人所说的"教授治校"的本质吧。我不赞成诸如校长应当退出或回避"学术委员会"的主张。确实,学位的授予、学术水平的评价,乃至教师的聘用等决定完全应当由教授和学者来做出,但学科、专业的设置和资源配置等涉及全局的决定,必须有更了解大学与社会全面情况的人来参与。在中国,"学术权力"与"行政权力"的矛盾被反复讨论,有人认为"行政权力"凌驾于"学术权力"之上是造成中国大学治理混乱的核心问题,即所谓大学"行政化"。我认为,产生这个问题的根源在于中国大学与"独立性"相距太远,即《欧洲大学宪章》的"基本原则"第一条所要求的"大学应独立于一切政治、经济和意识形态权力之外"根本无法贯彻。如果真能做到这一点,一切问题就可迎刃而解了。这是我在博洛尼亚《欧洲大学宪章》上签字多年后才认识到的,我十分欣慰,我没有错签。可是,这个问题不但在我国无法解决,从而使各种"改革"只能是隔靴抓痒;而且当下在世界范围内也是一个难题,《欧洲大学宪章》中强调这个问题,只不过是要让大家争取实现。

在实行独立性的基础上,大学完全可以实行专业化管理。尽管不一定像英联邦制度那样,将"政务官"与"事务官"严格区别开来(在美国这种区别就不很明显)。1987年我参加了澳大利亚的IMUA会议回来后曾向校党委常委做了汇报,大力推荐这种大学管理的专业化制度,认为这是管理现代化的一种体现,并将自己的组织关系从电子学系转到了教务长办公室,我以为只有这样,才能在党、政两方面都专心致志地把工作做好,并起到表率作用。但是后来我觉得自己的想法错了。在中国这种"官本位"的体制和惯性下,专业化的管理体制根本不可能适用和实行。之后,从院系调人来担任学校行政领导职务,我并未要求他们将自己的组织关系转过来,我认为提出这样的要求会对他们不利。因为一般教师如果脱离了原来院系的组织关系,当了一段"事务官"之后,一旦卸除职务,就难以再回去任教了。而我虽然组织关系不在院系,但由于保留着学术领导人的身份,仍可指导相应的科研工作,所以我就成了孤例。

我国高等教育界中轻视教学辅助和服务工作比国外要严重得多。这也许与我国儒家长期以来的"劳心者治人,劳力者治于人"和将辅助工作(包括工艺技术等)视为"雕虫小技"的思想有关。在这种思想指导下的一种常见的误解是,认为国外大学除了教师外,学校的工作人员是很少的,所以,"人浮于事""机构臃肿"往往成为社会、政府和一般舆论指责大学的内容之一。通过这次对美加大学的考察,我们看到几乎所有大学,它所"养"的职员人数都是远远多于教师人数的,尽管多数这样的人并没有列入学校的"编制",但学校是要为此支付报酬的,只有有充足的后勤人员为教师提供各种服务,才能保证教师专心致力于教学科研而不被杂务缠身。不看到这一点,也就难以管理好大学。

◆ (三) 大学要不要建设重点学科或项目?

在考察中我们看到,至少美国也有一些优先项目或重点支持的计划,例如总统青年研究人员(PYI)、重点项目(program of excellence)等,多数是由国家基金会资助的。但是美国绝没有像我国那样普遍而且重复,比如在科研和学科建设上、在大学和人才的层次上,我们有"863""973"项目,有"211""985"工程,以及其他各种"名师""百人""千人"计划等。国外同行认为,一个单位、一些项目的重点是自然产生的,由外界认定和"特制"必然造成不公,而且会导致事与愿违,减少成功的机会。这就是常见的"有心栽花花不发,无心插柳柳成荫"现象。所以,在国外大学中,这种国家级重点是比较稀少的。我记得 MIT 曾介绍过一个"强磁场中心",是作为国家重点项目的,有很大的场地。但它是和得克萨斯州的一所大学合建的,两地有严格的分工,一处着重于强磁场(可能是 100T)的产生,一处则着重于研究其测量和各种附属效应。而且全国就这样一个中心,大家不会来争抢。不过评审有严格的程序,以确认该项目科学技术上有良好的基础和可行性。

◆ (四) 关于规划

在 IMUA 的会议上,大学规划问题是差不多每次会上都要提到的。我还带回来过一些大学的长远战略规划,如威斯康星大学的。当时认为规划是大学必须做的重要任务之一。但是,后来也有一些大学管理人员认为,这种规划往往成为文字游戏,实际作用不大。记得一位荷兰的大学代表曾说过:"70 年代谁也不懂什么叫做战略规划,80 年代每所大学都做战略规划,却只是做给政府看的,90 年代谁都忘了战略规划,因为写在纸面上的东西都没有落实。"所以后来大家就不感兴趣了。我觉得我们中国也有这种情况。我认为,规划的主要作用在于在制定时统一思想,明确发展目标,使大家达成共识,特别是大学主要领导要有一致的努力方向。实际工作的时候,谁也不会时时刻刻去翻阅规划的。

参加过一些国际活动之后,我在学校做了一场公开报告会,有两百来人参加。报告的题目是"大学教育和管理的国际趋势"。这个报告描述了当时大学发展所面临的共同问题以及解决的办法,为北大的教学和管理改革做些铺垫。报告在校刊发表后,被一些刊物转载(收录在我的《谈学论教集》中)。

第七章

浴火重生

一、困境挣扎

20世纪八九十年代的北大,物质上非常匮乏。一个"穷"字可以概括当年的北大。1990年4月18日,国家教委任命我为北大副校长,这体现了吴树青校长对我的信任。不过除了增加一些外事接待工作之外(其实以前此类事也不少,之后更多了),我的工作面并没有比以前增加多少。因为我还是教务长,这摊子事情差不多已经占了北大工作的一半了。而我所面临的"穷"是全方位的,常使我焦头烂额。1991年12月的一次常委会上,吴校长提名我为常务副校长,在他不在校时代行他的职务。不过那时"常务"副校长只是一种任务,不像后来成了一种"级别",还跟政府官员的"副部""司局"等"级"挂上了钩。到1996年6月,我才接到国家教委的正式通知,定我为"正校级"。当时教委直属办主任陈小娅还跟我谈话,说所谓"正校级",就是将来校长是什么行政级别,你也一样。她还邀我参加了当年只有少数教委直属高校的校长才得以享受的武夷山暑期休养。此后学校的人事和财务方面的事，有时候也来和我商量；并且，学校的各种统计报表也是经我审阅签字后才上报国家教委的。这样，我对学校基本数据就心中有底了。至于学校的公房分配等事务，我是早就介入并以我为主了。

1996年8月国家教委组织大学校长武夷山修养，与华中理工大学（现华中科技大学）校长杨叔子夫妇在一起

就以经费来说，在20世纪80年代末，北大的国家拨款一直大体是按学生人数来计算的，当时研究生人数还比较少，所以一年的国拨经费还不到3000万元（经常是2700万～2800万元），而当时全校教职工总人数在7000左右（之后曾减少，但复又有增加）；每年的人均经费不到4300元，每月仅350余元。可是这里面包括了所有学生的教学讲义、实验实习的开销，教师外出开会差旅费，以及学校水电供暖和修缮维持等费用。而当时教务长可控的教学业务费一年只有300万元左右，有时甚至更少。在没有按照教学课时计算工作量之前，给各系发放教学业务费的标准是理科240元/生年，文科192元/生年（即理科生每月20元，文科生每月16元），对地质、考古等系的实习费则另给适当补充。

这种情况下，首先是教师的工资极低。1985年8月开始工资改革时，人均月工资是85.83元，年底改革结束时增为104.08元。1991年初全校教职工（含附中附小）已达7930人（核定编制为7964

人），其中专任教师2733人，其他专业技术人员1898人，平均基础工资为128.39元，加上职务、工龄津贴和浮动部分（随物价变化而异）后，实得平均为132.91元。对多数人来说，收入水平是上升了，但是对于一至三级教授来说，从1956年以来，工资基本未动，或增加得极少，而物价不断上涨，他们生活水平的下降可想而知。1991年中国科学院正式启动增选学部委员（即后来的"院士"），以后每隔一年增选一次。我们发动学部委员推荐和个人自荐，提出了20多位候选人。经中科院院士选举，最终我校有13人当选。他们是：张恭庆、郭仲衡、廖山涛、甘子钊、杨立铭、张滂、黎乐民、刘元芳、翟中和、赵柏林、王选、杨芙清和吴全德。这是我校的一件大事，我校学部委员人数增加了将近一倍，远超过全国其他高校。1992年1月8日，汪家镠书记、吴树青校长和我，在临湖轩召开了新老学部委员（不包括文科的老委员冯友兰和季羡林，因为那时中科院已经不管文科了，当时在世的老自然科学委员还有18人，14人出席）座谈会，向新委员表示祝贺，并请他们就如何办好学校，以及进一步搞好教学科研提提意见。当时提出的很多具体意见我都不记得了，大体是一些对于改进学校工作的希望。唯有"新科"学部委员，化学系张滂先生的讲话使我大吃一惊，而且不胜惭愧和感慨。他说，现在教师薪金太低，应当提高，起码得使我家里每人每天都能吃得上一根香蕉。他是著名化学家、曾在清华大学教过我们物理系一年级学生的普通化学、后又曾任清华大学副校长的张子高先生的儿子，他家里有多少人我不清楚，但就算是六口人吧，六根香蕉最多不过三斤重。当时全年都能买到的进口香蕉大概卖2元一斤，那么一个月就要180元。我估计张滂先生是1956年评的副教授，算是高级职称了，之后一直没有涨多少工资，当时月薪大概只有300元。加上日常消费，他家保证每人每天有香蕉吃就显得困难了。我想：一位学部委员，连这点最普通的享受都不能保证，我们怎么对得起这些一流科学家，怎么来建一流大学？

20世纪90年代初，政府出台了"国家特殊津贴"的政策，特殊人才（包括学部委员——后来称为院士——和相当一部分教授）可以得到每人每月100元的津贴,2009年之后增加到600元。中科院和工程院的院士分别还另有每月100元的院士津贴,不久就增加到200元,2009年又加到了1000元,是由国家拨付的。这种"国家特殊津贴"获得者的名单也是隔一年申报一次,增加一批,这当然解决了很大一部分高级知识分子的燃眉之急。享受这种特殊津贴的人数是由上级部门根据北大教授人数来确定,由学校人事部门向上级申报的。在北大,初步名单由人事处（当时还有师资办公室）和教务部门根据教师的业绩贡献联合提出,然后报学校领导批准,我是决定性的成员之一。我虽不主管人事,但后来涉及职称提升等事差不多我都参与了决策,甚至是由我主持的。申请特殊津贴涉及的人数不多,我们没有大肆张扬、通过所谓"民主"的办法来进行,也不要个人申请,形式上有点像是"暗箱操作"。但是多年来却相安无事,从没听说过有人出来鸣不平而发生纠纷和争吵的。这也许是大家认为此津贴总会慢慢"普及"到所有教授,只是先后而已,不值得为区区小事而斤斤计较。这说明北大人的风格,同时也说明北大管理部门办事大体是公正的。至于院士的遴选,则主要由老院士提名,经过全校院士会通过后向全校公示,也没有发生过有人要求更改和撤销等事例。

在北大教授薪酬微薄的情况下,1994年初,我和北京的几大名校的领导人跟着时任北京市教委主任的徐锡安专门到深圳向君安证券有限公司做了一次"乞讨"之行,希望他们能以"奖教"的名义为名校教授增加点补贴。他们慷慨解囊。1994年1月15日,君安公司总裁张国庆来京与吴树青校长签订了《关于君安证券有限公司聘请顾问和设立君安-北大科学家协议书》。协议规定：君安公司聘请北大12位社会科学方面的学者为顾问,付给每人每月1000元报酬;对北大的中科院学部委员和博士生导师设立"君安-北大科学家奖",奖金为学部委员每月1000元,博士生导师每月500元,时间暂定一年。这对当时北大的一些教授来说确实是雪中送炭。可惜后来君安经营不景气,未能后续。

除了教职工的工资之外,还有离退休人员的待遇问题。到1990年末,北大已有1000多位离退休人员,他们的生活费增加得极少。到1995年,再不给他们增加点收入简直会使他们的生活难以为继了。为此,常委会讨论过多次,都拿不出办法。当时自由市场开放,"大碗茶""傻子瓜子"充斥市井。北大南墙外满是各种各样的摊贩和违章搭建的棚子,个别商人还私自违章搭建了简陋楼房,完全破坏了大学的优雅氛围,实在是有碍观瞻。大家意见很大,要求学校加以整治。南墙有两个校门,墙内就是学生宿舍,墙外是学生来往的必经通道,非常热闹,所以这些摊贩的生意很好。商品市场是因有人需要而繁荣的,将他们赶走不是办法。有人建议:我们何不凑点钱,集资建房,将这些摊贩请到楼内经营,每月向学校交点租金。这样既可解决墙外这片地的脏乱差问题,学校还可有点收益,以解决离退休人员的生活补助问题。这个动议得到大家赞同。于是通过校办产业等集资,沿着南墙逐步建起了连栋的两层小楼,大部分零星摊贩都搬了进去。这样,南墙外就是一排门面整齐、洁净的商店了,比起过去脏乱差的局面好多了。但是,改革开放之前那种相对宁静的林荫大道景色,却是不见了。商业繁荣了,市场气氛浓了。于是报纸等媒体大肆炒作,称这是"推倒南墙",标志着北大走向市场化,高等学校开始进入"经济中心"。直到20多年后的今天,我们仍可以从一些文章中读到,说北大的"推倒南墙"为高等教育市场化开了先河。其实,南墙继续存在,不过是经过了修缮。而一片商业房的建成却是北大经济窘迫、不得已而为之的一种应急办法。我不知道这些新闻报道对北大是恭维还是挖苦,真是令人哭笑不得。

经济困难也反映在教学设施上,实验设备的补充和增添已经很难了,前面已经说过生物系学生要用手扶显微镜的事。不过幸亏每年还有世界银行贷款一二百万元的补充,再加上大体同等数额的国拨设备费,实验课还能勉强维持,而实习则难以保证了。实验课大量利用研究生当助教做指导，这需要对他们进行培训，提出严格要求。化学系在这方面做得比较好，我们就推广该系的经验，这样可减少些教师编制。化学类实验要消耗大量试剂，很费钱。当时主管化学系本科教学的副系主任周其凤教授创造了利用小试管、小烧杯等小型器材做实验的方法，实验数量不减，却节省了大量试剂与器皿费用，还更好地对学生进行了训练。我们表扬了他的创举。他后来成为院士、北大研究生院常务副院长，还先后担任过吉林大学和北京大学的校长。

北大有很多名师，他们上课很受学生欢迎，我和电教中心商量过多次，很想将他们上课的精彩内容和教学风貌记录下来，作为宝贵的教学资料，供教师参考、学生学习，可是计算一下经费，每名教师大概得花费2万元。我计划收录20多位名师的课件，大体需要50万元资金。当时没有社会人士肯做这类赞助，这个计划始终未能落实。不久，这些教学名师陆续因年龄渐增、体弱多病而无法再上讲台，有的甚至已谢世，使这件事无法实施，成为我的终身遗憾！

除了这些教学上的重要环节外，一些小事也会令人丧气，经费缺乏的程度简直令人不可思议。比如，由于日常修缮经费不足，每年光教室和校舍的屋顶门窗、桌椅板凳的修葺，已经难以应付，所以照顾不过来的地方实在太多。一次，一位老师在第一教室楼（当时的主教学楼）的一间阶梯教室上课，正讲得兴起时，一蹬脚将一块讲台的木板踩塌了，差点摔了一跤。我们每学期开学前总要全面检查一次教室的设施，这种问题当时却没有注意到。又如，20世纪90年代初，有一次后勤部门对我说，学校的粉笔用得差不多了，要出车去买一批。这种事过去都是有关人员自行解决的，不会问我这个副校长。我说："你们开车出去买就是了，还问我干什么？"他们说今年的钱已经用得差不多了，只能买一车。意思是要我给他们再拨点钱。我说："那就先买一车再说吧，我现在也没有钱！"我想，堂堂北大，居然连买粉笔的钱都不够了，真是可怜，还办什么一流大学啊！

由于修缮经费的紧张,学生宿舍年久失修,有的已经成为"危房"。许多学生宿舍是在1960年左右修建的,有的房子的隔墙还是用竹篾条加石灰构筑起来的。我们检查时看到,有的男生宿舍厕所小便池前的砖墙,已经腐蚀透了,一脚就可以将一块砖踢下来。这种情况我请国家教委和计委的负责同志来看过。

再者,20世纪80年代末,特别是学生闹"熄灯事件"以后,为了加强宿舍区的治安,保持整洁和稳定,原来只有工友看管和保持卫生的学生宿舍楼都设置了"楼长"职务,请了一批复转军人、离退休干部或有经验的退岗人员担任。他们是学校编制外的人员,但他们工作很负责任,对加强学生思想教育和管理也很有好处,有的还受到学生的欢迎,将他们看作"当家人"。学校当然得付给他们适当报酬,这样就又须筹措一笔款项。为此,我们与清华商定(两校是近邻,既合作又竞争,一些重要举措,往往彼此通气,取得一致),从1993年(或1994年,记不清了)起,两校都对新生实行每人缴纳100元宿舍管理费的规定,由清华向时任国家教委副主任、清华大学原校长张孝文请示批准。考虑到学校的实际困难,张孝文当时就表示同意。这样我们就执行了,并在新生入学通知书上加以说明。不料第二年的三四月份,国家计委物价局的一位处长带着几个人来北大检查学校对学生的收费情况,发现有这笔费用,立即指出,这是教委规定之外的,属于"非法"收费。他们直接找到我这里,我承认向学生收这笔钱是我批准的。我对他们说明了理由以及经费使用去向,并说这是我们与清华联合向国家教委申请的,只是得到了口头应许,确实没有正式文件。他们说,这属于"乱收费"之列,学校必须做检讨,向学生表示道歉,并退回这笔费用。我带着他们察看了学生宿舍的情况,因为当时还有一些宿舍还来不及整修。北大这副可怜兮兮的景象,大大出乎他们的意料,但他们还是坚持说收费是违法的。我说:"清华也是这样收费的。"他们说:"这次是抽查,清华怎么样,我们不管,北大一定要检讨退款。"这时我也火了,说:"物价飞涨,教育经费却基本未增加,学校怎么活？这件事就是由我作主的，与别人无关。要是北大犯了法，你们可以上法庭去告，我接受处罚，愿意去坐牢。"他们看我这种态度，也无可奈何，只好悻悻而返，说请示领导后再说。过了一个多月，他们又来了。我们就此事请示当时已经生病住院的张孝文副主任，他说："既然人家不同意，今年就先不要收了。"可是已经收了的费用，总不好退还吧。否则，显得北大做事出尔反尔，过于草率，毫无章法，真的成了"乱收费"了，如何取信于学生？所以我坚决不同意检讨退款，还是那句话："你们可以将我告上法庭，我愿按法律处理，接受审判。"又过了一两个月，我们接到国家教委的一封公函，内容是：同意北大、清华两校对新生收取每人100元的宿舍管理费。这个问题就这样解决了。

前面已经提及，由于新学科的不断生长，北大的公房日益紧张。我们经常采取拆东墙补西墙的办法勉强给一些单位挤出点房子用。也有实在没有办法解决的。比如，政治系著名教授赵宝煦要建设一个"国情研究中心"。我觉得这是使北大成为国家智库的一个重要举措，应予支持。中心通过各种审批手续成立了，但是研究和办公用房一直得不到解决。他们还募集了一笔钱，可以建造面积不大的房子。为此我们走遍了全校各个角落，试图见缝插针，为他们落实此事。最后觉得镜春园的一块地似乎比较合适，但要将周遭环境整治等结合起来，却耗资不菲，只能作罢。我至今还觉得欠着人家的债。

公房不够经常引起矛盾。"文革"中，技术物理系迁往陕西汉中，留下来的中关村技物大楼就被校内其他单位瓜分了。汉中分校撤销之后，这些房子要腾出来归还给技物系，但这个过程进行得很慢。比如，生物系还长期占用着三楼西北边的实验室，由陈德明教授的科研组使用。陈先生是生物系著名教授，曾任副系主任，在生物物理等多个领域有国际领先成果。那时候他已经70多岁了，还经常亲自到实验室做实验。后来他因心脑血管等疾病，实验室去得少了，系里就将他的部分实验室分配给别人用了。为此他很不满意，对系领导大有意见。有一次他因病住进了 301 医院，我去看望他，开始他还很客气，谈着谈着就说到了实验室房子问题，他情绪立刻大变，满脸通红，大诉系领导的"罪过"，说他们剥夺了他的工作权利，并直指我的不是，说是官官相护，与系领导一个鼻孔出气。经我再三劝解，还是很生气，以致他的夫人劝我以后不要再来看他了，以免病情加重。这以后，我对一些老教授生病住院要不要去探视的问题，常常犹豫不决，拿不定主意。一般总要征求相关院系人员的意见。后来，力学系王仁院士病了，住协和医院。我早想去看他，他是中科院地学部的学部委员，曾任自然科学基金委的副主任，因为农村"四清"时在一起，我跟他比较熟。他对我校开展地球动力学这一交叉学科的研究有很多想法，我怕去了会谈起这方面的事，让他费神，踌躇了半天，也没有去。后来地质系（地球动力学学科当时设在地质系，王仁兼任教研室主任）的人告诉我，他想着你，你应该去看他。这样我才在一次出差回来时从北京火车站直接到协和医院去看他，但他已不省人事了。那是一个中午，当天傍晚他就去世了。对未能及时去看望他，我感到终生遗憾！

不仅是公房，教师的住房也一直困扰着我们。学科建设的关键就在于拥有一流人才，不仅要有已经成名的学者，更要物色并聘请到具有发展潜力的年轻人才。为此，除了给他们提供适宜的工作条件以外，还必须保证他们的家庭住房。所谓"筑巢引凤"，即此之谓也。为了解决教师住房问题，从"文革"后期开始，北大就在中关园、燕东园、蔚秀园、畅春园、承泽园和燕北园（骚子营）陆续建筑了大批教职工住房。但是由于学校规模不断扩大，而根据中国体制惯例，离退休人员必须由原单位统包生老病死等人生大事，他们的住房将继续予以保障。这样即使不断营造住房，总是不够用。我本人在 1979 年从汉中回迁之后，曾全家三代四口仅住学生宿舍楼一间加一个床位，其后才陆续搬进了蔚秀园、畅春园、朗润园，直到 2003 年退休之后才住进了蓝旗营。20 世纪 90 年代初，是北大教师队伍快速更新换代之时，迫切需要大量新住房,但是当时也是北大经费最困难的时候,新建住房非常之少。记得1992年我曾亲自用板车推着行李,将刚从美国学成回来的历史系后起之秀朱孝远从南门接到学生宿舍楼安家。法律系的朱苏力(后来任法学院院长)回国后也是住在学生宿舍,我去看望他时,见他夫妇俩上下铺,下铺床上放着一台计算机,心里实在不是滋味。想想当年任鸿隽、胡适之等人回国任教,又是什么气象?而新中国成立初期朱光亚和徐光宪回国任教时也一定不是这副模样。北大实在对不起他们。可是,当时又有什么办法呢?只能宽慰他们,过一段时间会好的。只此而已!

二、兰州会议

前面第五章第二节已说起过,20世纪80年代末,文理基础学科曾出现报考人数少、就业难的现象。由此启动了新一轮教学改革热潮,它是从调查毕业生出路和在工作岗位上的表现入手的,也可说是从调查人才需求出发的。1987年5月国家教委在武汉大学召开了理科教学会议,教委副主任何东昌和朱开轩都参加了,说明他们对这次会议的重视。高教司副司长王冀生宣布,会议要进一步端正办学思想,集中研究理科教学状况,确定理科本科生的培养目标,提出今后改革的措施。当时的委属和地方综合大学都参加了会议,会议从5月7日一直开到11日,共5天。各校分别汇报了情况,其中存在的问题主要是:学生思想政治工作薄弱,学生学习目的不明确,理科办学方向不清楚,办学规模扩展过快,师资和物质条件都跟不上,学校强调研究生教育而对本科生教育不重视,学风不端正,理论与实际结合不够等。此前,在3月召开的关于理科专业目录修订的会议上,王冀生副司长曾经形象地概括过:现在大学办学存在"研究生有名有利,培训班无名有利,本科生无名无利"的说法。所以当时各校已有争上研究生专业而不重视本科教学的现象。这一定程度上与教委的拨款制度有关,研究生的生均经费要远高于本科生的。在大家汇报的基础上,何东昌做了结论:"高校的基本任务是培养'四有'人才,提高教学质量应是所有高校的工作重心。国家只要求少数学校办成两个中心,希望它们在社会上发挥教学、科研两方面的作用,但第一位的任务是培养人才。"朱开轩也概括地谈了上述存在的问题,并要求进行系统的调查研究,以提出加强本科教学的建议。同时,他还讲了几条初步措施:进一步端正办学指导思想,继续推进改革,控制发展规模,增加投资,调整政策,加强管理等。在此基础上大家又就今后的做法进行了讨论。这次会议实际上是对开展理科本科教学改革的先期酝酿。问题是从理科教学的角度提出来的,但实际上当时教委认为文科问题更大,主要是哲学社会科学如何坚持马克思列宁主义方向的问题。这在几位领导讲话中也提到了,但没有展开,似乎认为当时时机还不够成熟。

这次武汉会议开启了综合大学理科教学改革的大门。之后,国家教委和一些高校都开展了毕业生调查,而在此之前,北大已经自发地做了不少工作,已见上述。在这次会议之后,北大又参与了国家教委领导的大规模调查活动,其结论大体上也与北大的调查相符。根据这些调查结果[①],国家教委认为,用人单位对于理科人才的特点和优势的不了解是造成理科毕业生分配困难的主要原因之一,要求各校广泛地大力宣传理科人才的作用及其使用特点。为此,教委在1989年初还专门召开了一系列的厂矿企业和管理部门领导人的座谈会,宣传理科人才的特点、优势和对各用人单位的必要性,其中一次会议是在北大召开的,何东昌亲自参加并讲了话。我也做了主旨发言,并

---

① 国家教委领导的理科教育的调查研究报告见《关于理科人才社会需求和深化理科教育改革问题调查研究的综合报告》,由时任高教司理科处处长的陈祖福执笔,载国家教育委员会高等教育司编《建设有中国特色的社会主义高等理科教育体系——高等理科教育发展与改革文集》,高等教育出版社1992年,37-59页。

写出了一篇题为《理科毕业生到工矿企业或管理部门工作大有作为》的文章，在《中国高等教育》1989 年第 4 期发表（后收录在《谈学论教集》中）。1990 年初，国家教委决定当年 7 月在兰州召开一次"全国高等理科教育工作座谈会"，集中讨论和解决理科教育发展和改革的主要问题。

为了准备这次会议，我收集了许多资料，将我国高等理科教育的历史非常认真地做了系统回顾，就高等学校的专业结构和招生人数的变化等问题求教于汪永铨和教委高教司司长龙正中等人，并请教务长办公室的蒋曼英教授等做了理科教育的国际比较。在此基础上我差不多花了 4 个月时间写了一篇题为《关于高等理科教育改革的几点看法》的长文，作为北大在该会议上的主旨发言，产生了较大的影响（该文收录在《谈学论教集》和高教司编的《建设有中国特色的社会主义高等理科教育体系——高等理科教育发展与改革文集》中）。在该文中，我论述了高等理科教育的含义、任务及其演变和拓展，以及理科人才的特点，叙述了理科学生规模和毕业生去向的历年变化，并进行了国际比较，分析了社会对理科人才的需求，指出了当前理科毕业生分配困难的原因。在此基础上，我汇报了北京大学近期理科教育改革的设想，其中包括：坚持社会主义办学方向，调整专业结构和招生规模，改革培养目标和拓宽毕业生去向，实行"加强基础，淡化专业，因材施教，分流培养"的教学计划，建设新的课程体系，革新教学方法和严格教学管理，发扬优良学风等方面。最后着重谈了"重要的问题在于联系实际"，并就培养科学兴趣、创新能力与手脑并用的实际工作能力，以及加强师资队伍建设等发表了意见。

1990 年 7 月 24 至 30 日，国家教委在兰州大学召开了"全国高等理科教育工作座谈会"，史称"兰州会议"。这次会议有 54 所设有理科的大学的 130 多位代表参加，其中有校长、教务长和理科系主任与各学科著名教授，以及各省、市、自治区和国务院 5 个部委教育部门负责人。会上，国家教委副主任何东昌发表了重要讲话，主要谈了高

1990年7月高等理科教育"兰州会议"会场前与山东省教育厅副厅长李祖衡（后任青岛大学党委书记）合影

等教育今后一段时期的工作方针。他强调："我们是社会主义的高等学校……教育是有阶级性的。……有两种不同性质的教育。这是一个指导思想的问题。"他指出今后一段时期高等教育发展的六个主要问题：坚持方向，控制规模，调整结构，深化改革，改善条件，提高质量。教委副主任朱开轩做了《关于深化改革高等理科教育的若干问题》的主旨报告。其主要内容是：第一，高等理科教育的地位和作用。第二，高等理科教育面临的新形势。第三，逐步调整和深化改革高等理科教育的方针、任务。这其中主要有：认真贯彻教育为社会主义建设服务、与生产劳动相结合、德智体全面发展的方针，把思想政治工作放在首位；理科要拓宽专业、注重应用；面向科学、教育事业的需求只能是少而精、高层次，要制定一些加强和保护政策；应采取分流培养，拓宽理科教育服务面向，扩大使用范围，让理科人才流向厂矿企业或其他应用单位；适当控制理科发展总规模。第四，调整和改革过程中须注意的几个具体问题。其中有教育思想改革，本科生分两种业务规格：基础科学研究与教学工作人才和应用性理科人才；学校要有所分工，各自办出特色；进一步拓宽专业，增强适应性；加强教师队伍建设,以及加强对调整和深化改革的领导。会上组织了一些高校做典型发言(其中就包括我的,由于时间限制,我只说了基本思想,全文在会上印发了),也有院系和个人的经验介绍。讨论非常热烈,大家基本肯定了教委提出的意见,但也有不少抱怨和牢骚。如:毕业生分配困难主要是由于经济不景气,受社会环境影响,学生中"读书无用论"比较盛行;地区差别太大,理科毕业生就业难与很多学生不愿去地方和基层单位工作有关;市场经济对高等学校冲击很大,希望多收自谋职业的自费生;教育行政部门的生均拨款数额不合理,物价上涨,教育拨款太少等。在 7 月 30 日的总结会上,朱开轩说:会议气氛很好,大家积极向上,各抒己见,畅所欲言,对振兴理科有信心,收获很大。他又对一些问题谈了自己的认识:一是要有整体性,教育发展要与社会建设相适应,他补充说明了近年来高等教育发展的规模和科类结构等的数字(当年理科本科生占全体的 7.05%,研究生占 19.5%),希望重新规划学校的布局;二是要有预见性,要重视毕业生信息反馈;三是要有渐进性,要逐步调整。他对落实会议精神也提出了一些要求。总之,这次会开得很成功。后来的国家教委副主任周远清说,这次理科会议是整个高等教育改革的先声,对以后全国高等教育的发展起了很好的示范作用,具有里程碑的性质和意义。

  会后,我们拜访了甘肃省省长贾志杰,听取他对我们的"西北开发"课题的意见。他给我们详细讲述了省里对解决甘肃经济社会发展一些问题的思路和具体措施。我们如同上了一堂大课。这次同去的有前副教务长陈守良、地理系主任胡兆量、无线电电子学系主任王楚等人。我们觉得,甘肃省领导想的比我们原来设想的要细致深入具体得多,尤其是对于解决缺水问题的考虑,非常详尽周到。这使我更感觉到理科发展必须联系实际,要接"地气"。

  31 日,全体代表考察了青海省高等教育,由教育厅介绍情况,并参观了青海大学。参观过程中,我了解到:通过世界银行贷款,青海大学也得到了一些高档进口仪器,但它们只作为一种摆设,并未真正使用。中国情况太复杂,要是不给该校,一定会被认为是不公平,但给了又难以发挥作用。消灭地区差别,绝非一朝一夕所能奏效的。之后我们参观了塔尔寺。这个藏传佛教格鲁派(黄教)大寺院,我在1976年初就拜访过。当时寺院不开放,而且因为"文革"之故,寺院早就没有喇嘛管理了,佛像雕塑布满了尘埃,显得冷清萧条。但它还是使我对这个佛教寺庙萌生了极大敬意,对密宗等佛教也有了一点知识。而1990年的这次参观,则到处已修缮一新,金碧辉煌,众多喇嘛僧众诵经念佛,但感觉却只是一次旅游,并未长多少见识。

会后不久,《中国教育报》发表了我的文章的最后一部分"重要的问题在于联系实际"。随后我因事去太原,拜访了山西大学校长彭堃墀(他后来是中科院院士),他研究量子光学,是我的半个同行,我们早就认识。他问我,这文章是你自己写的吗?我说是的。他笑了一笑,意思是说有点"左"了,应该多说点基础学科和基础研究的重要性啊,不应过分强调"联系实际",因为当时国内总的倾向是忽视基础研究。他没有参加"兰州会议",没有看到我报告的全文。我的文章的前面还是强调了基础学科与基础研究的重要性的。但是,从上述与甘肃省省长的谈话中,我真切地体会到,联系实际确实是关系到理科发展的一个重要问题。我们学校的不少理科研究,尤其是涉及国家发展的研究课题,常有纸上谈兵、脱离实际的毛病。高校要成为国家经济社会发展的"智库",联系实际、真正了解国情很重要!

"兰州会议"后,国家教委发布了《关于深化改革高等理科教育的意见》,确定了高等理科教育的地位和作用,提出了新时期建设有中国特色社会主义高等理科教育体系的方针,这就是"坚持方向,加强基础,注重应用,控制规模";同时要求按照不同的培养目标采取"加强基础,重视应用,分流培养"的原则。这里"基础"就是指以培养理科基础性科学研究和教学人才为主要目标,以原综合大学的数学与自然科学基础学科为主体的学科。它们统称为"基础理科",其发展的方针是"少而精,高层次",需要采取保护和加强的措施。另一类则叫"应用理科",是指培养以适应经济、技术、生产、服务等实际应用部门所需的理科人才为主的"理科"。它是高等理科教育的发展重点,要将多数理科毕业生培养成为应用型人才。此后,基础理科和应用理科成为我国高等理科教育体系中不可分割的两大类,对它们分别采取了不同的改革与发展的政策与措施。

1990年"兰州会议"之后,为了推进与指导对高等理科教育的改革与发展,国家教委决定将原来的理科教材编审委员会(共10个)改组为理科学科教学指导委员会(13个),下设若干分支学科教材建设组(后改为"教学指导组"),以审议与规范高等学校理科本科专业的培养目标、人才规格和教学要求等。在1990年和1995年的两届教学指导委员会里,北大有姜伯驹、高崇寿、童沈阳、翟中和、杨吾扬、刘瑞珣、秦瑜、唐孝炎、许卓群、王楚和朱滢等11位教授分别担任了数学与力学、物理与天文、化学、生物、地理、地质、大气科学、环境科学、计算机科学与技术、信息与电子科学和心理学的教学指导委员会的主任或副主任(除海洋科学和材料科学两学科外)。这说明北大在国家高等理科教育中的地位。1992年颁布了修订的理科专业目录,将原有107种专业减至55种,并相继颁发了各理科本科专业的基本培养规格和教学基本要求。如前所说(第四章第一节),北大在这里也起了重要作用。

为了落实上述国家教委《关于深化改革高等理科教育的意见》中保护和加强基础理科,"拟从全国重点综合大学和少数重点理工科大学中,选出一批基础学科专业点,从本科入手,重点加强研究生教育,逐步将这些点建设成为国家理科基础科学研究人才的培养基地"的想法,国家教委高教司做了很大努力:一方面是遴选专业,另一方面是筹措资金。为此,当时高教司理科处处长陈祖福同志花了很多心血,他在上述意见中"国家理科基础科学研究人才的培养基地"(简称"理科基地")中的"研究"两字后又加上了"和教学"三字,使之更为全面。为了解决筹募资金,用以帮助一些高校主要理科专业的生存与发展,并促使它们改革的问题,他多次到学校与我们商量(那时国家教委高教司的工作人员是经常到学校来的,他们甚至会来听课,能够说得出北大哪门课哪位教师讲得最好、好在哪里,所以是很深入实际、了解学校情况的。有时出台一些教学政策,也会来听取学校管理人员和教师的意见)。最后决定请时任人大和政协常务委员的11位高校学部委员,如苏步青、严济慈、朱光亚、卢嘉锡、唐敖庆和唐有祺等老科学家,向人大常委会和国务院提出设置该基地的倡议书。陈祖福到处奔波,征求签名。他曾和我一起到唐有祺先生的家里去征求意见和签名,得到了唐先生的亲切接待和慨然允诺,并在倡议书上签了名。这个提议后来送到了时任国务院总理的李鹏那里。他一看"基础科学研究"几个字,就立刻批给了国家科委,请他们来操办。记得当时要求国家每年拨出6000万元来支持基地建设。其实,对全国高校来说,这不是一个很大的数目。但是科委却要求将其中1/3,即约2000万元用于国家重大科学仪器设施项目。为此,陈祖福非常懊恼,十分后悔当初没有将"基地"的名字取好,要是把"基础科学"写成"基础学科",两个字颠倒一下,效果可能就会不一样,不致造成误解了。他来和我商量怎么办。因为这不仅牵涉到经费数目,而且如果这批"理科基地"由国家科委来掌管,他们不一定了解高校情况,很有可能背离设置该基地的初衷。因此,我们认为必须由国家教委正式打报告给国务院,说清楚这是一个教育项目,力争将这批基地建设的管辖权从科委转到教委。之后,国家教委果然正式给国务院打了报告。大概国务院考虑到两个国家委员会来争给谁都不好,就正式批给了国家自然科学基金委员会来管这件事。这样,我们多少松了一口气,因为自然科学基金委跟教委关系很好,基金委的许多负责人都是从高校过去的,"理科基地"这笔钱就成了基金委的一项特殊基金。我国自然科学基金委也有点像前面提到的美国国家基金委(NSF),也支持教育。但是,由于以上种种原因,一直到1996年2月,国务院才正式设立了"国家基础学科培养基金",这时不仅理科,文科也有一些基地了,不过与理科相比,它们的数目要少得多。实际上,"理科基地"的申报与评审的试点从1991年6月就已经开始了。第一批共批了15所学校的15个专业点,北大是物理学。1993年6月启动了第二批"基地"专业点的评选。这次教委打算再增加25个点,合起来共40个点。但那时申报的有17所高校52个专业点。那次评审会在我校召开,结果,我校数学、物理(含核物理)、力学、化学、生物、大气科学、地质和地理"基地"专业点全获通过,因为核物理虽是独立的,却归属物理学科名下,算是"半个",所以这次我们共有8个半"理科基地"获批。第一次经费大概每个专业点20万元。那时这点钱还是国家教委从现有经费中挤出来的,到1993年,国家教委三年共投入了约1200万元,各校也多少不等地投入了一些"自筹经费"。第二批"理科基地"评审非常认真,聘请了各相关学科的名师(多数是中科院学部委员)组成专家组。以后,又经过三批评审,全国共建立了124个"理科基地"(其中包括医药类),分属48所院校。我校有12个半,无疑是全国最多的。2000年,"九五"计划结束时,国家以教育经费已增加了不少,曾拟将这笔特殊基金取消。后经6位副委员长和52位人大代表联名提案,要求继续实施该基金,才使它坚持到2012年。此后,各"基地"专业点每年的固定经费取消了(后来自然科学基金委对该"基地"基金实施像其他"基金"项目那样每年申请的办法。该基金开始时总金额每年为6000万元,"十二五"以后增加了一倍,达到每年1.2亿元),而且用来建设综合性野外实习基地(到2012年已建成了14个)等公用经费大大增多了,这对于一些专业的学生实践和研究能力的提高是非常有效的。

"理科基地"成立后,各校都对理科教育进行了许多改革性实践,如举办研究型学习,开设科学前沿课程,增加综合性实验,组织学生参加科研和讨论班,加强国际交流,等等。教委还多次组织进行检查和相互交流。我也到各地参与了很多次"基地"建设检查。它对理科基础学科教育确实起到了保护和加强的作用。此后,理科专业报考人数少和就业困难的问题在全国范围内逐步解决了。由于增加了办学经费,实验实习的问题也大为缓解,理科学生参与科学研究的人数显著增加。多数学校都专门设置了"基地班",由从相关专业选拔出来的少数优秀学生组成,配备了更强的教师阵容,给予特殊培养和训练,以使他们都能进入研究生学习。北大基本上没有采取这种做法。我们认为,能考入北大的学生基本上都是优秀的,不应再次筛选,人为地划分等级,给予不平等的受教育机会。我们只是给学生增加了选择机会,如有的学生可以选择偏向于应用的研究方向,有的则可选择偏向于基础和理论的方向,以便今后能从事本专业的科学研究工作。不过,无论是选择基础还是应用方向,他们都有大量机会从事科研,能和教师与研究生一起钻研前沿科研课题,因此本科生发表的研究论文也不少。

为了促进理科应用,采取了多种途径探索应用型人才的培养模式,在课程体系和教学内容上也做了不少改革。1994年国家教委在武汉召开了"全国高等学校理科培养应用型人才经验交流会",鼓励各校在培养应用型人才上创新。我校教务处副处长杨承运也在会上介绍了北大的经验。

从1996年起,文科也设置了"基础学科人才培养基地",我校有语言文学、历史学、哲学和经济学4个基地。人文社会科学该设基地的所有专业我们都有,它们对于人文社会科学培养拔尖创新学生也很有作用。

"兰州会议"之后,为了加强对高等理科教育改革与发展的研究,教委高教司和许多学校的教务处长建议在中国高等教育学会下设立"全国高等理科教育研究会"。1993年7月28日至8月2日,该研究会成立大会在长春吉林大学召开。吉林大学为筹备会议做了许多工作,吉林大学的常务副校长李树家向大会做了筹建工作报告。著名化学家、时任国家自然科学基金委主任的唐敖庆先生做了热情洋溢的讲话,说明了理科的地位和重要性,并用大量数据阐述了其发展的规律。国家教委高教研究中心主任王冀生代表高教司和中心做了讲话,提出了研究会须承担的很多任务。高教学会的副秘书长罗宏述代表学会也讲了话。大概因为我在"兰州会议"上的文章有一定影响,经陈祖福和许多人的提议,我被选为该研究会首届理事长,吉林大学则被选为秘书单位,其教务处长王元良任秘书长。副理事长由李树家、杨峻(兰州大学)、孙莱祥(复旦大学)等担任。兰州大学为此出了很多力,募到了一些款项。后来,它又慷慨地将自己的一份刊物改为《高等理科教育》,作为研究会的会刊。当时国家对刊物出版卡得很紧,必须停一份才能增一份。这个刊物一直办得比较好,后来受到教委副主任周远清的称赞。杨峻还从兰州毛纺厂、兰州钢铁公司和皇台酒厂等拉来了不少赞助,用以支持研究经费和研究会活动。研究会成立后,每年召开一次年会,请国家科委和自然科学基金委的负责人介绍我国科研情况,组织讨论当前理科教育的热点问题,交流经验,提出研究课题。正副理事长每年几次碰头,研讨研究会的工作。2004年,北大常务副校长林建华接替我任理事长,我任顾问。之后由于开展了文化素质教育,经过多次酝酿,我提出了一个扩展高等理科教育任务的建议,增加了对全体大学生进行科学素养教育的任务。这个建议文件虽未经教育部转发,但实际上已经成为许多高校自觉实施的行动。我在高等理科教育研究会10年的相关工作结晶,汇集成了一本集子:《大学科学教育:改革与发展》,在2008年由北京大学出版社出版。

三、学科建设

1989年后,北大面临许多整顿和"清理"任务,特别是要稳定全校教职工和学生的情绪、振奋精神,而建设世界一流大学这个大目标不能丢。所以,自1990年起,我们一方面着重抓了学风和教学管理工作,使消极松散的气氛淡退下去。为此我们召开了多次系主任和主管教学的副系主任会议，重点在于抓上课、考试纪律，改变教员对学生不敢管与要求不严的状况，加强实验课和班主任工作，以及对少数班级实行导师制（那时候，教委副主任腾藤曾来我校跟我们商讨是否可对所有学生实行类似于英国牛津大学住宿学院的那种导师制，以加强对学生的管理，我们认为条件还不具备）等。另一方面，我们也要为学校的长远发展未雨绸缪，为落实建设世界一流大学的目标做些准备。我们认为，其中最关键的是要有一流的学科，而那时国家正处在经济、社会急剧转型的年代，学校则面临着教师队伍青黄不接的严重情况：学校骨干教师大都是20世纪五六十年代毕业的，当时都已五六十岁了，亟须更新。这样，北大的学科布局与发展能否满足国家的需要，师资队伍建设是否能跟上时代的步伐等问题就提到议事日程上来了。为此，我们启动了学科建设。

学科建设的具体工作是从调查现状入手的。从1990年上半年起，我们就组织了师资办公室、研究生院、社会科学处、自然科学处（当时尚未设立教务处，文理学科的教学研究工作方面的事务分别由两个科学处管理）和教务长办公室，对我校以硕士研究生专业点为基础的113个主要二级学科（文科68个，理科45个）的状况做了调查。在此基础上，对我校学科建设的布局和教师队伍的发展措施等提出一些看法和意见。上述各单位在多年工作的基础上，对于我校这些学科的基本情况大体是心中有数的。我们的工作方法是到系里去，一个一个学科地听取系主任、教研室主任和一些著名教授学者等对该学科现状与发展前景的分析。其中包括我校该学科在国内和国际上的地位，主要学术方向的发展概况和前景，国家近远期发展需求状况（包括其专门人才的需求），国内外有哪些领军人物，我们的学术梯队状况，差距在哪里，等等。我校当时有85个本科专业，131个硕士专业和91个博士专业。大体说来，硕士专业相当于二级学科。在这次调查中，我们将几个口径过窄的硕士专业点合并了，成为113个学科。由于"文革"后十多年各专业的骨干教师都有过出国进修、开会和考察的机会（到20世纪90年代初，有这类经历或在国外取得高学历的教师人数已接近1000人），他们对本门学科的国内外状况是大致了解的，因此其分析大体有点谱，不致荒腔走板。

根据学科发展的前景和国家需要程度、我校的学术水平与地位、学术梯队情况等因素，我们将我校的学科状况分为四类（详见《关于北大学科建设的意见》，收入《谈学论教集》）。其中发展有前景、国家有旺盛需求、我校处于国内领先的一类学科有28个（文科17个，理科11个），占总数的24.8%，相当于四分之一，绝大多数是教委评出来的重点学科（24个）；二类是发展前景好，国家需求较旺盛，我校现有水平尚好，但后继乏人的学科，有37个（文科21个，理科16个），占32.7%，约为三分之一，其中有教委评出的重点学科9个；三类为从学科前景和国家需求来看我校都应发展，但现有水平较差，亟待提高的学科，有16个（文科12个，理科4个），占14.1%，基本上都是新兴学科；列为第四类的有31个（文科17个，理科14个，理科中还有3个是国家重点学科），占27.4%，即四分之一强。这第四类中还包括两种情况：一是学术上有长远发展前景，我校也有较好基础，但当前国家需求并不迫切的；一是发展前景好、国家需求较迫切，但我校的学科方向不适当，学术队伍又较薄弱的。对前者需要适当保护，维持一支少而精的队伍，以便以后能做出适当贡献；对后者则需调整方向、重组队伍。

上述这种分类虽然比较粗糙，并且带有主观和不准确的成分，但大体上还是可以看出，北大的学科水平即使与国内高校相比，也不能与院系调整的时候同日而语了，真正能继续保持领先水平的大概只有四分之一。这给我们敲响了警钟：北大在国内的学术地位已经失去当年优势了。这当然与一批老的大师或名师退休和离世而后继乏人有关。同时也说明过去三十多年由于频繁政治运动和留校任教过于强调政治标准，成长起来的优秀学术骨干太少了。以上所说还只是对现存学科做出的分析,对于一些新兴的边缘交叉和综合学科,以及应用和新型工程技术学科,我们更需急起直追。

我们也知道,学科建设的生态是有生必有灭的,一些学科要扶植发展,另一些学科则会令其自生自灭,甚至要促其消亡。但是通过调研分析,我们却发现,几乎没有理由可以使某一个学科自然消亡的。有的学科,如一些小语种,全世界使用的人数不多,相应人才需求在我国也很少,如希伯来语等。而对这些语种的人才培养往往需要更长的年限(本科五年),因为他们除了须掌握所学本专业语言之外,还必须熟悉一两种大国语言才能灵活适应国际交往的需要。从国家外交工作来看,这种人才不能没有,即使需求的数量极少,我们也得办这类专业,以在国家急需时能保证供应。但办这种专业很不经济,因为往往是隔年,甚至隔两年才招生一次。而且,北京外国语学院也设有不少同类小语种专业。我们曾与该校商量,能否彼此分工,北外设的小语种专业北大不设,北大设的小语种专业北外撤销,免得重复。开始双方都觉得很合理,但具体操办起来,又涉及多方面的问题和利益,结果是不了了之。后来我们想,其实有点重复也好,彼此有竞争,会办得更好一点。类似的,理科的历史地理专业,人才需求也不旺,但是在国家解决边界纠纷和城市区域规划等问题上,却往往能起重要作用,况且我们还有像侯仁之先生那样的老一辈著名学者。所以,从全国来看,北大还得为国家承担点责任,对这些学科加以保护,使之能在急需时得其所用。

同理,对于原子核学科,一度由于"不打仗"和社会上对于放射性物质的恐惧而比较不景气,志愿报名读该学科的学生很少。在这种情况下,我们将"辐射化学"专业拓宽为应用化学,并将专业从原属技术物理系划归化学和分子工程学院。这件事还引起了时任中国核学会常务秘书长的徐鸿桂(我们较熟,在清华读一年级时他任化学系年级团支部书记,我是物理系的,寝室也相邻,到北大后他曾任学生会主席)向我兴师问罪,问我为什么将放射化学专业取消?我说是考虑招生和学生前途,放宽了专业口径,没有取消放射化学学科。我们也相信,核动力是主要的动力源,尽管有人误解,核学科一定要保留,而且会发展。有关方面也怕我们削弱核科学,在我国放弃地下核试验之前,让北大、清华两校领导访问了一趟核试验基地。所以,我们对学科的处理是极其慎重的,绝不能只考虑一时一事。

1996年6月与陈佳洱副校长及清华大学王大中校长、陈希副书记访问新疆核基地

从总体上来说,北大还得按照1952年院系调整时所确定的学科建设方针:在文理基础学科方面要保持优势地位,成为国家文化与科学发展的重要标志。但是,另一方面,我们也不能在国家"以经济建设为中心"的时代落伍,而应该发扬基础学科的优势,为经济建设、社会发展和文化繁荣做出自己的先导、源泉与后盾的作用。因此我们的学科建设总方针是:以创新精神发扬基础学科的传统优势,有选择地发展新型边缘交叉综合学科,加强和增设应用学科和新型工程技术学科;力争有更多的学科成为国内领先,处于世界先进行列,所有学科都要具备北大特色,为国家社会主义物质文明和精神文明建设做出更大贡献。

具体来说,当年要继续加强的就是那些我校具有比较优势的自然科学和人文社会科学的基础学科,其中根据当时形势特别强调了马克思主义学科,也适当注意了彼时新提出来的语言科学、思维科学、认知科学、管理科学和材料科学等,但没有强调中国传统文化的教学研究是一个疏漏和缺憾（后来在"211 工程"计划中补上了）。在新兴应用学科方面，当时强调的都是新兴的工程技术类，即信息科学和工程、生物科学与工程、新材料与分子工程，以及微电子与光电子学技术等。这不能不说与我个人的学科视野与知识水平有点关系。

上述意见都是在调研及与各院系干部和教师的座谈基础上形成的。当时从全校形势来看，学科建设并未成为重点。在1992年初的一次党委常委会上，在讨论当年中心工作时，面对当时国内外的局势，不少人还是主张将防止和平演变、坚持四项基本原则、反对资产阶级自由化作为工作重心，将"稳定"放在首位。我却力主要将学科建设放在重要地位，我认为，广大教师和学生心目中之鹄的实际上就是学术发展与学业前途，只要抓住学科建设和教学改革，使每人在学术和学业上大有发展，就能保证教师和学生的安心和稳定。改革、发展和稳定并不矛盾，而是高度一致的。我觉得自己的这次发言是冒了点风险的，但为了学校的生存和发展，我必须直言。汪家镠书记认为我的意见是对的，使学科建设得以确定为当年工作的重点之一。但我心里还是犯嘀咕，直到3月初，传达了邓小平的南方谈话，我才算松了一口气。说来也巧，1992年1月底，我应"校产办"（当时该机构还挂靠在自然科学处）主任陆永基之邀，去考察他们在深圳、珠海等地设置的几个科技开发点。我从深圳乘船到珠海，原订的那班船却被取消了，只好推迟，晚了一班。原来我们那班船是给邓小平使用了。当我们后来乘坐的那班船快到珠海的时候，在海上停泊了相当一段时间，我得以从远处见到邓朴方的轮椅在珠海码头上岸的情景。所以我多少先期知道了一点当时的"行情"。

这之后，学科建设就成为1992年的学校中心工作了。3月26日，学校召开了全体教师大会，吴树青校长做了关于加强学科建设和师资队伍建设的报告。他讲了要使学科建设适应以经济建设为中心的社会主义建设需要，以学科建设落实小平同志南方谈话精神，并以此为目标加强师资队伍建设。会上我讲了开展关于学科建设讨论的具体要求，当年7月下旬召开了这场讨论的总结大会，我做了总结发言，着重讲了队伍建设问题。

在抓学科建设的同时，我们也关注了一些基础课的建设。对文科生主要强调文史哲的修养，对理科生则要求打好数理化的基础。工作主要都是由社会科学处与自然科学处具体抓的，这在上面谈到教学改革的十六字方针中已有提及。全校公共基础课除了有政治理论、外语（以英语为主）和计算机三门外，还有体育与艺术。

政治理论课是当时党中央领导直接关注的课程，对于课程的名称、教学内容和学时等上级都做了明确规定。在学校主要是由党委管的，但教务部门也要管。那时一个主要问题是学生对政治理论课的学习不感兴趣。他们认为老师讲的连老师自己也不充分相信。一个名词、术语或概念可以随着政治形势的变化而变更，随机应变，不是"真理"。而那些课程上课的学生多，教室也比较大，讲课老师管不了那么多学生，老师在上面讲课，许多学生在下面读外语或看闲书。我曾去听过几次政治理论课的课堂讲授，能使学生感兴趣的真是不多，有的课连老师也觉得不能自圆其说，却不能当场讨论，所以学生自然觉得乏味，认为上课是浪费时间。后来，不少学生就不来听课了，考试时互相抄写笔记对付过去。为此，党委和教务部门一起研究，自作主张地将课程名称做了一些变动，例如，从20世纪80年代末起，除了中央规定的"中国革命史""中国社会主义建设""哲学"和"政治经济学"课程之外，我们还开出了"科学社会主义的产生和发展""中国革命的基本问题""帝国主义理论和当代资本主义""当代世界政治和国际关系""自然科学中的哲学问题"等课程，而且聘请了全校知名和学有成就的教授或副教授来讲课，有些课让学生自己选修。这样学生开始对一些课程产生了兴趣，有的课，如"当代世界政治和国际关系"，课堂还经常爆满。但总的来说，政治理论课仍不受学生欢迎。1992年成立了马克思主义学院，由时任党委副书记的任彦申任院长，后来又改由钟哲明任院长，他曾担任过党委宣传部长。由此加强了对政治理论课的体制化领导,使改进与提高教学质量有了更好保障。

1991年3月底,我从法国开完一个只有不到20位学者参加的"国际频率基准准确度讨论会"回来,教委就要北大出面接待一个台湾代表团——"三民主义讲师团"(公开名称是"展望基金会大陆访问团"),学校考虑这是有关教学的,就指定由我为主帅来做接待工作。这个团由台湾展望基金会董事长李庆华率领,由台湾几个高校主讲"三民主义"课程——即台湾的政治理论课——的十来位教师组成。李庆华是前国民党高官的儿子,1987年被评为台湾"十大杰出青年"。我方出面的自然主要是主讲马列主义课的几位名师。这一代表团是由国家教委邀请来的。按道理,既然由北大接待,教委就只要将基本方针大计告诉我们,由我们来自行操办就是了。可是教委事事都直接管,且管得很细致。具体的接待规格、场所和应对方略,全由教委来定。教委派了一位处长来我校具体指导和安排我们的接待方案。我们原来的一些想法,都被他完全否定,甚至北大没有一个地方合他的格可以用来接待。他选定了北京航空学院(现名"北京航空航天大学"——"北航")新建的"邵逸夫科学楼"作为接待场所。全国各大学和各省市的著名中小学都有邵逸夫捐赠的建筑。虽然这些建筑并非都是由他全额赠款修建的,往往是他捐赠一半,或少于一半,其余由国家或地方政府补贴。不过,这对于国内教育的发展是大有促进,起码对于建设当时非常匮乏的教学设施,帮了一个大忙。北大理科楼群,也有邵逸夫捐赠的,有三栋教学楼被命名为"逸夫楼",不过当时尚未落成。北航这栋楼确是北京各高校的邵逸夫楼中第一个外观比较漂亮的。样子虽好,但由于刚落成,一些内部设施尚未齐全。那时是3月底,北京气温还较低,却已停止供暖,临时虽加了电热器,还是冻得令人十分不舒服,再加上服务人员也是新来的,工作生疏。客人们觉得很奇怪,到北大来开会怎么会场设在北航,只到北大参观了一圈。但又不便明问,我们只好搪塞一番。那批在台湾教"三民主义"

必修课的老师都是"统一"派,当然是以"三民主义统一中国"的。我们派出了钟哲明、谢龙、钱淦荣、李士坤等政治理论课骨干教师,与之交流。我记得,当时台湾代表团有一两位教师做主题演说,我们也有两位教师做主旨发言,然后就是自由讨论。很有意思的是:台湾代表团讲三民主义,我们讲马克思主义,虽然政治理念各异,思想上却有共同之处,而在教学上则有不少相同的困惑。我突出的印象是:台湾代表团的老师叫苦,说三民主义课不受学生欢迎,学生只是应付。请问大陆如何教马列主义课,使其受学生欢迎,如何进行改革?我方虽也讲了一些与其类似的困惑,但更多地讲了改变课程名称与内容的一些做法,结合大陆改革开放和全球变化的新形势,使学生对课程感兴趣,得到实际知识。双方话题投机,互有好感!

另一门全校性公共基础课是公共英语。这里最大的问题是:学时花得很多,学习效果却不佳。在此问题上,前教务长、时任学校党委书记的王学珍帮了很多忙,我们一道多次与当时的公共英语教研室主任安美华等人商量对策,但效果甚微。当时设想的方案有:将公共英语教师与专业英语教师完全打通,让所有英语专业老师都来讲公共英语课,从而提高教学质量。可是这种办法行不通。因为公共英语的班次实在太多,这样平均的结果反而会降低专业英语的学术水平。后来,公共英语教研室合并到了英语系(几个外国语言文学系之后合并组成了外国语言文学学院),但公共英语的教学还是主要由该教研室负责。我们就这个教研室的工作量和教学编制问题做过很多探讨,对学生的班级划分与英语水平要求都做过多方面的讨论。但总体上看,虽然英语4级考试通过率很高,但英语水平并未显著提高。我认为,这不是教学质量有问题,而是学了并未常用造成的。这类工具性质的课程,与学理性质的课程差别很大,前者主要需通过实践来掌握。我通过自己学用俄语、法语,有过深切体会。后来我们在公共大教室安装了无线耳机等听力设备,对学生自发组织的"英语角"之类的口语交流课外活动比较关注,希望通过学生多方面的实践来逐步提高学生的英语实用水平,还有些效果。之后大学生英语水平大有长进,主要是靠国际交流频繁,实际应用的机会大大增多。

此外,计算机也是当时的一门热门公共基础课。学校计算机委员会对于这门公共基础课的建设做出了重要贡献。在这方面,我的工作关注点主要放在解决设备问题上,就是要给学生以充分的实践机会。我发现,虽然我们在课堂上并没有给学生讲过数学计算的Mathematica软件,但是很多学生都会使用。只要有需要,学生之间就可以互相学习,或向懂得的老师学习,有时甚至还是老师向学生学习呢。所以,有一次在全国教学研讨会上,有的教师认为我国计算机教学的水平低,连Mathematica软件都不教时,我就出来反驳。不是对学生有用的所有知识都要通过给他们上课才能使学生学到。学校要创造一种环境,让学生能自己主动学。这是最重要的基础!

对于公共体育课,我管得不多,"放任自流",因为北大已经建立起了一些传统。我的任务是保证该课程有足够的经费。可是,公共艺术课却成了我的一种"主业"。北大在蔡元培掌校期间,就曾设有画法研究会和音乐传习所等。在我任教务长之前,北大只有在团委领导下的学生文艺社团,有的还很有点名气,如北大剧社等,曾有过一些负有盛名的创作和演出。但在20世纪80年代,由于团委干部常变动,对学生艺术社团的领导时紧时松,道具器材保管不善,条件很差。记得我任教务长时曾去察看过原南门外"海淀挑花社"(后改为"灯泡四厂"并收归北大,原地盖起了学生宿舍33楼),房内存放着一些音乐器材,已是灰尘满面;一间学生素描写生画室,破烂不堪。当时,学校有些艺术教育积极分子,比如,西语系德语专业的严宝瑜教授,自告奋勇,给学生上"西方音乐史"课,很受学生欢迎。他大力提倡每个学生应上艺术课,接受美育。这样,陆续聘请了一些艺术教师,在1986年成立了艺术教研室,学生文艺社团归艺术教研室直接领导与管理。学校则成立了艺术教育委员会,由原党委副书记、常务副校长张学书任主任,他1991年离休后,1993年由我继任;并成立了北京大学艺术总团,下有合唱团、舞蹈团、民乐团、管乐团等,分别由一位教师任指导。我曾设想再建立一个话剧团,恢复它在北大历史上的光彩,但一直未成功。当时筹措活动经费是一个大问题。记得严宝瑜教授从德国弄到了一台上好的钢琴(彼时北大连一台像样的钢琴都没有),我们连运费都出不起,后来总算靠赞助解决。我们向校办企业募捐,要求"方正""维信"等四家企业各承包一个艺术团的活动经费。这些社团基本上都是由女教师指导,由于各企业赞助经费不同,态度有别,各社团需要的经费也不尽相同,很难摆平,解决她们之间"争风吃醋"的关系使我煞费苦心。不过,这些社团表现都不俗,为北大挣得了不少荣誉。

在此基础上,我们觉得应该发扬蔡元培"以美育代宗教"的传统,成立了艺术系,恢复专业美育。曾拟聘请吴冠中或钱绍武来任系主任,未果。我们哲学系有杨辛和叶朗教授,对美育有很高造诣,出版过多部著作。他们就成为新的艺术系的领头人。另外,我们从解放军总政治部调来了彭吉象主持日常工作,校内还有像戴行钺等对影视艺术有较深研究的教师,我们也请来加盟,或兼职讲授艺术类课程。我们还规定了该系要两条腿走路的办系方针,即一要做好本专业教学与研究,以史论为主,并陆续设立了艺术学、文化艺术管理和广告学等专业,后来发展成新的学院;二要为全校学生的美育与艺术教育服务,让每个学生都能选修一门以上的美育艺术类课程。这样,北大又重建了一门新学科。

四、队伍建设

学科建设的根本是教师队伍建设。20世纪90年代,是北大大换血的时代,"文革"前毕业的教学科研骨干将陆续离开工作岗位,在改革开放后成才的教师中将涌现出闪亮的"新星"。他们不仅是业务骨干,还要充实院系和学校的领导岗位。两代人无论在知识结构和行事风格上，都有明显区别，各有优缺点。尽管"代沟"显著，但任务相同。队伍建设所要考虑的是在质和量上如何跟北大与整个高等教育的改革与发展相匹配。

在教师队伍"质"的问题上，我深受朱德熙先生两句话的影响。即做教师一要学问好，二要能为学生着想。什么是"学问好"？固然要看他有多少科研成果，发表了多少论文与著作，得过什么奖，但我们更注重他在教师、学生中的口碑，特别是同行的印象和对同行的影响。这是我们在学科调查中借以分类的重要根据。我们崇尚理性思维，在本门学科上，只要概念清晰、功底深厚、敏于探究、扎扎实实做学问、能生发创见，就是好老师。北大有一些教师，在师生中口碑不错，他们满腹经纶，讲课颇受学生欢迎，善于答疑解惑，但却往往"述而不作"，有形成果不多。对这样的教师，我们也给予尊敬，在职称晋升等方面，不斤斤计较成果数量。在20世纪50年代的一段时间里，我们在学习苏联教学体制过程中，对部分教师的培养，曾有过分重视教学基本功而忽视让他们通过科研实践来提升自己学科涵养的做法，甚至有过"教学为国家，科研为个人"的"左"的观念。在这种情况下，青年教师往往会追求将课程讲得头头是道，达到天衣无缝的程度。殊不知教学本身就是一个师生共同学习、质疑、探讨、研究的过程，这样的过程才能砥砺创新思维，使教学与科研相结合，成就创新型人才。而在新时期，我们又要防止另一种倾向的出现，那就是教师只看重科研成果，轻视教学基本功，以教学工作为负担，草率完成任务。殊不知真正具有原创性的科学研究，必然涉及学科的基本概念和基本问题，教学于此大有裨益（当下不少"科研"，实质上做的只是智力"苦力"工作，严格说来，这类科研课题够不上真正的科学研究）。为此，对年轻教师，适当进行"为学生着想"的教学基本功训练，甚至从助教做起以进行教学实践也是必要的。

对于教师队伍的"量"的考虑也是我们队伍建设的一个重点。从上文可见，我校学科建设尽管原则上有生有灭，但实际上却基本上都是"生"，这样，总体上教师队伍的数量就在不断增加。但是，全校教师总规模不可能无限增长。按当时设想，我校专任教师的长远发展规模约为 2500 人，而当时已达 2700 人，应该不增反减。当时设想，北大这样拥有较多国家重点实验室和重点科研任务的单位，国家应会拨给一定科研编制（这是我当时向国家力争的一件事），设想为 2000 名，其中属于教师编制的应有约 1500 名，其余为技术或管理辅助人员。不过，这个设想至今也未能实现。国家始终没有像 20 世纪 50 年代那样，给重点高校以适量的"科研编制"，可能是我国的"科研单位"实在太多了，没有必要让高校来承担更多的科研任务。可是对大学来说，科研却是绝不能放松的。这样必然进一步加深当下高校教学与研究的矛盾。

根据这样的对教师"总量"的估计，除了一些面向全校、需要教员人数较多的公共基础课，包括政治理论、公共外语、计算机、体育、美育艺术和通识课程，如高等数学、物理、中文、通史等，以及有的需有较多人力的、带有"工程"性质的研究项目外，如果我们大致上按照上面确定的北大 150 个左右的二级学科总数算，那么，我们队伍建设的基本模式就只能是"少而精，高层次"的了。这样算来，每个二级学科的专任教师人数，大概平均不到 15 人。一般二级学科下还有几个研究方向，这样每个学科方向的学术队伍基本结构就会是：一两名学术带头人，领着一两名助手或接班人，和一批硕士、博士研究生及博士后工作人员。这也决定了他们教学科研的主要工作方式。只有承接了带点"工程"性质的重大科研项目或科技开发课题的少数学科，可以拥有人数较多的队伍，并能适当配备一些技术与辅助人员，形成一支结构合理、相对集中的能够干大事的学术与技术梯队（当时有计算机激光汉字照排系统、微电子工程、《全宋诗》整理编辑等）。当然，今天看来，还有可能采取多用博士后和合同制工作人员的办法，使一些学科适当扩充点研究开发人员，其报酬要由科研项目开支。因此，要想将北大学科建设成为国内领先、世界一流的,将其办出特色,关键就在于培养、物色和聘请到一流人才来做各学科及其主要分支的学术带头人。

1996年5月庆祝东语系建系50周年暨季羡林先生执教50周年与85岁生日

那时候,北大师资队伍的总的情况是:1952年院系调整时从北大、清华和燕京三校及少数其他学校文理学科汇拢来的各学科"顶梁柱"式的大师级人物大多已经凋零。他们都是民国前或民国初出生的人,当时健在的有冯友兰、张岱年、洪谦、王宪钧、朱光潜、陈岱孙、杜度、陈振汉、陈守一、甘雨沛、芮沐、王铁崖、赵理海、费孝通、雷洁琼、王瑶、吴组缃、林庚、王力、周祖谟、阴法鲁、杜秉正、李赋宁、杨周翰、赵萝蕤、闻家驷、陈占元、杨业治、刘振瀛、季羡林、金克木、邓广铭、周一良、张芝联、庄圻泰、江泽涵、段学复、徐献瑜、周培源、王竹溪、褚圣麟、李宪之、张青莲、黄子卿、邢其毅、冯新德、林超、侯仁之、乐森璕、张宗炳、赵以炳、沈同、张龙翔、林昌善等人。他们都已经80岁左右或更老,基本上不在第一线从事教学和科研了。他们在院系调整后的新北大本来可以大展身手,在文理各科的学术上大放异彩,可是由于不断的学术批判、政治运动,使他们放不开手脚,特别是十年"文革",基本上无所事事。改革开放后,第二个"科学的春天"到来,但他们中多数已经难以有所作为了。像张青莲先生那样的真是凤毛麟角。他于1991年以83岁高龄测定了铟元素原子量为

114.818±0.003,为国际原子量表增加了一个新数字,这是国际上第一次采用中国人测定的原子量数据作为标准数据,对世界科学做出了贡献;此后他和同事又测定了锑、铕和铈等元素的原子量标准数据。那时候还有一批1949年前后毕业成才(不少是西南联大学生),或从国外学成回来,立志报效新中国的,当时是"年轻有为"的教授。虽然彼时他们都已70岁上下,却还能精力充沛地指导20世纪五六十年代毕业的"新生力量"并与其并肩战斗,在八九十年代改革大潮中发挥着骨干作用。这批人中有黄楠森、汤一介、张世英、王太庆、朱伯崑、张友仁、赵靖、闵庆全、胡代光、沈宗灵、张国华、饶鑫贤、邵津、赵宝煦、张汉清、袁方、陈仲庚、邵郊、林焘、朱德熙、宿白、田余庆、陈庆华、罗荣渠、许渊冲、吴光磊、聂灵沼、程民德、廖山涛、周毓麟、钱敏、黄敦、江泽培、沈克琦、杨立铭、胡宁、胡济民、虞福春、吴全德、唐有祺、徐光宪、高小霞、张滂、苏勉曾、孙亦樑、赵国玺、董申保、王乃樑、吴林襄、谢义炳、李正理、曹宗巽、陈阅增、陈德明、王平、吴相钰、朱澂、胡适宜、周光炯、孙天风等人。其中理科的很多人被选为中科院学部委员(后来的院士)。他们在学科建设中起了"顶梁柱"的作用。比如,如上所述的几个重要研究所和国家重点实验室都是在他们的支撑下建立起来的,而湍流实验室是靠着周培源先生,蛋白质工程及植物基因工程国家重点实验室是凭张龙翔先生的牌子而建立的。这批"70上下"的人,连同20世纪五八十年代毕业的,其中还包括"文革"期间在校生,1970年以前毕业的"老六届"(他们中部分人经过"文革"后恢复高考时期的"回炉班"补课,留下来任教,当时也都过了"不惑"之年)统通被认为是"中年"。这批"中年"人中,后来有王选和徐光宪先后获得国家最高科技奖(其实,黄昆也应算在里面,但"文革"后他被调往科学院半导体研究所);廖山涛获得了第三世界科学院首个数学奖,厉以宁在改革开放后的企业股份制改造上享有盛名。所以,20世纪80年代末,学校曾提出过"尊重老年、依靠中年,寄希望于青年"的师资队伍建设方针。"老年"即指前面一批人,而"青年",则主要指1949年以后出生、"文革"后毕业走上教学科研岗位的一批人,当时在校人数不多("文革"后期,留下了一批工农兵学员毕业生充实教师队伍,但是其中除了一部分读了研究生课程的外,真正继续留在教学研究岗位的不多,其中又以文科居多)。

因此,当时的教师队伍建设的关键就在于如何培养和吸收大批一流的青年学术带头人。我们计划在20世纪最后十年,能补充100～200名这类人才。我们知道,这光靠自己培养不行,必须在全国乃至到全世界范围去物色和招募。这情况有点跟美国20世纪二三十年代相似,那时候他们大量从欧洲吸引人才,二战以后便成了诺贝尔奖的"大户"。因为没有一流环境是很难"培养"出一流人才的。所以,我们一方面让一些优秀研究生留校,充分信任他们,委以较重的教学科研担子,使他们得到锻炼,增长才干,表现能力;并给他们以出国进修、访学、参加国际学术活动的机会,以接触一流环境,扩展视野、瞻望前沿。同时,我们千方百计在国外物色合适人选。在20世纪80年代后期到90年代初,已有少数在国外学成表现出色者引起我们的关注。

1987年,经生物系潘乃燧(总支书记)、顾孝诚(系主任)和陈守良等人大力推荐,我们引进了在美国华盛顿大学获博士学位、在植物基因工程方面具有创新成果的陈章良。当时丁石孙校长对他表示热烈欢迎,他从华南热带作物学院(现并入海南大学)本科毕业,科研工作出色,热爱祖国,为人热情、开朗,我们积极将他引进,并很快建成了蛋白质工程及植物基因工程国家重点实验室(生命科学中心),由他任副主任。他于1991年获得联合国教科文组织颁发的"贾乌德·侯赛因青年科学家奖"(有"青年诺贝尔奖"之誉),后来又被任命为生命科学学院院长和副校长。当时,吴树青校长曾担心这个年轻人能否服众。院长任命是我去宣布的,要求大家帮扶这位年轻的院长。开始时确实有人不服气,但陈章良很有办法,不久就使生物系的教师待遇比其他理科系的都好。他后来引进了另一位从事植物生理研究的

1991年11月欢迎陈章良或联合国教科文组织1991年度贾乌德·侯赛因青年科学家奖。左起：陈守良（前副教务长）、王义遒、张龙翔（前校长）、陈章良、陈阅增（前生物系主任）、潘乃燧（前总支书记）、沈钟、林昌善（老教授）、周曾铨（系主任）、郝斌、×××、胡寿文（前总支书记）

美国康奈尔大学的博士朱玉贤，此人担任过短期的自然科学处副处长，后来被选为中科院院士。再一位是闵维方，他"文革"后从北师大毕业，在美国斯坦福大学获哲学（教育管理与决策）博士学位，毕业后在得克萨斯大学从事博士后研究，兼任校长助理。经高教所所长汪永铨力荐，1988年回国执教，任高教所副所长。后又被世界银行聘请为发展中国家投资顾问，1992年回国任高教所所长。1994年任校长助理，以后又任副校长，直到后来担任了北大党委书记。1987年，时任驻荷兰使馆教育参赞的我校刘秋云老师推荐，由丁石孙校长亲自聘请，经人口理论研究所所长张纯元教授大力支持引进了曾毅，不久他任人口所所长，承担了很多重要的国家项目，后被聘为荷兰皇家艺术与科学院院士。他后来又引进了另一位美国博士杜平。1987年，社会学人类学研究所在所长潘乃谷举荐下引进了马戎，马戎后来成为该所所长，又任社会学系主任，在民族问题研究上有很多建树。这批人都是一进校就被委以重任的，他们之所以能够在一个过去毫无根基的新地方挑起重担，在学科发展上有重要建树，与我校原有学术骨干知才识才的伯乐眼光，虚怀若谷、任贤让贤的精神和工作中的实际帮衬是分不开的。潘乃燧、顾孝诚之对于陈章良，汪永铨之对于闵维方，张纯元之对于曾毅，以及潘乃谷之对于马戎都是这样。对于这些人的工作，我与这几位"伯乐"经常商讨。1994年，在吴树青校长直接领导下引进了颇为"神秘"的人物林毅夫。为了引进这位后来在我国乃至国际经济学界具有深广影响的人，学校专门设立了"中国经济研究中心"，使之与北大现有的经济学科的教学科研单位互相不牵扯，使中心研究人员能充分独立地进行研究。为了建设这个中心，配合林毅夫同时引进了易纲、海闻和张维迎等人，他们都在我国经济学界发挥了重要影响。那时，根据数学学院张恭庆院士的推荐，我们很想请他的学生——在国际数学家大会上做过45分钟报告、当时在美国任教的田刚回国，并委以重任。不过当时田刚只能在国内兼职，新世纪后他全职回国，被选为中科院院士，任数学学院院长，对我国数学学科的发展发挥了重要作用。此外，哲学系于1988年引进了外国哲学学科的赵敦华，概率统计系招募了日本博士耿直，他们后来分别担任了系主任；经蔡生明教授力荐，化学与分子工程学院从日本招募了刘忠范，开展纳米科学研究，很有成绩，刘忠范后来成为中科院院士。当时还要尽力争取原从我校送出去到国外深造攻读博士学位的一批青年教师回国任教。这里有赵新生、叶沿林等人，他们曾分别担任过化学学院和物理学院的院长。另外，从爱丁堡大学回来的英语系的申丹，对学校建设也发挥了重要作用，她后来任北大文科部主任；从美国回来的数学家王诗宬和地理学家陶澍后来被选为中科院院士。记得王诗宬回来的时候连住房都没有，一段时间住在实验室里。上面提到的法律系朱苏力也是派出去深造后回来的，而历史系朱孝远则是新引进的。当时回物理系工作的还有美国理论物理学博士田光善，他讲课很好。从这些情况看，那时候社会科学方面一些新兴学科从国外引进的人才较多，除外国语言文学和世界史外，其他学科基本上靠自己培养和国内引进，出了以陈来、刘伟、张国有、朱善利、吴志攀、王思斌、周星、李零、曹文轩、陈平原、王邦维等为代表的一大批学术骨干。理科从国外引进的人才较少,而从事实验科学的尤其少。这当然与当时我校实验条件还比较落后,难以做出世界水平的工作有关。但当时北大自己也培养出了一批人,如严纯华和倪晋仁(后均是中科院院士),以及朱星、方竟等学科带头人。他们有的是在北大读博士或做博士后研究之后再留下来的。

从上面所述可见,创造吸引人才的条件多么重要。当时我们有一句口号:"筑巢引凤"。这"巢"的条件是:第一,要有较为优厚的职称、工资和住房待遇,能过上体面的生活;第二,要有较好的工作条件,包括充足的科研经费,办公和实验用房,实验设备条件,丰富的图书信息资料与通畅的国际交流渠道。当然,保持北大良好的学术氛围、自由研讨的空气还是首要的。为此,我们在上述几方面均采取了一些措施。其中主要的有:对青年教师要大胆使用,实行破格晋升的办法,提高工资待遇,发放特殊津贴,解决住房等问题。其中最难以落实的就是住房问题了。尽管历史系的一位年轻教师(许萍,上海华东师大的博士毕业生)曾说过豪言壮语:"宁要北大一张床,不要上海一套房。"使我们激动不已。不过对多数人说来,体面的生活条件还是必要的。至于工作条件问题,上述建立国家重点实验室等都是所考虑的措施。经过两年多讨论,1994年1月校长办公会原则通过了《北京大学跨世纪中青年学术骨干选拔及管理办法》,并组成了评选委员会。会上宣布将18套校长特批房分配给青年博士生导师和特聘教授。此外,还设立了青年科研基金和出版基金。这里还有一个问题,如果光考虑青年,而对现有教师的待遇置之不理,这不仅会使现有的一些教学科研骨干寒心,也会使大部分新人望而生畏:"我们的前途是这样,还有什么盼头?"因此,既要照顾新人,又要保持老人应有的尊严,是一个需要慎重平衡的问题。为此,在当时条件下对改善中老年教师待遇也出台了一些措施。这真使人伤透了脑筋(详见《关于北大学科建设的意见》和《关于学科建设讨论的总结报告(摘要)》,均载于《谈学论教集》)。

除了师资队伍，我还比较关心技术和教学辅助队伍，其中包括教学事务管理人员。有时候，他们工作的失责，会造成改革的重大停滞。他们的作风正不正，也极大地关乎学风。我校曾发生过一次学生串通教务员更改考试成绩的事。在教学改革中，每一次改革承担具体工作最多的往往是各系的教务员，他们要将习惯了的工作方式和程序变来变去，弄得不好他们就会成为改革的阻力。因此，每次涉及教务管理的重要改革，我们总要对教务员进行集中培训，解释改革的意义，说明具体工作程序更改的必要性，鼓励大家成为改革的促进者。

从我自己的科研经验，以及我从其他科研单位和国外得到的见识，我了解到，要在理科中做出一流水平的工作，光靠现成仪器设备，而没有自己的"绝活"，没有独特的方法、设计和工艺制造出来的创新装备，是决不能奏效的。20世纪二三十年代，叶企孙先生办清华物理系，不仅请来了外国教授，还从德国专门请来了技师。1963年我参观中科院湖北物理研究所，从美国绕道欧洲回来不久的所长王天眷先生请我首先参观的不是他们的研究成果，而是研制氢原子钟所必需的、能将微波谐振腔内壁磨得极其光亮而做出很高 Q 值的八级工特技，并引以为傲。我们在汉中分校短期内能生产出铷频标"泵体"，制造出铯束频标的动态装置，就是依靠了学校工厂中金瑞鑫、倪国杰等八级工的睿智与熟练解决技术难题的本事(他们后来成为我的好友)。上述1985年陈佳洱教授从英国牛津大学物色到的一台 2×6MV 串列静电加速器，万里迢迢运抵北京，经过安装调试居然发挥了它在英国没有发挥的作用，英国人看后大为赞扬。这里金瑞鑫师傅起了重要作用。这台仪器经局部改造后至今仍在正常使用。美国加州大学伯克利分校工资最高的不是教授，而是一位玻璃工。无独有偶，英国国家物理研究院(NPL)工资最高的也是个玻璃工。我校物理系董石如师傅修理电表，可谓一绝。生物系过去拥有大量动植物标本，都是以一位拥有祖传技艺的技工唐家亮为主制作出来的。图书馆存有大量珍贵拓片，胡海帆功不可没。他们都是身怀绝技的人。可是后来，他们的待遇水平下降，与20世纪50年代相比大不相同（那时金师傅的工资跟副教授相差不多）。更荒唐的是，在1996年以后，居然将学校的仪器厂合并到校办企业里去了，以致此后就没有了全校性的仪器设备研制加工的单位（物理系还保存少量机床，可自行加工）！我对国人轻视实验装置的设计制造、轻视工艺技术上的能工巧匠作用的现象非常担忧，如果不改变这种状况，成为科技先进国家的梦想难以成真。

五、昌平校区

上面说过，教学科研用房的紧张是影响学科发展的一个瓶颈。在1989—1993年新生军训期间，因为学生少了，学校还多少能腾出一点房子为扩展和新增一些学科所用。1993年后，这点油水挤干了，学校公房非常紧张。那时我是掌管公房分配大权的，我积极主张将那时由国家教委教育行政学院使用的昌平校区（通称"北大200号"）的建筑收回来，并进一步发展。"文革"前的1963年暑假，无线电电子学系和数学力学系力学专业的主体搬到那里；1965年夏，数学力学系整个系都搬去了。我们在那里还取得了一系列科研成果。我认为那里远离城市喧闹，是做学问的好地方。我从北京市的发展估计（当时北京市已在昌平城里建了一个经济开发区），将来那里可能会很繁荣。1965年为筹划汉中分校无线电系大楼的设计，我曾专门翻阅了存放在系保密室里1960年建设北大昌平分校的整体规划。这个被称为"东方莫斯科大学"的蓝图使我大吃一惊，北大居然还有这样的恢宏愿景！这是一个占有5000多亩地的宏大校园，北大理科各系将在那里安身并发展。

每个系都独立成区,各有自己的教学科研办公大楼,学生宿舍、餐厅、操场等设施一应俱全,各系之间有无轨电车线路互相联通。现已建成的一栋教学大楼,只是规划中数学力学系大楼的大部分,原设计呈"E"字形。由于1960年国家经济困难,建设计划下马,"E"字没有完成,只落个"F"形,少了一横。有些不知情者后来说,从空中看来,那建筑造型是"北大"的"北"字的一半。殊不知那是一个"未完成品",那少了一横的朝西墙面还明显带有"临时建筑"的痕迹。可是这样一栋未完成品,在当时北大已算是最气派的堂皇建筑了,足有19000平方米的面积。据说,门厅的大理石圆柱还是从建造人民大会堂的余料弄回来建造的。学生餐厅建筑之豪华也是前所未有,后来我们觉得作为餐厅用太奢侈,改为图书馆了。四栋学生宿舍也远比海淀总校的来得高级,每栋五层楼,可容纳学生1000来人(188间房子,每间6人),每层都有浴室和活动室。为建设这片校园,1960年以前入学的北大学生,大都曾在吃不饱饭的情况下为修筑从南口到校区的货运铁路,付出了辛勤的劳动。而当时大量土地由于长期荒置未加使用,已被当地农民蚕食,仍被学校掌控的面积已不足600亩,仅为1960年的1/10了。计划中设在山坳里的原无线电电子学系的区块,已归农民所有;"文革"前历史系的半工半读基地"北太平庄"(约35

昌平区数学力学系教学楼

昌平校区学生宿舍楼

亩余），已被当地农民"盯上"，正在办土地证（当时产权未归北大）；而原来除了数学力学系的建筑以外唯一一栋处在平原上、距离南口至昌平的公路最近的、属于技术物理系的两层楼精致建筑，1963年已成为农民牛舍，此时则已成为海军计量站。当时甚至曾风传，中国计量科学研究院想利用北大这块宝地及其建筑作为其"第二实验基地"（1997年，受中国计量科学研究院之托，我曾伴随王大珩先生和清华的金国藩教授及中科院物理所杨国桢所长，为他们在我校昌平校区以东十三陵附近，做了一个"二基地"规划论证。十二年后，计量院在那里建成了一个规模宏大、十分漂亮的新院址，堪称世界一流，这是后话）。我对这块宝地深怀感情，我一定要设法将它要回来。这个意见得到吴树青校长和其他常委的支持，但消息传出，却遭到不少教师反对。因为当时情况已与20世纪60年代大不相同。60年代，很多青年教师是单身，多住在昌平，没有家庭牵累，大家一门心思搞工作，基本不需回总校，所以不存在上班来回路程远、花时间多的问题。而此时教师都有家在海淀，拖儿带女，上下班回家已成必需。而理科教师，晚上往往还要在实验室工作，这种工作地点离家太远的状况已很难被人接受。

1993年下半年，1992级和1993级新生同时进校，校园内一下子增加了 3500 人。学校拥挤情况大家感同身受,所以要回"北大 200 号"成为大家共识。在此情况下,1994 年初的一次校长办公会对此做了认真讨论。正式命名这块曾被随意地称之为"北大 200 号""十三陵分校"或"北校区"等不同名号的地方为"北京大学昌平园区"(后改称"校区")。根据新生军训一年的情况,决定今后一年级新生全部都去该校区上课。后来考虑到理科实验室搬迁的困难,暂定文科一年级新生先去那里上课。办公会还决定由我来负责处理昌平园区的事。

当时,第一件重要的事是要向国家教委要回这个校区的使用权,并要明确该地的产权。当时,该校区由教育行政学院使用,是国家教委向北大暂时"借用"的,且部分房子还属北大管辖。但是,国家教委毕竟是我们的顶头上司,我们担心教委会长期占用此地。我希望能对这块地方的来龙去脉有一个清楚的了解。为此,在 1994 年春节,利用学校老领导向前校长拜年的机会,我跟着去了一趟陆平校长的家里。当时陆校长在政协工作,家住北三环附近北太平庄的政协领导人宿舍。他说:建设"北大 200 号"是那时中央领导的决定,所以才会有这样规模浩大的规划。他那里还保存有 1959 年国务院总理办公室的信和北京市委的信件,他的这些函件后来应该都保存在北大档案馆了。他对该地建设是灌注了全身心力的。因此,他极力主张、并要求将这块宝地保管好、使用好。这段历史对我说来很新鲜,因为 1960 年左右我在苏联学习,对此一无所知。但我立刻回忆起 1963 年 4 月他在办公楼礼堂对我们无线电电子学系和数学力学系的全体教职工的激情演说,希望我们以愉快心情和勤奋精神将工作场所搬迁到十三陵地区。他那时说,燕园西南和蔚秀园等地都是低洼湿地,当时都种植了水稻,不能建造大楼,北大发展的前景就在昌平("文革"期间,我国的建筑水平大有提高,燕园西南那片地上盖起了勺园几栋楼,蔚秀园则盖上了大批家属楼)!我们则回报以十足的干劲,经过短期准备,在暑假一个多星期的时间里,我们完成了全部仪器设备、桌椅板凳的搬迁任务。记得那时候天气炎热，大家都汗流浃背。我作为教研室主任，买了大筐西红柿，慰劳大家，大家有说有笑，心情非常舒畅。一天，当搬运卡车回到总校时，适遇大雨狂作，西校门内外已是泽国一片。大家说：还是十三陵好，地势高、土质松，雨后干干净净。1963年9月开学，我们已完全可以正常进行教学科研了。1969年10月，无线电电子学系和原属数学力学系的力学专业都搬迁到了汉中分校，"北大200号"荒芜了。"文革"后期，那里成了北大"电子仪器厂"，我国第一块"1024移位寄存器"的集成电路就诞生于此。改革开放后，电子仪器厂搬回海淀，取消了。之后建立了微电子研究所，那里"借给"了教育行政学院。此时它又要回归北大了，我十分兴奋，充满对远景的憧憬。

要跟国家教委打交道，颇费踌躇。教委是我们的直接领导，如何处理好这个关系是个问题。为此我们向朱开轩、张孝文（时任国家教委主任、副主任）和陶俊谦（直属高校办公室主任）做了多次汇报并进行协商。我们已经知道，教育行政学院在大兴黄村已有了新的校址，但要建设好并投入使用，还有一个过程。该学院不可能立即搬走，一段时间我们需要与教育行政学院"共处"。这里，就涉及合作管理、共同保障运行与安全，以及水、电、供暖等费用分摊等问题，相当复杂。经过多次协商，终于落实。1994年4月6日，吴树青校长和我等一批人到国家教委做了一次汇报，当时朱开轩主任的意见是：这块地方产权属于北大，由北大决定如何使用；教育行政学院只是暂时使用，可望在1996年底搬出。现因学生人数增长，北大要使用这块地方，是个权宜之计，应有长远打算；如果将来要使用该地"两地办学"，应有规划报教委。他列举了当时许多高校"两地办学"所遇到的困难，如南京大学的浦口分校等，要北大对困难有充分估计。学生去昌平上课的经费得完全由北大自筹解决。4月21日，我们再去国家教委，直属高校办主任陶俊谦和副主任温纯向我们通报了经过教委党组研究的关于昌平校区的想法。他们原则同意安排少数文科学生到昌平分校上课，但要求我们适当减少招生名额，将学生去昌平上课作为权宜之计。1994年到昌平校区上课的学生以500人为宜，并建议将一栋学生宿舍改建为食堂。同时要求教育行政学院顾全大局，与北大合作互助，做好工作。张孝文副主任也到会了，他要我们减招新生100人，并对在昌平校区上课具体叮嘱了几点。吴树青校长直言，北大不可能削减招生人数（当年本科招生仅1400多人）。我也充分认识到"两地办学"对学校在人力、财政、管理上所产生的困难和压力。但我又认为，在高等教育逐渐普及的大势下，"两地办学"似乎是一种国际趋势。如巴黎大学分了13个校区，巴黎南大学（巴黎11大）就处在南郊奥尔赛，以理工为主，离城较远。美国加州理工学院，是一个学生人数较少的精英大学，但管辖着一所体量较大的、先进的喷气推进实验室（JPL）。莫斯科大学理科的宏伟建筑在麻雀山上，与处在城里的文科相距甚远。我并不赞同1960年的北大昌平理科校区规划中那种各系独立自成区块的结构，但我心中的"小九九"却憧憬着恢宏蓝图，设想将来有一天国家经济发达了，北大理科还可以占据这5000亩土地，这里还可以安置国家的几个重大的科研设施呢。可这是理想、梦想、幻想？我顾不上，我也不可能为此奋斗。至于文理科密切共处、可频繁交往的"理想大学"，我想，实际上只有那种"微型袖珍式"的精英大学才能办到。比如，像以前的燕京大学。而对于北京大学这样的"国立"大学，这只是一种不切实际的幻想。北大不能放弃燕园，但北大也不能只困守在这海淀校区（当时我丝毫未想到可将成府街道整个划归北大，认为这将严重扰民，但即使如此，北大现时的拥挤也已有目共睹）。这就是我的"长远打算"，但当时却不能公开说出来。此后，关于两校互助合作、分工共管这件事，在教育行政学院的党委书记、常务副院长张仁贤和实际负责的副院长高聚慧（是北大毕业生）的主持操办下，很快达成了协议：学生宿舍四号楼全部归北大学生住宿，两个餐厅一个归北大，教学楼腾出约一半面积9400平方米、共138间给北大使用，公共部分暂由教育行政学院主管，北大按比例缴纳费用。事实上，昌平这块地方容纳两校学员教学与生活绰绰有余，只因多年未用，维修工作量极大。另外，教育行政学院不过是一个培训机构，学员人数不多，学习时间不长，而且有"暂栖"性质，对各种日常生活与教学保障条件要求不高，对水电管网都没有进行严格维护。北大学生过去，加上各种服务机构与设施，就会有千把人，且他们长年都在那里学习生活，所需保障条件的要求自然更高。这就必须依靠地方支持。为此我们及时与当时的昌平县政府进行了沟通，提出了从水电容量、生活供应、邮电交通、医疗卫生、安全保卫等多方面的地方保障要求。对此，时任昌平县长李士祥给予了热情支持。昌平县政府实际上有利用北大进驻来提升昌平文化科技含量的意图，所以双方一拍即合。1994年6月，李县长亲自召开了有多个职能部门参与的现场会，迅速解决了各方面的难题，而且为此后及时处理各种问题接上了关系。之后，昌平县政府常务副县长又和我们与教育行政学院高院长等召开过一次现场办公会，政府办、水利局、土地局、公安、交通、电信、邮政、银行、医院、环保等单位的领导都到了，及时解决了许多非常具体琐碎的问题，如水的供应、电话增容等。常务副县长总结说：各局正副局长要把具体工作交给科长办，保证9月开学；通过多方合作提高昌平教育水平，成为北京卫星城；北大科技开发成果要优先给昌平；今天是开始，以后有问题随时提。应当说，在处理外部关系上，我们还是做得比较满意的。

然后是在学校内部，我的工作得到时任副总务长崔殿祥和修建处处长沈鹏等人的大力支持。沈鹏详细规划了各种房屋设施的维修、维护与日常运行的费用。这里牵涉到上下水、土建、修建、动力、供暖、家具、伙食、交通、医疗等多方面的后勤设施，以及图书、计算机、语音、电视、文娱等教学和业余生活设施。估计总开支约400万元。还要配备相应人员，对于他们的工作生活造成的困难与损失要给予一定补偿。学校决定对昌平的工作人员发给远郊工作补贴，每人每月240元，上课课时津贴10元/学时。1994年6月，昌平园区搬迁工作启动,决定下半年文科新生共640人(除文科试验班和情报专业外)去昌平上课。7月1日校长办公会任命了副总务长崔殿祥为昌平园区办事处主任,原地球物理系总支书记张荫春为分党委书记。办事处下设党政联合办公室、学生工作办公室、教务办公室和总务办公室。9月初,文科新生都到了昌平校区,共17个班。文科各系都派出了班主任,他们基本上都在昌平与学生共同工作与生活,对学生非常热爱和负责。9月20日,我去昌平园分别跟教师和学生进行了座谈。教师谈到了自己的责任,也谈到了众多困难与不足。在与学生的座谈会上,我记录了46条学生对生活与学习的意见。其中主要是关于生活的,有伙食、洗澡、医疗、交通等,也有不少是学习方面的,例如图书报刊、选修课、社团活动之不足,等等。有的意见也使我兴奋,比如他们提出来,园区的小卖部可以由学生自己来经营管理,这反映了他们自治自理的要求。所以这里的学生工作是大头,先是黄建刚,后来是朱非等人,都将学生工作做得很出色,充分发挥学生的自主性。那里的一个很大缺陷是不像海淀总校那样差不多每天都有各种各样的课外讲座。为了弥补这个缺陷,昌平园也几乎每周都会邀请一些名师来做课外讲座,其中不少是学生自己设法请来的,我也去讲过一次。与海淀总校的学生无事经常逛街不同,那里学生的业余生活更多的是学生的自主活动,周末爬山是一种很好的锻炼,令人心旷神怡(我在昌平工作的时候,视爬山为最好的休闲,不但周末游历过沟崖等地,平时晚饭后还可登上后面的小山,领略远眺一马平川的舒畅和快意)。在我的印象里,昌平园学生的自主、自治、自理能力要比在海淀的学生更强,我曾专门表扬过他们。他们出版的油印刊物《我爱昌平园》,十分生动活泼,创刊时我为之写了一篇《序》。教务工作由教务处的洪德昇负责,也做得井井有条。我特别佩服哲学系的张翼星、王守常等老师,以昌平为家,出了很多好主意,对学生照顾体贴,深入细致。两个学校在一起也有好处,我读过在那里受训的一位大学领导人的回忆:那里有一些青年学生,自己对办学的思考可以用这些学生的表现来印证。跟这些学生相处,既是学习,也是实践。1997年后,教育行政学院逐步迁出,搬到大兴,1998年后,昌平园完全收归北大了。我曾酝酿将理科一年级也搬过去,物理系还曾考虑将普通实验室的部分设备先搬过去。但是,由于多数教师反对,学校教学管理部门的意见也不一致,有人强烈反对。结果此事无果而终。1999年,我已退出行政工作岗位。2000年,听说有一位女同学晚间在从昌平县城徒步回校园的路上遭到歹徒杀害。因此,不少人认为该地很不安全,影响学校声誉,昌平园区的办学从此撤销。昌平园再一次荒芜了。

2017年,中国计量科学研究院正在谋划建设昌平院区的第二期工程,将在原有已是世界一流的园地上盖起一片科研新区。计量院近年基础研究硕果累累,在国际上成为令人瞩目的后起之秀,与这片一流园区是分不开的!离我们的校区不远处,清华大学"200号"核能院又在扩张,增加了几百亩土地。而北大的昌平园却在荒芜、在收缩!现在那里的地价已经暴涨,我们的5000多亩地呢?!

第八章

迎新世纪

一、教改会议

1990年开始的学科建设讨论,除了有为办好新型综合大学,为北大在21世纪进入"世界一流"做铺垫的意向外,主要还是想解决当时教师队伍青黄不接的严重问题。这项工作持续了三年之久,1990年开始调研,第二年进行酝酿,在1992年邓小平南行之后才作为全校中心工作,大张旗鼓地展开了讨论,并在仔细调研全校学科、师资情况与后勤保障等条件后,制定和落实了若干具体措施。此外,从1987年就开始的全面教学改革措施,由于1989年之后的新生一年军训等而中断,我们把主要精力都放在稳定师生情绪和加强管理上了。1993年,国家高等教育形势已经发生了不少变化:一是1993年1月国务院转发了1992年11月召开的全国高等教育工作会议《关于加快改革和积极发展普通高等教育的意见》,它根据当年党的十四大精神,要求解放思想,振奋精神,加快、加大高等教育改革的步伐和力度,努力开创高等教育改革和发展的新局面;二是1993年2月中共中央和国务院正式发布了《中国教育改革和发展纲要》,对我国原有高等教育体制的弊端做出了全面的分析,指出今后高等教育改革和发展的新路子是"使规模有较大发展,结构更加合理,质量和效益明显提高"。为了贯彻落实纲要,我们还需对"文革"前17年的教育教学和改革开放以来所采取的各种革新措施加以梳理和总结,特别是对1987年以来为适应市场经济的发展而实施的各种方针和做法重新进行审视和整合。这里涉及教育教学思想的重大转变。当时,我们对1952年院系调整后学习苏联的那一套已有不少怀疑,由于国门大开,欧美高等教育思想的再度引入,以及一些在西方高校学习或进修的教师归国,国内高等教育界正在掀起一场重新学习西方经典高等教育理念的热潮。在这种情况下,再加上当年决定结束北大新生一年军政训练的措施,我们决定将1993年的教学改革研讨会开成一场教育思想观念的大讨论和一次教学改革措施重新整合的大会。这次会议就从认清当今世界经济社会发展大局开始,认真学习中央文件,对以前的教学改革措施进行清理和总结,并提出新的改革举措。教学改革研讨会主会场设在当时主建筑仍归国家教育行政学院使用的昌平校区,这也是为了使全校主要干部能认识这块风水宝地对全校发展的重要性,并加以妥善使用,从而使它能顺利地从国家教委机关回归。

会议于1993年5月22日至26日召开。党委书记汪家镠,校长吴树青,前任书记王学珍,副书记郝斌、任彦申等以及包括后勤在内的各职能部门的领导都参加了。吴树青校长主持会议,这说明学校领导对这次会议的重视。会议整整开了五天,分为两个阶段:第一阶段的三天是所有负责同志都参与的大讨论,主要内容是北大教育教学改革和发展的目标、模式、思路和方案;第二阶段的两天则主要由各院系主管本科教学的副院长、副主任及教学管理人员参与,讨论具体措施与落实办法。

为了这次会议,我做了非常认真的准备。教务部门也做了充分配酿,除了召开过一系列系主任座谈会以外,副教务长周起钊等人再一次到南方一些高校,如南京大学等去考察,并收集了当时世界一些主要国家的高等教育发展改革情况,听取了各有关方面的意见。我还阅读了不少关于国际经济社会发展与教育大势的报刊文章,深入钻研了中央关于教育改革和发展的文件。我在大会上做了一个有两万多字的主旨报告。这个报告分三个部分:第一,历史赋予的崇高使命;第二,教学改革要改什么? 第三,改革的措施和做法。

报告的第一部分说的其实就是"形势与任务"。形势是邓小平的南方谈话明确了中国要建成为一个现代化的一流强国。建设这样的一流强国,就要靠一流人才,而一流人才要靠一流大学来培养。因此,此时的任务就是:北大要建设成为一所世界一流的大学。但是,中国大学不少,大家都面临着同样的任务,因此竞争非常激烈。谁能在这场竞争中胜出,担当起这伟大的历史使命,谁就能充当中国高等教育的排头兵,而北大无论从历史地位和国家期望上都责无旁贷。北大固然有一些优势,但新中国成立后在长期反复折腾中也积累了不少问题,绝不能高枕无忧。为此我们必须做到"扬长补短",要发扬在基础学科上的相对优势,继续充当国家文化和科学发展的重要标志,同时还要能在促进国家经济发展方面做出积极贡献,为经济和政治体制改革提供智力支持。这样,北大不仅能够在国家成为"世界一流"的进程中发挥重要作用,而且还能解决自身发展中所遇到的资金与资源匮乏的难题。为此,我们既要在学科建设上下功夫,也要在教育教学改革上做出成绩。作为一所高等学校,我们要对国家、社会形势与自己定位有清醒的认识,不能什么都干,不能包打天下。我们强调"要重质,不重量",提出学校教育改革的整体思路是:面向社会,适应市场,发扬优势,增强活力。后来又加了一个"办出特色"。这也是在之后"211工程"建设中提出的一个学校教育改革的指导思想,后面会详细述及。

学科建设已经作为一个重点在1992年进行了全面讨论,这次会议的主题是讨论本科教学改革。本科是大学的基础，改革要从思想观念入手。那么，哪些思想观念要改革呢？当时我们认为主要就是院系调整以后按照计划经济模式来进行人才培养的各种弊端：包得过多，统得过死；学校面向政府而与社会脱节；不照顾学生个性的狭窄专业教育模式。在教学过程中的具体反映如下。

第一，学生学习束缚在一个专业，而专业划分得过细过窄；教学方案围绕着专业培养目标转；学生一考定专业、定终身，以为学生毕业后会一生从事与所学专业相关的工作；基础课为专业需要服务，要求传授的专业知识保证学生一辈子够用，课程内容过专过深；有时，甚至专业也是强行分配的。

第二，教学过程统得太死，没有在保证基本要求的前提下给学生以学习自主权和主动权，缺乏因人而异、因材施教的余地；教学计划安排得过死，选修课很少；教学实际上以教师为中心，教师按自己的形象塑造学生，自己有什么，学生学什么。

第三，包得过多。学校为学生的成长进行了周密的设计，要保证每个学生顺利完成学业，缺乏竞争机制，缺乏克服障碍的锻炼；教学方法也过于死板，学生批评为"中学生的教学"，缺乏启发性、参与性、研究性。

第四，培养过程封闭，与社会脱节。教学计划虽然规定了实习、实践等环节，但由于客观条件的限制，难以充分施展，学生在教学过程中很少能接触社会实际。一些课程结构和教学内容比较陈旧，不适应社会需要。

在社会经济迅速发展、人们职业生涯不断变动的环境下，这种弊端的危害显而易见，毕业的学生难以在急剧变化的社会中掌控自我、安身立命，更谈不上成为一流人才。由于当时多数教师就是按这样的教学模式培养出来的，且大都是一毕业就留校任教，很少接触学校以外的社会，他们往往按自己的成长经历来培养学生，要放弃或改变这种带有明显缺陷的教学观念并不容易。而我们所要求贯彻的新教学观念,说白了无非就是要求学生成为教学的主体,也就是今天所说的"以人为本",使人得到全面而自由的发展。我在会上具体讲了需要改变和树立的观念主要有以下几点(后来摘要写在《会议纪要》上)。

一是破除大学本科教育以专家为培养目标的观念,树立本科阶段的主要任务是养成素质、打好基础的观念。高等教育固然属于专业教育范畴,要培养出完全不分专业、无所不能的"通才"是不可能的。现在的倾向是专业划分过早过窄,公共基础知识比较薄弱,削弱了学生今后的开拓能力和灵活适应能力。这里有些客观因素,如有些专业比较热门,像生物化学、国际金融等,将这些品牌打出去有利于招生。但也有不少是观念问题。比如,要求过早按较窄的专业上课,不愿多上公共基础课,不愿增加选修课;总怕专业课上少了,砍掉一些过深过窄的课会削弱专业能力,降低专业教学水平和培养质量,甚至还有越专越好的倾向。之所以会产生这些偏向,有两个原因。一是学生毕业工作时,一开始总是从事比较狭隘的具体工作,只要恰好对口就会有上手快、效率高的优势。但实际上,这种狭窄的"对口"是绝少有的,很难做到的,更不符合现在工作岗位频繁变动的实际。二是教师总以自己为模型来塑造学生,以本身的知识结构为依据来要求学生,总怕学生没有充分掌握知识、不够用。其实,我们大部分教师的多数专业知识都是从事相关工作后获取的,有什么必要让学生去掌握那么多适应面那么窄的知识呢?所以要树立终身学习的观念,不能学校教育包终身。说到底,大学本科阶段主要是让学生提高普遍的人文素质,学会学习、思考,学会做人,学会承担社会责任。在专业学习中,主要是掌握基本知识和工具、基本的思维和工作方法,即具备分析问题和解决问题的能力(彼时尚未强调"发现和提出问题的能力",三年后才强调)。具体地说,就是要在掌握基本知识和理论的基础上具有获取、分析与运用资料的能力,学会观察与实践,掌握社会调查的能力与方法,等等,从而培养自主获取知识和自我发展的能力。学生有了这些素养,就能随着世界形势快速变化而不断追求新知识,解决新问题。这些基本训练贵在严格要求,不在于量大与过窄过深。

二是必须树立以学生为主体的观念,破除有意无意迁就教师、以教师为中心的观念。目前我们开设的一些知识面较窄的课程和过窄的教学内容,与其说是为学生服务的,倒不如说是为教师服务的。因为教研室里有这些教师,他们研究这些问题,只能开这些课,而不管学生是否有需要。另外,有的教师要求早分专业,早开专业课,是因为怕学生到高年级了解了专业内容后难以分专业。比如,一些冷门专业毕业后出路不够好,没有学生肯学,就在低年级强行分配。这种做法完全违反了学生意愿,是非常不合理的。如果一些专业确实没有学生学,就可以停设。一些专业国家确有需要而学生又不愿学,其中必有原因。如果是学生不了解,就要多做解释和宣传工作。有的专业还有师资与课程教学质量问题,更要设法解决。这里也有一个专业界限分得过死、壁垒森严的问题,如果专业淡化了,只是方向不同,就会好分多了。将学生看成是教学主体,就要充分调动学生的积极性,允许学生根据自己的志趣、特长,以及工作去向,分别选课,给予学生多次多种选择的权利和条件,因材施教。要破除教学计划千篇一律的"严格性",强调发挥个性,允许高年级学生根据不同情况分流选学不同方向的课程,充分发挥每个学生的优势;允许学生适当缩短或延长学习年限。要鼓励学生在学习上竞争,逐步增加淘汰率,以激励他们努力学习,追求上进。将学生看成教学主体,还要相信学生能自觉学习,主动去克服困难。学校除了要提供良好的学习环境与教学设施外,不应在学习过程中的每一步都为学生做出刻板、"周到"的安排,允许学生超越按部就班的学习进程。

三是改变封闭的教学观念,树立开放的教学观念。我们过去办学,一方面,学校与社会脱节;另一方面,教育过程完全束缚在一个系、一个专业上,一切以专业为单位。这样,社会的优势、学校的整体优势都难以发挥出来。改革后的教育教学要充分发挥兄弟院校和社会整体的作用,可以充分吸收社会上有实践经验的学者与各种实际工作者来校讲课,传授实际经验。尤其是实务课程,要特别注重来自实际的案例教学。把教学与研究结合起来,才能使教学生动活泼,让学生学到实际本领。开放式办学可以充分发挥各学校、各个系的优势,可以鼓励学生到兄弟院校听优秀教授讲课。我在法国访问期间注意到,巴黎的十三所大学,一些研究生课程是联合开设的,请该领域最有成就、最著名的学者来讲课,其教学质量自然就比局限于一个学校里的教师讲的高得多。法国在物理学上保持着一支理论与实际相结合的、世界知名的队伍,与这种开放式的教学密切相关。我们要鼓励学生在各系之间自由听课。系的任务不只是管好本系学生,还要以开出的本学科的所有课程吸引全校学生来听,对全体来听课的学生负责,不应有本系、外系学生之分。我们提倡北京大学开出的每一门课,都是可以面向全校学生的(当时全校有课程约3800门,本科和研究生课程各占一半)。同时,鼓励学生参与社会实践。这样开放式的办学,才能生动活泼,使优秀人才脱颖而出。

四是强调从严治教,改变教师不敢管学生和要求不严的倾向。在教学过程中要树立竞争观念,总要有一个合理的淘汰率,不能保证"不让一个阶级兄弟掉队",这样做才能提高办学效益。

在改革的措施与办法部分,总体上仍要贯彻"加强基础,淡化专业,因材施教,分流培养"的十六字方针。即低年级在宽口径范围内加强厚实的基础教育,高年级根据学生个人志趣、学习状况、特长和工作去向分成研究型和应用型两大类分流选学课程。各类还可根据不同的专业方向选修不同课程。"淡化专业"的含义是既要有专业,但学生培养又不能过分束缚于专业,专业不能分得过早过细过窄,在教学方案、课程选读、毕业求职等方面不能过于拘束于专业界限,要根据学生情况允许转换专业。这样的培养方案具有对社会需求迅速变化和对学生因人而异的灵活适应性,既能满足社会近期的需要,又能考虑到未来高层次发展的需要。

经过热烈讨论,结合对近年来已在实行的改革措施的梳理,最后总结出 16 条改革办法。下面罗列一些内容。

(1) 规定了三类课程的学分比例:基础课(含专业基础课)占 40%～50%,专业课(含限制性选修课或分流方向课)占 40%～50%,任意选修课占 10%。

(2) 加强公共基础课,含思想品德、政治理论、体育、外语、计算机等。

(3) 专业基础课(高等数学、普通物理、大学语文、中国通史等)按专业大类分层次上课。

(4) 按课程学时与听课学生人数之积,发放基础课教学津贴。

(5) 从本年起开始举办理科试验班,接着举办文科试验班。

(6) 扩大选课自由权,规定必修课学分所占比例最高不超过 70%,任选课与限制性选修课学分所占比例分别要达到或大于 10% 和 20%。

(7) 允许跨院系选课,规定每个学生必须选读一门文理互选课,至少选读一门艺术课。

(8) 鼓励培养复合型人才,攻读主辅修学位,适当降低辅修专业最低学分数为 35～40。

(9) 继续执行申请免修课程、通过自学考试取得学分的政策,取得毕业要求的学分数可以提前毕业。

(10) 允许学生中途停学,保留学籍离校工作,适当时候可以复学,总时长不超过 7 年(即所谓"夹心式""三明治"学制)。

(11) 鼓励各系为外系开课,改革教学经费发放办法,除本系学生按 40% 额度发放外,其他按"课时数×修读并参加考试学生数"计算发放。

(12) 按照一定程序允许学生转系、转专业,给学生以多次多种选择的机会。

（13）适当提高淘汰率。

（14）为某些按规定该退学的学生提供适当途径插班转学，实行自费试读，以及本转专和专升本的办法。

（15）公布各系教学状态指标。

（16）允许到兄弟院校上课并互认学分。

此外，还对招生做了一些规定，其中包括先前已实行的不按专业，而按专业大类招生的规定，以及跟少数优秀中学建立合作关系等。这些在"会议纪要"中都有提及，教务部门还具体制定了许多详细的规定与条例，以便在工作中贯彻落实。

除了我的主旨发言外，化学和信息管理两个系做了典型发言，副教务长周起钊介绍了兄弟院校教改情况和国外大学本科教学的一些新模式。郝斌副书记和组织部长朱善璐还就当时社会与学校稳定问题做了通报。在总结会上，吴树青校长就认识当前高等教育发展机遇与困难和学校改革与发展的总体思路及所做的工作做了重要讲话。

应该说，由于酝酿已久，这次会开得还是相当好的，大家讨论热烈，对"十六字方针"基本上取得了一致意见。但是由于各系情况差别较大，对"淡化专业"的"度"仍旧有不同的理解。这也自然，比如，对于小语种专业，其"淡化"的程度当然不可能很大，主要就是将专业内容从"语言文学"扩大到"语言文化"，除了要学好对象国的语言外，也要对其政治、经济、社会文化等各方面有较宽泛的认识。不过，在讨论中大家对北大成为世界一流大学信心不足，认为资源与经费太缺，难以吸引一流学者。在当时的条件下，这个问题当然不可能完全缓解。为此吴校长在总结会上专门就此做了解释，以增强信心。

这次会议的一个最大不足是没有邀请国家教委和北京市的教育行政部门的领导与会，这当然是我的一个失误。我们觉得这只是北大的一次内部会议，而且没有展示和奖励成果的环节，故而也没有人提醒要请领导。两三年以后，国家教委的领导多次在会议上提到，"教学改革，思想观念是先导"，"清华、南京大学等学校都开展了教学观念改革的大讨论，取得了很好的效果"，北大做在前面了，却默默无闻。我们当然也在不同场合向领导做过一些零星汇报，但因他们没有亲临现场，效果自然大不一样。

为了贯彻落实这次会议的精神，首先从再次修订教学计划着手。当年正好是北大本科新生为期一年的军政训练结束，1990年修订的教学计划不再适用，新的教学计划可以按照这次会议的要求重新安排课程。这次修订工作前前后后做了三年，直到1996年才算结束。其中主要内容有：重新研究各专业的培养目标与规格要求；减少课程，如地质系专业课从原有的77门（最早还有90多门）减少到39门，化学与分子工程学院将专门化课程也做了较大压缩，从原有的34门压缩到了19门，文科院系适当增加了能力培养的应用性课程；将毕业应修学分从1990年计划的170～180降低至150左右；计算机课正式纳入基础课范围，要求文科开出总学分为6的两门课（计算机应用，数据管理与数据库），理科开出总学分为9的三门课（计算概论，算法与数据结构，数字系统与微机原理）。其他如对必修、选修学分的比例，文理互选，以及艺术类课程，都按上述规定做了调整，还增加了不少"文化素质教育通选课"。由于课程体系的改革是一项学术含量极高的工作，为此我们决定第二年（1994年）全校进行一次"面向21世纪的课程体系设计与教学内容改革"的大讨论。

此外，对跨院系选课、向各院系发放教学经费的计算方式等都做了细致安排与调整。这样的改革大大增加了各院系教务员的工作负担与难度，因此不断对教务人员进行培训就成为教务部门的一项重要任务。会后我们还与清华教务处商讨了两校学生互相听课、互认学分的问题。后来清华的学生来北大听课的人数要远多于北大学生去清华听课的，因为工科的课程专业性较强，感兴趣的学生不多。

二、办试验班

新中国成立以后的中国的大学为什么培养不出大师来?在"钱学森之问"之前,这个问题在高等学校就经常被提及。吴树青校长曾不止一次地跟我讨论过这样的问题。我对此也早就有了看法:杰出人才不是靠大学"培养"出来的,是从一定的社会环境和机遇中"冒"出来的。我们的社会缺乏让人"冒尖"的氛围!但是,人总是各不相同的,在学生中总有一些人资质更聪慧些,能力更强些,成熟得更早一些,能否让他们从一般学生中早点脱颖而出,崭露头角呢?这还是有可能的,也符合"因材施教"的教育教学原则。

当时,在李政道先生的推动下,中国科技大学举办"少年班"引起了全国高教界和社会上的重视和议论。总体上,赞扬声多于怀疑声。1984年8月,邓小平在会见华裔诺贝尔物理学奖获得者丁肇中时说:"其他几所大学都应办少年班。"1985年1月,教育部在跟北大等12所大学商讨后,于1月26日发出了〔1985〕教计字018号文件《同意北京大学等12所院校举办少年班》。文件规定北大可在北京、天津、上海、江苏、浙江、福建等省招生20人,对象为学习成绩优异、智力超常并实际具有高中毕业文化程度、年龄在15周岁(个别可放宽到16周岁)以下初中三年级至高中二年级在校生。学制一般为四年。北大采取的招生录取办法是:中学推荐与考核相结合,经北大命题考试和面试,不参加全国高考,根据考试成绩和政审、体检结果,择优录取。学生入学后用12周时间补习高中数学、物理、语文、外语、体育,再根据学生志愿,编入数学、物理学、无线电电子学、生物学、计算机科学技术等系85级学习,不单独编班。所以,我们的"少年班"做法与中科大的很不相同,实际上真正的"班"只有不到三个月,然后就成为"少年大学生"了。

1985年我参与校政后,"少年班"成为教务长办公会经常讨论的题目。少年班是为培养理科基础学科与高新技术学科的杰出人才而设置的,实际上除了"少年班"以外,1985年北大还办了"保送班",其招生办法与"少年班"基本相同,但以应届高中毕业生为主。这样,"少年班"实际上就扩大到所有文理学科了。由于北大在多年招生过程早就与许多重点中学建立了密切联系,对于中学优秀生源了解得相当清楚,所以招生工作并不困难。而且北大很多老师都是历年高考命题的专家,经过他们富有经验的出题考试与面试,招生自然顺利。到1985年4月16日,已经确定了录取"少年班"学生21名,"保送班"学生155名。为研究这两个班的教学与管理,教务部门还专门召开会议。由于"少年班"学生要经过近三个月的补习,他们在6月就进校了,不过实际到校的只有19人。对于他们的学习和生活,以及个别辅导等,学校都进行了周密的安排,各相关的系都派出了一批得力教师,作为每个少年生的导师。到9月份全体新生入学时,少年生们已经了解了大学学习的情况。在导师帮助下,根据志愿,他们分别被编入到上述有关各系,与普通大学生一起学习。只不过他们仍配有导师,进一步对他们的学习与生活进行指导。

根据第一年的经验,我们认为没有必要专门为少年生合班补习12周的高中课程,因为学生的情况很不相同,多数人对高中的课程都已经掌握了。所以从1986年以后,虽然我们仍以"少年班"名义招收了一些年龄在16周岁以下的学生,但不再集中补高中课程了,只是为每一个少年学生配备了导师,给予学习和生活上的辅导。有的导师认为某位少年生尚需补习某些高中课程的,也允许他们提前进校,在附中上一些课。这样,我们一直坚持了以保送生的方式招收少年大学生。不过,我们并不刻意追求人数,有中学推荐,确实符合条件的,我们就招进来。因此,北大每年都有数目不等的少年大学生入学。这些学生多数在学习上是优秀的,但是有的生活自理能力确实不强。我曾经在学生区碰到过一位少年学生,他满头长发,形同刺猬,显得很邋遢。我过去问他:"你为什么不去理发啊?"他说:"我不知道理发店在哪里?"我说:"不就在这里过去不远的地方吗?你也可以问一下同学嘛!"我觉得他的辅导老师没有负起应有的责任,可能较长时间没有过问。这当然也反映北大在这方面管理的松懈。

1985年招进来的少年保送生中,有一个不满14岁的,叫田晓菲。她当时已经出了一本诗集,通过我们组织的考试和中文、西语和心理三个系老师的面试,认为她完全有能力直接上大学,就招进来了。毕业后,她34岁被破格提升为哈佛大学东亚系的教授,网上有文章将当时北大敢于招收她的功劳归到我的头上。其实,我当时还只是自然科学处的处长,不管文科,她的特殊表现曾经在教务长办公会上讨论过,我并没有决定权。我当教务长之后,她还送给我一本她的诗集。我们当时都认为,根据"因材施教,分流培养"的原则,应该给天资聪慧、有特殊才能的超常少年以早日成才的机会,但是也不同意给他们以"分灶吃饭"的特殊优待,而是主张他们跟普通大学生一起成长,让他们通过自己的比较优势与顽强意志,切磋琢磨、攻坚克难,在自由选择的制度安排中得以比一般同学学得多、学得好,早成才,从而得以提前毕业、提前考研、提前取得双学位,成为优秀的、杰出的人才。

加强与优秀中学的联系是我们能够物色到一些聪颖的超常少年的首要条件。1985年4月,我们曾邀请34所中学校长来座谈"大中学教育衔接问题"。以后隔一两年就要开这样的会。我们派出大量有经验的教师固定在各省联系一些著名中学,我个人还曾到江苏、湖南和四川等省的几个地区,分头与中学校长、教师开会,介绍北大,座谈大中学教育教学衔接的问题。在北京,除了北大附中以外,我们还与北京十五中(宣武区中学)建立了固定的大中学教育衔接试点,经常派教师去该校讲课,我也去讲过一次。此外,在国家教委的支持下,从1987年起,在理科奥赛培训班的基础上,我们还在北大附中举办了"理科试验班",招收全国高中理科尖子生来培训半年至一年,这种培训既是世界理科奥赛选手的集训与筛选过程,也含有探索中学与大学教育衔接的意义。其中一些课程(包括实验),就是由北大数学、物理、化学老师任教,有的课还是在大学里上的。我经常到北大附中和校长、教师一块儿商讨这项工作,从学生的选拔、学习计划、师资遴选、奥赛选手选拔、学生生活、医疗保险、保送上学、入学待遇,以及经费等问题都要做出细致安排。国家教委副主任王明达也多次出席过会议,一些有关政策措施等问题还得靠他来协调解决。可见当时教育行政部门对此是十分重视的。实际上,我国在数学、物理、化学等国际奥赛中能屡拔头筹,是跟国家重视分不开的。而北大一部分尖子学生就是从这些试验班中选进来的。在这里,北大原副校长沈克琦和各系许多老师发挥了重要的作用,如数学系的张筑生、物理系的丛树桐和化学系的华彤文等人。此外,我们在学校里还频繁举办各种"科学文化节"活动,吸收一些优秀中学生来参加。每年暑假我们还以举办中学生科学夏令营等措施来吸引优秀中学生痴迷科学,并为他们以后上北大铺路。

1993年前后,在酝酿教学改革研讨会的时候,许多教师对改革措施曾有过热烈的讨论,比如,提出过一种更为激进的办法,实行"大文科""大理科"制度,即文史哲、数理化不分专业。为此,副教务长周起钊等对南方几所大学的教学改革又做了一次考察,特别是对南京大学的理科基础学科"强化班"做过细致的调研。而技术物理系的一些教师,如汪厚基等人,也积极向我们建议,北大也应办理科试验班,给一些平时"吃不饱"、学有余力的学生以加速成长和进一步提高的机会,同时还可探索对交叉学科学生的培养方式,以早出人才,并为将来出"大师级"杰出人才创造条件和做点准备。总之,对"因材施教,分流培养"要探索一些具体办法。汪厚基等人还自愿承担办试验班的具体工作。所以,我们决定先举办"理科试验班",视情况再举办"文科试验班",将它们看作是面向21世纪教学改革的一种"试点"。

经过一系列讨论之后,学校决定成立一个"理学试验班指导小组"，请相关各系有经验的教授来研讨办学思想、制订教学计划；还设立了一个直属教务处的试验班办公室，由汪厚基负责。试验班的学生是采取志愿申报、择优选拔，再由试验班办公室审定的办法，从当年理科各系新生中选出来的。他们并非都是成绩最好的，获当年理科奥赛一等奖的有33人，而进入试验班的仅为6人。试验班的基本指导思想是对所有学生强化数理基础训练，同时让他们对当前理科，包括化学、生命科学、地球与天体科学的相关学科的前沿研究有相当的了解，还要适当选读一些文科课程，以便做到文理交融，并规定他们必须提前参与教师和研究生的科学研究课题，以使他们成为各学科基础深厚、视野开阔、具有初步科研工作能力和开拓能力的人才。试验班设立导师制，为每个学生配备了有经验的导师。每个学生的教学计划是在导师指导下根据学生情况制订的。所修课程有试验班的"专设课"和各系的"认定课"两种。专设课是为试验班学生专门开设的。比如，理科的数学、物理课程一般是根据所属系别分类设置的，根据内容与程度分为ABCD等类。试验班除了数学与物理两系学生修读本系的基础数学与物理课外，给其他非本系学生开设了内容较广、程度较深的数学和物理课。比如，数学至少是B类"高等数学"（即为数学系以外学生所开的程度最深的数学课，含线性代数等），而"基础物理"则包括量子力学、统计物理和近代物理等内容。至于"认定课"是各系的专业基础课，各系会要求试验班学生以比普通班学生更短的学时数完成他们的课程。因此，讲解往往比较精炼，主要在于讲清概念、观点和方法。例如，化学与分子工程学院的"物理化学""有机化学"和"分析化学"，普通班要上108学时，而试验班只上80学时，但要求相同。试验班所有学生都得学"大学化学及实验""现代生物学概论""普通地质学"和"计算机及信息处理基础"（含"计算概论""算法与数据结构""数字系统与微机原理"等课程），从而开拓他们自然科学的视野。

对有的物理系学生，我们会鼓励他们去上数学系的数学课，从而得到更为深厚的数学思维的熏陶;而有的地质系学生则会去听化学系的课程。当时北大的上课教室已经饱和,教务处排课不可能照顾到这少数学生,必然会有课程冲突。这样,学生上课时就难免要做出取舍:课程冲突时,是去上这门课,而放弃那门,还是相反。他要权衡两门课的内容、分量和老师的教学方法与参考资料的齐全,哪门课更适于自学,更容易通过教材或借阅同学笔记而取得与上课相似的效果,学到相关知识,通过考试,取得学分。这种选择过程,本身就是一种知己知彼的磨炼,是让学生学会充分运用自己的智慧与潜力的机会,从而锻炼出克服困难的顽强毅力和拼搏精神。我们认为一个沿着别人"设计"好的道路顺利成长的人,绝不可能成为"杰出"人才。从这个意义上来说,我们就是要故意给试验班的学生制造点"麻烦"、设置点"障碍",给他们所谓"要跳一跳,才能够得着"的历练,让他们承受比一般学生更多的困难与负担,在崎岖的充满荆棘的道路上前进,这样才能建立他们攻坚克难的自信心和发挥出他们的全部潜能。我们认为,好的教育就在于能让学生展现与挖掘出自身的潜能。

1993 年第一届理科试验班共招收了 147 人(其中有 17 人为少年大学生),1994 年 134 人,1995 年 123 人。这些人中后来有一些人退出,分别为 9 人、16 人和 18 人,占比在增加。试验班的学习期限为 2~3 年,期间还必须通过大学生英语六级考试,然后回各系继续学习。由于实行的完全是个性化的教学计划,名义上虽是"班",实际上并无"班"的建制,他们的学籍还是归各系管理。这也造成了一些矛盾,学生没有"归属感",教育上的激励效应发挥不出来。总结这三年来的办学实践,应该说,试验班既有成绩,也遇到了不少困难。其中一个普遍的反映是学生负担太重。另外,由于课程较多,学生普遍自学时间不够,独立思考不足。不过总体上说,学生的学习成绩比普通班还是好的。学校对他们的优待是图书馆允许的一次性借书量比普通学生多,还发给他们一定价值的购书券,对完成计划的学生颁发荣誉证书和一定的奖金(中国科学院为他们设立了"攀登奖学金");他们获得"优秀生"称号的机会也较多。试验班还可为结业学生办理免试推荐攻读研究生的手续。

1994年,以打通文史哲为主要目标的"文科综合试验班"也开始举办。文科试验班的基本办学方法与理科相同,每年招生30人。有相当一批教师积极分子为办这个班贡献了自己的智慧和精力,如哲学系张翼星教授等人。文科试验班的学生入学头两年文史哲不分系一起上课,跟普通班学生不同的是,他们被要求阅读大量中外经典名著,而不是被动地在课堂里接受教师"灌输"的知识。通过这种方式,这些学生不仅要通晓课程"主体"的知识内容,而且还要掌握古汉语和一两门外语(称为"两翼")。所以,在一定程度上这个班有点像是"国学班";不过,学生还要读不少外国的"元典"。这样,学生负担当然要比普通班的学生大得多。但是我认为,只要学生"压不垮",这样做会有利于发掘学生的潜能,轻轻松松是不可能成就人才的。

平心而论,试验班还是出了一批人才的。1997年教务处编辑出版了一本《北京大学理科试验班优秀论文集》,收集了17篇学生以中英文所写的科学论文,篇篇都是像模像样的严肃的、规范的论文。我感到前所未有的高兴,欣然为它写了一篇《序》。

但是,后来随着一批热心教师的退休,物色负责任、有经验的导师比较困难,再加上学生中认为负担太重的声音较多,而这种个性化的教学计划确实不易实施,特别是增加了各院系教务员在管理上的工作量。因此,这种试验班继续办下去就遇到了不少内外困难,引起了一些教师及管理机构工作人员的议论和埋怨。不过,我认为,试验班本来就是打破常规的办学方式,所以出现非议是自然的。正像任何正面事情都会存在一些负面效应一样,只要方向是对的,对出现的困难我们认真去解决它就行。我在那篇《序》文中说过,"试验班的生命就在于试验!"既然是试验,就会有失败。试验允许失败,失败了就分析和吸取其教训,改进后再来。

大约在2001年,试验班被作为失败的典型而改造成为以实施通识教育为主的"元培班"。后来"元培计划"又发展成为具有北大品牌的"元培学院"。这种以"通才教育"为理念的精英教育模式是新时期学习美国研究型大学教育的产物。它当然也是很有意义、值得探索的。不过就办学宗旨而言，它与原来的试验班有所不同。从某种程度上说，"试验班"多少与后来大力提倡培养所谓"拔尖创新人才"的一些学校所办的"尖子班""攀登班""珠峰班"有点类似。但是，我认为"拔尖创新"的人才并不是"培养"出来的，而是从竞争中自己"冒"出来的。只要有人群，就有"拔尖"的人。至于"创新"，我认为每个人都有"创新"的基因。要使其实现，一靠基础，二靠激励。基础是沃土，能使种子发芽成长。我们的试验班强调加强理科的数理基础、文科的文史哲基础。正如前面说过的，对于究竟什么是"基础"，是要与时俱进地加以分析梳理的。激励，则如同阳光雨露，使之开花结果。激励的因素主要是：需求（恩格斯有一句名言："社会一旦有技术上的需要，这种需要就会比十所大学更能把科学推向前进。"）、对终极真理的好奇、名利（荣誉和奖励）、竞争与辩驳，这里环境与氛围起着重要作用。而每一个人能够创新的领域和方向是各不相同、差异极大的。试验班就是想创造这样一种"因材施教"的平台与条件，使一些青少年早日脱颖而出。20多年以后，我遇到一些当时办试验班的教师，他们还耿耿于怀，认为虽然当时试验班有些缺点，但还是应该做点局部调整而继续办下去。例如，化学与分子工程学院的一些老师说，试验班的学生进专业之后很受欢迎，做研究工作很出色，有成绩。

三、课程改革

1993年教学改革研讨会所要解决的是教学思想观念和办学体制模式与管理方面的问题，这只是给教学搭了一个好框架。好比演戏，只搭了一个舞台。要有优秀的教学质量，还需要有好的课程和老师，即优秀的戏码和演员。这两者是互相依赖的。确定了"戏码"，就可去找适合的优秀演员;反过来,有了优秀演员,才可能呈现出一套优秀戏码来。大学要根据办学定位与学科建设目标来办,当然还是要先订出"戏码"。

这样,在这次教学改革研讨会之后,我们一方面开始着手制订新的教学计划,另一方面则试图改造与设计出一套作为教学计划核心的课程体系。我是学物理的,那时候我曾花了一些时间浏览20世纪20年代左右英国、美国、德国、苏联的大学物理教科书(对此,我似乎早就有所准备,1956年我以翻译身份随高教代表团访问苏联时,曾在旧书店里买了好几本苏联早期普通物理学教材,如赫伏尔松所著的《普通物理》,送给了物理系图书馆,估计至今鲜有翻阅者),发现近一个世纪来,物理学的基本教学体系并没有大的变化,框架仍是力学、声学、热学及气体运动、电磁学、光学、原子分子物理、核物理等。基本概念的叙述也是大体按照这个次序排列的。可是,20世纪相对论和量子力学出现之后,物理学已发生了天翻地覆的变化,新的物理现象和效应层出不穷,在应用层面上使得人们的日常生活发生很大变化,更何况还有建立在物理学基础上的信息论和计算机技术等,完全改变了人们的生活方式。难道物理学的教学体系不应做些变更吗?在这样的背景下,我提议1994年进行"面向21世纪的课程体系设计与教学内容改革"的大讨论。这个建议得到教务部门的热烈响应。

1994年3月31日至4月2日召开了全校教学工作研讨会。事先教务部门做了很多准备,那次会议的主题报告是由副教务长周起钊做的。他对国内外相关情况做了许多调研,报告内容有理论,有数据,阐明"面向21世纪的课程体系设计与教学内容改革"这项工作的重要性和紧迫性。除了这个主题外,他也讲了关于1993年教学改革研讨会之后落实教学管理改革方面的各种具体措施,如贯彻完全学分制等。这是因为改革带来了不少矛盾与困难,有的问题很琐碎细微,如转系转专业的具体标准与转入系的接纳等,都需要逐个明确界限,找到具体的解决办法。各系对解决这些具体问题的办法很感兴趣。这次会议讨论,围绕着北大应该将学生培养成为什么样的人,学生应该具有什么样的知识、能力和素质结构这一主题,围绕着培养目标与模式,以及究竟应怎样来设计课程体系的问题而展开,非常热烈。我在最后做了一个总结发言,会后还根据讨论的意见,写出了一个关于怎样做好"面向21世纪的课程体系设计与教学内容改革"的工作文件,对其做法、要求和时间安排等做了具体部署。

我的发言的主旨是,一个学科(或专业)所涵盖的科学体系、学术内容,到底哪些是基础、是核心,有哪些基本知识、理论、方法,哪些思维特征、学说、学派、应用,这些是构建学科体系的最基本的要素。学科过去的发展脉络与未来的发展前景,这些都是随时代而变、是与时俱进的。我们要立足当前,高屋建瓴地开拓前瞻,才能构建出恰当的专业课程体系,对学生提出适时的教育目标与要求。要做到这一点很不容易,不是所有任课教师都能胜任的,必须动员本专业学术造诣最高的、对学科(专业)发展的来龙去脉了如指掌、洞察学科发展的方向、对其前景能高瞻远瞩的老师来参与。有的学术力量相对薄弱的专业,以及新建的专业,还需要邀请校外专家来指导。这件事必须由院系学术委员会来主持,一是因为他们学术水平较高,二是因为他们比较超脱,不会受现有课程体系和师资力量的束缚。所以,我们当时提出教学工作要两手抓:一手抓当前教学管理,包括学风等,主要是贯彻落实1993年教学改革研讨会提出的各项措施,这件事主要由院系主任来抓;另一手就是抓长远,即课程体系设计,以及后续的教学计划,这主要由学术委员会主任来抓,具体做法由各院系视情况自行决定。

这次会议我们邀请了资深教授与院士(当时还称"学部委员")参加。他们表现出极大的积极性,认为这是真正涉及根本的教学改革。例如,化学系(当年改名为"化学与分子工程学院",这意味着化学系不仅要研究已有物质的结构及其生成原理,而且要按照人类的意愿,定向合成出所需性状、结构与功能的化合物,可见这次讨论的影响还是相当大的)的刘元芳院士,调研了大量资料,深入钻研,提出了很多好的建议;年近九旬的张青莲院士也积极参与讨论,并提出非常宝贵的意见(他对系的改名做了很大贡献)。会后许多系都专门成立了课程体系设计小组(课改组),人员从五六人到十几人不等。上述院士和资深教授都是当然的委员。有的系,如信息管理系(原称"图书馆学系",后改名为"图书馆情报学系",再改为"信息管理系")还请了校外一些人来参与,两年内开了五六次会。由于这项工作既要追溯历史,需要了解过去课程体系是如何演变的,又要瞻望未来,研究学科发展的前景;既要明确学术研究的思维特征,又要探讨所用方法的主线及其进化的脉络,所以需要查阅大量资料。因此,这项改革的学术含量很高,工作量巨大。我们计划该工作约两年完成,即到1995年底或1996年上半年结束,急不得。接着在1996年末完成教学计划修订。这样,1997年的新生就按新教学计划上课,他们毕业就已经是21世纪了。

我们要求通过明确各学科专业未来的学生培养目标,提出对学生的知识、能力与素质结构要求,设计出课程体系,确定相应的课程名称、门数、教学内容和所需学时等。在此基础上,形成教学计划就是顺理成章的事了(详见《面向21世纪,设计课程体系,改革教学内容》一文,载《谈学论教集》)。

这次讨论对课程体系的牵动面是很大的,如前面已说过,地质系的课程量做了大幅压缩。物理系原来的基础物理课程由力学、热学、电磁学、光学和原子物理等内容组成,实验课由普通物理实验、近代物理实验(原称专业物理实验)和专门化实验组成,理论课由四大力学——理论力学、热力学与统计物理、电动力学和量子力学——组成;化学系课程由无机化学、分析化学、有机化学和物理化学等四大化学组成,后来都做了较大调整(但并不尽如理想,见后述)。人文学科的变动稍微少些,但应用文科的变动还是较大的。上面说过的信息管理系就从传统的以图书馆学为主,通过加强科技情报管理,变成了与当代信息技术发展密切相关的信息管理了。考虑到北大毕业生进一步读研的人数的比例大为增加，一些改革开放初期将原来六年制压缩为四年制课程的理科专业，就将部分高深课程转移到研究生阶段。这样，课程设置就有了很大的变化（有关资料详见杜勤、睢行严：《北京大学学制沿革(1949—1998)》，北京大学出版社2000年版）。

也许是受到苏联教学的影响，我对实验课比较重视。我认为实验需要单独设课，决不能成为理论课的附庸，仅起到"验证理论"的作用。自然科学首先是实验科学，其现象、效应、原理甚至多数理论都是从实验中发现，然后再通过思考、计算，推理、演绎出来的。实验需要观察、测量、分析、总结，要利用工具、仪器、设备、装置，为达到预想目标而进行设计、布置。学生必须学会使用仪器设备，取得应有的测量精度，分析实验误差，得到实验结果，写出报告。我们提倡学生自己设计"大实验"，完成这种实验往往需要一整天，甚至更多的时间。那时尽管经费非常困难，20世纪30年代的设备还在使用，但还是通过世界银行贷款，建设重点实验室、理科基地，以及公司捐赠（特别是计算机）等方式得到了一些仪器设备。当然还是远远不够的。有的科研工作还得靠当时组织的"中关村大型科学仪器设备网"来支持。我们还提倡，有些设备，特别是研究性的，应该由学生自己装备制作，有的仪器设备坏了，能自己修理的要尽可能自己修理。当时担任实验课的辅导教师很缺乏，就请研究生辅导。但是有的研究生不负责任，一学期不修改实验报告。于是化学系首先提出对研究生进行教学训练，将辅导实验的助教工作计入研究生成绩，情况由此大有转变。当时我任"全国高校实验室工作研究会"理事长，就努力推广这一套做法。多年后，教育部制定"中长期教育发展规划"，我被任命为高等教育组的专家组长，在随部长向国务委员陈至立汇报工作时，她问我："你能否用一句话说清楚这些年我国高等教育质量是上升了，还是下降了？"我说一句话说不清。她又问："那北大呢？"我说也说不清，既有上升，也有下降。比如，十年前北大理科生出国读研，人家反映"动手能力差"，因为很多仪器设备他从未见到过，上手有点心虚；

现在人家的反映是：北大学生"动手能力强"，因为他不但能使用，坏了还会自己动手修，而美国学生一般是打个电话给公司，让公司派人来修。这点美国导师很满意。另外，他们的英语水平也大有提高。但对有的科学概念的深入掌握与思考，可能比以前有所削弱。

正当我们热情洋溢地进行这项工作时，国家教委于1994年下半年发布了《高等教育面向21世纪教学内容和课程体系改革计划》，并在1995年正式启动这项工作。这个计划的"课程体系"和"教学内容"的次序正好与我们相反。由于国家教委对该项计划采取了分批公布项目指南、发动教师申报、组织专家评审、国家教委批准立项等程序，而且有专项经费保障（从1995年至1997年国家教委共投入约1000万元，各部、各地方教育行政部门的出资加起来可能比这个数目还多），尽管各项目一年所得经费不过一两万元或稍多些，但当时在教师眼里还是很有吸引力的，所以教师把主要精力都用于按照教委要求去申报项目了，在一定程度上放松了我们原有的计划。尽管因为我校有较充分的准备，后来得到的项目数量在全国高校中算是首屈一指，但1995年以后，大家对课程体系研究的劲头反而不像以前那么足了。另外，由于竞争激烈，申报项目要了解同行情况，斟酌提法词句，耗费了很多时间和精力；再是项目的完成时间大都是1999年，拖得太长，教师们平时日常事务很多，就放松了课程体系设计工作。

那时我们得到国家教委院系一级的"教学内容和课程体系改革项目"就有19项，它们是：中文（费振刚、严家炎）、汉语文（郭锡良）、历史（王天有）、哲学（赵敦华）、社会学（王思斌）、国际政治（梁守德）、数学（姜伯驹）、物理学（高崇寿）、化学（华彤文）、非生物类的生物学（张昀）、地质学（刘瑞珣）、大气科学（赵柏林）、力学（陈滨）、信息与电子科学类（沈伯弘）、理科非计算机专业计算机课程（许卓群）、心理学（朱滢）、地球科学（杨承运），以及我牵头主持的2个项目，即文化素质教育和理科人才素质与质量标准，在文理科62个项目中占到接近

1/3。此外,在财经政法类项目中,还有北大与其他学校共同承担的4个项目(经济类、经济管理类计算机课、经济管理、中外法学教育比较)。这样我们总共获得了23个项目,远远超过其他高校。这些项目的负责人一般都是院系主任或学术委员会主任,所以他们实际上就将完成国家教委项目与我校自己的"面向21世纪的课程体系设计与教学内容改革"计划合二为一了。有了教委项目,大家就忙于填写各种项目申报、年度进展、经费核算、成果申报、鉴定申请等具有固定格式的各种各样的报表,而对我校原定的"面向21世纪的课程体系设计与教学内容改革"工作反而松懈了,1995年以后,更显得有点虎头蛇尾。

尽管国家教委不但组织了立项研究,有经费保证,而且还设置了这项改革的全国顾问组,我校不少知名教授也名列其中,但这项工作对课程体系的改革却未能发挥太大作用。因为课程体系设计是一项科学性、专业性、系统性很强的工作,需要对学科发展的线索有清醒的认识,能从科学进步的历程中去提取决定后续发展命脉的、最基本的内容;明确哪些内容可以化简甚至舍弃,哪些原理需要用新发现的事实和例证来加以阐释,哪些理论可以用新发明的方法与工具来加以演绎论证。然后要将整个大学科分割成各种门类的不同课程,厘清它们之间的关系和在整个学科体系中所承担的任务与所起的作用,从而确定其所需的教学内容。所以,这是一项非常细致、需要掌握大量数据资料并进行深入思考和探究的工作。而且探究者本身要具有学术研究的经历,从事过创造性的科研活动,且有所发现、有所发明,才会有切身的体会。顾问组人员来自各校,虽可对开展此项工作提出原则意见,但却难以对各学科专业的课程体系建设进行长时间的深入细致的讨论,提出具体意见。而且,科学家们也不可能都抱持完全相同的看法,这里需要"百家争鸣",而各校的课程体系也不必强求统一,可以"百花齐放",各具特色。当时国家教委设立的各类学科教学指导委员会,有的也对此发挥了较好作用,如化学学科教学指导委员会一年内开过几次会来讨论相关问题。

由于国家教委的这项工作将"教学内容"放在前面,而且后来实际上将编写教材放在了重要地位,变成了以推出"精品课"教材为主要抓手。这当然更受到了广大教师的欢迎,因为编写教材本来就不易,而出版教材更难,这里涉及经费问题,但只要能列入国家教委的"精品课"系列,就会得到比较充足的资助;而且,出版教材往往还是教师提升职称的重要条件。这样,教师都争着编写教材,抢着列入"精品课"。可是,在没有充分厘清学科(专业)的课程体系之前,课程教学内容基本上还只能按照原有教学大纲来安排,即使有点创新的"精品",也不过是修修补补,不可能突破原有教学框架太多。我们之所以将研究"课程体系"放在前面,就是为了避免按原有教学大纲安排教学内容。当然,由于我们有过大半年的课程体系设计的讨论和教委的立项研究,有的教学指导委员会也对课程体系改革做了较深入的研讨,我校一些学科的课程体系还是做了一定改革的。所以我校新编的一些教材还是在相当程度上体现了"革新"的原则。其中物理系赵凯华教授和中山大学罗蔚茵教授合编的《新概念物理学》、陆果教授的《基础物理学》、张顺燕教授的《文科数学》、黄楠森教授等的《马克思主义哲学史》和吴树青教授等的《政治经济学》都在相当程度上建立了创新体例,受到广大师生好评。

20年后,我看到国外一些基础物理教材,将其与我们现有的相比,在体系和内容上都已有了大变动。我对自己没有将此项工作有头有尾地深入抓下去很遗憾。这里当然有我们教师的学术水平和科学视野的问题。但是,我们当时,特别是1995年之后,盲目跟随国家教委《高等教育面向21世纪教学内容和课程体系改革计划》的步骤行事是一种失策,而且是一种偷懒的表现。我们虽然缺乏经费,但是彼时教师,特别是一些资深教师,对课程体系改革有很大的积极性,我想如果能始终如一地集中精力抓下去,一定会取得比当年更好的成绩,使北大课程面貌有一个更华丽的转型。从另一方面说,国家教育行政部门对课程与教学内容改革等事，不应布置得过于细致具体，应该充分发挥各校的自主性。教育行政部门只要做到及时提醒，并多拨给各校一点教学经费就很好了。

四、注重素质

上文已经不止一次提到过"素质"两字，如"养成素质""提高国民素质"等，但人们对它的认识很模糊，对它的确切定义也不甚了了。教育界有人认为，"素质"是人的天生特质，后天是无法"提高"的。不过使用的人多了，就约定俗成，将素质解释成为"人的常在的基本特质"了。现在教育界比较公认的解释是：素质是指以人的先天禀赋为基础，经过后天教育与环境影响而形成的相对稳定的心理品质。素质是人的内在或内化了的品质，它反映在人的举手投足、一举一动上，也体现着人的知识与能力。那时候，21 世纪的人才需要具备什么样的素质成为教育界经常讨论的问题，不过多数情况只涉及基础教育，是相对于"应试教育"而言的。

由于对 21 世纪大学应该培养什么样的人才之类的问题说得较多，常驻北大的美中教育服务机构（ESEC）的余国良先生就跟周起钊提起，何不趁此机会到美国几所著名大学访问一下，跟美国同行一起讨论并了解一点国际趋势。经过一段时间酝酿，ESEC 邀请我和闵维方（时任校长助理），及当时正在美国的史守旭（时任自然科学处处长）三人作为北京大学代表团赴美对几所著名大学及其他教育机构做面向 21 世纪教学改革与教学管理趋势的考察。这次考察从 1995 年 4 月 10 日开始，为时几近一个月。被考察的有西海岸的斯坦福大学和加州大学伯克利分校、东部的哈佛大学和麻省理工学院、中部的科罗拉多大学与丹佛大学，以及马里兰大学和弗吉尼亚大学；此外还访问了个别社区学院、美联邦政府教育部和全美高等教育联合会（AAHE），以及加利福尼亚和马萨诸塞两个州的教育委员会。ESEC有教会背景，访问的好多地方，我们都住在义务接待我们的教友家中，通过闲暇时跟他们聊天，增加了我对美国民情的不少了解（这次考察的全面情况见《美国高等教育的现状与发展趋势——美国大学访问见闻与思考》一文）。

这里只说说美国同行对面向21世纪高等教育的发展趋势的看法。那时共同的看法是，为了迎接21世纪高科技的发展与国际经济竞争，大学必须注重提高本科生的质量，强调培养学生的独立思考与创新能力，增强他们对未来科技与经济迅速发展的灵活适应性。本科教育要更加强调基础化、通识化，要促进学科交叉，学人文社会科学的要具备数学、统计学、信息与计算机科学的知识，学理工科的要有丰富的人文社会科学知识，理解自己所从事的专业活动对人类社会进步的意义。他们特别谈到，传统的本科教育比较注重知识与能力的培养，现在要更加关注态度（attitude）的熏陶，使学生能与人合作共事，具有团队精神和社会责任感。我们在伯克利还听到美国同行们赞扬中国学生数学学得比美国学生好，就是因为中国学生懂得集体学习的优越性。老师在黑板上出几道题，美国学生都是一个人单干，而中国学生往往三五成群地一道讨论，你一个想法，我一个主意，就学会了多种解题方法，思路就开阔了。他们说，他们正在全美国推广中国学生团队集体学习的方法。之后我们到了华盛顿的全美高等教育联合会，再一次听到了这种说法，才知道人家是在很认真地做这项工作。我听了十分汗颜，因为我们已将这种方法丢掉了。

5月我回国后向国家教委副主任周远清汇报了这次考察的收获。当谈到美国高校特别强调"态度"时，他说：这就是"做人"，就是要有素质！我想他当时已在考虑在大学生中进行文化素质教育的问题了。1995年9月下旬，国家教委就在华中理工大学（现华中科技大学）召开了"加强高等学校文化素质教育试点工作研讨会"，我和党委副书记赵存生参加了。周远清在会上做了主旨报告,阐明"加强大学生文化素质教育"工作是"切中时弊,顺应潮流"的(世纪转折之际,中央提出"以人为本"的方针后,他又加了一句"涉及根本")。他说,这项工作对突破我国高等学校几十年来忽视人文素养熏陶、过于狭隘的专业教育模式,更新高等教育的思想观念,全面推行素质教育和提高教育质量具有"突破口"和"切入点"的作用。华中理工大学校长杨叔子院士做了典型发言,针对当时大学教育中重物质、轻精神,大学生们懂得 ABC、XYZ,却不了解长江、黄河、文天祥、史可法等现象,提出了尖锐批评,阐明加强大学生文化素质教育的必要性。他还介绍了该校对全体大学生进行中国语文测验,并开设"中国语文"课程,以及他要求自己的机械工程专业的研究生背诵《道德经》以理解中国传统文化的经验。该校的经验引起了轰动,很少有理工科学校这么做。我跟杨叔子比较熟,也可说是同学。1950 年我们同在南昌市上中学,他上的是"南昌一联中",我上的是"南昌二联中",同一年级。1950 年暑假,南昌市团委组织"团训班",我们在一个班,后来成为他夫人的徐辉碧任团支部书记,我是宣传委员。彼时杨叔子就以"才子"闻名,我很佩服他。在这个研讨会上,我没有太多准备,就将我们访美的一些经历讲了一通,说明注重"态度"是国际高等教育的共同趋势。"态度"就是"素质",其根本就在于让学生学会怎样做人,正确对待自我、他人、事业乃至人类社会与自然环境。这次会议的精神跟我对当时高等教育的一些看法非常合拍,我对此项工作表现积极。会上决定在 50 所高等院校开展加强大学生文化素质教育的试点工作,并成立了"试点工作协作组",推举了杨叔子为组长,我和清华大学党委副书记胡显章为副组长。这样,这项工作就在大学里轰轰烈烈地开展起来了,我成为其中一名相当自觉的积极分子。但是,对于不少综合大学来说,这项工作却并未受到重视,因为这些学校觉得"综合大学"原来就是文理并重的,并不缺"文化"。其实,学习苏联以后,大学里过于狭隘的专业教育模式对于综合大学也是积弊颇深的,即使对于人文学科,也往往过于看重"专业",而缺乏真正的人文精神与人文关怀。一言以蔽之,文化素质教育就是要将过于功利地将人才培养看作"制器"的教育还原为"育人",以体现教育的本质。1995 年 12 月 8 日,国家教委在北大召开了一次"加强大学生文化素质教育报告会",有 6 位著名专家做了报告,北大季羡林和袁行霈教授名列其中,会议整整开了一天。报告人之一,西北大学原校长,文化思想史家张岂之先生在当天的日记中这样写道:"尽管窗外刮着京城冬日常见的寒风,可是北大报告厅确实春意融融。……我真切地感到,我国高教的春天来到了。"可见这项工作对当时高等教育的影响之大、之深!

　　初期加强大学生文化素质教育的活动主要是:开展课外文化讲座,开列大学生"应读、应知"书目,组织文学艺术珍品的导读与欣赏和文艺表演等。这些活动被称为"第二课堂"。这项活动的结晶——由全国各高校学生表演、中央电视台等联合拍摄的《五月的鲜花》节目,年年更新,几乎延续至今。以后逐渐强调开设文化素质教育系列课程(在北大称为"通选课"),注意在专业课程中渗透人文精神,提高教师文化素养,加强校园文化建设,改善校园文化氛围,以及开展各种各样的学生社会实践活动等。

　　我和赵存生在这些问题上意见一致,会后校党委和行政部门共同组成了校文化素质教育委员会,在课程、课外活动、校园文化建设等方面进行了分工协调。由于我们在 1993 年已经开过一次教学改革研讨会,对教育理念和思想观念进行了大讨论,其基本精神与加强大学生文化素质教育十分吻合,所以,我们并未为此专门采取措施。季羡林先生在上述报告中提出的建议:所有专业教学中都应设哲学课、文理必须至少互选一门课、进行美术教育等,我们都早已纳入教学计划,只有因为师资不足,对所有专业都要开设"大一国文"课没有完全执行,但也尽可能加强了对这门课的要求,开设面比过去大有扩展。教务部门专门将原有的通选课命名为"文化素质教育通选课",增加了不少新课程。教务处(1992 年 5 月底,学校考虑到全校教学改革要步调一致,以及为了与全国兄弟院校管理合拍,决定将原属社会科学处与自然科学处的本科教学研究职能与原教学行政处职能合并,成立了教务处,撤销了教学行政处)和社会科学处积极配合,列出了大学生应读书目,还专门开设了一门称为"名著名篇导读"的课。以后,还陆续开办了"自然科学专题选讲"和"人文社会科学专题选讲",都是聘请北大专业领域学有专长、学术造诣精湛、讲课效果很好的教师来讲的(之后由教务处副处长杨承运主编出版了两本书:《智慧的感悟》和《自然科学专题选讲》)。这是过去所没有的。杨承运等人还筹划和组织了全校人文社会科学和自然科学的系列讲座,并且与后勤部门合作在燕园的各个历史文物古迹点上都立了标牌,说明该处的标志性或纪念意义(仅未名湖及其周边地区,就设置了22块标牌)。这件事还引来了一些争议,因为原燕京大学是"美帝国主义"办的,其中有的遗址与司徒雷登等人有关,是否标明带点"敏感性",后来有些标牌又被撤销了。不过,这样做后,校园的历史文化气息浓厚了不少。此外,在本科生和研究生毕业时都正式举行毕业典礼,开始穿戴西方那种学士、硕士、博士和教授、校长的袍帽,以示严肃庄重。各种文化社团的活动当然也就纳入了"文化素质教育"的轨道。

1996年7月授予研究生学位仪式

这期间,北大于1992年刚成立的、以袁行霈先生为主任的"中国

1997 年 7 月首届 MBA 毕业

传统文化研究中心"与中央电视台联合,拍摄了大型系列电视片《中华文明之光》,共 150 辑,陆续在中央电视台播出,受到广泛关注与欢迎。其内容深入浅出,涵盖了哲学、宗教、文学、艺术、语言、文字、历史、考古、风俗、天文、地理、科技、中外文化交流等学科,作者全是北大著名教授与学者。1998 年,这 150 辑的讲稿由北京大学出版社整理后,以相同名字出版了文集(上下两册),对文化素质教育的推进发挥了很好的作用。

访美归来和文化素质教育活动使我对我国高等教育进行了进一步的思考。我首先对 21 世纪的时代特征做了分析,提出了五种会对未来人才的培养要求产生重大影响的因素。它们是:①科学技术突飞猛进,人们职业生活极不稳定;②工作的专业化与综合化的结合;③人与自然的关系从紧张趋于和谐;④竞争非常激烈,合作更加需要;⑤国际化与区域化并存。从这些特点出发,我认为对未来人才的最重要的素质要求是:两种态度,两种能力,即:不断学习和终身学习的态度,独立自主利用工具获取知识、发展自己的能力;正确对待自己、他人、事业、人类社会与自然环境的正确做人的态度,表达、交流、合作与组织的能力。这两种态度和两种能力,是我多年来从学科建设,特别是组织交叉学科的教学与科研中,在几次研究生工作会议上介绍的优秀研究生学习经验中感悟与体会出来的。我认为有了这两种态度和两种能力,就能在未来世界上"以不变应万变",解决时代提出来的所有问题。我的这些思考结果分散地体现在学校教改的一些讲话中,最后写成了一篇上面已提到过的题为《进入21世纪的中国高等教育追求什么样的教育质量》的文章。它先是发表在学校的学报上,后被国家教委的《教学与教材研究》(现在《中国大学教学》杂志前身)要去发表了。在加强大学生文化素质教育活动的影响下,不少学校开展了教育教学思想观念大讨论,有的学校就将我这篇文章作为参考资料印发了(比如清华大学),有的学校还登载在其校报上,所以有点影响。这里还有个插曲。一天,社会科学处的同志跟我说:你被举报了,你的文章一稿多投,居然投了五六个杂志。我说,我只投了我们的内部刊物呀,《教学与教材研究》刊登了,还是该刊编辑部要去的,其他刊登在什么地方我一概不知,也没有收到过稿费!后来不了了之。所以,此后在处理所谓"学术不轨"问题时,我对"一稿多投"常不以为然。一篇文章是否认定为"一稿多投"需要仔细斟酌。

1998年加强大学生文化素质教育试点工作结束,教育部高教司正式发布了《关于加强大学生文化素质教育的若干意见》("教高司〔1998〕2号"文件),总结了这项工作的意义,规范了实施方法,并成立了"高等学校文化素质教育指导委员会",我被任命为副主任(主任是杨叔子)。这之后我关心全国高校文化素质教育问题甚于北大,陆续对各种问题发表了一些意见,有的在全国有一定影响。比如,我较早提出要在专业课程教学中渗透人文精神。我认为专业课最终还是"为人"的,因此其学习动机、认知方法和结果应用等方面都蕴涵着人文精神,所以人文精神是专业教学中的"应有之义"。我特别用了"渗透"二字,说明这两者是亲密无间地结合在一起的。这里关键在于教师对此要有自觉性,而水平高的教师能够深刻领会这一点。

其实，1997年在瑞士召开的一个叫做"Converging Reality"（交汇的现实）的小型国际会议上，我做了一个"科学教育中的人文精神"的报告（我写好初稿后请王式仁教授译成英文，他是英诗专家，译文很美，得人喜欢）。上述文章是它的进一步发挥。后来在"创新"大潮中，文化素质教育又转向以科学与人文相融合为重点，我又写了一篇《科学呼唤人文，人文导引科学》的文章，刊载在《复旦教育论坛》上。这篇文章集中体现了我对这个问题的全面认识。

一些学校把文化素质教育仅限于做些形式上的活动，而没有将它的核心放到塑造人格、匡正人性，树立健全正确的价值观、人生观和世界观上来。为了改变这种做法，我提出文化素质教育工作要做到"神似"而非"形似"。为此写了一篇长文章《文化素质教育要在"化"字上下功夫》。后来在"创新"大潮中有人又将文化素质教育的核心放到了创新上，试图以创新教育来取代文化素质教育。我认为创新教育应该是文化素质教育的一个重要内涵，但不能取代，为此专门写了一篇《不能以创新教育代替素质教育》的文章，经《新华文摘》转载，有较大影响。

我对于校园文化建设很关心。我认为办学就是在一个明确的办学宗旨下，以及合理定位的基础上，设计出一套合理的教学体制，聘请一流的师资人才，营造一个优秀的校园环境，搭起能让学生在教师引领与辅导下自主学习的平台和自由施展其才能的舞台。所以我在一篇文章里提出了"文、雅、序、活"的校园环境建设目标。"文"体现大学是知识的海洋；"雅"表示文明格调；"序"体现规范有序的理性管理；"活"意味青春的朝气，生动活泼、勇于创新，"苟日新，日日新"。进而我提出了一个"全员教育"和"全园教育"的口号，这种校园文化育人要求得到学生工作部门响应，成为北大精神的一部分。

我退休后，高等学校文化素质教育指导委员会副主任不当了，但仍被聘为顾问，一直关注着这方面的信息，并陆续写了三四十篇文章，成为我一生的事业。应该说，文化素质教育对于中国高等教育的最大作用在于开启了一场转变高等教育教学思想观念的大讨论,并成为之后高等学校普遍开展"通识教育"的先声。尽管直到当下,学者间对两者的关系,以及对它们各自的工作范围与教育意义还有不同的认识,但这项工作对中国高等教育的影响无疑是不可磨灭的。

第九章

四大工程

一、"211 工程"

前面第六章第二节中已经说到，1987 年我曾跟随中国高教代表团考察过美国与加拿大的研究生教育和重点学科建设。那次考察实际上是为之后的"211 工程"建设铺路的。那次考察后，国家教委学位办与研究生司（合署办公，实际上是一个单位）就在考虑如何通过世界银行贷款搞一个重点学科建设的项目，我还提出过一点建议。后来可能因吴本厦司长的离任等原因，这件事就停顿了。大概在 1991 年，特别是邓小平南方谈话之后，国家教委主任李铁映几次提到迎接 21 世纪要办好一批重点大学和重点学科。学位办与研究生司的同志也不时跟我们商量，讨论如何实施一套既比较经济又可行的办法。当时南京大学的常务副校长陈懿（曲钦岳校长生病时，他曾一度任代理校长）和清华大学的常务副校长梁尤能和我是他们的常客。后来听说是李铁映提出"211 工程"的名称，报国务院审批。"211"的意思是面向 21 世纪，建设 100 所左右的重点大学和一批重点学科。那时又觉得"学科"的界限不清，且非常分散，不利于通盘操作，陈懿提出了一个"学科群"的概念，这样各大学除了有明确的"学科点"外还可以在"学科群"上做点文章，把性质相似的学科组织在一起，体现交叉综合，体量较大，学校操作与上级审核检查也都比较方便。当时确定，这个工程的目标主要在于建设一批重点学科，能有一批世界知名的学科，学校就能接近或达到"世界一流"了。在具体做法上，就是让具备一定条件的学校申报，由国家教委聘请专家进行评审，通过后国家给予经费支持。这样，1991 年底，国务院原则同意设置一个"重点大学和重点学科项目"，简称"211 工程"。经过 1992 年上半年的研究，国家教委大体确定了建设目标和遴选原则，下半年就形成了《"211 工程"预审的条件（讨论稿）》，其中包含：①办学指导思想和面向 21 世纪的战略发展目标；②有优良校风学风和较丰富的办学经验，能培养较高水平的人才；③具有较强学科，已有一批高水平科研成果；④有一支高素质教师队伍，拥有一批知名教授；⑤办学条件较好，有一定的自我筹措经费能力，内部管理体制机制做了一定改革，办学效益较高等，共 16 项条件。这个文件只电传给了几所大学以进行讨论和准备。

1993 年 1 月，国务院转发了 1992 年 11 月召开的全国高等教育工作会议文件《关于加快改革和积极发展普通高等教育的意见》，其中明确指出："国务院已原则批准的'211 工程'计划（面向二十一世纪，在全国重点办好一百所大学），分期滚动实施。……力争到二十一世纪初，我国有一批高等学校和学科、专业进入世界先进行列，在教育质量、科研水平和学校管理等方面能与国际著名大学相比拟。"1993 年 2 月，中共中央和国务院正式发布的《中国教育改革和发展纲要》也指出了这个工程的建设目标："要集中中央和地方等各方面的力量办好 100 所左右重点大学和一批重点学科、专业，力争在下世纪初，有一批高等学校和学科、专业，在教育质量、科学研究和管理方面,达到世界较高水平。"1993 年 7 月,国家教委发出了《关于重点建设一批高等学校和重点学科点的若干意见》的文件。文件规定,"211 工程"的立项程序要经过向主管部门申请预审、预备立项、评审和批准立项等四个步骤。之后,北大就开始正式酝酿这项工程的立项准备。在此之前,为准备起草文件,1993 年 2 月 11 日,国家教委高教司 20 多人到北大考察调研,12 日,我和职能部门几个人向学位办王忠烈主任(后兼教委"211 工程"办公室主任)详细汇报了北大的学科建设与教学改革和重点建设状况。3 月 11 日,我召集文理各科较活跃的知名教授开了一个座谈会,向他们通报了"211 工程"的信息,并征求他们对申报与实施这个工程的意见。他们就建设目标、学科调整与整合、体制机制改革、改善条件等方面提出了许多意见,但对是否能切实实施表示了一些疑虑,因为北大已经有过几次"重点建设"的体验了!

关于"211 工程"究竟应涵盖些什么内容,曾有过较大争论。我根据北大的情况,坚持还要包含学校整体的基础建设,否则学科建设水平也上不去。1993 年 12 月 3 日,李岚清副总理带着国家计委、财政部和教委的一批人来北大调研,他们说,"211 工程"已经国务院原则批复,建设项目含:100 所左右不同层次的重点高校,800 个左右的学科点和约 60 个学科群,以及一个计算机网、一个图书资料网、一个大型仪器设备网。国家准备投资 150 亿元实施该计划,其中中央财政出 50 亿元,各地方与部门出 100 亿元,外汇 2 亿美元。李岚清要求各校做好实施方案,向国家申报。他还提出要有改革思路,老面孔不能进"211",可考虑合并、联合办学,提高规模效益。我在会上特别强调由于历年教育经费欠账太多,学校基础设施陈旧,根据北大情况,必须首先解决学校整体的基础设施建设,否则学科建设水平是上不去的。"筑巢引凤",没有好的"窝",是引不进一流人才的,没有人才就不可能有高水平的学科。为此,当时我跟国家计委社会发展司的副司长(彼时可能还是处长)李守信几乎吵了起来(此时李岚清副总理似乎已先走了)。李守信说,"211工程"经费只能用于学科建设,我说基础设施建设是前提。我请计委的同志抽时间到北大校园来看一看,后来他们就跟国家教委的财务计划司和直属高校司的同志专门到校园考察了一通(此前我已请高教司司长周远清等人来过北大,参观了一些实验室,他们对北大当时的办学条件已有了大体了解),最后他们同意在"211工程"里列入"整体条件建设"项目。真是不打不成交,后来我跟李守信成了朋友。我对这次考察印象深刻,我们并无特意安排,只是带着他们重点看了办公条件、生活条件和一些实验室。我们察看了设在"五院"的中文系办公室,彼时该系"现代文学"专业是全国顶尖的重点学科,可是全教研室二十来人只有一间用原燕京大学女生宿舍改造的办公室,一个教授只能分到一张办公桌的一个抽屉。这种条件能够吸引一流人才吗?我们又看了39楼等学生宿舍,那是"大跃进"扩大招生后1959—1960年"困难时期"修建的,质量很差,一些隔墙还是用竹片加泥浆建造的,有的都快倒了;用的砖也是次品,特别是厕所的墙砖,由于多年浸水,踢一脚竟能掉下一块砖来。这样的房子让学生住进去就是冒险!至于实验室,从生物系的基础实验室学生要一手扶着显微镜的镜筒,一手描图,就能看出其尴尬来。他们一看,都叹气:"堂堂北大,还是这副样子,没有想到!看来国家亏欠教育经费的时间太长了,学校基本条件必须改善。"不是么,那时学校经费全靠按学生人头数来计算的国家拨款,长期处于入不敷出、多招一个学生就多亏一份钱的状态。1984年中央决定重点建设10所高等学校,其中7所由中央财政投资共5亿元,北大名列其首,另3所由部门集资。北大原定用这笔资金修建理科楼群、一栋法学楼和几栋教职工宿舍。但是,这些资金对完成上述基建项目来说远远不够。而且当时说北大建设影响重大,建设方案必须经过全国人大常委审批,以致设计方案拖了好几年才被敲定而未能及时开工。随后由于物价上涨,这点"重点建设"经费已是杯水车薪,原定的建设目标根本无法实现。后来靠邵逸夫先生捐款4000万港元补充,才建起来三栋,所以理科楼群中有"逸夫一楼""逸夫二楼"等命名。所以要真正建好这些楼还必须国家另行拨款才行。我们盼望"211工程"能圆了这个梦。

1994年,国家教委经计委同意,确定了"211工程"包括三部分内容:一是学校整体条件建设,二是重点学科建设,三是高等教育公共服务体系。后者是指当时已经急需的计算机网络系统和图书资料文献保障系统。之后,教委学位办主任王忠烈协同直属办主任陶俊谦跟少数直属院校开会,通报了经与国家计委和财政部协调的实施"211工程"的情况,争取在1994年启动,并明确列出了该工程涵盖上述三部分内容的信息。他们还要求我们进一步将这个工程所能达到的目标加以阐述与解释,使国家相关部门对这笔投资建立信心。同时,他们还表示在委属院校中,北大、清华两所学校要首先启动。

于是"211工程"的有关事宜就在学校里紧锣密鼓地开展起来了。1993年12月17日,学校召开了"211工程"建设规划专题会,老领导王学珍等人也参加了(他也参加了12月3日李岚清副总理来校的调研会)。明确"规划"由吴树青校长和我主持制定,成立五个规划起草小组,学校几乎所有职能部门负责人都参与了。这五个小组是:文件起草组,由党委政策研究室的赵亨利负责,彭兴业、孙绍有、赵存生、林钧敬、闵维方参与,但主要由赵亨利执笔,他与我讨论得最多,彭、孙辅助赵撰写。学科建设与教学改革组由我负责(我当时还兼任着教务长),主管文理科的两位副校长梁柱和迟惠生为副组长,但具体工作主要由副教务长周起钊,以及自然科学处、社会科学处和研究生院的负责人如羌笛、吴同瑞、周其凤、汪太辅等人来做。这部分的规划内容主要还是由我来起草的。队伍建设与管理改革组则由马树孚(时任校长助理兼人事处处长)负责,杨以文(师资办主任兼人事处副处长)和马云章(副总务长)参与。校园建设组则由主管后勤的副校长李安模负责,具体工作主要由基建处处长唐幸生来做。还有一组管公共设施建设,则由图书馆和计算中心承担了。另外,还请老领导王学珍、前教务长汪永铨和组织部长朱善璐等人作为顾问,分别对办学模式和管理体制改革等相关问题把关。

根据国家教委的 16 项预审条件的要求和几次会议上大家的综合意见,我和党委政策研究室的赵亨利一起很快拟订了一个申报"211 工程"报告的提纲。各组所写材料都在赵亨利那里汇总,由他和我商量、确定内容的增删并定稿。规划所需要的包括现状和发展目标等各种素材、数字的详细资料分别由各部处提供。这些资料有的立等可取,有的要做一两天的准备。总的说来工作效率还是比较高的。1993 年 12 月 22 日,我到教委向王忠烈和陶俊谦等负责人做了一次汇报,就报告内容征询了意见,并请教了一些具体问题。1994 年 1 月 27 日,我在常委会和"211 工程"筹备会上做了一个内容很详细的框架报告,其中特别就办学指导思想、改革与发展的目标与思路、建设的内容、实施的基本方针与措施做了详细解释,请大家讨论,再集中大家意见形成《北京大学改革与发展纲要》,以便提交给将在 7 月 17 日召开的中共北京大学第九次代表大会,作为主要议题供大会讨论。在会上,吴树青校长对这个纲要做了说明。此次会上,选举任彦申接替汪家镠任北大党委书记,我仍被选为常委。

在该纲要基础上我们又补充了不少具体材料,1994 年 8 月初,我跟着任彦申书记等人向教委副主任张孝文等做了有关北大"211 工程"准备工作的汇报。任书记汇报时说,现在北大在做三大"工程",一是"211",二是百年校庆,三是跨世纪人才工程。张孝文说,"211 工程"的实施尚未完全落实,但可先搞规划,做预审,原是"重点建设"的高校手续可简单些。1994 年 9 月,学校接到教委直属办《关于对北京大学、清华大学两校进行"211 工程"部门预审工作的通知》后,就制定了工作日程,先完成"北京大学整体改革思路与实施方案(提纲)",9 月中下旬又进行了紧锣密鼓的小组和全体讨论,向教委有关部门汇报,请教委有关部门详细检查,征求其意见,然后又分头修改稿子,再经过一周时间的集中讨论修改,五易其稿,才形成了两大本、近 20 万字的《北京大学申请"211工程"预审的报告》,其中含有13个附件,是由各小组编写,并经文件起草组统稿核定的,我对正文仔细看过,一些附件都没有来得及细看。

"规划"内容含:自我评估、建设和发展规划的可行性论证、整体改革的思路与实施方案。这里涵盖了学校的发展目标、改革的基本指导思想与方针、各建设项目的内容与要求,以及管理体制与运行机制的改革措施等。

其实,从1992年全校的学科建设大讨论和下半年党的十四大之后,特别是1993年中央发布了《中国教育改革和发展纲要》,指明了今后高等教育改革和发展的目标是"使规模有较大发展,结构更加合理,质量和效益明显提高",我们已经对北大的改革与发展目标进行了较为深入的思考。在当时的党委书记汪家镠和校长吴树青等领导下,从1992年学科建设讨论后就逐步形成了这样的发展目标与战略:第一步,到20世纪末,在教育质量、学科建设、科学研究、队伍建设、社会服务、管理水平及办学效益等方面有较大提高;第二步,再经一二十年,到21世纪初叶,使北大在人才培养质量和科学研究水平等方面接近或达到世界一流大学的水平。汪家镠当时还是北京市委副书记,后又调任中央党校常务副校长,每周来北大的次数不多,所以她对此工作只做原则指导。

至于办学思路,吴树青校长曾提出了如下的指导思想:"在邓小平建设有中国特色社会主义理论指导下,全面贯彻党的基本路线和教育方针,积极探索与社会主义市场经济体制相适应的新的办学模式和路子,抓住机遇,解放思想,以学科建设和教学改革为核心,以教师队伍和干部队伍建设为关键,以发展校办产业、增强经济实力为后盾,以加强和改进党的建设和思想政治工作为保证,全面提高教育质量和科学研究水平,全面提高管理水平和办学效益。"党的十四大以后,我也深感形势紧迫,对学校到底应该怎么办的问题有较深入的思考,写了一篇题为《探索新型综合大学的办学模式》的文章,其中提出的改革方针是：面向社会，适应市场，发扬优势，增强活力；在制定"211工程"规划时又加了一句：办出特色。我认为，将1952年院系调整后原来作为国家文化和科学发展的重要标志、以文理基础学科为主的"综合大学"改造成为"新型综合大学"就是一个目标。这样的大学在学科上应拥有人文科学、社会科学、语言科学、自然科学、管理科学、教育科学、技术科学、医药科学和新型工程科学等多种学科，基础与应用两型并举，而对社会的贡献则应是"出人才、出成果、出'产品'三足鼎立"的。每"足"又有三条支柱。如"人才"以本科生为基础，研究生体现水平，发展继续教育显示活力；"成果"则应按照"扬长补短"的方针来调整北大学科布局，使基础研究、应用研究和技术开发三者协调发展，相得益彰；至于"产品"则是既要有形成产业的物质产品，也要有精神、文化产品，还要为国家社会发展提供有重要影响的决策咨询，起到"智囊团""思想库"的作用，以体现"软实力"。这样不仅能够为国家提高生产力，增加社会物质和精神财富，反过来还会增强大学的活力，丰富资源，改善办学条件。我认为"面向社会"是办学的前提。社会需求是复杂多样的，有的学科即使需求很少，如小语种、历史地理等，在关键时刻（如在外交与边境冲突中）却可能成为急需。所以即使从经济上来看办这类学科并不划算，我们也要办，要为国家分忧。所以从教学和学术研究上，我们必须面向整个大社会的政治、经济、文化、国防等总体需求，而不能跟着市场导向跑。有人说大学不应"适应市场"。我以为，大学运作，无论是毕业生的出路、教职员工的生活待遇、教学科研设施的日常运行，都离不开经济，我们生存于市场，因此在管理上必须"适应市场"。在此基础上我们要背靠原有优势，不断丰富自己的办学资源，改善办学环境和条件，即增强活力，并办出特色。我的这个意见得到吴校长的充分肯定，并在他的许多报告中使用。在国家教育方针和为确保当时改革开放形势与安定团结局面的方针基础上，再加上面几条，以及关于内部管理体制、机制的改革思路，就将"规划"的开篇完成了。

当时北大提出的"211工程"重点建设内容，分别是：第一，基本建设和基础设施，包括理科楼群、图书馆、教学科研及其他基础设施，总建筑面积共11.8万平方米（这个基本建设主体部分并非是"211工程"新提的，而是原来列入国家"七五""八五"重点建设规划因资金不足而未完成的部分），约占当时北大建筑总面积85.7万平方米的14%，资金6.9亿元；第二，学科建设，包括70个左右的重点学科（当时北大已有国家重点学科42个）和12个学科群建设，预计经费3.1亿元；第三，公共服务体系建设，主要是文理综合文献信息中心、校园网与计算中心和分析测试中心，共需经费3.18亿元。所以我们要求"211工程"给北大的总投资额为13.18亿元。其中希望国家"211工程"专项拨款7.8亿元，校办产业创收3亿元，科研经费1亿元，社会捐赠1.38亿元。这是经过各部门精打细算、反复斟酌以后做出来的计划，却只有我原来预想的1/2，但当时看来已经不少了，估计是难以得到满足的。

　　北大、清华两所直属高校是国家教委确定首先进行部门预审的单位。1994年10月12和13日两天，教委组织了北京大学"211工程"部门预审。预审专家组以南京大学校长曲钦岳为首，成员有中科院副院长、浙江大学校长路甬祥，复旦大学校长杨福家，上海交通大学校长翁世烈，北京航空航天大学校长沈士团，哈尔滨工业大学校长杨士勤，武汉大学校长陶德麟，吉林大学党委书记刘中树，西安交通大学前校长史维祥，西北大学前校长张岂之等共10人。12日的汇报会上，教委副主任张孝文和北京市副市长胡昭广分别代表国家教委和北京市做了重要讲话，希望北京大学能建成代表中国高等教育水平的、国际可比的世界一流大学；胡昭广副市长表示，北京市将协助国家教委解决北大建设和发展中遇到的困难和问题。教委和市委、市教育行政和财政部的有关同志参加了专家评审会。北大党委书记任彦申汇报了北大近年的工作，尤其是党建和思想政治工作。我受吴树青校长委托，做了北大申请"211工程"部门预审的全面报告。

之前,我们在9月底准备好的所有预审文件的基础上,于10月7日召开了有所有院系和职能部门负责人参加的预审动员会,做了接待工作的全面布置。我集中精力准备报告,在10月10日下午先做了一次预演。当时还没有PPT,我用彩色笔在透明胶片上亲自书写了报告提纲,由于色彩鲜艳,重点突出,效果不错。清华比我们早两天预审,我们旁听了预审报告会的全过程,王大中校长是用计算机打印的透明片演示的。我们的人看了我用彩色笔手写的透明片,感觉显得北大太"土",非要将它改成计算机打印的黑白片不可。我拗不过他们,只好做了点修改,由校办做成了机打的黑白透明片。但是,我觉得比较死板,还是手写的色彩鲜明,生动活泼,效果更好;不过为了显示"现代化",只好从众。在演示我们的学科群建设时,为了说明纵向的按学科性质归属于各学院(当时我们正在推行校、院、系三级管理模式)和横向的按交叉综合方式将科研任务又归属于不同研究中心来联系的学科组织,我称之为"行列式"结构(其实应称为"矩阵式",为了防止少数文科出身的人不了解"矩阵"的含义,说成了"行列式",这不是我的发明,1987年考察美国时,有的大学早已使用了),我还是使用了自己手写的透明片。这种结构中的学科,例如,"现代汉语",按学科性质应归属于文学院(至今仍未成立),但从科学研究

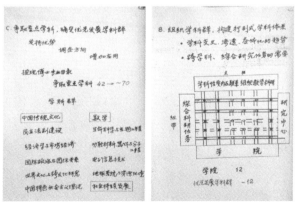

1994年10月12日在北大"211工程"部门预审会上手写的"行列式"结构学科群

角度还可成为中国传统文化研究中心和信息科学中心的成员;"地质学"既是地球科学学院的一员,同时又是环境科学中心和石油天然气研究中心的成员等。这里将我们拟建的12个重点学科群罗列如下:中国传统文化、世界文化与跨文化研究、政法理论与民主法制建设、经济学与市场经济学、国际政治学与国际关系学、中国特色社会主义理论、数学、生命科学与生物工程、新功能材料器件与分子工程学、电子信息科学与技术、地球系统与资源环境、社会可持续发展。这里也反映了文、理、工、医等学科的交叉。报告说明了北京大学申报"211工程"的基础条件和准备工作、建设与发展规划和改革思路与方案(其中包含发展目标、学科建设、队伍建设、基本建设和条件建设,以及八项有关学校整体与内部管理改革的思路与方针),以及加强党的建设与思想政治工作和多渠道筹措经费的保证,当然还有申请经费的要求,共有近50页的透明片。汇报会原定在办公楼103会议室举行,考虑到那里空间太小,后决定到新建的法学楼的模拟法庭阶梯教室举行,当时人坐满了一个大厅。那时这就是北大最气派的报告厅了。现在大概多数中学的设施都比它强。

学校对这次预审非常重视,要求报告能反映优势,实事求是,口气谦虚,有新思路,有实际内容,有具体措施。实地考察的地点与路线和接待工作也安排得很周密,大家分工负责。不过,由于当时学校条件太差,还是出了一点纰漏,比如,杨福家校长住处的电话不灵,使他对外联系产生了困难等,不过也及时解决了。

经过一天的考察讨论,专家组向学校做了反馈,总体上认为规划是可行的,但也提出了一些意见,主要是:要更加突出重点,进一步加强学科交叉与渗透,北大要继续出现"方正"这样"里程碑"式的重大成果,要研究国家现代化中的重大问题,真正成为"思想库",要扩大留学生的专业种类,在有限的经费条件下更好地调整指标、集中项目等。他们都呼吁国家尽可能增加投资强度,以顺利实现建设目标。专家组一致同意通过北大"211工程"的部门预审。这些意见给了我们极大鼓舞和帮助，也使我们感觉到规划确实还有不少不足之处，没有足够突出重点，措施还有点乏力。任彦申书记和我都向专家们表示了衷心感谢。

几天后，教委"211工程"办公室副主任吴镇柔来校向我们进一步传达了专家组的意见，说专家组对北大期望很高，北大的建设目标就是世界一流，要出大师、帅才，以及国家各方面的领导人，成为国家的"思想库""智囊团"，还要发展工、农、医科，要有理科留学生、高级进修班，要明确方向，有机组织，使科研上水平，真正达到世界先进水平，要进一步提出深化改革的思路，等等。她又说，北大基本建设欠账太多，要多想办法，暗示国家拨款可能不能满足我们的要求。总之，显得教委既关心，也有点无奈。我因1987年跟她一起考察过美加两国，比较熟，许多话说得很直率。11月30日教委直属高校工作办公室给学校发来了《关于印发〈北京大学"211工程"部门预审专家组评审意见〉的通知》，要求我们进一步完善规划与相关措施及主要附件，正式报送给直属高校办。

之后，我们根据预审专家意见对"211工程"规划再次做了调整修改，在1994年12月底正式推出《北京大学"211工程"建设规划》，正文加附件共210页，报送给了国家教委。我们以为1995年就可以得到国家的首批拨款了。

可是实际上，此时"211工程"还没有得到中央高层的拍板定案。1995年4月，我们又向国务院、北京市和国家教委汇报过一次有关建设世界一流大学的问题。其中着重说了建设世界一流大学的意义和作用，目前的差距和困难，特别是资金的缺乏，欠账太多（相对于一些一流大学的年收入，哈佛大学为41亿美元，斯坦福大学为18亿美元，台湾大学约为21亿元人民币，香港大学则为19亿元人民币），差距正在扩大，希望国家继续投资；对北京市，则希望对北大建设给予优惠政策，如放宽进人政策、周边用地条件和建筑限高（北大校园邻近颐和园景区，建筑高度严格受限，而周边都是居民区，而且河道多，为防洪,一些地块不能用于建房)。其间国家教委也做了很多工作,提到很长时间以来,中国教育主要是发展义务教育,在高层次人才培养方面难以跟国际竞争,再不给点支持,到 2000 年中国最好的大学就不会在中国大陆了。1995 年 8 月 7 日,教委副主任韦钰召集北大、清华两校领导开会,高教司司长周远清、学位办主任兼"211 工程"办主任王忠烈、计财司副司长牟阳春和直属高校办主任陈小娅都讲了话,一方面说了落实这项工作的过程与困难,另一方面要求大家继续努力,还要为建设项目做一个"可行性研究报告",要求建设目标明确——2000 年两校要成为中国最好的大学,改革思路要清晰,成果要具体,文字要简洁。这次会上还说,经费肯定要缩减,"九五"期间(1996—2000 年)国家总投资 20 亿元,其中约 1/3 落在两校,即 7 亿元,两校各 3.5 亿元。其中基本建设费用北大 1.5 亿元,清华 1.3 亿元;学科建设经费北大 2.0 亿元,清华 2.2 亿元;年投入各 7000 万元,其中 6000 万元是"211 工程"专项经费,另 1000 万元是教委公共服务体系和重点学科建设经费。

回来第二天,我们即着手研究可行性报告。由于经费总额缩减了近一半,各项建设只好压缩。经过反复商量,到当年 10 月,写出了一个《北京大学"211 工程"建设项目可行性研究报告》,它比原来的预申报告简短多了,附件全是表格,包括学科建设的各种仪器设备的规格型号与价格。这个报告还将"八五"计划未完成的遗留项目也加进去了,所以基本建设的建筑面积比预审时还多(主要是教职工住宅),但新建项目砍去了不少。而学科建设的重点学科数则从 70 个左右砍到了 52 个,学科群砍了一半,只剩下 6 个。对经费使用还规定了年度指标。1995 年 12 月 3 日、4 日,国家计委与财政部和教委组织了两个专家组分别对可行性研究报告与大型仪器设备进行了审核,任彦申书记和我做了汇报,李安模副校长就仪器设备问题做了补充。经审议后,专家组予以原则通过,但认为对学校建设目标的表述应是"到 2000 年跻身亚洲一流大学行列,为创办世界一流大学奠定基础";对重点建设学科的要求则应为"接近或达到国际先进水平";在资金使用上要进一步突出重点,"建议适当加大学科建设的强度,适当调整基础设施建设资金所占的比重"。可行性报告的评审专家组组长仍是曲钦岳,而仪器设备审核组组长是赵善楷,他是中山大学测试中心的主任。我记得汇报会是清华、北大两校同时举行的,我在清华主楼礼堂做了可行性论证报告,觉得透明片没有清华的漂亮。

1996年3月,吴树青校长在全校中层干部会上部署1996年工作时指出,今年的第一项工作就是要认真组织实施"211工程",要成立领导小组与办公室,将重点建设与改革结合起来。4月8日的党委常委扩大会上决定成立"211工程"领导小组,由任彦申、吴树青、迟惠生、闵维方和我等人组成,我负责日常工作。下设办公室,羌笛任主任。后来,羌笛接替我任教务长(我做了十年多)。我俩配合默契,工作进行得协调顺利。1996年5月20日,吴树青校长主持召开了一个"211工程"建设全校动员大会,他要求全校工作一盘棋,集中力量搞建设,建成一个,见效一个。让这个工程家喻户晓,从而大大提高全校办学的积极性与信心。

这以后一直到1996年8月4日,"211工程"部际协调小组才作出工程立项的部署。当年10月我们正式收到9月26日国家教委办公厅(教计厅)〔1996〕19号关于转发《国家计委关于北京大学"211工程"建设项目可行性研究报告的批复》的通知。该"批复"宣布北大是正式列入国务院批准的《"211工程"总体建设规划》的院校,可在"九五"期间进行重点建设。事实上"批复"是8月12日发文的,但当天正逢北大更换校长,国家人事部副部长徐诵陶来宣布国务院任命陈佳洱为北大校长,吴树青不再担任校长职务。国家教委主任朱开轩、北京市委副书记李志坚和校党委书记任彦申等都在全校干部会上讲了话。所以这件事当时并未引起重视,只是在教委发文后北大"211工程"才启动。1996年12月,国家计委、财政部"211工程"第一批中央专项资金1.35亿元到位,自此,北大"211工程"进入实施阶段。可以说"211工程"的准备工作整整做了四年!

下面将该"批复"的主要内容摘录,从中也可见经修改后批准的"可行性报告"的概貌:

> 北京大学"九五"期间"211工程"的建设目标是,力争到本世纪末使北京大学在教育质量、学科建设、科学研究、管理水平和办学效益等方面有较大提高,成为国内高等教育领域培训高层次人才,发展文化科学技术,解决经济建设和社会发展重大问题的重要基地之一,为到21世纪初叶把北京大学建成具有国际先进水平的大学,奠定全面坚实的基础。
>
> 北京大学"211工程"建设的主要内容是重点学科建设、公共服务体系建设、基础设施建设三部分,具体为:
>
> (1)以重点学科为核心,保持、发挥和发展多学科综合的优势,重点建设电子信息科学与技术、地球系统与资源环境、新功能材料、中国传统文化、经济学与市场经济、社会持续发展等6个学科群和数学、物理学、化学、生命科学与生物技术等4个重点学科,以及与重点学科建设密切相关的基础教学设施,使其成为我国高水平的博士、硕士人才培训和承担国家重大科研任务的重要基地。
>
> (2)基础设施建设要紧密围绕重点学科建设进行,主要任务是新建理科教学楼1、2号楼,以及更新改造水电暖基础设施,使重点学科提高效率,具有相对集中和便于管理的教学、科研、实验基地。
>
> (3)公共服务体系建设的主要任务是建设图书馆现代化服务体系和校园信息网,为推进教学改革及教学内容、教学方法的更新提供必要的保证条件及现代化手段,优化教学、科研和管理的运行环境。
>
> (4)北京大学"211工程"建设总投资为53194万元,其中中央专项资金30000万元(国家计委19500万元,财政部10500万元),国家教委投资5000万元,学校自筹18194万

(含邵逸夫赠款2000万)元。总投资中用于重点学科建设装备16000万元,基础设施建设35194万元,公共服务体系建设2000万元。各部分投资均含不可预见费。中央专项资金中,用于重点学科建设及装备16000万元,基础设施12000万元,公共服务体系2000万元。

(5)北京大学"211工程"建设实现的效益是,到2000年,建成6个跨系、多学科综合的学科群,52个学科达到国家重点学科水平,其中15个左右达到或接近国际一流水平,显著增强15个国家重点实验室和2个国家工程研究中心的实力。学生规模控制在15000人左右,其中博士、硕士研究生4500人,本专科生9500人左右,外国留学生1000人,授博士学位1880人,硕士学位5400人,学士学位11200人。力争建成一支由国际知名学术大师、中国科学院和工程院院士、高水平学术带头人、学术骨干为代表组成的,政治素养好、结构合理、整体处于国内领先、亚洲一流的师资队伍。

此后,"211工程"的具体事务就多起来了,包括子项目的立项、经费的划拨与使用等,具体事务都由羌笛负责,我管得少了。1997年4月,第一个子项目"电教211"通过校内验收,它包括文科计算机、多功能教室、多媒体制作实验室和语音教室等四项,共投资418万元。这意味着"211工程"在一年内已见实效。1997年6月,第二笔专项资金7500万元到位。

1998年6月8日,教育部召开"211工程"建设座谈会,陈至立部长、韦钰副部长和国家计委副主任郝建秀等出席。我做了"北京大学'211工程'建设进展和进一步建设思路"的汇报。当时学科建设已有38个子项目边建边收效,完成了计划进度。基础建设也完成了水电暖工程。我也谈到了正确处理学科建设与基础条件建设、重点学科与基础教学关系,引进项目管理制度与校内竞争机制等;还特别强调了百年校庆后要更加强调创新、加强人才引进和学科交叉等工作思路。之后,我就转入"985工程"的建设规划管理了。1998年12月,学校"211工程"通过了中期检查,成绩很大,理科楼群拔地而起,地质博物馆建成,各学科出了大批成果,北大确实变了样。2001年2月,学校对"211工程"项目成果进行了总结。3月26—28日与清华同时,以杨福家院士为首的专家组对北大"211工程""九五"期间建设项目进行了验收,28日听取了反馈意见,顺利地通过了全面验收。6年前,杨福家、刘中树和沈士团等人曾参与了北大"211工程"规划的预审,这次再来参加验收,他们都觉得很兴奋。杨福家说,原以为这"211工程"不过是锦上添花,后来才感到是雪中送炭,对教学科研的投资确实产生了实效。此时我已退出学校领导岗位,但羌笛和《校报》都要求我为这次验收写一篇"社评",我欣然答应,写了一篇题为《巩固阵地 乘胜前进——迎接北大"211工程"建设项目验收》的短文,其中既说到了它的意义,也总结了一点经验。

不过总体说来,北大"211工程"的投资强度还是比较低的(实际到位资金约5.7亿元,略多于"批复"数目),只能在一定程度上改善北大办学的基础条件。

二、『CALIS体系』

上面说到"211工程"整体规划的三大块中,包含公共服务体系建设。其实这项建设除各校自己的项目以外,还有整个国家的高等教育公共服务体系的内容,这就是中国高等教育计算机网和高等教育图书信息系统。这两大全国系统的建设在酝酿"211工程"时已经提出来了,但对如何落实迟迟未定。1993年12月22日我向国家教委汇报北大"211工程"及规划报告的框架时,问到了这个问题,王忠烈这才明确告诉我，教委决定由清华承担计算机网络工程的建设，即后来的"中国教育和科研计算机网"（CERNET，China Education and Research Network），而由北大来承担高等教育图书信息网的建设，即后来的"中国高等教育文献保障系统"（CALIS，China Academic Library and Information System，后有时简称"文献保障系统"）。这使我颇为失望。北大的"211工程"规划中只将"计算机校园网"和"文理图书信息中心"纳入建设内容，而并未想承担所有学科的图书信息系统的建设；同时也希图争取由北大来建高校计算机网。我们也曾多次向教委表示过这一愿望。这不仅是因为计算机网建设所需硬件多，可为学校多争取一点经费，而且还有点历史渊源，涉及北大计算机学科的地位。这说来话长。其实，事先我们也多少知道了教委有这样的打算。因为清华以工科为主，全国高校计算机联网实体工程建设内容多，清华在这方面有经验。而北大设有图书馆情报学系（后改名为信息管理系），图书馆规模当时在全国高校中首屈一指，承担全国高校的图书信息系统建设也是顺理成章的。

我为什么对计算机网感兴趣呢？早在1956年，北大就设置了计算数学和半导体物理专业，计算机界元老徐献瑜和著名物理学家黄昆分别担任教研室主任。1958年"大跃进"时，开始研制"红旗"计算机，"文革"后期成功研制了"1024移位寄存器"和"6912"及"150"计算机，使用了独特的"北大"软件。"150机"在石油等工业部门使用，不但取得了实效，还为北大积累了一点资金。到20世纪80年代初，这些计算机还在使用。特别是，北大早在1963年就成立了计算中心，配备了电子管的103机，为全校科学计算服务。我记得1964年我们原子频标课题组还用过纸带打孔处理数据的电子计算机计算了铯气泡的光抽运效率。20世纪80年代，在张兴华领导下的计算中心不但拥有大型计算机，为全校科学计算服务，而且还配备了大批微机，为全校学生的计算机教学做出了巨大贡献；计算中心还率先建设了校园网，推广了计算机管理信息系统，使教务、财务和仪器设备等管理计算机化。1986 年 2 月，学校成立了计算机委员会，由林建祥任主任，主要负责北大计算机教学、科研、管理与应用服务的规划和计算机配置，以及大型机选型采购和为网络建设等提供决策咨询，并推进全校信息化。1989 年 5 月，国家计委提出中关村地区的中科院、北大、清华三家首先要建立地区网（即"中关村网"①），实现计算机资源联网共享。5 月 25 日，计委科技司秦声涛司长等来校向我们和几位计算机网络专家，如张世龙、陈葆珏等人，介绍关于这个网络的性质（试验性、实用性、示范性）、实施方法、资金（420 万美元加 500 万人民币配套，共 2000 万元人民币）和运行管理等的详细想法，并征求意见。我们的专家也提出了一些建议。秦声涛司长特别指出，这个项目要以招标的办法来实施，中科院、清华和北大都要做方案，请专家评审，选最佳的方案实施。由于我们事先得知了计委的打算，已经做了一些准备，计算机委员会对此也进行过讨论。计算中心任守魁等几位设计人员，在学校形势紧张时期，也一刻不停地埋头研究，力图搞出一个最佳方案来。

　　1989 年 6 月 22 日，国家计委秦声涛等人又来北大，进一步说明了建网原则、基本要求和技术指标，并说明了编写"建议书"的 9 项内容，其中包括：承担单位的基础、设计思想与方案、技术路线与组织路线、硬软件设备、实施计划与经费预算等。24 日，计委为"中关村网"一事召集中科院、北大、清华等单位领导开会，详细布置了这项工作。计委要求中关村网在 9 月 7 日前做出方案，三个单位要各写出两个报告：院校网建设和中关村网建设。会上还讲了当时经济形势，说美国冻结了我国 14 亿美元，但世界银行贷款不可能一风吹，可能要推迟，9 月 7 日、8 日世界银行评估团会来华。可见这两个网是要使用世

---

　　① "中关村网"是由国家投资建设的我国第一个计算机试验网络，意在将中科院几个研究所和北大、清华两校的计算机联网，以加强计算机使用效益和开拓新的信息联系系统。这个网的前提是先将中科院各研究所和北大、清华两校的内部计算机资源联成网络，称为"院校网"，在"院校网"的基础上，再进一步联成三家互通的中关村"地区网"，因为三家都地处北京海淀中关村地区，故称"中关村网"。

银行贷款的资金来进行建设的。第二天,即6月25日,计委要给各单位相关专家做具体布置,要求在一个半月至两个月内拿出这两个网的研究报告,8月20—30日进行专家评审。我们马上组织了校内专家讨论,认为北大有优势:早已有了准备,人才配套,技术全面,作风正派,善于协作。会上做出了分工,由陈佳洱副校长牵头,我具体负责,学校相关部处与系所派出人员组成了三个组:资源、网络和管理,做出了日程安排。会上大家都对北大有信心,要集中精力做好设计方案。

之后,我们密集地对资源配置、网络线路和整体设计等问题进行了仔细研究,我是个外行,也学到了一些网络知识。7月31日,任守魁拿出了初稿。我这才知道中关村网的正式名称是"中国国家计算机与网络设施"(NCFC, National Computing and Networking Facility of China)。8月2日,我们到计委向秦声涛司长汇报了准备情况,他告诉我们已经组成了以陈芳允先生为首的七人专家组,准备在8月18日或19日论证。陈芳允先生是我所敬重的电子学前辈、"两弹一星"元勋、我国"北斗一号"卫星导航系统的倡议者,他跟我讨论过有关国家时间频率系统方面的问题,后来还多次提名我为中科院、欧亚科学院院士与何梁何利奖的候选人,可惜因我不才,都白费了!其间,我们在8月7—9日做过仔细的设计研究讨论。但我因当时北大刚换校长(由吴树青接任校长),忙于与国家教委商讨落实新生去军校军训一年等大事,这一头实在顾不过来了。8月19日由任守魁做北大的投标方案论证报告,9月5日计委召开开标会,陈芳允宣布中科院中标。我只能叹息!

不过,国家计委对北大还是厚爱的,在9月7日召开的NCFC招标总结会上宣布了给北大、清华两校校园网建设投资,要求21日报送建设方案,陈佳洱代表北大参加NCFC管理委员会(后来多次由我替他去开会),张世龙、陈宝珏进入专家委员会。之后秦声涛司长又几次来北大,对我们表示安慰,对校园网建设给予支持,还对王选的计算机激光照排项目的技术改造给予鼓励和资助。此前，教委也就此给北大、清华两校做了工作，希望两校顾全大局，多在校园网和北大、清华、中科院三家联网上做工作。9月16日，世行专家团来北大考察。之后，在世界银行支持下，北大校园网于1992年2月25日开通，次年1月与中科院网和清华网同时通过计委验收。这样我们就可以在网上与世界各地直接联系了。1995年，我能在家用电脑收发电子邮件与世界各地联系了，1996年就开始用电脑打字写文章，从此写文章基本上丢掉了纸笔。这段经历使我对北大失去建设CERNET的机会深感懊丧。

事已如此，只好认命，就老老实实将CALIS做好吧。可是，清华早就已经得到做CERNET工作的指令，直到1994年12月8日，国家教委才派学位办范文曜（后任国家教委"211工程"办公室副主任）来校口头传达，要求北大承担CALIS的建设任务。这样，我们一方面由图书馆积极准备，调查国外以及我国港台地区大学图书馆文献信息网建设的先进经验。那时香港科技大学的图书馆馆长周敏民和台湾大学图书馆馆长林光美对我们帮助很大，好几次来北大给我们指导，出谋划策。两所大学的图书馆当时都是按照先进模式新建的，很值得我们借鉴。另一方面，我们在集聚人才与计算机选型、数据库和检索系统建设等方面做了一些准备工作。

20世纪70年代末，北大图书馆就开始进行自动化数字化的研究工作，但当时力量单薄，就十来个人，计算机应用开发方面的精兵强将难以汇集于此，原有图书馆信息化人员中鲜有能来承担这样一个全国性的CALIS大事的。我们要引进国外图书管理系统时还有人作梗，非要自己搞，说引进就是"崇洋媚外""不爱国"。为此，我们确定了引进系统的原则是：不重在技术和计算机硬件设备，而更主要的是要引进先进管理；而且要抢时间，要快；先引进，后自己开发。另外，我们还得另选人来承担CALIS的建设任务。北大做计算机应用开发最优秀的人才其实不全在计算机系，独立的计算机研究所（以王选为首从事计算机激光照排研究)和力学系(后更名为力学与工程科学系)聚集了一批人才。力学系的大型复杂结构设计软件的引进消化与开发广为人知,陈耀松教授门下也汇聚了一些人才(以他们为核心成立了"非线性科学研究中心")。通过陈耀松的介绍,我们将陈凌(已任命为力学系副主任)、江涛等人引入图书馆。还经林光美介绍,聘请了四川大学图书馆副馆长周激流和北航退休的图书馆馆长柴肇基来北大工作。周是计算机信息专家,后任成都大学校长,又先后任成都信息工程大学校长和党委书记。以这批人才为主要骨干,我们开始酝酿初步的建设方案。

1996年9月20日,国家教委条件装备司(以下简称条装司)李英惠司长和学位办赵沁平主任会见了我与北大图书馆馆长林被甸等人,就"211工程"的两个公共服务系统的建设工作做了布置,说北大、清华两校的"211工程"立项审批已经完成,教委由条装司牵头来负责这两个项目,总投资1.5亿元,各7500万元。文献保障系统的建设目标、服务方式,以及今后大学图书馆如何建,都需要研究。要北大牵头尽快成立组织机构,包括管理委员会、专家委员会、管理中心、地区中心等。林被甸汇报了北大图书馆正在进行的工作,并表态:北大图书馆会转变机制,由建设书库为主过渡到建设电子信息数据库,实现资源共享,一定要将任务完成好。他也讲了一些现有法制环境存在的难题,如光盘数据上网会被罚款等。之后,文献信息保障系统建设才算启动。

1997年7月9日,北大领导任彦申、陈佳洱和我等人向教委党组全面汇报了学校的工作,涉及百年校庆、周边建设用地、与北医合并、小语种学科等问题以及各种困难,多少有点诉苦性质。朱开轩主任和张孝文、韦钰、张保庆等几位副主任都讲了话。开轩主任特别就文献保障系统讲了话,要求北大一定要做好,要靠自己工作,不吃老本,要对内找不足。这似乎是对我们没有拿到CERNET建设项目而有点怨气的批评。所以我下决心要将CALIS做好。其实,就在同一天,国家计委召开了"211工程"公共服务体系工作汇报会，北大副校长何芳川、图书馆馆长林被甸等与会。林被甸馆长代表北大汇报了CALIS建设方案，对这个系统建设的意义和作用讲得比较充分，得到了李守信的肯定。可是，后来我们的工作开展得并不顺利，不断遭到一些责难，清华图书馆也想把CALIS拿过去，直到吴树青校长出面亮明北大的态度和决心，局面才有所扭转。

1997年7月16日，图书馆向教委条装司就文献保障系统的准备工作做了汇报。李英惠司长说，两个公共服务项目不能建成两个网络，文献信息要通过计算机网来联系，不需要再做"立项建议书"（后来还是要求做了），可直接做"可行性研究报告"。他还表示，之前北大的文献保障系统的可行性研究报告比较注重学术性，在此基础上需要补充建设原则、技术路线、服务内容、数据库、检索系统、管理办法、人员培训、经费预算等内容，还要成立CALIS领导小组、专家委员会，以及管理中心和地区中心等。

大概一周之后，7月23日，我们再次向教委和李英惠司长做了汇报。由于北大图书馆以前缺乏做大项目的经验，我们的汇报不能令教委和条装司领导满意，还要请科技司来把关。他们这才告诉我们，开始计委对是否要搞一个文献信息网有犹豫，因为计算机网比较具体，清华讲得也好，而对文献保障系统究竟要搞成什么样子不清楚，对又是一个"网"有点反感。李英惠说，计委听了我们的汇报后，对搞一个文献保障系统总算没有疑惑了，但表示该系统绝不是用来买书的（我们表露过当时图书馆买书经费极缺，一年只能买一两百本进口书），而是要实现文献信息资源共享。确实，我们开始对此系统究竟应该做成什么样没有研究透，对图书资源匮乏想得多了些；且当时图书馆多数人员对计算机、网络资源等还比较生疏，汇报说得太实在，要的运行费（2000万元，含买书）也太高，把人吓住了。所以李英惠强调，要有专人来做（意思是不能光靠图书馆这些人），先争取到项目再说钱的事。

之后，我们就密集地进行了商讨研究，初步决定全国高等教育文献保障系统包含文理、工程、医学、农学等四个学科中心和一批地区中心。四个学科中心分别设在北大、清华、北医（后北京大学医学部）和北京农业大学，对地区中心的布点条件，以及数据库和检索系统的建设要求、选用与运行条件等进行了细致分析。当时，国外已有几家商业检索系统在我国推销，大家对我们应采用什么系统争论很大，因为各校图书馆已分别使用了不同系统，都希望自己所用的系统被CALIS采用，以便省事。另外，国内如南京大学等也开发了图书信息检索系统，但规模较小，南大想通过这次机会加以扩充推广。当时我对于图书文献信息检索这一套一窍不通，对"INNOPAC""SIRSI（即Sirsi Dynix）"等国外检索系统品牌一无所知。之后接触多了才逐渐有点感觉，了解到这里有大量工作要做。全国高校图书馆的图书、文献、信息资源要联网实现共建、共知、共享，不仅要有大量资源，还要将浩瀚的中文资料数字化，加以存贮，还要有联合统一的编目格式、文献处理的标准；这不仅需要大量昂贵的硬件和软件，还要自己设计制作多种软件，还涉及知识产权等法律问题。所以工作是非常繁重的。图书馆原来仅有十来个人从事计算机自动化工作，不仅人数不够，而且知识水平也不能适应新情况，需要大量补充新人。四川大学的周激流馆长和北航的柴馆长天天在北大图书馆上班，做了很多工作，出了许多主意。这是图书馆管理的一场革命，我们的图书馆情报学系多少显得有点落后了，帮不了太多的忙。这时，还确定了这个文献保障系统的正式名称（即上述"CALIS"），还宣布成立了CALIS领导小组和管理中心，教委条装司李英惠司长任领导小组组长，我任管理中心主任，图书馆馆长林被甸和副馆长朱强任副主任，中心人员增至20多人。我多次在会上说，自己是个外行，但我作为一个教师和科学工作者，作为一个用户的代表，我希望这个"系统"建成后，所有学者都能在办公室、实验室和家里获得所需的国内外科技资料。一句话，我们的工作方向就是："图书馆建设要使用户能甩掉图书馆。"

1997年8月20—22日，CALIS召开"高等教育文献保障系统建设研讨会"，有30所进入"211工程"立项的大学图书馆馆长或副馆长参加了会议。教委条装司图书情报处处长李晓明首先介绍了立项的全过程。林被甸就文献保障系统的建设方案做了详细报告。他介绍了项目建设目标及其主要内容，以及"系统"的功能、效益，项目建设的技术路线、管理和实施措施等。朱强汇报了6月份教委组织的美国19所高校考察文献信息系统建设的情况。李英惠司长就文献保障系统的意义、建设的困难等做了解释，他指出首先要利用好现有资源，开发数据库，尽快拟定出标准规范。他对管理中心寄予厚望，要求中心做好设计和协调工作。会上提出的"系统"建设总目标是：建成一个具有中国特色的现代化文献信息服务系统，以CERNET为依托，采取"整体规划，合理布局，相对集中，联合保障"的建设方针，建成一个以全国综合文献信息中心、学科文献信息中心和地区文献信息中心为主体的文献信息服务系统，以此与国内外主要文献信息系统广泛联网，形成中国高等教育文献保障体系，使高校系统的文献信息总量有较大增长，使信息服务能力有较大提升，对教学科研需求的满足率有较大提高，使一批骨干高校图书馆的设施和服务水平达到或接近国际水准，从而为全国高等教育的教学和科研提供高水平的文献保障服务。总之，是要解决原有的一校一馆，大而不全，封闭、分散、低效的状态，走共建、共知、共享之路。

会上确认建设内容主要有三个方面：一是资源建设，以数据库形式建设现有文献资源，自建和引进一批公用数据库，协调新建资源的布局、结构和品种；二是服务，进行文献资源服务网络化建设，建立"全国中心—地区中心—各高校图书馆"三级保障系统；三是推进高校图书馆整体化发展的建设。代表们一致认为，通过文献资源数字化、服务系统网络化和高校图书馆发展整体化的建设，高校文献保障模式将发生根本性的转变，我国高校图书馆将从传统向现代化转变，文献信息工作在技术上将接近或达到国际先进水平。会议还对服务网点和服务中心的设立条件进行了研讨,达成了共识。我在这次会议的开始和结束时都讲了话,介绍了一点北大的情况:如图书年经费已从600万元涨到了720万元,保持订阅6000多种刊物(有的刊物从光绪年间已订,抗战中都未间断)有困难,理科外文书从1993年起没有买过一本(但有赠送的)。各馆低水平重复,资源不能共享,不能满足日益增长的教学科研与学科建设的需要。并表示北大要和兄弟院校互相学习,通力合作,共同做好这个大项目。

1997年10月9日晚10点,我跟计委李守信副司长通电话,他说,两个服务系统,清华是修公路,北大是开汽车装东西。北大的方案有整体形象,但要花1000多万元买书刊,不合适。他还说,将来给北大投钱可能有两种方案,7000万元或12000万元,比清华还多。资源建设还需要各校从日常运行经费中开支。

11月19日,我和李英惠司长又与李守信谈。李守信说,公共服务体系就两个了,大型仪器资源共享不切实际,只能在小范围内共享(这样,实际上1993年原定的"211工程"计划中的大型仪器设备网就被取消了)。文献保障系统,总体思路清晰,要做项目立项建议书和可行性报告,要从近期规划,展望长远。并说经费有限,两个体系共1.2亿元,经费比以前说的缩减了。这个系统先联多少高校要从成本考虑。要求到2000年,清华计算机网要联500所高校。

这以后,我们一方面密集地讨论了地区中心的安排,并分头考察了分中心所在学校图书信息系统的建设情况;另一方面对计算机硬件、数据库和文献信息检索系统的国际招标与自行研制,多校联合向国外打包采购期刊,以及中心组织、经费分配等工作做了部署;并将联机编目和馆际互借等业务先开展起来,进行人员培训。确定任命图书馆戴龙基副馆长和陈凌为CALIS管理中心副主任,柴肇基为秘书长。1998年1月,CALIS的主页上网,申请域名为"calis.edu.cn",10月得到批准。这样,CALIS管理中心就算对外挂名了。

1998年5月,国家计委对CALIS的立项建议书做了批复,总经费为5000万元（其中计委与财政部各出2660万元和2340万元），1998年拨款1950万元，比预定的稍有减少。6月2日，我们向条装司汇报。李英惠司长说项目批复基本符合我们的意愿，但担子重、压力大。批复要求按照项目单独管理，CALIS作为一个法人单位，采取项目法人责任制，设备、经费等都要单独建账。林被甸只能以北大图书馆馆长身份来代表北大，不能任中心副主任。

1998年9月22—23日，CALIS管理中心在北大召开CALIS项目实施工作预备会，落实全国和地区文献信息中心建设任务，以及与项目实施有关的问题。教育部有关领导、北大党委副书记郝斌、CALIS各学科中心、地区中心以及管理中心的有关人员等共30多人参加了会议。这次会议上宣布我是项目组长、CALIS管理中心主任、法人代表，戴龙基、朱强和陈凌是管理中心成员和副主任。柴肇基任秘书长负责CALIS的运行管理。同时确定了各地区中心和学科中心的负责人（东北当时还未定，后定了吉林大学。哈尔滨工业大学承担了国防学科中心的建设工作），以及硬件、软件、联合目录、引进库、自建库、特色库、关键技术和运行管理等8个子项目也实行项目负责人制。这样我就成了CALIS的法人，责任很重。后来由于国家教委改为教育部，撤销了条装司，该项目就归高教司管，项目领导小组组长改为高教司司长钟秉林，我是副组长。高教司的人我更熟，更好打交道了。11月，国家计委又对该项目的可行性报告做了批复。12月10日，项目领导小组召开全体会议，我们在会上做了全面汇报。

1999年1月6—7日，CALIS管理中心在北京大学图书馆召开中国高等教育文献保障系统建设项目工作会议。教育部、国家计委、卫生部、农业部有关司局以及全国中心和地区中心所在省市教育厅（局）的领导，承担各中心建设任务高校的主管校长和图书馆馆长，其他入选"211工程"高校的图书馆馆长及CALIS管理中心工作人员等共90多人参加了会议。会议由高教司刘凤泰副司长主持，高教司司长钟秉林和北大党委书记任彦申讲了话。会上，我与学科中心、地区中心所在学校主管校长或书记签署了正式协议,他们将分别作为法人代表,负责本校所承担的中心建设任务。此次会议召开,标志着 CALIS 项目正式全面启动。

1999 年 1 月 CALIS 建设项目工作会议,标志着改项目正式启动

此后我参与了硬件、检索系统的招标,并到一些分中心检查工作。其中确定"INNOPAC""Sirsi Dynix"两家的中标颇费脑筋。两家都是国外大公司,前者开发时间较长,国内有多家图书馆采用;而专家评介后认为后者技术更先进,但汉化工作量较大,该公司表示努力参与,尽快汉化。这是一笔大买卖,哪家公司都不甘落后。最后经表决选择了 Sirsi Dynix。参与硬件竞标的公司更多,竞争异常激烈,最后是 SUN 公司和曙光公司中标。在采购国外数据库时,清华凭着财大气粗,买下了如 OCLA、EI 等庞大的数据库,为整个系统做出了很大贡献。

这次开会时我已经 67 岁,应该退出学校领导岗位了。会前,我曾跟任彦申书记说,最好换一个人来担任 CALIS 中心主任。可是他说,即使我退出领导岗位,这个职务还得由我来承担。当时教育部也有这个意思,刘凤泰也跟我谈过。这段时间我跟图书馆工作人员相处很融洽,对 CALIS 虽不能说懂行,但也有了一点了解。应该说,我们的工作还是很得力的,边学边做,很快取得了成绩,得到了读者的认可与欢迎。计委要求,第一期工程 2000 年验收(不过后来由于种种原因,实际上是2001年才进行正式验收的)。2000年5月我们开始准备,5月30日,教育部韦钰副部长与"211工程"办主任赵沁平、高教司司长钟秉林等来校视察了验收工作,观看了CALIS各项功能的演示,并当场传到了韦钰副部长所需要的资料与数据,她很高兴。2001年2月13日,CALIS工作会议上通过了管理中心草拟的验收方案,并对验收工作进行了具体部署。2001年4月19日,CALIS管理中心向北大主管领导汇报CALIS项目验收工作准备情况。7月2日,CALIS领导小组会议在北大召开,高教司张尧学司长等人与会,管理中心几位负责人汇报了"九五"期间CALIS建设情况。会议同意验收,并对验收的日程安排和各种细节提出了意见和建议。这次会议让我特别高兴的是听到了计委李守信的表扬,他说此项目实际上比CERNET更重要,为数字图书馆工作的开展起到了扎实的带头作用。7月6日,CALIS项目验收预备会召开,北大校长许智宏、常务副校长迟惠生、"211工程"办公室主任羌笛、科研部长朱星等人与会,他们听取汇报后也观看了文理中心负责人肖珑关于CALIS项目各项服务功能的演示。与会者完全认同CALIS项目"211工程"验收工作的汇报,预祝CALIS项目验收顺利通过。这以后我们又进行了密集的试讲、演示等准备工作。

2001年7月18日,召开"211工程"公共服务体系中国高等教育文献保障系统验收会。国家发展计划委员会李守信副司长,国务院学位办周其凤主任,教育部"211工程"办公室、高教司、科技司有关领导,清华大学岑章志副校长,北京大学迟惠生常务副校长、何芳川副校长、"211、985工程"办公室主任羌笛、社科部部长程郁缀等人与会。验收专家组成员有:中国科学院图书馆馆长徐引篪、中国科技大学副校长高文、国家图书馆副馆长陈力、首都图书馆馆长倪晓建等8人。专家组一致认为:国家计委、教育部的CALIS立项很有意义,项目在国内是领先的,起了示范作用;在CALIS项目组全体同志的共同努力下,项目全面完成,有所突破,有所创新。项目的完成不仅对

"211工程"发挥了很好的作用,还产生了一系列的影响:对图书馆的管理、运行模式是一个创新;培养、锻炼了一批适应现代信息服务的干部队伍;对其他高校图书馆业务水平的提高起了很大的作用;缩小了与先进国家高校图书馆的差距。专家组也提了一些意见,如设计要进一步科学化、方便使用;注意数据安全和版权问题,并希望国家继续给予支持,将其推广到社会,发挥更大的作用。我在总结中除了对专家组和与会者表示感谢外,也谈了CALIS"十五"期间的发展规划与对今后的期望。

1999年2月底,我离开了学校领导岗位,2002年4月,我70岁,正式退休,但CALIS管理中心的担子却并未完全卸掉,这期间我仍参与了管理中心的一些工作和子项目的重大活动,但日常工作已经交给常务副主任戴龙基了。2002年5月15日,我还在厦门大学以中心主任的身份出席了"中国高等教育数字图书馆数字资源建设研讨会暨首届国外引进数据库培训周"活动,表示CALIS"十五"的建设目标就是中国高等教育数字图书馆,其中数据资源建设是中心工作,该次会议是CALIS管理中心成立资源发展部后首次举办的研讨会,希望大家畅所欲言,为建设CALIS出谋献策。6月,我参加"高校数字图书馆联盟"第一次理事会。2002年9月15日,"中国高等教育文献保障系统"公共服务体系二期建设项目启动,次日我向教育部做了汇报,并表示辞去CALIS管理中心工作。2003年国家决定在"十五"期间继续支持该项目,并将"中英文图书数字化国际合作计划"(简称CADAL)列为该公共服务体系建设的重要组成部分,项目名称定为"中国高等教育文献保障系统——中国高等教育数字化图书馆"(China Academic Digital Library & Information System,简称CADLIS),由CALIS和CADAL两个专题项目组成。项目总体目标定为:在完善"九五"中国高等教育文献保障系统(CALIS)建设基础上,到2005年底,初步建成具有国际先进水平的开放式中国高等教育数字图书馆。这时已由吴志攀副校长接替我任管理中心主任了。

我感到欣慰的是,在我写这回忆录的过程中,我只为查阅几份旧报纸去过两次图书馆。其实我可以不去,但在家里的电脑上查阅报纸消息还是更费事些!CALIS实现了在家里查资料甩掉图书馆的目标!到2005年,CALIS已有成员馆500多家,服务项目也大大扩展了。现在它有60多名工作人员。

三、百年庆典

1998年是北京大学成立100周年校庆。这对于北大具有里程碑的意义,是北大从极度困难走向繁荣、从动荡走向稳定的转折点,校园面貌也焕然一新。百年校庆的筹备工作从1994年就开始了,该年8月,任彦申书记就说它是当年北大的三大工程之一。1995年4月成立了百年校庆筹备委员会,吴树青校长为主任,任彦申书记为执行主任和领导小组组长,有42名委员和一个办公室。我主要抓教学科研日常管理和学科、人才与设施建设,所以没有承担校庆专项工作,算是一般委员。大家认为要抓住校庆机遇,推进北大的改革与发展,使之在21世纪初叶成为世界一流的社会主义大学,并确定了三项重点工作:弘扬传统,扩大影响;联络校友,热爱母校;争取社会各界支持,建立发展基金。校庆需要花钱,仅靠日常经费是无法支撑的。因此成立了北京大学教育基金会,吴树青任第一届理事长,积极开展筹款工作。我在该年三四月间利用在波兰参加国际会议之便顺访俄罗斯,邀请莫斯科大学和圣彼得堡大学的校长来参与盛典,并与两校续签了合作协议。

1998年,学校面貌已经发生了很大的变化。新化学楼在成府路上与物理楼相对耸立,其西侧的方正大厦拔地而起,代表了高校校办企业龙头的实力,展示北大对国家经济所做的贡献;原东门外的污水沟和一片桃园及喧闹的公共汽车站消失了;南墙外脏乱差的摊贩临

1998年4月在俄罗斯莫斯科大学与该校校长交换合作协议

时建筑已经变成整齐排列的两层楼店面；理科楼群也已部分建立起来，燕园东南角巍然耸起了一栋中关村地区当时最高的太平洋大楼。由台湾光华教育基金会出资的漂亮大方的光华管理学院教学楼在电教大楼北面竖起，由李嘉诚先生捐资1000万美元的图书馆新楼落成，新馆及其前面的广场构成整个校园中心区，北大面目一新，与过去的燕园景观已大不一样了。CALIS管理中心的一批新计算机和数据库，以及大量工作人员被安置在图书馆新楼5、6层，经典古籍都有序地存放在地下书库崭新的樟木书柜里，这里可保证无水淹的忧虑。在李岚清副总理的关怀下，我们从对外经贸部得到了近4000万元的资金，在原来的大讲堂（旧大饭厅）、学生第一餐厅以及部分"柿子林"地面上，建造了"百周年纪念讲堂"，其中包括设有近3000个座位的剧场，改变了北大无礼堂的历史。剧场舞台占地面积大，设计讲究，可安装各类布景，自动化操作，音响效果也较好。这里投入使用后，几乎天天都有各种演出，加上北大师生有较强的鉴赏能力，这里成为北京市许多电影、戏剧，以及音乐和舞蹈节目首次演出的首选之地。剧场的部分座椅是通过集资添置的，一个座椅3000元，椅背上镌有捐资人姓名，多是校友。这座椅当时自然不值3000元，其多余部分就用于该建筑整体的装修。百年校庆的时候，这个讲堂尚不能使用，但外观已经有模样了，为校园景观增添了不少光彩。

1995年10月,成立了北京大学新闻中心,加大了向社会媒体宣传北大百年校庆与各项新建设项目的力度。这以后大量的社会捐赠纷至沓来,包括IBM公司赠送的大型计算机、HP公司捐赠的计算机和分析测试仪器等。这些当然不仅是冲着校庆而来的,还有趁中国各高校进行"211工程"建设之机,对这些厂商起到展示产品和培训使用人员的作用。当然北大是得到了实惠的。我为这些事做了不少工作:不但需要接待这些机构的领导人,进行各种条件的谈判,还要为安置这些设备物色地方。那时我负责全校公房分配,而北大的地皮和房源紧张在全国教育部直属高校中是少有的,难怪当年丁石孙当校长时曾一再要求控制规模。为此我总是采取拆东墙补西墙的做法,自然会落下不少埋怨。但这些设备确实是使北大教学科研水平迈向国内先进的重要条件。除了捐赠设备外,更重要的当然是筹款了。学校专门召开了百年校庆筹款座谈会。应当说任彦申书记和新任副校长陈章良等人都是筹款能手,他们跟国内外的企业家频繁接触,募到了不少捐款。上述许多建筑大多都是企业的捐款所建。这些捐款不但用于校园建设和改造,而且使校庆活动的资金与全校各类奖学金的总额大幅增加。其中香港何英杰泛华集团的4000万元人民币大多用于建设"英杰交流中心"(它是北大使用最频繁的会议中心),还有部分用作教育发展基金,印尼金光集团对理科楼群和生命科学设施与数学教学的捐资总数在2000万元人民币以上,日本电通公司的捐款用于建造校史馆,校友尹建生和三金集团捐资整修未名湖,戴姆勒-奔驰集团捐资装修西校门景区,日本49家公司联合捐资2.1亿日元和校友李一奎及吉林东宝集团捐款100万元用于校庆,还有台湾顶新集团设立的奖学金,等等。图书馆的1000个樟木箱也是靠美国HP公司老董事长Parkard近60万美元的捐助定制的,使用江西樟木还得到了林业部的特批。

但是,除了上述筹款活动相对积极之外,尽管学校领导将百年校庆作为重要大事看待,当时学校整体上却并不太在意这项活动,气氛也不够热烈。为此,校庆筹委会在1997年4月召开了一次会议,决定在南校门外(彼时,北四环尚未建成,南门外的颐和园路——现称海淀路——还是交通要道,西门虽是北大正门,但行人多从南门出入)竖起了四块宣传牌,上书"逢世纪之交,迎百年校庆;乘改革东风,创世界一流"20个大字。还在那里立了一个倒计时钟,从那年五四校庆日开始,每天显示距百年校庆还有多少天。这样一来,气氛就活跃起来了。

1997年7月,学校党委常委扩大会研究下学年工作,百年校庆是重点。陈章良那时已是任彦申书记(任校庆活动总指挥)的得力助手(副总指挥)了。他了解到1996年上海交大百年校庆花了2800万元,并预算北大搞校庆加校园修缮大概要4000多万元。他列出了校庆活动的10项内容,包括人民大会堂庆典、国际大学校长论坛、宣传出版(出版了大量有关北大历史回忆的文集,颇得好评)、大型文艺体育演出、纪念礼品、宴请、发行纪念邮票等,各项活动都做了预算。活动内容还包括命名一颗小行星为"北京大学星",北大登山队("山鹰社")登上一座新高峰(后登上了位于西藏的世界第六高峰——8201米的卓奥友峰)。当时估计外来人数在万人以上,计划为进京校友开一趟"京九线专列"。当时募集到的款项,包括方正等校办企业的资助,总计为3000多万元,缺口还有约1000万元。所以集资还是一个重头任务。

8月,学校党委常委会上又特别强调搞校庆首先要明确学校定位。任彦申说了三点:第一,北大是中国第一所国立综合大学,体现现代中国高等教育之始;第二,北大是新文化运动的中心,传播马列主义的发源地;第三,北大是中国文化和科学发展的重要标志。这个定位是比较恰当的,是国家级的定位,所以应该在人民大会堂开庆祝会。出纪念邮票和小行星命名当然要经过相关单位同意,已经落实;在人民大会堂举办庆典,请国家领导人出席虽已得到国家教委同意,但对是否能获得中央领导批准却没有把握。

20 年后,2018 年北大 120 周年时,5 月 15 日山鹰社师生 12 人登顶珠穆朗玛峰

(图片来源:北大校园网)

1998 年 2 月 18 日,陈佳洱校长与我向教委副主任陈至立汇报百年校庆和与北医合并事,直属办陈小娅和教育部办公厅主任康宁在座。陈至立对校庆一事做了许多具体指示,如请总书记在庆典上讲话和人民大会堂 6000 人开会一事要由中央办公厅最后定,并说致辞要有好文风,要有激情;校长论坛要邀请世界著名大学的校长,如哈佛大学、斯坦福大学、牛津大学、东京大学等,论坛可邀请李岚清副总理讲话,教委领导也要发言;教委可出面宴请重要贵宾;小行星命名仪式要请中科院院长路甬祥出席。她连对纪念邮票、小型张、首日封、纪念册等事都想得很周到,对图书馆新馆落成典礼和文艺晚会等事都有指示。她说经费还得请北京市给予支持,请韦钰在科研和外事经费上给国际会议一些补助。总之,她表达了教委对北大的支持。

2 月 24 日,国家教委和北京市领导联合召开了专题办公会,听取了北大领导任彦申和陈佳洱等人关于筹备百年校庆的全面汇报。副市长林文漪说,北大百年也是北京市高教百年,对国内外有重大影响;并答应由市委市政府出面开招待会,经费由市政府出,人民大会堂开会的交通、安全、保卫由市政府负责,并出资 300 万元。陈至立、朱开轩等都做了热情洋溢的讲话,认为北大的计划详细可行,希望北大以此为契机使工作上一个台阶。会议确定人民大会堂的庆典一事由教委与北大共同写报告,5月4日一天的活动就由北大负责。教委的领导还嘱咐,外国领导人出席,涉及外交,要与国务院办公厅及早联系;大学校长来不要分等级,对兄弟院校要谦虚谨慎;要求北大发扬光荣传统,承担起历史责任;要求北大尽早将庆祝活动方案以这次会议纪要的方式报送李岚清副总理。

会后,学校马上召集了校庆筹委会人员布置各项工作。这以后,校庆活动算是紧锣密鼓了。4月初,距离校庆日只有一个月了,筹委会再次开会检查工作。不料在各项活动的筹备组组长分头汇报后,大家觉得好多事还没有完全落实,就着急了,还互相埋怨指责起来,说有些事职责不清。我于是说:北大人有个好传统,平常看来做事有点稀松,到关键时刻却能勇于负责,拼命干,出色完成任务。对百年校庆,相信大家能发扬拼命干的精神,在统一指挥下,分清职责,漂亮地把这件大事做好!我做了一番鼓励,大家情绪稳定下来,都埋头紧张干活去了。

果然,到校庆的时候,各方面的工作都做得像模像样。校庆前,4月29日,江泽民总书记到校考察并发表重要讲话,强调"要坚定不移地实施科教兴国战略"。5月2日,李岚清副总理在"面向21世纪的高等教育——大学校长论坛"开幕式上发表了讲话,强调加快发展高等教育对实施科教兴国战略的重要作用。百年校庆活动显得欢乐、庄重、辉煌、有序,大家感到北大确实换了个样,对今后发展充满信心。由于任彦申等领导亲自到各地做动员宣传,来的校友很多,有上万人,真的开了一趟"京九线专列"。活动的指南、邀请书、纪念品等都做得美观大方,各院系组织的活动也很精彩。我一下子觉得北大处处是人才,真是藏龙卧虎,紧要关头都能爆发出惊人的能量来。

对这些活动我做的工作很少,大致有:到机场迎接几位著名科学家,如李远哲(诺贝尔化学奖获得者,后任台湾"中研院"院长)、丘成桐(数学菲尔兹奖获得者)、朱棣文(诺贝尔物理学奖获得者)等人,后来又与陈佳洱校长一道主持了他们和杨振宁、李政道等五位科学家

1998年5月诺贝尔物理学奖获得者朱棣文来校参加百周年校庆并做科学报告时会见同行师生

的演讲会,并为讲座文集写了一篇"序";另外参加了部分大学校长论坛,迎接少数外国大学校长,如由我3月份在波兰参加专业国际会议后顺道访问俄罗斯时请来的莫斯科大学和圣彼得堡大学校长,以及英国利兹大学校长,并在中国饭店招待会上致辞。参与的庆祝活动有:29日江泽民总书记与北京市市长贾庆林和教育部部长陈至立对北大的视察,5月1日在中国美术馆的书画展,以及5月4日在人民大会堂的庆祝大会和晚上在静园的文艺晚会。据说,4月底的那次视察是中央同意北大在人民大会堂举行百年庆典之后为了解北大而进行的。学校请江总书记一行参观了赛克勒考古与艺术博物馆、北大图书馆和几个生命科学和信息科学的实验室;还进行了座谈,季羡林、王选、刘忠范和一位学生发了言。人民大会堂的庆典使我很兴奋,因为江总书记对北大的评价很高,并终于从他的口中说出了"为了实现现代化,我国要有若干所具有世界先进水平的一流大学"的话。这个讲话中删去了之前正式文件上在"一流大学"前面必须加上与世界其他大学不可比较的"社会主义"这个限定词(在我校负责起草的讲话稿中还用了这个限定词)。他的讲话强调了大学应成为科教兴国的生力军,提出了世界一流大学"应该是培养和造就高素质的创造性人才的摇篮,应该是认识未知世界、探求客观真理、为人类解决面临的重大课题提供科学依据的前沿,应该是知识创新、推动科学技术成果向现实生产力转化的重要力量,应该是民族优秀文化与世界先进文明成果交流借鉴的桥梁"。他还对青年提出了四点"坚持……统一"的希望:坚持学习科学文化与加强思想修养的统一,坚持学习书本知识与投身社会实践的统一,坚持实现自身价值与服务祖国人民的统一,坚持树立远大理想与进行艰苦奋斗的统一。那天,我还第一次坐上了人民大会堂的主席台,并将先前写好的关于希望国家能对留学生回国开办科技企业给予创业基金和小额贷款优惠政策的意见书亲手呈递给了朱镕基总理,他后来做了相应批示。这个问题是我在工作中多次遇到却难以解决的。晚上静园的晚会也使我满意,之前曾有人担心在静园开晚会会破坏草地,后来所做的措施表明这种顾虑是多余的。晚会由央视的赵忠祥主持,气氛热烈,效果奇好。这也使我对北大干部的能力更有信心。那天中午,由于来宾众多,校友由各院系分别招待,我们汉中分校无线电系学生聚在南校门外一个餐馆一起吃饭,曾任分校党委书记的马石江也来了。分校的师生、干群关系很好,大家很想念他,与他一块儿庆祝北大百年校庆特别难得,大家说说笑笑,非常高兴。不过,这却是我们最后一次跟他相聚,两年多后,他就仙逝了。此后两三日,我主要参与了一些外宾的接待和宴请等活动。

校报要我为校庆日的报纸写一篇"特约评论员"的文章作为百年校庆献词。这篇文章以《承百年光辉,创世纪灿烂》为标题,说明北大前一百年以救国为己任,走的是学习、借鉴西方的道路;下一个百年,北大必须以强国为己任,走创新之路。希望北大以学术为核心,在教学、科学研究和社会服务三项使命中体现创新的目标。后来,我将此文收入《湖边琐语》时还特地将标题改为《创新 创新 创新》,强调创新的重要性,现在看来,还是原标题更好,因为创新还必须与知旧、守常、守正相结合,不可偏废。一味强调"新",有时会迷失方向。

四、"985工程"

在从人民大会堂参加完百年庆典回来的车上，我依然异常兴奋，觉得也许北大可以乘此机会再上一个台阶。"211工程"投资力度与我以前设想的相差太大。校庆的民间"捐献"为北大发展开辟了一条新路，但要实现全面建设北大的理想和愿景还有很多困难。我觉得，乘此次总书记讲话的东风是可以做一番文章的。在去办公楼的路上，我就跟任彦申书记和陈佳洱校长说了可以乘此机会搞一个建设世界一流大学的专项计划，请中央批准。我说北大一家太孤单，必须拉上清华。他们也早有此意，欣然同意，要我先写出一个东西，跟清华商量。我当晚就写出了一个初稿，是直接写给总书记的，主动请缨，表示北大、清华两校决心首先建成"世界一流大学"。我想，这个计划的名称就叫"985计划"，代表1998年5月北大百年庆典上总书记提出的建设世界一流大学的计划。邓小平批准的发展高技术研究、提高我国自主创新能力的"863计划"就是1986年3月倡议，第一次会议是1986年4月在北大召开的。循此先例，"985计划"的命名应该很合理。我非常激动，觉得这样可以弥补"211工程"到位经费的不足，以满足学校建设的需求。第一稿我写了仅1000多字，请校办主任范强送给清华校办，请王大中校长斟酌。事先我已跟王大中打过招呼，他当然完全赞成，并且也草拟了一个报告。

后来，我向任彦申书记和陈佳洱校长做了汇报，他们的意见是先给教育部陈至立部长写个报告，说明我们想给总书记打个报告，主要内容是希望国家能将建设世界一流大学的计划列作"专项"，给予特殊的经费支持。在报告中要说清楚我国已有的高等教育投资与国外高水平大学相比有几十倍到上百倍的差距，难以实现"世界一流"的目标。这样，陈佳洱校长就先给陈至立部长打了电话，她同意北大、清华联名给中央写信,但要我们弄清楚建设"世界一流大学"的基础和条件。这样,我们又进行了一段时间的研讨。我原来想"趁热打铁"的想法太幼稚毛糙了。

6月,校内分别召集文理科年轻学者、职能部门和学校领导对"世界一流大学"的目标定位、建设要求和建设条件等进行研讨。大家对"一流建设"寄予厚望,同时也对北大的现状提出了许多尖锐的意见,迫切要求改进。这其中涵盖许多体制问题和学术水平、办学条件、教师待遇等问题,如政府办大学,学校缺乏自主权,年轻人学术水平上不来,科研方法老化,优秀研究成果不多等;要求国家一定要给予特殊政策,经费单列,将北大、清华两校办成高等教育的"特区",等等。7月2日,教育部周远清副部长和直属办陈小娅主任与学位办赵沁平主任等一起专程来北大指导我们起草该报告。他们强调,要定位成"科教兴国基地",办出的"世界一流大学"要能得到国际公认,一批学科必须达到世界一流水平;除了"信"以外,还要有简单材料说明建设框架,将建设要求与条件说清楚,要明确哪些学科可以突破,经费要单列,环境要宽松;名称是否叫"985计划"还可斟酌;两校联合打报告,框架构想各写各的。他们甚至规定了主报告大概写5页纸。

经过他们的点拨,我们又集中精力讨论修改了报告,并写出了《"985计划"基本框架构想》的文件。这期间,我们与清华经常沟通,报告主体一遍又一遍地来回修改,大概改了六七稿,最后由任彦申书记定稿。他不仅对文字进行了推敲,而且补充了一些重要内容,使该报告更加具体了。我觉得他的修改使报告增色不少,更符合官方文件的格式。兹将该文全录如下:

江总书记:

在庆祝北京大学建校100周年大会上,您发出了"为了实现现代化,我国要有若干所世界先进水平的一流大学"的伟大号召。两个月来,我们北大、清华两校的领导和教师学生,反复认真学习了您的"五四"讲话,认为这是落实"十五大"提出的"科教兴国"战略决策的重大措施,是党和国家对我国高等教育界提出的光荣任务和殷切希望。江总书记的号召使我们受到巨大鼓舞,我们深感创建世界一流大学任务艰巨,担子重大,但责无旁贷,义不容辞,愿向中央请缨,把我们两校首先建成世界一流大学。

世界许多国家都建有一两所国家的标志性大学,如美国的哈佛、斯坦福,英国的牛津、剑桥,日本的东京、京都,俄罗斯的莫斯科大学等。这类大学是杰出人才的摇篮,知识创新的源泉,高新技术的孵化器,经济发展的动力源和国家重大社会政治经济决策的思想库。这类大学是国家科学文化的标志,体现了国家的综合实力,在国际激烈经济竞争中具有占领制高点的作用。特别是美国"硅谷"、英国剑桥科技园的兴起,凸显了著名大学在科技革命和知识经济中的龙头作用。这些国家对标志性大学无不给予持续的高强度的投入,采取特殊政策予以重点支持,使这些大学具有很高的社会地位和国际声望。

近年来,台湾、香港建设一流大学的劲头十足,形势迫人。他们的办学经费高于北大、清华十几倍,以高薪延聘海外学者,办学水平已有超越我们之势。我们认为,中国要有世界一流大学,首先应出在大陆,以体现社会主义制度的优越性。当前创建世界一流大学的形势已迫在眉睫。

改革开放二十年来,我国的经济实力有了长足进步,我们已具备了在下世纪初叶筹建若干所世界一流大学的基础。但创建一流大学又是高难度、高投入的事业,因此我们建议作为创建世界一流大学的起步,首先以北大、清华两所大学为试点,以便集中力量,取得经验。这两所大学在我国高等教育界有特殊重要地位,在我国革命和建设中起过独特的历史作用,对我国科学文化和社会经济发展有过突出的贡献,在国内外有较大的知名度和影响;两校的教师和学生属于国内一流,学科和科研有明显优势,在产学研结合和兴办高新技术产业上有龙头作用,且地处首都,可以较好地发挥示范和辐射作用。我们相信,通过加强投入,深化改革,经过十多年的持续奋斗,是可以把北大、清华两校建成世界一流大学的。

目前我们两校正在围绕创建一流大学的目标,进行认真讨论。我们认为,两校目前离"世界一流"还有不少差距。一是教师中有世界影响的重量级学者大师还很少,一流的拔尖人才进不来,留不住,流失严重;二是在科学文化上有重要理论创新和国际影响以及对产业革命有重大价值的科研成果还不够多;三是长期投入不足积累了种种问题,特别是教学科研手段和基础设施还比较薄弱,再加上体制不活,缺乏应有办学自主权等制约了学校的发展。

按照中央科教兴国的战略部署和您指出的面向21世纪教育改革方向,我们将以教育、科技和经济的密切结合为主线,以创新为灵魂,进一步解放思想,更新观念,制定出创建世界一流大学的总体方案。在北大、清华两校取长补短、优势互补、资源共享的基础上,进而与其他高校、科研院所通过共建、联合,创建各有特色的真正的综合大学;各自建成一批具有国际领先水平的学科或学科群,集知识创新、知识传播和知识应用为一体的教育研究基地;迅速引进和培养一批重量级的知名学者和站在世界科技前沿的学术带头人;集中力量重点突破,创造出一些有重大理论创新价值和经济社会价值的科研成果;同时在信息、生物技术、材料、能源、环境等领域建成几个实力强、水平高的产学研合作基地,并形成几个有自主知识产权和国际竞争力的高科技企业,真正成为科教兴国的强大生力军。争取在十多年内,在若干可比较指标方面跻身世界一流大学行列。通过与北京市共建,与科学院合作,把海淀区建设成为高新产业密集的文明社区,成为科教兴国的重要基地——"中国的硅谷"。

建设世界一流大学,是国家行为,需要政府给予强有力的经费和政策支持。我们希望中央能制订专门的建设一流大学计划,给予长期、优先、特殊的投入,使两校经费单列,扩大学校的办学自主权。

为了纪念您的"五四"讲话,我们建议把我国以建设北大、清华两所世界一流大学为核心的计划命名为"985计划"。两校的建设框架方案附后。

以上报告是否妥当,请指示。

下面是北大、清华两校的党委书记和校长的签字。时间是1998年7月27日。

作为这个报告的附件,两校各自写了一个"985计划"的基本框架构想,格式大体相同,都讲述了"计划"的意义、实施的基础、建设的目标和内涵、采取的措施,希望国家给予支持。

北大对学科建设的目标要求大体上就是"211工程"计划第一稿的内容,例如,建设13个综合交叉的学科群,比"211工程"计划还多了一个。而在推动"知识经济"的号召下,北大提出产学研结合,要建设新兴产业基地。例如,北大要建成信息产业和生物制药产业的基地,还要与清华和中科院合作,建成新功能材料和智能机械基地。对北京市和海淀区地方经济的贡献也说得具体了一些。这些,实际上都是上述报告的具体化。

这个文件在7月底前交给教育部,由教育部交给总书记,因为周远清副部长来校时曾说过,8月份中央要开科教领导小组会议,可以上会讨论。可是,那年由于长江流域发大水,抗洪救灾成为彼时最紧迫的大事,科教领导小组会没有开成。9月26日,是一个周末,教育部召集两校领导汇报"985计划"准备情况并布置工作。为此,我准备了一下,并在 25 日和接替我任常务副校长的迟惠生及职能部门负责人等少数干部一起讨论,然后做了汇报。那天主要是听取陈至立部长和周远清副部长的指示。陈至立部长说,两校报告加上海交大给总书记的信和教育部的报告一起,交给了江总书记。江总书记在 8 月 17 日做批示,大意是:同意岚清、至立意见。纵观历史,国际上一流大学都是经过长期建设形成的。固然要有政府支持,资金投入,但也是教师、学生长期工作的结果,特别是学生毕业后在长期工作中与国际上取得的影响。这种学校有一大批知名教授,有的宁愿放弃待遇优厚的工作,以到这些学校工作为荣。要办成一流大学,要有雄心壮志,脚踏实地。20 日,朱镕基总理批示:坚决贯彻落实。李鹏委员长批示的大意是:原则上同意两校报告的意见,总书记在北大百年校庆提出的目标有深远历史意义。办这件事要吸取"211 工程"中一度出现过的盲目争办、盲目攀比的教训。其实,对哪几所大学可以成为国内国际一流大学大家心中是有数的。对这些有基础的大学,要求在最近几年,推动内部改革,达到先进指标。李鹏委员长的批示还说科学院的试点计划已经启动,经费计划正式通过,全部满足了中科院的要求。教育部报告中表示要争取在十年或更长时间通过学科综合、调整学科设置与内部改革,达到目标。这些批示意味着中央领导已原则上同意设置这样一个计划,但还有点保留,希望大学自己努力改革,真正出成果。在此之前,李岚清副总理不等科教领导小组开会,就要求有关教育与科技领导与地方协商统筹。如上海市要统筹复旦、交大等三家单位搞基因工程,光靠科学院和高校搞不起来,要靠上海市政府来统筹安排。总之,北大的百年校庆正逢国家科教兴国决策的大好时机。

陈至立部长认为人才计划可以先做起来。当时国务院已给了高校一笔专项经费,用于"筒子楼"(教职工宿舍)改造与招生并轨。所以她要求访问学者计划和特聘教授也可先干起来。她说科学院从国外引进学术带头人的计划是,3 年引进 600 人,每人 200 万元,共需

12亿元(这时我才明白李鹏委员长批示所说的"科学院的试点计划")。她认为高校可以每人用150万元,到2000年也是600人,就是9个亿。然后,她就"长江学者计划"、引进短期来华讲学学者,派出高级访问学者、博士后人员,乃至优秀青年教师奖励基金等,分别按人数、每年开支(例如,长江学者的年薪酬为10万元人民币,外加科研经费平均以25万元计,等等)算了一笔细账,要求两校仔细核算,确定各类学者的人数与经费总额。经费以国家投入为主,但也要有相当一部分靠自筹(例如1/4多)。她对住房问题谈得比较多。再就是增建一批国家重点实验室与学科建设,要求结合"211工程",从1999年开始,三年投资3亿、6亿、9亿元(共18亿元)。最后谈到改革方案,首先是北大、北医的合并,这也会要求增加经费。上海两校(指复旦大学与上海医科大学)合并,是中央与地方按1:1比例出资,浙大合并也是地方与中央按1:1比例出资。她要求两校就合并事宜年底拿出一个规划。

周远清副部长则说:今天就算是世界一流大学项目启动了。目标要清楚,10年到15年左右的经费要有个匡算,否则花钱没有计划。要在以下几方面努力:学科更综合,但不是越大越好;下功夫突出一流学科;对人才引进,要研究机制;人才培养——博士生、本科生都要有教学改革措施;加大内部管理改革力度;从国内外引进人才要精心计划,要召开建设世界一流大学的战略讨论会。

之后,我们就认真准备起草了这个计划。先后召开了一些学者座谈,与各职能部门一起对"985计划"的经费做了估算,重新提炼了学科建设的重点,进行精选补充,等等。由于我将退出学校领导岗位,在1999年1月即将召开的党代会上,我不再担任党委委员。所以,我在起草了基本框架构想后,就逐步交由迟惠生接替我来制订整个"985计划"。但我仍参与了多数文件的制定过程,如提出供讨论的"建设科教兴国特区的计划框架"的一些构想等。1998年12月24—27日,我们在友谊宾馆集中进行了文件起草。这个文件也有"正文"

和"补充"材料。正文中列举了北大的基础、优势与差距、困难。其中还提到了我提出的,但并未为北大师生所公认的北大治学传统:执着、荷重、宽松、为先。文件反映了北大学科门类齐全,有 74 个本科专业、138 个硕士专业和 124 个博士专业,以及重点学科数全国第一,师资中院士(26)、博士生导师(561)和教授(814)人数在全国高校处于前列等优势。差距主要在于具有世界影响的学者少,具有重大理论创新、对经济发展有重大价值的研究开发成果少,高质量 SCI 论文少,以及长期投入不足,管理理念和体制尚较落后等。文件提出了更为具体的发展思路与战略目标,强调了内涵发展和分两步走的战略:到 2005 年完成学科整合,建立一支高水平的学术与管理队伍;到 2015 年将出现一批处于国际前沿的重点学科,涌现一些国际知名学者,总之要初步具备上述"一流大学"的功能。在改革与创新上提出了以思想观念创新为先导的设想来改造环境与机制,准备按照李岚清副总理提出的"共建、调整、合作、合并"的方针与北医合并,与清华和中科院合作,校内实行校、院、系三级管理体制等。近期则主要实施"人才工程",大力加强人才培养与科技创新基地建设,加强对国家重点实验室和工程中心的管理和支持,在信息、制药、化工、生物技术等领域形成产业集团。具体指标有:建设 800 人左右的学术骨干和约 200 人的管理骨干队伍,其中 100 人为重点学科带头人;重点建设 400 门本科生和 200 门研究生主干基础课,150 门综合素质课,起到示范作用;形成一批重点产学研基地和科技园区,其中包括三个研发中心(信息科学技术、生物技术与制药、新型功能材料)。文科也要搞一些有重大影响的"工程",如"盛唐工程""中国法治建设研究"等。在基础设施方面也提出了校园网、水电暖和学生宿舍、餐厅等建设项目。在此基础上提出了经费要求。

1999 年,国家批准了"985 计划",并正式定名为"985 工程",除了北大、清华两校外,后来又加上了复旦大学、南京大学、中国科技大学、浙江大学、上海交通大学、西安交通大学和哈尔滨工业大学等 7

所大学,称为"2+7"大学。以后又增加了30所。1999年第一批经费到位,北大将"211工程"办公室扩大为"211、985工程"办公室,仍由羌笛任主任。这以后北大办学经费紧张的局面有了根本变化,而且私人捐赠数额也大幅增加(根据2000年周远清副部长的一次讲话,当时清华、北大的办学自筹经费已经差不多占80%,而国家财政拨款只占了20%左右),苦日子一去不复返了。不过,这时我已完全退出校政了。

此后,"创建世界一流大学"成为我国高教界热烈讨论的一个重点议题。我也发表过一些观点。比如,世界一流大学的指标就看外国留学生的人数比例。20世纪90年代中期,北大毕业的理科本科留学生只有化学系一名,绝大多数留学生都是来学习中国语言文化的,这说明我们的科学技术在世界上无足轻重,与"世界一流"实在相差太远。尽管当下我国几所大学在国际排名中已经名列前茅,但用外国留学生人数这个指标来衡量,恐怕离"世界一流"的目标还是有距离的。我认为这一指标是实实在在反映我国大学在世人眼里的地位的,尽管它比实际情况会滞后相当一段时间。我还特别强调了"一流大学"要为中国成为"一流强国"做出突出贡献。这些文章都收录在《中国高等教育:多样化与教育教学质量(上册)》(高等教育出版社2016年版)一书中。

第十章

管理改革

一、三级管理

大学以育人为职责,以文化推动社会发展,以知识促进经济增长。但是,社会毕竟是有分工的。社会越发达,分工越精细。因此大学育人不能不以学科或专业来划界,即所谓高等教育是培养"专门人才"的。尽管我们也看到,随着社会分工越细密,不同学科专业之间的联系和交流也越密切。因为世间万事万物都是由功能不同的成分组织起来的,拆分为不同成分可以进行精密而深入的研究,从而更加清楚地掌握其运作机理与规律。但真正工作起来却是交联互动的。所以,做学问既要"分门别类",也要"交叉综合",而以细致分析为基础。因此,大学教学总要大体上有个学科或专业,要使人成为什么都会的"通才"是不现实的。这样,学科或专业就成为大学的基本细胞,而明确学科或学科群的设置则成为高校定位的一个重要指标。1952年院系调整将北大定位为以文理基础学科为主的"综合大学"。但正像第二章第二节所说,这种学科定位对北大的发展十分不利,很难实现江泽民在北大百年庆典上所说的成为"推动科学技术成果向现实生产力转化的主要力量"的愿望。而且我从原子钟研究的实践中也深切地感到,没有精湛的工程技术做支撑,基础研究实验要取得突破也几乎是不可能的。因此我强烈体会到1952年院系调整所造成的"理工分家"的缺陷。实际上,"学习苏联"是学了欧洲古典大学的老传统,重复了蔡元培先生提倡的"学"与"术"分离的主张。彼时蔡先生曾说过"学为学理,术为应用""学为基本,术为支干""治学者可谓之'大学',治术者可谓之'高等专门学校'"。不过,他当时是为了扭转中国办大学一开始过于注重实用,国家为图救亡、个人为谋职业的偏向而说的。实际上,后来的欧洲,特别是学了欧洲而又有所发展的美国大学,加强了为社会直接服务的功能,大都是文、理、工、政、经、法(商)、农、医等学科并立的真正的"综合大学"。实际上蔡元培本人在20世纪30年代已经改变了原有想法,认为大学不仅要设"八院"(指大学设文、理、法、商、工、农、医、师范八个学院),而且提议"使已有之或新成立之大学亦注重技术教育"[①]。由此可见,对于中国高等教育事业来说,1952年的院系调整将理工分家、文法拆开的做法在教育上是落后的,是一种倒退,尽管它对当时我国工业大发展做出了重要贡献。所以北大恢复原有的文、理、法、工、农、医学科并立,成为真正的综合大学,是我们的一种夙愿。当然这件事做起来不容易,而且要得到上级教育行政部门的许可也很难,成立技术科学学院不被获准就是一个例子。因此我们总想通过"打擦边球"来逐渐兴办一些有别于一般工科院校传统的机械、电机、土木、水利等的新型工程学科(技术学科从1958年开始已经办了不少,不过名义上仍属"理科")。

为此,我们首先想在力学系中衍生出一个工程专业来。20世纪

[①] 蔡元培等:《请注重技术特定为教育之重大方针案》,载高平叔编:《蔡元培教育论著选》,人民教育出版社2011年,716页。此文是蔡元培等22人在1935年给国民党第五次全国代表大会的一个提案,要求注重技术教育,作为重大的教育方针,以增进国利民生。

80年代后期,曾一度在力学系试办过一个"工程科学"专业,后改为"结构工程"。1995年索性将力学系改名为"力学与工程科学系",它就是后来北大新办的工学院的前身。然后是在一些理科大系升格为"学院"时预埋下一些"伏笔"。例如,1993年当生物系升格为生命科学学院时,开设了"生物技术"专业,当时是想按照"生物工程"专业要求来办的。1994年化学系升格为学院时,我跟好几位学部委员商量,将学院名称改为"化学与分子工程学院"。我记得"分子工程"的名称还是唐有祺先生提出来的,意思是通过化学方法合成、制备出一些性质与功能符合人类意愿的、新的化合物品种来。其实当时这个名称在化学系并未获得全体认同,所以我一方面跟一些知名教授讨论,做一些工作;另一方面,在我代表学校去宣布化学与分子工程学院成立的决定和院长的任命时,专门就此想法做了解释。当时我希望从这个学院发展出一些新的材料科学的工艺技术来。后来由电子学系吴全德院士等人组织起来的纳米科学技术研究中心(中心行政挂靠在化学学院)、化学与分子工程学院的刘忠范教授(后为院士)团队是其中一个主体,做出了重要贡献。它就是一个新型材料的技术开发中心。我们就是想通过这些方法逐渐在北大产生一些建立在高新科技上的新兴工程技术学科,如信息工程、生物工程等学科。这"分子工程"自然是属于这一类的。1995年在成立数学学院时,也设立了科学与工程计算、金融数学等专业。我自认为这里还是有点"创新"的。

当时大系升格为学院是一种趋势,这不仅是想追求层级的提升,更希望通过这种改名囊括更多应用和工程技术学科。与此同时,新建的独立的系也越来越多,已经从院系调整后的12个系和"文革"前的18个系增加到30多个系。学校直接面对那么多的系,管理上已是"超负荷"了,所以想通过合并一些系成为学院来缩小学校的直接管理面。20世纪90年代,学校领导层对这个意见达成了共识。之后,按照三级管理的思路,我们曾经设计过一个将全校各系归并为约十五六个学院的方案,例如,我们曾设想将心理系合并到生命科学学院,我们认为心理现象是生命活动的高级形式,并到生命科学学院是合理的。但类似方案普遍受到各系的反对。如针对将心理系合并到生命科学学院的设想,有人认为心理现象本身就十分复杂,心理还有实验心理、社会心理、认知心理、应用心理等区别,可以单独成立学院。而想将文、史、哲等学科合并成立文学院的难度更大。其实这也不难理解:既然理科的数学、化学、生命科学当时都已独立成为学院,为什么要求人文学科的基础学科合并成一个学院呢?结果,尽管北大成立了许多学院,但还有一些学系却并未纳入这个轨道,至今仍独立成系,形成了当下院系共存的局面。由于学院也比较多,之后陈佳洱校长又提出了建立学部的主张,将相关学院组成学部,如理学部、人文学部、信息与工程学部、社会科学部、经济与管理学部等。不过当时学部只是虚体,设有学术委员会,在职称提升等问题上有决定权,其他行政权力不多。

第三章第四节已说过,北大建立的第一个学院是1985年建立的经济学院。当时的背景是经济学系大发展,扩增了两个系:国际经济和经济管理。它们和原有的经济学系共同组成了经济学院。20世纪90年代又从经济管理系独立出来一个"光华管理学院",纯属应用学科。

当90年代学校从管理层面上决定实行校、院、系三级管理方案时,我曾设想学院一级应该承担该大类学科的教学、科研、技术开发与社会服务等所有职能,统管学院所包含的基础、应用、工艺、技术等不同性质的学科,以便于交叉融合。这样,学院领导就能将该类学科的理论与实际、基础与应用、科学与工程技术、学术与创收活动密切结合起来通盘考虑,统筹兼顾,从根本上甩掉北大长期以来被扣的"脱离实际"的帽子。就是说,我希望将蔡元培说的"基本"和"支干"共处在一个学院里,这样"根深叶茂",成为参天大树岂不发展得更好?其实,对于成立文学院的想法,我也是出于这样的考虑:文、史、哲在中国传统文化中是融和一体的。当时"国学热"开始冒头,正是将传统文化学科列为北大发展重点的时机。它们共处在一个学院，不是更有利于互相沟通、彼此融合么？但是，我的设想过于理想化。实际上，想从基础学科衍生出并建设成"应用性"的"工程"学科并不容易。因为它们是直接为人服务的，不能"为科学而科学"那样仅从事物内部去寻找本质和规律，必须了解社会需求与市场供需关系，要懂得经济运作，形成生产力，与产业链挂钩。所以，那个时候我们也确实并未从基础学科真正形成许多新兴工程学科来。另一方面，将文、史、哲各系在"学院"的帽子下结合起来就会降低它们原来独立成系时与数理化等学院平起平坐的地位，这种显然会打破原有格局的设想势必遭到抵制。这可谓是牵一发而动全身，是形成院系并存局面的一个重要原因。

前面说过，在"211工程"规划中，我想将学科大类性质相近的学科合成为纵向的学院，同时，将应用层面上科学研究或技术开发目标比较一致或相近的学科组织为横向的交叉学科研究中心。我称这种学科结构为"行列式"或"矩阵"结构。上述刘忠范的纳米化学在纵向上是化学与分子工程学院的一个学科，而在横向上又是纳米科学技术研究中心的一个主体。在这种结构中"学院"是"实体"，即具有人事编制和财务等权力的独立建制。而"研究中心"则多数是"虚体"，即它只是一个科研单位，并不具有行政职能，因此没有独立的人员编制和会计出纳，连独立招收研究生的权力都没有。这种结构便于学院领导统筹规划，而且从一些"母学科"中分离出来的，多数是带有应用性质的"子学科"，能与母学科保持紧密联系，可以相互"输血"，达到"双赢"的学科建设目标。可是，在实际运作上也存在着一些困难，尽管我们采取过一些特殊政策，却并没有从根本上解决难题。所以"研究中心"只有在具有共同科研课题，并得到充足的经费支持时才能显出活力。很多"中心"实际上只是名义上的，只起了一点学术上相互联系和交流借鉴的作用。

实行校、院、系三级管理，表面看来是一种"革新"，实质上却不过是"花样翻新"。因为"文革"前北大实施的实际上就是校、系、教研室三级管理。当时的教研室或是以全校性(或专业大类)的公共基础大课,或是以二级学科专业方向(当时称为"专门化")建立起来的。多的有四五十人,少的只有几个人或十来人。教研室主管本学科及专业方向的所有教学、科研工作,但人事、教务、财务等行政职能在"系"里(个别独立教研室除外,如体育教研室)。教研室主任在学术上的权力相当大,他们往往是说一不二的学术权威(在苏联尤其是这样),教研室人员的教学科研任务安排都由教研室主任说了算。"文革"后恢复高考,特别是1985年实行教育体制改革之后,随着学校规模的扩大与通识课程(如英语、通史、计算机等)的分量逐步加重,基础课教学任务大幅增加,原有基础课教师严重不足,需要专业教研室教师分担基础课任务。另外,随着科学技术和社会发展的日新月异,大学科中二级学科的生长与分化迅速,出现了更多新的专业方向,各方向的学术地位也势必此长彼消,打破系里原有的学科格局。在这种情况下,一些系主任强烈感到,教研室的存在是系实行教学科研改革和学科方向变更的重大阻力。"取消教研室"一度成为某些锐意改革而又有些专断的系主任的一致心声。同时,学校从加强基础课教学出发,希望"名师上讲堂",也要求各系打破教研室框架统一调配教师。这样,教研室分配教师工作的功能势必削弱。当时,浙江大学领导在考察德国高等教育后,广为宣传德国高校将"institut"作为高校基层的做法,认为我们也应以此为榜样。"institut"译作"研究所"。其实这个词的意思只表示是一个"社团"或"小机构",既无"教",也无"研"的意思。这和原来教研室的俄文名词"кафедра"有点类似,其原意只是"讲台",我们自作主张,根据其职能译作"教研室"。此后,各校纷纷仿效,将教研室改名为"研究所",北大许多系也跟风而动。不过,我们中国人讲究"名不正则言不顺,言不顺则事不成"。教研室改为"研究所"后,大学基层基本上就不管教学了。教学成为教师自行其是的工作,最多是一些教师以课程主持人身份与其团队进行一点讨论而已,以前以教研室名义组织的集体讨论课程建设和教学问题的活动不多了。这在一定程度上削弱了教学领导,影响了教学质量。直至今天,北大仍还是"教研室"与"研究所"共存的局面。

校、系、教研室三级管理中的系、教研室两级,最初是按照一级和二级学科来分界的。而校、院、系三级管理中的院、系的界线就不这么分明了,而且还有院系并存的局面(相当长的一段时间里,虽然有了学部,除医学部以外,其他学部只做些评审职称等事务,很少有行政权力。当下才又提出以"学部"为行政主体的主张)。成立学院的初衷是为了解决学校直接面对过多的系,造成管理跨度过宽的问题,同时下放一些权力,使学院领导能集中精力处理有关一级学科的发展,促进其衍生出应用、技术学科等事关全局的大事。但随着学校学科数的不断增长,且基本上是有生无灭,因此直属单位还是越来越多;而由于教师结构过于单纯(缺乏"双师"型或由企事业单位兼职的教师)和缺少社会联系等原因,真正能统筹理论与实践、基础与应用的学院也不多。而对于基层学科负责人来说,能直接与校领导对话是解决许多急迫问题和谋求发展的最便捷的途径,因此,他们绝不愿意在校系之间再加一层"学院"。尤其是对于合并成为学院的原有的系领导来说,实际上意味着他们的行政权力丧失、地位降低,当然就更不愿意,其抵制的意向十分强烈、明显。

其实,各学科、专业所要争的"行政权",主要不在开设新专业、课程与科研课题,以及招收本科生、研究生的名额上(由于学校控制规模,有时这些也是"争"的内容),而在于经费、设施(尤其是房舍),以及人员进出(以"进"为主)的决定权。后者涉及学校资源。当时开设新专业的审批权还在国家教委,教学计划制订后,各系、教研室愿意开设选修的通识课程(当时称为通选课)或专业课程,学校非常欢迎,所以开课、选择科研方向与课题的自由是毫无问题的。但当时学校资源非常紧缺,我记得那时候各系领导以及教师个人找我谈话,除了人事矛盾(或可说是"告状")之外,多数都涉及因开辟学科新方向、建立新学科点所需要的增加经费、进人名额,以及补充房舍面积和添加实验设备等。这些都是与资源有关的。这些"权"学校本身也很紧缺,所谓给院系"放权",实际上是一句空话。记得20世纪80年代末,国际法名师王铁崖先生从国外弄到了大批图书,十分珍贵,却只能长期成捆堆放,无法敞开使用。我还看到,原中法大学图书馆的一大批外文书,和一些清廷档案(如皇帝每日餐饮的菜单)都堆放在红三楼阁楼上,无法整理编目,提供使用,实在可惜!这都是因为找不到合适的场地与房舍来陈列与展示啊!所以资源是关键。在资源短缺,甚至极其不足的情况下,搞几级管理或所谓"权力下放",并无多少实际意义。

二、北医合并

上面说过,我们在成立学院过程中希望能够从母学科中衍生出一些应用性或工程技术学科来,但是实际上并未真正做到。于是,一种与原有应用型大学与工程技术大学联合办学的念头就萌生了。20世纪90年代中期,李岚清副总理提倡高校实行"共建、调整、合作、合并"的八字方针,以提高办学效益,这样就有了与北医合并的举措。并且一度与北京航空航天大学往来密切,试图形成一个北大、北航、北医联合的巨型大学,最后因上级干预,没有完全成功。

北大跟北京医科大学合并,在一定程度上说,有点像"天上掉下来的馅饼",因为我们事先并没有刻意绸缪。而且,我们即使有想法也不敢鲁莽行动,以免有"吃掉"人家之嫌。

1994年3月底的一天,副教务长周起钊来找我,说:北医领导讨论,想跟北大实行联合办学。不过这件事并未在北医达成共识,所以要保密,想听听北大校领导的意见。他好像是通过他在北医校办工作的一位亲戚得知这个消息的,还有点神秘兮兮。他还说,在北医持这种意见的主要是前党委书记彭瑞骢和时任党委书记兼校长的王德炳。新中国成立前,彭瑞骢是北大地下党员,和我校前任党委书记王学珍很熟。北医前身北京医学院是从北大分出去的,现在有点想回来。这当然是一个极为重要的信息,我立即向吴树青校长做了汇报,并表示要积极回应。吴校长也很高兴。这样,校党委常委会就在4月6日讨论了这个问题,大家的态度都很积极,决定委托我和王学珍同志来落实与北医领导协商等事。我将我们的态度向周起钊做了传达,请北医的领导在适当时候来北大共同讨论。

在此之前,1993年7月,协和医科大学校长兼中国医学科学院院长巴德年带着教务处和学生处处长等五人曾到北大来洽谈两校合作事。这是他接替顾方舟校长后第一次到北大来。此前,两校合作是很好的。协和医科大学当时是我国培养医学人才的最高学府,实行八年制教学。从燕京大学开始到后来北大搬到燕园,其预科三年的基础课教学都是北大承担的。"文革"后改为两年半。北大生物系全面负责其学生基础课的教学,包括政治理论、外语、体育、数学、物理、化学、生物等课程,每年招生约为30人。多年来我们两校关系一直处得很好,医学预科学生也视北大为"母校"。1989年后,协和学生在北大上基础课的时间又缩短了半年,即在军校进行军政训练一年,北大两年,预科共三年。可是,这次巴德年新上任来北大,名义上是要加强两校进一步协作,却提出要将北大医学预科的教学任务移到清华去。对此我十分不解,而且非常气愤。我断然拒绝,我说,我们几十年的友谊不能中断在我们手中。这样双方就不再提这档事了。我们两校教务处联系后,协和教务处的同志说,他们还是愿意在北大办预科。我当时还曾想,将来北大如果能跟协和合并成一校是个大好事。协和与燕京原本都是美国人办的大学,两校往来密切,教学质量都是一流的。后来,燕京合到北大,北大还占了燕京整个校园,这笔遗产应该由北大来继承。更主要的,协和还与中国医学科学院结合在一起,这对提高北大在医学上的地位大有裨益。

现在北医要来联合,我们应该怎样应对?北医体量较大,协和小而精,北大跟两校都有历史渊源,应该可以将两种优势结合起来。这是我当时单纯的想法,但也深知这样做的难度极大。

1994年五一节刚过,北医王德炳、彭瑞骢和副书记兼副校长徐天民、主管教学的副校长程伯基等人第一次来北大,我们商定要加强联系,相互了解。北大除了王学珍和我之外,还有花文廷、周起钊、羌笛、唐幸生(当时的基建处处长,因会涉及一些基础设施)参加,校办副主任张少云负责经常联络。我们的态度是十分积极的。王德炳等说,他们到美国考察过,结论是:最好的医学院都办在综合大学,而最好的综合大学都有医学院。所以趋势就是两校要联合。当时,"211工程"建设正处于火热阶段,但两校联合绝不是为了"211",而是为了提高教学科研水平,追求"至善"。

之后,在5月、6月、7月三个月中,两校的职能部门频繁互动,参观各自的实验室等设施,特别是了解本科生、研究生的教学与科学研究情况,以便找到合作的项目和形式。在此基础上开始商讨并形成了比较具体的两校联合办学的意见,还建议适当时候在北京医科大学正式挂上"北京大学医学中心"的牌子。由于当时两校分属国家教委和卫生部领导,因此决定双方分头给各自领导部门写报告。为了妥善起见,当时还提出了联合的第一阶段有四个"不变"(隶属关系、投资渠道、行政级别、人员待遇)的前提条件。1994年11月24日,国家教委给学校发来《关于北京大学与北京医科大学联合办学的批复》。批复对联合办学的各种设想做出了肯定的答复:"(一)支持你们在新形势下为贯彻落实《中国教育改革和发展纲要》、进一步适应21世纪科技发展的需要,提高综合大学的办学整体水平,在办学体制改革方面进行的积极探索。支持你校在不改变目前投资及管理体制情况下与北京医科大学合作办学,实行教师互聘、资源共享、优势互补等方面的实质性合作。(二)同意在不增加你校人员编制和国拨经费的前提下,与北京医科大学共建生命科学学院及新药研究与发展中心,以加强新兴、交叉学科及高新技术领域的科研合作,并在此基础上探索高层次人才培养方面的合作。(三)支持你校充分利用现有办学条件,发挥基础学科优势,参与北医的长学制医学班联合培养;支持你校与北京医科大学在新兴、交叉学科方面联合申报新的硕士、博士学科点,根据现有规定,申报时应明确以一方为主。(四)考虑到我国高等教育办学与管理体制改革尚在起步阶段,两校合作办学应首先侧重于教学、科研方面的实质性合作,希望你校在积极探索和总结与北医联合办学的路子和经验的基础上,待条件更为成熟和进一步论证后,再考虑是否要正式成立'北京大学医学中心'。"这说明,国家教委原则上批准了我们的报告,只是在"挂牌"问题上暂时还需等待。这样,两校合作算是正式开始了。1995年春节前,两校教务部门还进行了一次联欢,互相熟悉一下彼此的人员。

1994年12月,双方都得到各自所属上级领导部门批复后,两校领导又就学科的交流合作和大量具体问题进行了讨论。这里不仅涉及理科,而且还有一些文科,如社会学等都参与了进来。不过,我们在交流和讨论过程中发现,一些观点彼此有分歧,特别是涉及教学的问题。比如,我们希望北医的学生也跟协和一样,在北大读两年基础课,北医的领导却认为两年时间太长,一年就够,最多一年半。对此我和羌笛曾讨论过多次。我们发现这不仅是因为两校风格不同,而其源盖出于两校职能不同。北大以文理基础学科为主,历来以培养科学研究和教学人员为职责,所以强调基础,即使后来增加了应用学科专业,这个基本特色未变,成为北大办学的优势,同时却也是弱点。而北医培养的是职业医生,必须有很强的实际工作能力。所以北医当时培养的学生,与协和八年制培养的以搞医学研究为主的还有点不同,不能对基础教学有过多要求。所以两校要互相多交流,深入理解,有一个磨合过程。我也想到我参观过美国大学的一些医学院,这些医学院也有实习医院,即使同处在一所综合大学之内,也是相对独立的。这也是学科性质使然,不能勉强。

在这些讨论的基础上,1995年2月28日,两校校长吴树青和王德炳签订了联合办学的协议。协议精神是优势互补、平等互利、着眼发展与提高,通过共商、共享、共建,进行全面合作,共同创建世界一流大学。协议规定,在现行隶属体制不变的情况下,在八方面合作:第一,教师互聘;第二,允许双方互选课程,承认成绩和学分,转系转专业视同校内,联合申请新的硕士与博士学科点,培养研究生,试办长学制医学班;第三,共建生命科学学院及新药研究与发展中心,在环境科学、人口科学、医学生物工程方面进行合作;第四,共同策划重大研究课题;第五,联合开办工厂、公司,进行生物技术、新药、医疗器械等研制、开发并走向市场;第六,联合组织国际学术研讨会和申请国际合作项目;第七,交换新闻、图书资料、电教和其他信息资源,仪器设备等实行共商、共建、共享;第八,广泛进行教师、学生的交流活动。同年6月,两校商定从本年起招收七年制临床医学专业学生60人,在北大学习一年基础课,毕业由两校联合颁发文凭,加盖两校公章。11月两校领导人又联合举行会议,共同商谈早日举行"北京大学医学中心"挂牌仪式和七年制学生教学等事宜。

结合"211工程"的实施,彼时国家教委和中央领导都在思考是否可以通过高校共建、联合、合并等方式实行资源共享,使国家投入的经费发挥更大的效益。两校联合办学的事情,也惊动了国家领导,考虑是否到了实施上述方针的时候。为此,李岚清副总理在1996年1月2日专门召开了一个医学教育会议,国务院副秘书长徐志坚、卫生部部长陈敏章和科教司司长、在京的部属医学高校校长,以及知名医学学者如吴英恺、吴阶平等多人参加。我和王学珍代表北大出席。先由卫生部科教司司长汇报了医科院校的情况,当时全国有高等医科院校154所,以五年制为主,仅协和有八年制。卫生部部长陈敏章认为,154所太多,可以精干些,实行与综合大学共建。吴英恺认为154所不多,从普及医学来看还不够,但医学的高等教育要靠综合大学，发达国家都是由综合大学办医学院。办好医学教育，医院是关键，医学生60%的时间应在医院学习。他不主张将基础医学和临床医学分开，还说医学教育不要跟国际接轨，而是要跟人接轨，根本是为人民服务。因此不客气地调侃协和，说它是一流名声，二流设备，三流服务。巴德年回应称，国际大学排名北大在500名之外，北医、北大并未真正联合。但他也说著名大学要有医学院，著名医学院都在综合大学，2/3的诺贝尔医学奖获得者都出在著名医学院，全部出身综合大学。他还主张联合要从"联邦制"过渡到彻底合并。吴阶平则强调医学生要有服务意识，基础医学与临床医学必须结合，否则不可能树立为人民服务的意识，与综合大学结合可以让学生扩大视野。他主张合并不要成风，要研究医学教育的特点，做宏观控制。可见专家们的意见并不完全一致。这里还有些具体问题，正如彭瑞骢所说，对于完全合并，在北医有人还有顾虑：害怕降低地位，年轻一点（其实当时也不算年轻了，也五六十岁了）的教授还有感情问题（北医是我们辛辛苦苦办起来的，怎么就没有了？）。

李岚清最后说：办学体制改革的方针是"共建、联合、合并"，使教学资源得到充分利用。医学改革要结合中国国情。总的是要解决缺医少药的问题，培养更多的好医生。改革方向是与综合大学结合，但不能一蹴而就，要通过试点。方向不能动摇，要抓典型。支持北医与北大联合办学，先取得实际效果，使两校优势互补、资源共享；但形式要考虑，体制也要变一下，一点不动不行，但不要马上合并，二者关系可以更紧密一点。他说，要两个婆婆都当独生子看待，不要两个和尚没水吃。既不能太急，也不能原地不动。他问：医学人才怎么培养好？他说，现在很多地方缺医少药，农村很多医生不合格。要有多层次人才，临床最重要。基础医学是高层次、少数。医生起码要大专水平。经济发达地区可先试点。对于学制，他说暂无发言权，但要多层次。他对教学改革还说了一些意见：打好基础，专业不能分得过早；培养医生，人生观、世界观、医德医风极端重要；一段时间去农村锻炼很有必要;要重视实践,有特长;要有规范,建立住院医生制度,全过程观察,对病人高度负责;医学教育要与医疗制度改革相结合,有竞争机制。他还说,实际上这是一次院系调整,但不那么说。1996年1月18日在直属高校工作咨询会上他针对北大、北医联合办学又说了一遍这个话:共建、联合、合并是新一轮的院系调整,不过不那么说。

1996年1月30日,王德炳、彭瑞骢、徐天民、程伯基和韩启德等人来北大,我和王学珍、羌笛(此时已接替我任教务长)和张少云等接待。王德炳说:李岚清同志主持召开的会议很重要,今年在两校联合上要迈出一大步。这次谈了许多具体问题:请国家教委和卫生部领导成立领导小组,学校设立联合办学管理委员会,共建医学中心、生命科学学院、生物医学工程中心、新药研究中心,进一步落实本科七年制,北大上基础课,建设公共基础课,互聘教授,合带研究生,共办学术活动,国际交往有机结合,直到共同制定长远规划、申请作为"黏合剂"的经费等,并且再次提出就成立"北京大学医学中心"事各自向上级领导部门写报告。这样,国家教委于1996年5月22日给了北大批复:"同意你校与北医在联合办学基础上成立'北京大学医学中心'。"6月3日王德炳和我们商量了"医学中心"成立典礼的事,决定6月12日在北医举行。12日那天,在北医的会议中心礼堂举行了"北京大学医学中心"成立仪式。国家教委直属办主任陈小娅宣读了教委的批复。吴树青和王德炳两位校长讲话后,宣布了两校互聘教授名单,并由两位校长向这批互聘教授颁发了聘书。国家教委副主任周远清、卫生部副部长张文康和北京市教委主任徐锡安讲话祝贺。周远清和张文康为"中心"揭牌,两位校长将牌子挂到大门口。国务委员彭佩云、卫生部部长陈敏章、中华医学会副会长王镭,以及两校党政领导与前任书记王学珍、彭瑞骢等出席了仪式。

9月5日,李岚清又到北医考察。他是先看了协和与首医大之后到北医的,卫生部张文康副部长、协和校长巴德年与首医大校长徐群渊也去了。王德炳汇报了北医情况,并说正在与北大联合培养七年制学生和办生物医学工程中心。巴德年主张搞八年制。李岚清说,看了三个学校,觉得很兴奋,中国知识分子素质很高,很钦佩。但他还说,科研上重复的很多,一方面都缺经费,一方面又重复。一个学校楼上楼下设备都不公用,图书、基因库重复购置。北京市医学院有中央和地方两块,条块重复,蛋糕切得太碎,政府应尽量增加经费,但资源要充分利用,可进行联合、调整甚至合并。他强调要集中力量,"两弹一星"就是靠集中力量,并举例说,西安有十几个农业研究院所,同一个问题得出的科学结论不一样,力量分散,到处都是经费、设备不够。这是体制问题。后来调整一下,成为一个实力很强的农业研究中心。医学生要求知识面更广。关于医学学制,他认为五年、七年、八年都可,但五年制一定要,因为中国缺医少药。长学制也是需要的。他要求教委牵头,以卫生部为主,组织专家来进行研究,取得共识。学校调整,在方案没有成熟前要慎重研究。他认为有名的医学院不能没有综合大学做依托。他说,现在医生必须懂科技,有自然科学、人文、外语知识,能在国际会议上去交流。可见他是坚定地站在好的医学院应该设在综合大学这一边的。他认为合并中有两大问题,一是谁当领导,二是名称。他认为合并要一开始就确定合并,才能成功。不能先"松散"后"紧密",有个过程,宁可酝酿时间长一点。他要求集中中央和地方的力量,办好高水平医学教育。他风趣地说:"多子女不行,独生子好办!"

这次考察将医学院与综合大学合并之风推向了高潮。又经过近一年的酝酿和实际合作,1997年9月,两校领导召开了一次准备实质性合并的联席讨论会。会上主要由北医提出方案,包括校名、管理模式(陈敏章部长同意:医学中心实行相对自治,仍受卫生部领导)、教学融合,一些学科也联合办学,如心理学、生命科学,共建边缘、交叉学科。当时王德炳提出的方案是要成立北京大学医学院、药学院、公共卫生学院、口腔医学院和基础医学院等。并且,双方要各自给所属上级部门打报告,成立领导小组和工作小组;还要共同向李岚清副总理汇报。北大方面原则上同意北医的设想。双方认为应以北大百年校庆为契机来促进合并工作。

1998年1月24日李岚清专门就两校合并事来北大。我们汇报了合并进展情况,以及要发展的一些新学科,如医学材料、医学影像、药学、脑与神经科学、医学心理、环境科学与公共卫生等。李岚清说,联合要有实质性进步,在教学、科研与投入上都要有新政策。他说,这实际上是一次新院系调整,不是合并,而是共同组建新的真正的综合大学,上面是共建,下面是真正的联合,在上文提到的"四个不变"下的稳定联合。联合后,教学、科研、招生、人事都要统一,逐步融合,共同组建新科研机构、交叉学科中心,共同组成党委、学术委员会、校务委员会,共同成立联合的筹备组织,争取得到一些下放权力的政策。我记得他还讲了自己新中国成立前曾在上海震旦大学学医,数学、物理、化学都在相关各系听课,所以基础打得好。他后来因得肺病休学而停止学医,后又重新考大学才学经济的。

这样,两校联合重建新北大的口号就出来了。2月初,两校有更多领导人参与了联合讨论,除了原来的几位外,还有北医的党委常务副书记林久祥、副校长吕兆丰以及职能部门各处领导。这次会议具体商讨了双方统一采取的行动,如共同要求上级(国务院、教委、卫生部、北京市)给予哪些支持,要哪些自主权;还对制定规划的时间进程做了要求;在教学改革上,决定1999年开始招收七年制,甚至八年制的医学博士,逐步调整教学计划,在招生问题上还谈到是否要与协和联合。会上还进一步具体讨论了共同组织向上级汇报、起草文件等事。王学珍说,内部体制只要确定了一个学校、一个党委,其他都好办。关于北医部分的名称是继续叫"医学中心",还是"医学院",没有统一意见,但都认为应相对独立。会议还提出校庆要共同庆祝,校史展览要包含北医部分。也谈到了一些困难,如学生工作、北医情结问题,有人认为进度不能太快。还出现了一些分歧。这次会议开了两天,第一天在北大,第二天在北医。会上还涉及了北航,认为新北大最好是北大、北医、北航三校合并。会议还讨论了组建新北大后总规模是扩大，还是缩小等问题，但没有结论。总之，这次会议是两校合并的一个实质进展。

当年6月10日，周远清副部长代表教育部到北大来谈两校合并事宜。他指出，体制上是教育部与卫生部共建，以教育部为主，附属医院都合并过来，成立北京大学医学部（此时根据陈佳洱校长的建议，北大已设置了"学部"），不作为独立行政单位，与北大同一个法人，财务、基建规划、人事管理、学籍、科研，以及领导班子都统一。

这之后又经过多次讨论，就涉及领导班子问题了。由于我在1999年2月底离开了学校领导岗位，而且在外地活动甚多，并未参加所有会议。但仍参加过一些重要会议。我觉得那时陈佳洱校长的态度非常明朗、诚恳，他说合并后他可以不当北大校长，由北医的人来当。这样一种姿态就使这个问题很好解决了。1999年12月，陈佳洱调任国家自然科学基金委主任，许智宏任北大校长，2000年3月，党委书记任彦申调离北大去江苏工作，4月由北医原党委书记兼校长王德炳出任北大党委书记，原北医韩启德任北大医学部主任，同时担任北大常务副校长。另外原北医常务副书记林久祥和副校长吕兆丰也担任北大副校长。2000年4月3日，两校正式合并，组成新的北京大学；5月4日举行了北京大学医学部挂牌仪式，王德炳书记专门邀请我参加，作为两校合并的见证人。我非常感激！

应该说，从1994年之后，我们与北航的联系也是相当紧密的。我因专业关系跟北航校长沈士团比较熟悉，有亲近感。北航先提出要跟北大合作，这也是我们想提而不敢提的。1994年7月13日，沈士团带着校学术委员会、校务委员会领导人，主管教学和研究生院的副校长和高教所的两位同志，以及党政联合办公室的徐重威来北大谈联合办学的事。沈士团全面介绍了北航情况，表示为贯彻《中国教育改革和发展纲要》，联合是大趋势；提出要实现优势互补，文理工交融，强强联合，共同创办一流大学；在隶属关系不变的条件下先成立北京大学工程中心,逐渐建立联合的学术机构,提高工程人员文理科与管理知识水平;可以搞联合学科,包括力学、计算机等,生长新的学科点,联合申请博士点。北航的高教所提出,联合的目的就是加强学科建设,提高高等教育质量,培养能适应工作转移的人才,长远目标是建设将来的"大北大",并要为实现此目标逐渐创造条件。后来我们也仔细参观过北航各实验室,觉得在一些学科上合作的前景很好。1998年2月4日和5日,我们两校人员又互相参观访问深入讨论了一次,沈士团重申理科教学对办好工科的重要性,在不进行重复建设的前提下只能靠联合。他提议,以后基础课的教学索性由北大来负责。他说,航空航天也需要法律、经济方面的人才,认为中国急需几所真正的综合大学,甚至认为北大、北医、北航和农大都可合并,走出一大步。这样,三所学校的校舍也可连起来了。他希望领导部门能成立理事会或董事会来领导此项工作;并认为要打破官本位制,实行政事分开。大家都对这种联合很期待,情绪激奋。不过,后来在向教委汇报北大百年校庆工作时,朱开轩主任对此很慎重,说与北航合并事待政府机构确定后再议。之后,1999年4月30日在北航成立了北京大学工程研究院,它接受北大与北航双重领导。北大校长陈佳洱和北航校长沈士团在两校共建协议上签了字。全国政协副主席周铁农,科技部、教育部、国防科工委和北京市有关方面负责人朱丽兰、韦钰、张洪飚等出席了揭牌仪式。这是两校贯彻"共建、调整、合作、合并"的高等教育体制改革方针,充分发挥北大文理学科和北航工程技术学科的优势,探索跨世纪教育改革的新步伐。不过后来由于北航的直接领导部门国防科工委不同意,合并之事作罢。不过,1994年之后,北航校长每年都出席了北大的春节团拜会。2002年以后李未任北航校长,我们更熟了。李未是北大数学力学系毕业的,他的夫人孟华是学法语的,在北大比较文学研究所工作,和我更熟。1996年末,我按"中法原子物理科学合作协议"在巴黎访学3个月,那时她正好也在巴黎讲学,回国前我用法语写的一份访学报告,就是请她仔细修改的。我们回国后也有交往。李未每年都来参加北大的春节团拜会。我虽已退休,但团拜会还是参与的。据说,建在北航的北京大学工程研究院还组织开展了一些两校交互的学术活动。

在联合办学上,我们与北京电影学院也有过一段深度交往,北大学生可以到北影读辅修专业。我们的文科学生(中文系较多)去了一些,后来成为北影编导专业的研究生,该专业颇受学生欢迎。

三、科研机构

虽然北京大学的前身——京师大学堂在1902年(壬寅)章程的学制中已规定了大学要设"大学院"(第二年癸卯学制改名为"通儒院",民国元年的《大学令》又改回"大学院"),后来又改为"研究院",类似于今之研究生院,是指一种不以课程为主,不设年限的,供大学毕业生继续进行高深研究的教育机关;虽然蔡元培任北京大学校长时已提出"大学者,研究高深学问者也",但大学里进行独立研究的专门机构却并没有明确建立。上述的"研究",主要是指在习读课程中需要具备深入探讨、求索的研究方法与精神。真正从学科中能提炼出专门问题,集中力量进行独立钻研,以求得出创新结论的"研究",当时基本上是没有的。蔡元培1917年1月就任北大校长,10个月之后筹办了文、理、法三科研究所,稍后又成立了地质研究所。这些研究所既可招收研究生,也可令高年级大学生参与研究,更可使教师得以利用专精之设施来进行深邃的学术研究。这是中国大学设置研究所的嚆矢。

这些研究所直到西南联大时依旧存在。新中国成立之后,有的并到了中国科学院(包括后来的社会科学院)。"文革"前北大只有中国语言文学研究所(后归属中科院,1986年重建)、外国哲学研究所和亚非研究所等少数几个研究所。1963年经高教部批准,理科成立了物理化学及胶体化学、理论物理和半导体物理三个研究室。我所在的无线电电子学系的部分科研项目由当时的国防科委十院领导,相关研究组曾组成了十院直接领导的"北京大学无线电电子学研究室"(类似的机构,在清华也有一个)。当时国防科委属部队编制,所以1964年到1966年,我们在昌平校区有几位穿军装的协作人员,先后从事过原子频标与激光的研究工作。

改革开放后,邓小平提出重点大学既是教育中心,又是科研中心。经教育部批准,北大于1978年成立了理论物理研究所、固体物理研究所、重离子物理研究所和南亚研究所(与中国社会科学院合办,1985年分为两所,北大负责的部分成为南亚东南亚研究所)。后经教育部批准成立的,1979年有数学研究所;1980年有人口理论研究所;1981年有中国中古史研究中心;1982年有环境科学中心(1986年与国家环保局合办);1983年有分子生物学研究所、计算机科学技术研究所,以及在1981年建立的国家遥感中心技术培训部基础上成立的遥感技术应用研究所、在物质结构研究基地和物理化学研究室基础上成立的物理化学研究所和国际法研究所;1984年有经济法研究所、中国古文献研究所、高等教育研究所、微电子研究室、无线电电子学研究室、马克思主义哲学研究室;1985年有岩石圈地质科学研究所、社会学研究所、国际关系研究所、比较文学研究所等。它们在一定程度上都是独立于相关学系的,或者说所长或室主任在行政级别上与系主任相当。但是,由于这些所里的人员基本上也是相关学系的人,他们的党政关系都还在相关学系,这就不能不经常引起一些矛盾。另外,有些研究所、室与系的人员并不明确分开,这样的研究机构实际上只是一个名义而已。

上述研究机构都是经过教育部批准的,一开始都有固定的科研编制,尽管科研经费还需要各单位自行筹措,主要是通过申报各种项目,或与相关单位取得横向联系而获得协作项目。但是即使有国家教委(后又改称教育部)批准并给了"科研编制",也并无专门的"科研事业费"和编制的"人头费"(工资及各类生活补贴),一切开销都统包在学校事业费里。这样,校内成立的各种研究机构(所或中心)就索性由北大自主审批了,并且大家的积极性不高。不过,学校对申请建立国家和教育部重点实验室、与省部共建的研究机构还是很积极的,因为建立这类机构可望得到一笔数目可观的建设经费或设备费,并能取得相关部委的支持而获得重大科研项目,从而改善科研条件,对学校发展具有重要意义。部分教师对建设单科、前沿尖端应用学科、边缘交叉或综合性学科等研究机构怀有浓厚兴趣,因为以这些机构的名义参加学术活动,争取科研项目、课题与经费等,都会有某种优势。它们对于学校固然有一些"名义上"的好处,但有时也会产生一点负面影响。比如,有人利用这些机构的名义办培训班赚钱。所以学校一方面要保护教师从事科研活动的积极性,尽可能给他们创造有利条件;另一方面也要适当加以限制,并进行整顿治理,防止过滥。根据多年经验,我在1988年起草制定了《北京大学关于设立研究机构的原则规定》,并在3月4日经校长办公会讨论通过。文件规定建立科研机构要由院系申请,说明申办理由、研究内容和意义、学术带头人和梯队情况,经社会科学处或自然科学处同意,由主管校长和教务长提交校长办公会讨论通过。文件规定了两类不同性质的研究机构:一为"实体",一为"虚体"。"实体"既是一个科研单位,又是行政单位,有独立的人员编制和经费核算,甚至还有独立的党组织;而"虚体"名义上虽是研究机构,可以用其名称申请与接受科研项目和经费,召开学术会议和发表文章,但人员编制与经费财务等相关事务则"挂靠"在相关院系。文件还规定,相当长时间没有实质性活动的机构要予以撤销,并对当时存在的50多个科研机构进行了清理,划分了类别,撤销了个别机构。不过该规定后来并未被严格执行,设置研究机构过于草率的事情还时有发生,其中不乏人情缘故。20世纪90年代后期,许多教研室改为"研究所"之后,这个有几页纸并装订成册的文件就成为废纸了。

不过研究机构的"实体"与"虚体"始终存在。实体研究机构的一大问题是"所系关系",为此我曾花过不少精力、动过不少脑筋,来解决它们之间的矛盾。由于研究机构独立于院系,并不承担教学任务,有时候其所从事的研究工作也并不饱满,这就造成"所系"成员负担的不均,在提职称等问题上也显得有点不公平。于是就有将所系合并的要求。此外还有长期形成的所系两边治学方向、方法与风格不同引起的争论,这关系到对人员学术水平的认同。而在理科院系还常有科研经费、设备使用等矛盾。这些问题一度在外国哲学研究所与哲学系、社会学人类学研究所与社会学系、重离子研究所与技术物理系等单位之间比较突出。因此,曾有过所系合并,以及合了又拆、拆了再合等案例。有的完全合并了,确实会在一定程度上影响研究机构的研究力度与质量。一个比较好的运作模式是由数学系和数学研究所创造的。数学研究所的人员不固定,而是实行轮岗制,教师在一定年限承担了饱满的教学任务之后,在确有较好的研究课题,而时间精力又不足时,就暂免其教学任务,换岗到研究所,在一定年限完成科研课题后再回系任教。这在一定程度上就是实行校内学术休假制度(教师"学术休假"制度是国际大学通用的一种使教师学术"充电"、提高师资学术水平的好制度,北大曾多次讨论,但由于当时各院系的师资情况不同,难以普遍实行,故一直没有出台全校通用的常规制度)。

另一类所系矛盾则发生在多学科组成的交叉学科研究中心和母学科院系之间。信息科学中心成立后,其主力是以石青云(后为中科院院士)教授为首的数学系信息数学教研室的几位教师。他们的主要精力放在信息科学中心,显然削弱了该教研室的力量,而且由于科研成果署名和评奖等问题,还会使数学系受到影响。为此我们采取了在数学系保留部分骨干和共同承担科研项目等措施,但还是引起了当时数学系系主任李忠的不满。我强调中心和系的"血缘关系"不能断,中心(后与"视觉与听觉信息处理国家重点实验室"并行)承担的重大课题将反馈数学系,促进信息数学更加繁荣;但矛盾仍难化解。当时信息数学学科的骨干教师胡德昆，既是成立信息科学中心的热情支持者，又是信息数学教研室的中坚，也经常感到无奈，一度三天两头到我家里来讨论。所以我一直感到，在科学技术迅速发展、不断产生新学科的情况下，如何正确处理"母学科"和"子学科"之间的关系，使之互相促进、实现"共赢"，是高校发展中一个值得细心考量的问题。此外，有的"实体"研究机构虽有独立的人员编制，但由于人数不多，行政事务和党的关系还是由院系代管，出现"所系结合"的模式，有时也会发生矛盾。如比较文学研究所（后改为"比较文学和比较文化研究所"）和中文系、科学与社会研究中心与哲学系之间就存在过这类问题。

"虚体"研究机构的"危机"在于或被无形吞没，或依附于一个较强的院系，最后成为其一个组成部分（新的子学科）而失去了学科交叉的优势和价值。所以这种研究中心必须依赖于共同的科研项目，或要有些"事业"。比如，世界文学研究中心由一个《国外文学》的刊物维系，虽然平时活动不多，也不失为一个交叉学科的研究机构。总之，这类机构如果失去了项目或某种事业即失去其存在的根基。后来，一些虚体研究机构发展成为新生的交叉学科的本科或研究生专业，就从根本上解决这些矛盾了。世界文学研究中心就是这样。

也有一些研究机构是依附于某种重大科研设施的，例如，依附于物理学院的电子显微镜实验室（曾经直属于学校设备与实验室管理处），科技部、教育部、中科院和总后卫生部联合组建的"北京核磁共振中心"，等等。它们既是科研服务机构，本身也是研究机构。尽管这些设施的使用范围很广，例如，电子显微镜实验室首先是为生物、地质等学科提供服务的，但后来逐渐过渡到主要为材料科学服务。核磁共振中心主要是为分析研究生物大分子结构提供服务的，这也就成为该中心的一个独立研究方向。由于我是学核磁共振出身，从这个中心在科技部几次论证开始，到与李芷芬教授一起去欧美考察，招标与采购设备，物色实验室地址，选聘两位长江学者夏斌和金长文来共同主持，直到正式成立、建立学术委员会，我都参与其事，并且还担任了首任学术委员会主任。它目前是国际上核磁共振设备档次最高、数量众多的实验室之一，为解析生物医学上许多复杂分子的结构做出了贡献。不过，大部分事情已是我离开学校行政工作岗位一年后所做的了。

我对于建设这类国家或部委托管的大型实验室情有独钟。我始终认为，在大科学时期，一些重大的科学发现多是依靠复杂昂贵的科学设施来完成的。大学要对未来科学技术做出杰出贡献，必须拥有这样的实验室。作为一个物理学工作者，我曾在美国国家标准技术研究院（NIST，National Institute of Standards and Technology，原名国家标准局（NBS））与科罗拉多大学共建的联合实验天体物理研究所（JILA）工作过，并参观过设在麻省理工学院的林肯实验室、由加州大学伯克利分校托管的劳伦斯国家实验室和纽约州立大学石溪校区共管的布鲁克海文国家实验室等。由于这些实验室拥有体积巨大的科研设施，需要大量维护服务人员，占有很大的土地和建筑面积，因此我以我校曾拥有占地5000亩的昌平十三陵校区为傲，认为这给北大发展、承担更加艰巨的国家科学任务提供了潜在优势和坚实基础。后来，经过几十年的反复折腾，那里只剩下不到600亩了。我曾为挽救这块地做过极大努力，冀望积聚人气，逐步恢复当年元气，最后未能成功，也成为我终身的一大憾事。

应当说，科研机构还是争取人才的一种利器。大学的学科建设从根本上说是学术队伍建设。只要有杰出的学术带头人和一支得力的团队，就有更大可能取得蜚声中外的科学成就。而想引进优秀的学科带头人，就要"筑巢引凤"。这个"巢"，就包括赖以从事学术活动的机构及相应环境、设施和人员，以及良好的生活待遇与条件。这些，在20世纪后期可以说是非常难以实现的，但至少"因神设庙"，筹建一个研究机构却相对容易。有时候，有了"庙"，环境、设施和条件还可以由"神"自己来建造。1987年引进陈章良的时候，学校决心全力建立生命科学中心,以发挥他在植物基因工程上的研究优势。后来在他自己和许多前辈及学校的共同努力下,顺利建成了蛋白质工程及植物基因工程国家重点实验室,创造了在当时看来比较好的研究环境。1993年,当林毅夫决心从国务院发展研究中心全职回到北大从事教学科研的时候,根据他的学术背景和成就,吴树青校长跟我们多次讨论,决定让他跟原来的经济学院脱钩,专门成立了一个独立机构"中国经济研究中心",使其能充分独立自由地进行研究。这个中心(后来发展成为"国家发展研究院")在我国经济学界成为独树一帜、具有重大影响力的研究机构,成就了一批经济学家。1997年,陈佳洱校长引进了研究金融数学的史树中教授,这是一个密切结合国家发展实际的新方向,归属到哪一个学院(如经济或数学)对其成长都不是很有利,学校就为其建立了一个金融数学与工程研究中心,聘他为主任。如此等等,不一而足。

可是也正因为如此,形成了今天北大教学科研上机构林立、纷繁复杂的多头局面,已经很难区分教学与科研,以及是几级管理了。这也许就是一个相对自由的学术环境的反映吧!但是,研究机构的存在与成长,最主要的还是要靠人,特别是一位或一批杰出的学术带头人。他们不仅要有高深的学术造诣和相当的组织能力,个人的人格魅力也是凝聚团体的纽带。

四、师资职称

学校人事大权是由校长和党委掌管的。而师资队伍和院系领导班子的建设事关教学科研的水平,因此我作为党委常委、教务长或常务副校长,也参与了许多相关决策和具体事务。

对于各院系来说,"定编""定岗"是人事工作的一件大事。它根据各院系所承担的教学科研任务来确定其应有的教师编制人数,具体工作由人事处会同两个科学处与研究生院跟各院系领导协商进行。它是之后各院系人员进出的一个基本依据。后来学校曾实行各院系工资"总额包干"的办法,如果单位人员少又承担了更多的教学任务,其人员平均收入就会比那些人浮于事的院系多些,从而迫使一些院系逐步减少冗员(前面说过,由于种种原因,20世纪80年代北大存在这种现象)。在我任教务长之前,学校"定编"工作已经完成。它以1983年8月学校通过的"五定"方案为基础("五定"是教育部要求做的所谓"定任务、定专业、定学制、定规模、定编制",教育部划拨事业费也以此为根据),此后每年都只能做少许变动。我深知这件事非常复杂,能定下来就很不容易,不宜轻易更动。但是,还是有单位来争,说当时定编"吃了亏",教学任务加重了,编制不增,岗位津贴总要加多些。那时候公共英语教研室和数学系承担基础课教学任务比较重,缺编较多。特别是公共英语教研室,曾多次与我讨论,希望提高待遇,而我则更希望教师们能真正改善教学效果。

确定教师"职称"(职务名称)自然是学校的一桩大事。在"以阶级斗争为纲"的年代,职称曾被打上"资产阶级法权"的标记,在政治运动中屡受冲击。从1963年搞"社会主义教育运动"以来直到"文革"结束后的十几年中,教师职称从未变动。而职称是与工资挂钩的,职称不动,工资也就长期涨不了。那时候的北大,大多数教师是每月拿着56元或62元的助教,只有老一辈的少数人才是教授、副教授。由于多数人待遇差不多,大家还比较心平气和。1978年,在邓小平支持下[①],学校开始恢复职称评审。当时我还在汉中分校,分校领导要我申请提升副教授(我1961年从苏联留学回来后职称定为讲师),我婉谢了,并给党委写了一封信,要求暂缓评审职称。我的理由

---

① 1977年9月19日,邓小平同教育部主要负责同志谈话时说:"大专院校也应该恢复教授、讲师、助教等职称。"见《邓小平文选》(第二卷),人民出版社1994年版,第70页。

是：当年北大只招收工农兵学员，人数很少，教师工作量不足。汉中分校一些很有才华的学者，在工（军）宣队领导下，没有被安排在教学科研岗位上，而是被迫做一些基建、看管材料甚至养猪等工作。按照教学科研工作成绩评审职称，对那些未被安排在教学科研岗位的教师是极不公正的，结果势必打击其积极性，使队伍涣散。我建议首先要给全体教师适当分配业务工作，再根据其表现和业绩，一两年后正式进行职称评审，使大家大体处于同一起跑线上，以显示公平。我这个意见似乎被采纳了，当年分校并未评审职称。一年后（1979年），我回北京总校，才被聘为副教授。1983年学校开始正式评教授职称，无线电电子学系主任徐承和要我申报，我也婉谢了。我当时虽写了几篇论文，并有一本著作等待出版，但我认为我对量子电子学这门学科的国际发展全貌的了解并不清晰，对它的发展趋势、关键问题摸得不准，我需要到国外考察一番，与前沿学者交流，才能洞察学科的主流方向，具备领导本学科开展教学科研的能力。1985年，我在欧洲和美国工作了一年多后回国，尽管我的论文数并未增加，但我确认已掌握了学科的主流方向，被评为教授。这也体现了我对教授这个职称的学术要求。

学校评审职称的具体工作是由人事处师资办操办的，其负责人杨以文是一位有一定学术鉴别力的、富有经验、办事公正得力的干部，他还兼任人事处副处长。职称评审是一件非常复杂的事，包括教学、科研、管理，以及各种专业技术（如图书管理、编辑等）等不同系列。1985年以后一般是每年评审一次。开始，每年晋升教授、副教授职称的名额还是由教育部（国家教委）给定的，后来才允许学校自行确定。为此，人事部门不仅要与部委领导部门反复洽谈，还要跟各院系单位的领导协商，经过多次反复才能确定名额。职称评审委员会基本上是由学术委员会成员构成的。然而，由于北大每年要评审的人数多，中、低级职称一般由院系一级学术委员会审查，高级职称（副教授、副研究员以上）的评审则由校学术委员会按文理两大学科门类（后又分为人文、社会科学、基础理科和技术科学四大门类）分头进行。而正高级职称的评审则还要经过两个（或四个）分委员会中部分委员共19人组成的终审委员会来平衡，并做出最后决定。委员会的主任是校长，副主任一般是主管文理两大学科门类的副校长（也可由校长兼管其中一大学科门类）和教务长。因校长比较忙，一度主要由陈佳洱副校长来主管此事。但陈校长事情也多。1991年底的一次常委会上明确我任常务副校长之后，由于我还兼任教务长，此事就多由我来管，一年一度的干部会上大多是由我来布置这项工作的，直到1996年陈佳洱任校长为止。由于教师队伍变动大，差不多每年都有"新政策"。这些"政策"不仅涉及职称资格评审，还包含教师退休等制度。"政策"的变动与教师的待遇休戚相关，十分敏感。政策今年这样，明年那样，会让人产生"过了这个村就没有这个店"的感觉，造成人心不稳。但是，情况所迫，我们不得不明知故犯。因此，这是我最为头痛而不得不干的一件事。幸好有杨以文的得力工作，事先做了大量调查和摸底工作，跟各院系和相关单位通力合作，总体来说没有出现大纰漏。但是，我内心里有时是非常矛盾，甚至是痛苦的。教师"职称"应该是非常严肃的事，关系学校教学科研的质量和声誉。教授应该是学术造诣高深的学科带头人。国外甚至有一个"教席"（或相当于教研室）只有一位教授的做法。新的教授只有在老人离世以后才能到位，这种教授往往是终身的。这种制度当然过于迂腐，已经完全不能适应当今科技迅速发展的大势了。但至少说明，"教授"之职应该有点"神圣感"，至少北大应该如此。但后来实际上却并非如此。其原因是北大不可能脱离社会。北大教授的工资水平与其他学校相同，甚至很多时候还不及北京市属高校的教授，因为他们有市里的补贴；而住房条件北大反而更差些。当北大的职称评审委员会认为一位教师学术上的功底距离教授还稍有欠缺的时候，系里的同行会说，某某在别的学校早就是教授了；或说某某在国内学术组织里本来应当被选为"常委"或"常务理事"的，因为他还只是个副教授，只能屈居一般理事。这样,北大的"严格要求"等于在同行中自我贬低。人们常说:"北大一条虫,外边一条龙。"这话虽未免有"自夸"之嫌,但确实也反映了部分实际情况。

另一方面,由于十几年的积压,尽管政治运动不断,一些教师未务正业,很多人在学术上长进不多,但也确有不少人在困难情况下还孜孜不倦地钻研,学术水平仍有不少提高,在教学和科研上取得了成绩。由于高级职称名额有限,他们虽年龄已长,而高级职称名号仍然无望。这不仅影响他们本人的生活福利,还影响后一辈的年轻人:老师辈的还没解决,何时能轮到我们。为了使年轻人能早日脱颖而出,学校每年专门拨出一定的青年教师"破格晋升"的名额(所谓"破格"是指晋升级别时不必在原级别上工作到一定年限)。同时,还采取了所谓"提退"的做法。就是对一两年内达到退休年龄的教师,在晋升职称时允许不占名额,条件是取得高一级职称时立即办理退休手续,将该职称名额让给年轻人。这些做法都是为了加速师资队伍的更新,让队伍"换血"又不致造成队伍不稳。为此,我们对于退休年龄也常常有所微调。比如对教授退休年龄,早期可达 70 岁,逐步调到 67 岁、65 岁、63 岁。而且允许针对不同院系、文理等不同学科等情况稍有差别。这种做法自然也会有不良后果:为了给后来者让路,对有些教学经验丰富、教学效果甚好的教师,不得不"一刀切"地请他退休。退休者其实并不衰老,有的甚至还可说是"年富力强",但从锻炼年轻教师方面考虑,不得不暂时损失一些教学质量。在一时缺乏合适继任者,或继任者尚需有人辅佐的情况下,我们会采取退休人员"返聘"政策,让他们继续担任一定工作,在退休金的基础上给予一定的差额补助或略多的报酬。北大多数退休教师并未闲着,有的可说比在岗的还忙。他们不仅继续做学问、写文章、出著作,大量的教师还应聘去兄弟院校讲课。据我所知,物理系不少有经验的教师,有的还是"名师",去邻校清华继续讲课。新旧更替本是常态,但是面对因"文革"造成的人才"断层",中国大学却显得特别无奈,上述各种"政策"

都并非"万全之策",难免造成一定时期教学质量的滑坡。

为了提升初上岗教师的教学质量,后来在教务长办公室下设立了老教授调研组(不少学校称为"督导组"),请一批退下来的有经验的老教授随机听课,发现问题随时帮助解决。我任教务长时,根据汪永铨的建议,聘请了几位有经验的教师做研究员,如蒋曼英、孙桂玉、王文清、俞仁山等人,他们研究了大量国内外教学改革的情况,对教学评估的规则和做法、教学工作量计算、教学经费的发放等,都提出了详细的方案,有的至今仍在执行。根据他们的建议和拟订的方案,配合人事处,从1987年开始,学校每年对新留校任教或新入校进入工作岗位的教职工进行几天的岗前培训。这种制度延续至今。我每年总要向这些新入职的教职工做一次关于北大传统、现况和教学改革进程的介绍。书记、校长有时也会发表讲话,人事部门还会详细讲解对各种岗位人员的要求。这对新人是一种及时的鼓励和教育。

职称上还有一个敏感的问题是提职条件。起初是完全根据1986年中央职称改革领导小组颁布的文件《高等学校教师职务试行条例》来进行的,该条例对任职条件除了学历和外语有硬性指标以外,并无其他严格要求。对于这两个条件,北大职称评审的评委们一般也不严格去抠,主要是看教学科研上的表现和声誉。有的评上教授的教师其实并无多少科研论文和著作,但他们的"口碑"是公认的。"某某很有学问",从日常的谈吐和师生向他请教问题中都能看得出来。这种"口碑"还真灵,真能反映实际情况,是日积月累长年相交相知的结果。后来人多了,相处的日子也短了,关系也淡薄了,就没有"口碑"这一说了,只好凭硬指标。北大理科的 SCI 指标被南大超越以后,学校的学术委员会虽然并不同意将论文的篇数、引用率和"影响因子"等作为评价某人学术成就的硬指标,但在职能部门的一再催促下,从1996年起,还是将论文或著作、科研项目、奖励等作为提升职称的硬性条件。所有这些逐年的"政策"变化,都是形势和队伍状况变化使然,由此也滋生了急功近利、浮躁不安的心态。

我对工程和实验技术人员的职称评审相当关心,也负责过这方面的工作。我对提这类职称也要求学历和外语等硬性指标十分反感,却无能为力。我认为一批能工巧匠对北大教学科研实验条件的建设是发挥了重要作用的,可是由于学历等条件的限制,他们的职称、待遇却始终难以提升。比如,上述在技术物理系工厂工作的金瑞鑫、倪国杰等人,在汉中分校对我们的铷频标生产和铯束管的研制,都有着举足轻重的作用,离开他们,我们难以成功。但他们的职称问题却始终没有得到很好的解决,这成为我的一块心病,尽管我个人跟他们一直保持着友谊。在我们科技体制中,对实验技术人员的作用不够重视,这是一个大问题。而对这一点,老一辈科学家是很重视的。

在人事工作方面,我还参与了评定一些人员特殊津贴的工作。当时工资很低,职工很大一部分收入是靠各种津贴。每种津贴都有特殊对象,如国务院津贴、中青年专家津贴、老教授津贴,等等。谁符合条件,由领导决定。人事部门就要跟有关职能部门与院系一起,反复权衡,还要听取第一线教职工的反映,以做得妥帖与服众。

另一件让人挠头的事就是遴选院系和职能部门的领导班子。这本是党委,特别是组织部管的事。这些职务的确定一般都是由书记、校长们事先商讨后在常委会提出建议,再经校长办公会通过,或在书记、校长联席会上决定。北大单位众多,组织部自然忙不过来。其间,组织部总会征求比较了解情况的副校长等人的意见,提出初步方案,然后再做民意测验等工作,最后由上述会议做出决定。我因较长时间兼任教务长工作,参与了较多的院系班子调整的提议和具体工作;而教务部门领导人员的岗位变动,我当然更要付出精力。当时的情况与现在恰好相反,很多候选人不愿从事管理工作,怕耽误自己业务上的长进,因此,说服动员他们颇费周折。另外,使用年轻人当领导,总有些老教师不放心,也需要做工作。理科大系领导班子调整,一般都是由我在全系大会上宣布学校决定并讲话。例如,化学系升格为学院,任命赵新生为院长,在学院的名称上还加了"分子工程"四个字，就需要进行解释。赵新生是从本校毕业、在美国加州大学伯克利分校取得博士学位的，当时还比较年轻。请他来当院长，在人才济济的化学系是难以达成共识的。这两方面都需要进行合理解释。后来，北大百年校庆，诺贝尔化学奖获得者、赵新生在美国加州大学伯克利分校时的博士导师李远哲来北大参加庆典时，还专门对我说过，北大让赵新生当院长不太合适，他还年轻，应该让他在专业上更有所发展，当院长会耽误他专业上的成长。这当然是好意。生物系升格为生命科学学院，并任命陈章良为院长，一时也难以服众。这也是由我代表学校来宣布并进行解释的。在这种会议上，要对前任领导的工作做些评价，对院系的未来发展提出一些希望和要求，需要仔细斟酌和考量。

还有一些更挠头的事是处理各单位的内部矛盾，这占了我相当一部分工作时间，多数还是在晚上下班之后。包括院系领导和部分教师之间的矛盾，也包括本章第三节所述的所系矛盾。另外还有学科方向之间的资源分配不均，领导对某部分人处理不公，院系用人不当，对领导作风有意见、要求撤换，等等。为此，我常需召开一些座谈会，跟某些干部个别谈话。这里牵涉到多方面的问题，非常复杂。有的是学术观点不同，有的是因干部工作草率、决策武断。许多问题是因干部意见不合、相互拆台引起的。我跟汪永铨讨论处理单位内部矛盾时，他对我说，当年北京市委大学科学工作部部长吴子牧曾说过，必要时就要做组织处理，避免内耗影响工作。所谓"组织处理"就是将两人调开，不在同一单位工作。

在遴选领导班子中，我对任命羌笛为自然科学处处长最费心思。羌笛原是化学系主管科研和研究生教育的副系主任，还兼任着物理化学研究所的副所长。他的工作受到大家称道。当时研究生院缺一位处长，很希望他去做。我经过再三考虑，认为自然科学处对全校学科建设作用更大，就决定调他到自然科学处工作。后来他任副教务长，并协助我筹备"211工程"学科建设的一大摊事，非常称职。1996

年"211工程"正式上马,我辞去了教务长的职务,由他来继任教务长,后来他还兼任"211、985工程"办公室主任。他深入了解全校学科情况,能与一线教师打成一片,发掘出一批年轻有为的新的学科带头人,为北大的发展做出了积极贡献。我非常后悔自己没有早点将他提升为教务长,如果早点给他这个平台,他可以比我干得更好!

五、甘愿坐牢

上面说过,20世纪80年代末至90年代中期是学校经费最拮据、最困难的时候,真可谓捉襟见肘。财务不属我管,但教学科研,本科生、研究生可以用多少钱,设备费可用多少我是清楚的。教学上所有经费,包括拨给各系的行政经费(教师因教学需要的旅差费也算在内),都是从教学经费中开支的。

学校一年的经费是多少呢?20世纪80年代中后期,国家拨给北大的年生均经费是理科1840元、文科1600元、财经政法类1700元;1995年,上涨到了理科2430元、文科(包括财经政法)2190元、外语2290元(大体都提高了590元),硕士研究生为7000元,博士研究生为9000元。学生人数以1997年计,本专科生约9000人(其中专科生[①]300人),硕士研究生3986人,博士研究生1429人;另有外国留学生1000多人,他们有相当于硕士研究生的经费划拨。这些拨款总共约6400万元。而80年代中叶,由于研究生人数少得多,所以经费只有这个数目的一半多一点(1986年全校国拨经费为3582.6万元,

---

① 20世纪几乎所有大学都设有某些专业的"专修科"(简称"专科"),学制一般为3年,也有2年的,比一般本科少一两年。在职业技术学院规模扩大后,大学的专科才逐渐减少,乃至消失。上面所说"专升本、本转专","专"即指专科生。

其中包含约 1000 万元的基建经费)。这是全校的经费,包含教职工工资(1986 年人均月工资为 108 元,工资支出 900 万～1000 万元)、水电暖等后勤日常运行开支、校内各机关的工作经费等。这样,剩下的教学经费,就只有很少一部分了。例如 1986 年,下拨的教学业务费:本科生按每人每月计,理科为 20 元,文科为 16 元(即年经费分别为 240 元和 192 元);至于研究生,年经费硕士生文科为 800 元,理科为 1200 元,博士生文、理科各为 1600 元和 2400 元。当时的研究生人数比较少,因此一年的教学业务费总计只有约 445 万元,还要从中扣除教学科研用水电费约 33 万元。也就是说,用于教学的经费大体上是拨给学校总经费的十分之一强。到 90 年代中期,例如,1995 年,教学业务费增加到约 800 万元。而教委划拨给学校的总经费中每年还有教学设备费 200 万元左右,一般科研费大体 100 万元左右,这 100 万元左右的一般科研费通常用于给青年教师做科研启动费。所以,我可掌控的经费,在 80 年代中期,大体为 600 万～700 万元,到 90 年代,则为 1000 万元左右。至于科研项目和科研经费,基本上要靠教师们从各种渠道去争取。1984 年中央决定重点建设 10 所高等学校,其中 7 所由中央财政投资共 5 亿元,北大名列其首。所以我们还可从基建费中提取一笔在当时看来数目不算很小的设备费,以弥补教学科研设备费之不足,大概每年有一二百万元。1987 年之前,甚至还可利用一些"文革"期间校办企业(制药厂、化工厂、电子仪器厂等,后因污染严重和其他原因停办)利润的积蓄来补充一些科研设备费之不足(每年也有一百来万元)。因此当时补充的新的教学设备,特别是研究生的科研设备,主要还是依靠世界银行贷款来解决的。这笔款项每年多少不等,少的时候只有 100 万元左右,多的时候可达到 300 万～400 万元。原则上,世行贷款的本金和利息都是要由各校在一定时间内偿还的,但实际上没有一所学校有能力偿还,最后都由国家来承担了。对一些个别特殊的情况,我们只好向国家教委(教育部)申请专项补贴,比如,学生人数很少、并非每年招生的小语种专业的办学补贴和特需的专项科研设备费等。除此之外,就得依靠某些外商的捐赠了。好在北大名声在外,像一些计算机和先进仪器设备,商家为了宣传做广告,愿意给北大试用,以扩大影响。学校通过这个渠道也得到过一些设备,特别是在百年校庆前后。

在这种情况下,学校经费只够维持日常教学,要想为开拓新学科、发展新方向而购买大型设备,尤其是进口仪器,基本上是不可能的,除非能够申请到重大科研项目或国家级重点实验室。而要能够得到这些,没有比较重要的研究成果这一先决条件也是无从谈起的。这需要有"启动基金",有时候这些资金不是小数目,而是要倾全校之力的。例如,为了筹建信息科学中心、微电子实验室和重离子加速器实验室,我们先期都投入了上百万或近百万元。这样的投入不是依靠"民主"的手段能够做到的。我们的办法就是由教务长与科研处、设备与实验室管理处等少数领导成员商议,从学校学科建设的大局出发,拍板定案,一年最多支持一项,经费就是从"文革"中校办厂积余、基建设备费中开销的。而武装文科实验室,如中文系的语音实验室,法律系的法律数据库、刑侦实验室,经济学院的经济模拟实验室等,就相对容易些,因为一般十几万元到几十万元就能搞定。但是,像电教中心和考古年代测定实验室等需要大量资金的就需要等待时机了。

教学经费的紧缺除了影响实验仪器设备的经常替换更新,以及消耗性的试剂、药品、材料和实验动物的及时补充外,更严重的是大大限制了野外实习和实践活动的进行。当年,连去工厂、研究单位做参观性的实习都要收取费用,去野外做地质和考古调查还常被收"买路钱"(通过农民修的土公路要收费)和"保护费"(请当地警察或部队保护工地)。原则上,教学业务费里是包含了这些开支的,但一次实习往往就用掉了全系的教学经费。因此不得不给那些需要实习的院系一定补贴。这样一来,教学经费总是入不敷出。

为了缓解经费拮据状态,只能采取开源节流的办法。先说"节流"，就是尽量节省教学开支，特别是实践这一环的开支。如化学系采用对学生实验的器皿（如试管、烧杯等）缩小体量的办法，不仅使购买这些易损器皿的费用减少，还减少了大量试剂、药品的消耗。这成为当时的先进经验。在生物系，本来要求每个学生解剖一只白鼠，改为两人一只。这当然会影响对学生实验动手能力的培养。至于实习，很多系都采取化整为零的办法，将有组织的社会实践变为学生在暑期自行找题目、找对象的个别调查，回校后写出报告。这也成为文科进行实践训练的经验。每年暑假后都会收到一些相当不错的社会调查报告。对于社会学和历史等系的学生，这确实也是很好的锻炼。我们每年都会开会做总结，对表现优秀的学生进行表扬。

记得20世纪90年代初，图书馆的购书费每年从200多万元很快涨到约600万元。从比例上来看这个数目已不算少，占到教学业务费的一半还多了。但是，当年书价暴涨，尤其是进口期刊，每年涨价。图书馆多次向我呼吁，要求增加经费。我无能为力（这笔经费不含在教学经费内，是学校专款）。只好要求无论如何不要将多年未中断订阅的期刊削减。有的外国科学期刊北大在清末就开始订购了，抗战时都没有中断过，如果今天断了，我们就要负很大的历史责任。而且期刊过期以后难以补上，所以必须保证。进口新书可以减少，以后有钱时再补充还来得及，以致一段时间北大图书馆没有买过一本国外理科进口书（其价格往往比文科书贵得多），全靠人家赠送一些。而这带有偶然性，有的所赠书籍并非必需。有意思的是，有一次林被甸馆长对吴树青校长说图书馆经费亏空太多，吴校长问，要补多少钱能满足，林答，200万元。吴校长后来到市里开会，说明北大经费窘迫的情况，特别说了图书经费缺额太大，以至于订阅多年的期刊都得中断了，请求北京市来解危。当时主管财政的副市长在场，市领导就问其可否予以支持，他当即答应。吴校长回来后欣喜地将这个消息告诉了林馆长。可是多时不见下文。后来，清华大学图书馆馆长告诉林馆长，说清华得到了北京市200万元的图书津贴，大有天上掉下馅饼之悦。林为之震惊,明明是北大要的,怎么反给了清华?于是将之告诉吴校长,经吴校长再向北京市追问,才算解决。

直接与经费短缺相关的一件难事是办公用房极其紧张。此事前面已有所涉及。不断生长的新学科、新研究方向必须有物理空间做保障。因此,学校公房一直处于反复调整中。起初,都是各有关院系自主向学校房产处提出要求,由房产处根据情况进行分配划拨。后来,学校特别是教务部门认为这样的分配往往出现轻重缓急处理不当的情况,有的学校急需发展的学科反而得不到应有的房舍。还在丁石孙任校长的时候,就成立了由陈佳洱副校长为首,由教务长、总务长、房地产管理处处长和公房科长等人组成的公房分配小组。我任教务长之后就经常参与此类活动。总务长张启运很识大体,总是根据我提出的先后次序进行调配,我们合作得十分愉快。之后陈佳洱就渐渐不管此事了,要我来主持这样的会议。1990年我任副校长后,就完全由我来管了。这可说是我自讨苦吃,为此我几乎走遍了北大的每一个角落,包括昌平和圆明园校区。这种"调整",对被调整的单位自然有得有失。房舍是宝,涉及单位的"核心利益",必然受到被调出单位的强烈反对。如上面提到的,当时电子仪器厂已经很不景气,可是却占据着物理大楼南楼顶层几乎所有的房子,为了请电子仪器厂腾出来,我和房产处的人员一起逐间查看了这些房屋的使用情况,很多时候房门是锁着的,需要爬到门窗上去窥探,以了解具体实情。经过这样调查之后,做出了将全部房屋归还给物理学院、作为发展理论物理研究所之场所的决定。于是,该所研究人员就每人有一个不到10平方米的小工作室,研究生可以不到导师家里去求教和讨论问题了。而我则因此被无线电工厂的某些人恨之入骨。又如,政治系著名教授赵宝煦筹集到了一小笔钱,想为中国国情研究中心盖一栋小楼,我们想在校园内寻觅一片既不影响景观,又不需拆迁,且为规划所允许的空地,却始终未能如愿。

至于教职工的生活,可谓窘态百出。前面已说到过,1992年初,汪家镠书记、吴树青校长和我在临湖轩召开新老学部委员座谈会，会上，新委员张滂关于吃香蕉的发言使我大为震惊、有如坐针毡之感。堂堂北大，全国高等教育首府，居然让院士提出吃香蕉的要求，情何以堪！实在是我们这些管理人员的失职，也是国家的羞耻！北京市领导了解到这种情况，1994年初，北京市教委主任徐锡安带领北京一些著名高校的领导去深圳向君安证券公司募得了一点"奖教金"，解决了我们的燃眉之急。可惜持续时间不长。

由于办学经费紧张，教学与生活基础设施可说是千疮百孔。前面也说过，20世纪90年代初曾发生一位教师将一块讲台木板踩断的事，还发生过没有钱买足够的粉笔的事。我想将几位老先生讲课的录像做出来保存的事也始终落实不了。中文系著名语言学教授石安石有一本语言学著作，在他1997年去世前始终找不到出版机会，因为语言学当时是冷门。

解决这些问题光靠"节流"不行，还得"开源"。其一是自办公司。在当时条件下，这是应用性科技成果走向市场的主渠道，因为科技企业实在太少。北大教师虽然不善于经营，也只能从干中学。以今天的眼光来看，有人认为大学不应直接办公司，彼时却是必然。这些公司有方正、资源、北佳、维信、未名生物等，也有些系办小公司。这方面的事名义上也由教务长管，科技开发部是教务长属下的一个部门，长期由副教务长花文廷兼任主任。由于此事重大，很多事由书记校长直接管，而我对市场行情、经营管理一窍不通，就乐得不管。只是有时校长会找我做些工作，在花文廷的要求下也会参加一些应酬活动。其二是举办各种培训班、短训班、继续教育。这既是社会所需，也往往是一些基础学科，特别是文科"创收"的渠道。但对这两种"开源"方法都必须严格规范，否则必将出现乱子，让学校受到责难。为此学校开过专题讨论会，科技开发部和继续教育学院（副教务长向景洁曾长期兼任院长）对"开源"行为做出了许多规定，它们也是教务长办公会的议题。

当时媒体上闹得沸沸扬扬的所谓"推倒南墙",将它看成是北大走向市场的举动,其实际情况已如第七章第一节所说,"南街工程"不过是为了改变原来南墙外脏乱差的状况,沿墙建起一排整齐楼房,作为门面,出租给摊贩开店铺,而学校从中每年收入1000万~2000万元的租金,以补贴退休人员的生活。这是不得已之举,根本就没有"推倒南墙"一事。可是媒体为宣传市场经济,吸引人们眼球,故意将它与北大投入市场经济联系起来,引起舆论哗然,实在不敢恭维。

这里顺便说说,1996年、1997年,国际关系学院的龚文庠教授多次跟我说过,希望学校能筹建新闻传播专业。其实,北大原来是有新闻专业的,1979年合并到中国人民大学去了,这时想再恢复。我却沉默不语,因为我觉得当时新闻媒体有些是由一些"唯恐天下不乱"的人来办的,哗众取宠。我当然知道这是一句极不公允的"气话",却也反映当时媒体的一种时弊。当时学校领导层里也有人对筹办新闻传播专业十分赞成,说舆论媒体对北大宣传太少,办个新闻专业,就可扩大学校影响了。我说要是带着这种动机来办新闻专业,北大只能成为众矢之的;并且还当着龚文庠的面说过:"要是我儿子考大学,什么专业都可以报,就不许他报新闻专业。"这句话把龚文庠气得够呛!所以在我主管北大的教学科研时这个专业始终没有办起来,我认为当时在指导思想和队伍、条件上都准备不足,其中当然也包括缺乏经费。可见,北大一方面积极发展国家急需的应用学科,同时也绝不"包打天下",凡是社会需要的学科专业我们就予以设置;而是采取慎重态度,充分考虑学校的人力和物质资源及地域等主客观条件。比如,当时社会上"海洋战略""蓝色经济"的呼声很高,一些教师也想发展海洋科学,我们考虑当时条件也没有响应。我们认为,北大的学科,要么不办,要办就要办出水平,办出特色。还有,国家相关领导部门会要求根据机构名称设置专业。例如,当时国家设有"体制改革委员会",曾要北大开设"体制改革专业"。这当然是违背专业设置原则的。要是政府有一个机构,学校就得有个相应专业,为其培养所需专门人才,而政府机构又是会随时变动的,何以保证专业设置的严肃性? 这次由于上面来头大,我们只得电话请示高教司相关负责同志。这位同志也会"来事",他说:"你们敢报,我们就敢批。"这样我们就采取拖延办法,不了了之。

前面还说过,从1993年开始,我们对每个新入学的学生收取了100元宿舍管理费。此事遭到了国家计委物价局的查办。对于这件事,以我"甘愿坐牢"而了结,不无笑意。其实,我那"甘愿坐牢"绝不是气头上冲口而出的话,而是有所准备的。我小学毕业后,因抗战时局紧张,有一年多时间没有上学,读了从《封神演义》到《民国演义》等十来部历史演义小说。我从中得到一个印象:历史就是一部大悲剧。我是做好了悲剧人生的准备的。1957年我去苏联留学,正好是赫鲁晓夫批判斯大林之际,我读了许多苏联科学家的冤案,不少很有成就的科学家被送进监牢,甚至处死。令我震动的是有些科学家在监狱里还孜孜不倦地攻克科技难关,有的还曾在反法西斯战争中发挥过重要作用。当年我读研究生时,实验室隔壁就来了一位白发苍苍的老教授,人家说,他就是20年前被投入监狱的。可是,他的知识已经陈旧,虽有苦难经历,并未引起人们多大同情,只是坐冷板凳。人情如此,只能唏嘘而已! 当时国内正值"大跃进"轰轰烈烈之时,很多指标、口号不切实际。我想,要是我此时回国,肯定会要我做些自己力不能及的事,而若完不成任务,就只有"坐牢"一条路了。我想,即使坐牢也要以那批苏联科学家为榜样,在狱中将问题解决了。在改革开放时期,无论是接受重大科研任务,还是做行政工作,是要冒风险的,我都做了万一不成就坐牢的准备。当年我曾极力主张用贷款购买双榆树高压线下的一百多亩地(当时地价很便宜,一般都认为那个地方有高压线辐射,对人体不利,所以想买的不多,现在那里也是高楼林立了),主管财务的领导却说大学绝不能"借债",怕将来有不好的后果(当然,他也有自己快退休了,不愿将烂摊子留给后继者的好意,不全是不敢负责)而未办成。既是改革开放,不担点风险,恐怕是什么事也办不成的!

还有一件事。北大百年校庆之前,图书馆拥挤不堪,亟需扩容,改善门面,当时学校没有钱,请求李嘉诚先生捐款。李说,可以捐1000万美元,但要求国家教委也"配套"投资同等金额的人民币。图书馆馆长跟我说,教委说没有钱,因此不能发出接受李嘉诚捐款的批文。我请他们跟我一起到教委找主任朱开轩同志,当面向他汇报情况,说明图书馆的困境,请他直接处理。朱说,教委确实没有这笔额外的钱。我说:请你先将捐款文件批了,使建设工程能动起来,后面的钱主要用于内部装修等,慢慢想办法。这样,李嘉诚就把钱打过来了,建筑也动工了。建筑宏伟,成为北大"一塔湖图"的一景,后来这个工程还得了奖呢,是北大少数得奖的建筑之一。其内部装修是后来陆续完善的。

应该说,从百年校庆之后,自从实施了"985工程",北大经费上的窘态已一去不复返了。建设世界一流大学的进程自此真正开始。我所做的一切,不过是做点准备而已。

第十一章

反思感悟

一、专业管理

从一名大学教师到一名高校行政管理工作者,其身份之差别似乎只是一步之遥,却有着实质上的转变。这是我在参与了多次大学行政管理人员的国际会议之后才强烈感受到的(见第六章第四节)。

一般人都认为,当了几年大学教师,尤其是成了教授之后,只要专业学问做得好,书教得好,具有一定的组织能力,能团结人,就一定可以做好学校的行政管理工作,当学校的领导人。当下不少院士被选为校长,就是基于这种认识的结果。当然,他们中多数确实是从在高等学校担任过一定学术领导工作(至少是院系主任一级)、具有较好领导能力的人中选拔出来的。其实,仅凭这点条件还是不够的,还不一定能胜任。有的人接任后能全心扑在管理岗位上,经过几年实践锻炼,并努力学习,确实可以成为出色的大学领导人,甚至成为教育家。不过,在这种情况下要他继续在原有学科或专业上做出出类拔萃的成就，就十分困难了。但是，我们中国人总习惯性地认为：一个人在某方面取得了优秀业绩，出了名，就一定是"万能"的，要求他面面俱到，处处都好。实际上这是难以做到的。这说明我们中国人专业观念薄弱。正像顾明远先生指出的，"教师并不像医生、律师一样具有高度专业化。长期以来，凡有知识，愿意当老师的都能成为教师"。他又说："1966年国际劳工组织和联合国教科文组织在《关于教师地位的建议》中提出：'应把教学工作视为专门的职业，这种职业要求教师经过严格的、持续的学习，获得并保持专门的知识和特别的技术，它是一种公共的业务。'"①教师是这样，大学行政管理人员同样应该经过专业化学习。

其实，在各专业领域做学问和做高校行政管理，的确是两种不同的学问。前者要学术造诣高深，还少不了博通，否则难以取得突出创新成就。这是否意味着当了大学教授就可以"博通"到高校行政管理呢？不然。这里的"博通"，是指与其学科或专业相关的学问，不是漫无边际的。比如，做自然科学与工程技术研究的，总要了解人类社会的发展趋势及其对本门学科、专业提出的需求，要具备待人处事的正确态度和方法，具有对人和事的鉴赏和协同能力。而对后者，其专门学问的不同处在于，要深知高等学校的性质和使命、办学的宗旨、高校的社会职能与任务；还要了解高等教育和高校的历史发展与变迁，善于处理校内与校外的各种关系；而且对于不同学校，这些学问还是各不相同而非千篇一律的。所有这些，都要求对人、对社会、对国家，甚至对人类命运具有更深刻的认识；在处理校内外的各种关系时还要熟谙各种规则、律令、条例和习俗，懂得如何治理。这当然也是一门专门学问，需要探索与研究，参考与深钻浩瀚的文献资料。在当今信息化和全球化时代，在科学技术发展突飞猛进、一日千里的形势

---

① 顾明远：《中国教育路在何方——教育漫谈》，载《课程·教材·教法》，2015年第3期。

下，在错综复杂的社会关系中能真正明确自己的地位，演好自己的角色，尽量发挥好自己的作用，并使学校在正确道路上繁荣发展，是很不容易的。人的时间与精力毕竟有限，而两种学问都是无限的，要对两种"无限"都能做到极致，达到"至善"的境界，实属不易，除非是"神人"。

我是"脚踩两只船"走过来的，至今摇摇晃晃。在1985年担任学校行政管理工作之前，我一门心思想的当然只是自己在学术专业上的进步。但是，当我看到自己所热衷的事业一时难以得到国家支持，当校长要我出来为大家服务时，我义无反顾地服从了工作需要。其实，在我发现自己所从事的专业学科面临暂时的困境时，我已经思考过国家对我所从事的专业学科的安排是否正确，以及究竟应该怎样面对的问题了。我当时的结论是：当时国家经济处于濒临崩溃的边缘，我的学科方向却一时难以对国计民生做出贡献，暂时放一放是合理的，"经济建设是中心"嘛！所以，我将自己做行政管理工作看作是一时的"牺牲"，我相信将来自己的专业学科迟早会被国家所看重。因此，起初我将自己的组织关系依然放在无线电电子学系，并且还兼带研究生，讲专业课。这种想法也说明我从本学科出发，加上多年在系里工作的经验，已经对国家科技的方针政策和学校的学科布局等有点自己的见解了。所以，我开始做管理工作还算顺利。然而当我的工作越深入，特别是接受汪永铨给我的任务，要我从科研到教学方面就北大整体工作向国家教委做汇报，并向兄弟院校做介绍（这成为我的第一篇管理"论文"《从北大的实践探讨教学改革中的几个问题》，载《谈学论教集》）时，我就深感教学行政管理方面的知识与经验之不足了。我认为其中不但大有学问，而且还跟我在专业学科上的研究有很大不同。在专业学科那里，对一个问题经过细致分析、深入钻研之后，总会得到一个理据真切、证明充分的明确答案或技术方案；而在高校管理这里，很多问题很难说清楚，想出的一种措施或办法不总是明晰的、唯一的，头脑里会存点似是而非、模棱两可的东西。

特别是涉及教育教学的问题,会激起我更大的兴趣和好奇。于是我更多地思考研究,开始写些文章,并且鼓励学校职能部门的工作人员都来写文章。我认为,写文章可以整理思路,使自己所干的事显得不那么盲目,使之建立在理性思考的基础上。所以我极力支持汪永铨办内部刊物《高等教育论坛》,作为一个研讨的园地,以鼓励我们的大学行政管理人员结合工作写点自己的思考与经验。后来,在那里发表文章还为我们管理干部提升职称提供了一点条件呢!这样,我就明确了一种认识:以研究的态度来做行政管理,我们大学的管理工作才会走上科学的不断进步的正轨。

要将大学行政管理作为一门学问、一种专业的工作来做、来研究,这话说来容易,在中国现有的体制下,做起来却确实有点难。中国人讲究"名不正则言不顺,言不顺则事不成",任何"学问""专业",在学科门类中都有自己的名分。大学行政管理,或高校行政管理,属于哪个门类?"教育学"?"管理学"?记得当年对"高等教育学"是不是可以成为一个"学科"或"专业"都曾争论不休,何况"大学行政管理"?这个问题不弄清楚,大学行政管理作为一门学问或专业来研究,就只能是个人的一种"态度"或"愿望",而不能达到"科学化"和"专业化",并真正使这些行政管理人员以此为"职业"。这种情况使我们对大学的治理始终处于"人治"而难以达到"法治"状态,这对提高中国高等教育的整体水平是很不利的。

其实,中国这种强调"名分"的体制,我在原有专业的教学和研究中已经尝到过其造成的一些"苦果"。我所从事的专业学术研究,属于"波谱学及量子电子学"范畴,是物理学的一个前沿研究方向。在研究工作中,我只关注工作对象的现象与规律。后来接受了国家任务,要研制出一种实用的设备来。我只问研究结果,而从未想过它属于哪门学问。在苏联读研究生时,我用物理学和无线电电子学的实验方法发现了碱金属晶体和溶液中核磁共振化学位移的系统规律,论文多数发表在物理类学报上,个别发表在化学类学报上。回国后想继续做一点原来研究方向的工作，却难以开展，因为我属于无线电电子学系，离化学太远。新接受的研究工作虽是国家任务，却也不属电子学范畴。我们成立的分支学科学会想归属在物理学会名下，一开始人家不要，说是不属于物理学科管。花了九牛二虎之力，才总算接受。我们这个专业名称几十年来反复变更了四次，至今仍"不三不四"。我们的研究生专业取得名分和导师评定权也比人家晚了一步。因学科归属问题，我们吃过不少亏！可是在国际上，我们这个学科方向近二三十年来共获得过八九次诺贝尔物理或化学奖，频频产生杰出成果。我想，这是我们的文化传统和体制上的一大弊病：过于重视名分，图虚名而不重实际。

将大学行政管理看作是一门学科或专业，多少也会在名分上遭遇一些麻烦，甚至吃一点亏。让我们暂且忘掉这样做是否能得到承认和会不会吃亏吧，我们图的是中国高等教育的整体的科学发展！而科学是"只问是非，不计利害"的（竺可桢语）。然而，既然作为一门学问，就得弄清楚一些基本问题：什么是大学或高等学校？大学或高校的性质是什么？它们是个什么样的组织或机构？大学的宗旨、使命和社会功能是什么？高等学校与高等教育有什么关系？它们有什么样的活动内容、管理体制和运行机制？校内与校外的各种关系怎样？等等，其中有若干基本概念要厘清。

最基本的，到底什么是大学或高等学校（下文叙述中将"大学"或"高校""高等学校"混同）？它们是一个具有什么样性质的机构？这个问题看似简单，却并不容易准确回答。蔡元培说："大学者，研究高深学问者也。"梅贻琦说："所谓大学者，非谓有大楼之谓也，有大师之谓也。"邓小平说："重点大学既是办教育的中心，又是办科研的中心。"他在"大学"前面加了一个限定词"重点"，至少说明他心目中的大学应该如此。西方从学界公认的现代大学的起源——意大利的博洛尼亚大学开始时，就将大学看作是"大家来学之宗"，还有"大学是民族灵魂的反映"（英国霍尔丹），"大学是一个至今并未受人特别研究过的机构","多元化的巨型大学"(美国克拉克·克尔),以及大家普遍所形容的"大学是象牙塔""大学是大染缸",等等。林林总总,恐怕能举出几十个"定义"来。但是,它们只是各抓住了大学的某个方面,真想得出一个简单明了、准确的定义却并不容易。

至于大学这个机构的性质,大家公认大学是文化机构或教育机构,教育是文化的一部分,所以将大学定位为文化机构没有错。但是在以"经济建设为中心"的中国,尤其是在信息化、知识经济时代,有人说"创新是经济发展的动力源",而难道大学不在这个"中心"里面么?有人为此愤愤不平,大学被"边缘化"了!于是有人千方百计要挤钻到这个"中心"中去,大学的市场化就这么出来了。当下也确有"大学"自命为"文化产业"的,大学不是产业吗?所以对大学的性质也并非没有异议。

1988年,我有幸参加了意大利博洛尼亚大学成立900周年的庆典,会上在《欧洲大学宪章》上签了字,该宪章"基本原则"的第一条说,"大学是处于社会中心的一个自治机构";"大学应独立于一切政治、经济和意识形态权力之外"。这条实际上就规定了大学的性质,大学还是社会的"中心"。不过事实上,大学能完全摆脱这三种权力么?世界上恐怕没有哪一所大学是能够完全脱离得了的。这只不过是一种愿望而已。但是,这种"愿望"却是办好大学的一种基础,虽然它与现实有相当的距离,甚至是矛盾的。大学的兴办者与举办者总是在这种"愿望"与现实之间徘徊,试图保持一种合理的平衡。

正是因为这样,大学也是"与时俱进"的,它的社会功能、它的性质,乃至其受众都会随着时代的变化而有微妙的调整。我相信,随着高等教育普及化的到来,成人甚至老年人也将成为高等教育的受众。

说到"高等教育",大学或高等学校是实施高等教育的机构。这样的定义似乎是天经地义的。但是,实施高等教育难道就没有别的机构了吗?不一定。那么,高等学校跟这些机构区别何在呢?这里又涉及高等学校与高等教育的关系,乃至于与教育的关系。邓小平说:"教育要面向现代化,面向世界,面向未来。"《中华人民共和国高等教育法》规定:"高等教育必须贯彻国家的教育方针,为社会主义现代化建设服务、为人民服务,与生产劳动和社会实践相结合,使受教育者成为德、智、体、美等方面全面发展的社会主义建设者和接班人。"大学或高等学校就是执行这种方针的机构吗?这种方针显然是随着社会和时代而变的,那么大学或高校应该如何跟着变呢?

既然变化是"常态",那么,大学有没有不变的东西呢?有人说,大学是现代社会中最为稳定的组织机构。几百年过去了,什么商社、公司、政法机构、军队,甚至寺庙,都发生了极大变化,有的甚至消失了,而大学还是那个大学。那么,什么是大学不变的核心概念呢?

仅仅是这些基本概念,就值得洋洋洒洒地大加讨论,更何况还有大学与高等学校是否同一概念,它们的使命的内涵,运作的原则、方式、规范和机制,对其中教师、职工、管理人员和学生之间的关系的处理,大学的社会功能,乃至作用和重要性的变迁,以及怎样学、学什么,怎样教、教什么等等更为具体的问题,真是不可数计。所以,大学管理或高等教育管理作为一门学问,应该是当之无愧的。

要是作为一门学科门类,无疑高等教育管理首先应当隶属于"教育学"。因为无论怎样来定义大学或高等学校,教育功能总是首要的。但是,现在当大学校长的,学教育学出身的是极其个别的。我对教育学只是在当俄语翻译时稍微涉猎过,翻阅过凯洛夫的《教育学》。因为我所服务的苏联专家是国内最早聘请来的物理教学的专家,当时要将苏联大学物理专业的整套教学制度和管理方法介绍到中国,当然免不了要学会一些教育名词。但我对这部《教育学》不感兴趣,认为其内容都是教条。所以对教育学我是门外汉。

我担任学校行政管理工作之后,特别是当了教务长后,就面对着大量教育教学问题,光靠过去自己受教育或当老师时那点体验是完全不够的。而且,我认为,中国高等教育之所以发展缓慢,其中一个主要原因就是,当教师的、做教育教学管理的,都在"吃老本",即将自己受教育或以前当教师时的一些体会和经验教训作为评价当前教育教学的基本判据或标准。这样绝不可能与时俱进。

因此,为一些从高校教学实践中选拔出来做大学行政管理的人系统地补习一些教育学课程是非常必要的。然而,当下高校的主要负责人或管理人员可能是各种职业中最难以自主、对自己的行动做出计划的一类人。学生中出了一点事,一个电话就可以将你半夜里提起来跑到事发现场去。在这种处境下,要想从工作中系统补习,是无法专心的,且时间精力也不济。所以尽管我写过一些涉及高等教育领域的文章,在一些相关会议上发点言,也只能说是工作实践中的心得或体会。在高等教育研究这个戏台上,我自认为自己只不过是个"票友"。

1988年10月在南京大学出席"教育与社会进步中外学者研讨会",与南京大学副校长冯致光教授及厦门大学高等教育专家潘懋元教授

我曾经期望,像许多大学主要行政管理人员一样,在党校或国家教育行政学院之类的机构得到至少一个月以上的"脱产"学习的机会,以便在这个专业上得到一点哪怕是"启蒙"式的培养。在1994年或1995年时,曾有一个这样的机会,但后来又因"工作离不开"而作罢。所以我成为北大领导成员中少数从未进入党校或国家教育行政学院等机构学习的人之一。

1999年我退出学校行政管理岗位后,我国经济已摆脱了困境,我原来从事的专业学科亟待发展，但由于近20年的停滞，原有队伍散失，人才奇缺，我再次投入到这个领域，发挥一根支柱的作用，受聘成为一个部门的首席科学家。我原本想利用离岗之际，静下心来，将高等教育行政管理作为一个学科或专业细细钻研，并结合十几年的工作经历，加以反刍消化，得到点专门学问，现在也不可能了。虽然此时我还担任着一些与高等教育管理有关的学术机构的职务，也有机会开展此类研究，但由于两头奔忙，我仍处于"脚踩两只船"的状态，欲进不前。

时代变了，当下高等教育学至少在大学里已经成为一门"显学"，在这个学科领域攻读硕士、博士学位的不乏其人，甚至已经有这个领域的毕业生不易找到合适工作岗位之虞。现在许多在高校或教育行政部门担任管理工作的人员，往往是直接从这些学位获得者中选拔出来的。可是，他们有一个天然的弱点，就是没有从事过教学活动，从而难以体验到当教师、教学生之五味杂陈、难以言表的滋味。有没有这种体验可大不一样。这点，从有些没有真正从事过教学的人所写的关于教学的文章中可以看得出来。例如，有人认为当教师就是要"教会"学生懂得某一个问题，而不知更高明的办法是启发学生自己去领会，他反而认为后一种方法"文不对题"。另一方面，现在有的大学领导人往往只是某个学科的专家，并未对高等教育和大学管理有深入的研究和深切的体会。这样自然也难以将工作做好。所以，从事大学行政管理的某些人时常会产生一种"两头无着"的感觉。

为此，我觉得未来产生优秀的大学行政管理人员的理想模式，是在具有一定教学科研工作经验的人群里，选择一些善于管理的人，再次入学进修一年半载，学点教育理论、历史和管理科学知识，经考核上岗。这有点像医生和律师成长的路子。现在一些"后备"干部上岗似乎也是参照这种模式的。我还认为，读点历史比学习理论知识更重要，"以史为鉴"，从历史演变中吸取经验教训，更有现实意义。要创新，得知旧。否则，就会闹出将成年烂芝麻拿出来当"新事物"的笑话。

二、大学之大

讲这个题目，就是来探讨大学的功能的。现在高等教育界一般认为高等学校有三个社会功能：教育教学、科学研究和社会服务。当然，前两者也是为社会服务的，作为高校功能的"社会服务"则是"直接"的、"具体"的。例如，进行科技方案设计与开发工艺技术和产品（包括物质和精神的），为政府和社会各种机构提供意见建议，做决策咨询，起"智库"作用，等等。

自从2011年胡锦涛在清华大学建校100周年庆典讲话中提出全面提高高等教育质量的要求以来，有人就将他所指出的为了全面提高高等教育质量而"必须大力"做好的四项工作中的人才培养、科学研究、社会服务和文化传承创新作为大学的四项功能，比过去常说的三大功能增加了一项"文化传承创新"功能。有人还因此大为宣扬高校增添了一项"新"功能。这种理解未免过于褊狭。我认为胡锦涛的这个讲话是很有针对性的。因为一段时间以来，一些大学领导人过分地宣扬大学在知识经济社会中作为经济发展"动力源"的经济功能，而忘却了从根本上来说大学是一个文化机构，其基本功能即在于延续和发展人类文明，也就是传承和创新文化。作为文化机构的学校却忘记了文化。我们提出过"教育必须为无产阶级政治服务，必须同生产劳动相结合"的口号，却很少有高校领导人强调文化。因此，高校除了要大力做好寄托了文化的继承、传播和创新功能的三项工作（人才培养、科学研究和社会服务）之外，胡锦涛特别强调，甚至要求专门来做一项文化传承创新的工作。我们不能据此就说高等学校平添了一项过去没有的文化传承创新的"新功能"。否则，只能说是对教育太无知了。

把握大学的文化使命,将大学基本功能看成是继承、传播和发展人类文明的文化功能,并将它贯穿在通常所说的三大功能之中,甚至统率其上,就抓住了大学之"大"。这个"大"不仅涵盖了宇宙万物,而且包罗了过去与未来,尤其是未来。蔡元培说:"教育者,非为已往,非为现在,而专为将来。"[①]这"将来"以什么为代表?就是文化。从这个意义上说,教育就是在继承和传播文化的基础上创造文化。蔡元培还说过:"我想教育家最重要的责任,就在创造文化,而创造新文化,往往发端于几种文化接触的时代。"[②]这里,我们不能不佩服蔡先生的高瞻远瞩,他不仅点出了教育的根本性质,而且好像预示了一个世纪之后的当今全球化时代也是文化交融、创新的时代。

把未来和文化相联系并将此问题讲透的是习近平。2014年5月4日他在北大跟师生座谈时说:"实现中国梦,必须增强道路自信、理论自信、制度自信。"这时他脱稿补充了一句:"这三个自信根本就是文化自信。"2016年5月17日在哲学社会科学工作座谈会上,他更进一步说:"坚定中国特色社会主义道路自信、理论自信、制度自信,说到底是要坚定文化自信,文化自信是更基本、更深沉、更持久的力量。"道路、理论和制度都是通向未来的,所以从根本上说是文化决定了未来。由此可见教育工作者的神圣职责。

因此,文化自觉、文化自信成为大学领导人的首要条件。由此出发才能明确教育,特别是高等教育的地位、性质、宗旨和功能。然而,要建立文化自觉与自信并不简单。"文化"是人类历史发展中所创造的物质和精神财富的总和。用费孝通的话来说,就是"人为""为人"四个字,他后来又加了一个"天人合一"的限制条件,他说,这个"为"不能为所欲为,是要人与自然和谐的"为"。文化有信仰、知识和道德

[①] 蔡元培:《全国临时教育会议开会词》(1912年7月10日),载高平叔编《蔡元培教育论著选》,人民教育出版社2011年,16页。

[②] 蔡元培:《在檀香山华侨招待太平洋教育会议各国代表宴会上演说词》(1921年8月18日),载高叔平编《蔡元培教育论著选》,人民教育出版社2011年,364页。

等基本元素,实际上它们是人区别于其他动物的标志性因素。所以,"文化"实质上是"人化"。而掌握文化的最高境界就是懂得人类历史发展的必然规律,从而能洞察人类前进的方向。孙中山说:"世界潮流,浩浩荡荡,顺之则昌,逆之则亡。"教育面向未来,就是要使千万学生能够顺应历史潮流,走昌盛之路,从而为他们服务的社会与国家,乃至全人类带来福祉。这就是说,大学要通过文化引领社会、引领世界走向未来。而要做到这一点,一流大学的领导人应该以政治家和思想家的视野和眼光来思考,把握社会、国家、世界和人类发展的大势。

我曾读过多年担任美国麻省理工学院(MIT)校长的查尔斯·维斯特所著的《一流大学 卓越校长:麻省理工学院与研究型大学的作用》(北京大学出版社2008年版),其中收录了他的就职演说和13个年度报告。在这本书中,维斯特似乎不是大学校长,而是美国的总统。他考虑的问题是美国未来的走向、世界的走向。这里当然包括科学技术、经济文化、社会政治等方面的发展趋势,由此确定学生的前进目标,必须具备的价值观、世界观与人生观,应当掌握的待人接物的基本态度,以及各种普适的与专业的知识和能力。他这样对学生说:"大学应该冲破学校的藩篱,致力于推动世界的变革。"这就是一流大学校长的气度、视野、眼光和思想。从这样的高度所制定出来的教育教学的目标、方针、课程体系和教学要求,显然也会是不同凡响的。所以,大学领导人所怀抱的、所考虑的是至大、至伟、至巨的。他们应是教育家,但也要有思想家和政治家的气度,高瞻远瞩,胸怀世界。

大学领导人的情怀是远大的,责任是沉重的,但所面对的事务却是非常纷繁复杂而细微琐碎的。正像克拉克·克尔所说,当下许多高校都是"多元化的巨型大学",不仅功能多元,学科专业众多,各类学生和教职工人数众多,其服务种类繁复不同。由于功能多元,学校要处理社会各方面的关系,应对各种权力和利益集团乃至个人的要求与干预。稍有不慎,往往导致巨大损失和不良影响。特别是在中国,由于长期受到计划经济和行政单位所有制的影响,以及社会服务体系总体上还不够成熟,学校不仅要对学生的学习、生活和安全负责,而且还得在相当程度上包揽全体教职员工的生老病死诸事。这不仅使大学行政管理人员职责纷繁,而且承担着难以控制的无限责任。所以有大学领导人说,自己是成天坐在火山上,不知哪一天会爆发,真是"祸在旦夕",自己掌握不了命运!

这样的大学如何治理?

首先当然要在育人上尽力做到"至善",在学术上努力求真,从而在文化传承创新的核心功能上做出成绩。在这方面,现在最普遍的见解就是实行教授治校,认为这是唯一正轨。这种见解认为教授是大学里最有学问,学术造诣最高,懂得如何传授知识、创造知识,因而对学生最有影响的人。实行民主办大学,就体现在"教授治校"上。教授怎么治校呢?在蔡元培执掌北大的时代,教授治校体现在由当时各科学长(相当于当今大学里学院的院长或学部主任)和从教授中选出的代表组成的"评议会",而校长是该"评议会"的议长。按照民国元年(1912年)蔡元培任教育总长时制定的《大学令》,"评议会"在教学和学术上具有立法和审议权,其职能大体相当于当今《高等教育法》规定的"学术委员会"。不过当时北大的"评议会"实际上是全校的决策咨询机构,所以蔡元培说:"这就是为许多人称道的北京大学'教授治校'制。"[①]当时在各学科(1919年后改为"学系")还设立了"教授会",选举系主任,负责本系教学工作,如课程设置、教材选用、学生成绩考核等。至于行政工作,则在校长之下设置了多种委员会,如图书、仪器、财政、总务等,其中也有不少教授参加。高校作为一种文化机构,要实行民主治理,"教授治校"确实是体现学术至上的做

---

① 蔡元培:《中国现代大学观念及教育趋向》(1925年4月3日),载高平叔编《蔡元培教育论著选》,人民教育出版社2011年,516页。

法。不过,那时候的北大规模很小,教职工和学生人数较少,社会关系相对简单。这种治理确实保证了大学的合理运行。

随着大学功能的增加和规模的扩大,以及与社会关系的日益复杂,对于"多元化的巨型大学",这种教授治校实际上已经难以实行。在欧美,连原来推行"学术自由、学术自治和学术独立"(academic freedom, academic autonomy, academic independence)的"3A原则"的哈佛大学也难以实行教授治校了。哈佛大学作为一所经费并不主要依赖政府的私立大学尚且如此,一般公立大学就可想而知了。而教授治校实在是贯彻这"3A原则"的重要保证。1984年我在美国科罗拉多大学博尔德校区访学时,恰逢该校校长辞职。他曾在该校《校报》上公开申明,他之所以要辞去校长职务,是因为该校是一所州立大学,他的主要工作是要跟州政府和州议会打交道,这种工作不仅非他所长,而且挤占了他的大量时间,使他难以成为一名真正的教育家,因而他要转到其他私立学校去工作,以便集中精力研究教育,做与教育相关的工作。我想,大概也正因为如此,后来继蔡元培任北大校长的蒋梦麟,在1930年提出了一个"教授治学,学生求学,职员治事,校长治校"各司其职的方针。从当时情况看,这就现实多了,多少体现了大学管理的专业化、科学化的方向。因为教授都以研究其本专业的学问为职志,真要治校,各方面的头绪太多、周旋太繁,教授们难以静下心来钻研学问,因而难有所发明和创造。而且,无论国家多么富裕,治理学校的首要任务恐怕还是要设法筹集资金,分配资源,否则教授和学生是难以获得理想的条件来治学和求学的。而由于教授们各专一门,每人都会强调自己所从事的学科的重要性,争着要资源,靠教授们群龙治水,恐怕会出现"三个和尚没水吃"的局面。校长的责任就是要体现高校举办者的意志,从大学定位出发区分轻重缓急,保证学校所有专业学科都能各得其所。"治校"的目的就是为了保证教授能安心治学,学生能勤奋求学。"治校"本质上是一种服务,既服务于大学举办者,更要服务于全体学生与教师。

当然,教师在其本门学科的"教研产(社会服务)"的过程中,对国家社会某方面的需求与相关的市场行情也许更为了解,所以通过"评议会"或"学术委员会"等机构来发挥教授的个体优势,凝聚群体力量,实行民主治校也完全必要。校长在贯彻其办校主旨时要充分尊重教授们的意见,发扬他们之所长,学术为上,群策群力。从这个意义上来说,也可称为"教授治校"。当下,有的高校为了在表面上保持一种"教授治校"的形象,实行学术问题完全由教授作主,书记、校长都不参与甚至不列席学术委员会。我认为这只是"作秀"。学校的各种机构都要体现举办者的意志。这样的学术委员会能保证贯彻举办者的意志、落实大学的定位、合理分配学校的资源吗?在这里,书记和校长的作用就是要秉持举办者的意志,根据办学定位,把握大方向。严格说来,在科学技术分野越来越细的今天,对某人的学术工作的意义、价值和水平的准确评价只能来自同行,甚至是狭隘的同行,学术委员会的评议并不准确。但是,尽管各种学科的科学范式不同,学者还是可以对评价的原则和方式等达成一致意见,由此通过一定的程序,确定某人、某项科研工作的某种资格、水平。这是学术委员会的责任。在这种情况下,只要书记、校长是以平等的态度来参与讨论,而不是以凌驾其上的姿态来指挥,他们的参与会使这种机构的工作更为合理,更符合定位要求,其决议更易得到贯彻执行。

《中华人民共和国高等教育法》规定:"国家举办的高等学校实行中国共产党高等学校基层委员会领导下的校长负责制。"这就在法律层面上明确了高校不实行"教授治校"制。但是,它同时规定了高校必须设立学术委员会,在学术上具有审议、评定等权力,从而体现了民主办校的精神。由于这种学术委员会(包括学位委员会)在特定的某个学术问题上还是外行多于内行,很难对一个学术问题进行准确的学术评价,所以"选优"很难,但"汰劣"的职责还是可以胜任的。20世纪90年代初期我参加的学位委员会曾淘汰过两篇博士论文。一篇论文题目为《论翻译文学》。作者仅阅读了20来本俄译汉的文学作品,且无众多参考文献,就敢于一般性地来讨论这样一个宽泛的题目,显然是不可能得出完整而准确的结论的。我们几乎全体一致决定让作者修改题目延期毕业。另一篇论文内容是有关用计算机处理地理环境的,题目有一定创新性,但所用计算机处理方法比较常规,而得出的环境科学结论则比较肤浅,反映作者对相关学科的掌握还不够深入,也要求他延期答辩,进一步完善论文。这两个例子说明,这种学术委员会,即使是外行,但按照制定的规则和程序,进行决策咨询和学术把关,也是能够发挥重要作用的。

当下为学校和社会所诟病的高校过分"行政化",主要表现在对大学的教学和学术事务,从课程设置、科研项目、教学评估……直到仪器采购、经费使用,过多地听命于自上而下的行政指令,以致基层学术人员疲于奔命,不胜其烦;而学校内部则往往有一些处在行政领导岗位上的学者利用其职务优势或行政权力谋取科研项目与经费、奖励与荣誉,乃至个人的利益,成为当下学术腐败现象的表现。这说明高校要真正做到"面向社会,自主办学",还有很长的一段路要走,而社会上以权谋私的现象已经广泛地侵入到了大学!

以上所述,是大学治理"中观"层面上的问题,而且主要是学术上的。随着大学功能的拓展,与国家社会发展的关系越来越密切,大学在争取科研项目、经费、重大科技设施,开发工艺技术和产品,接受政府或社会各类机构的决策咨询,争取社会捐赠等方面,都有众多的活动,并都设置了相应的机构。大学领导人成天与各类人等周旋。因此,在大学行政管理人员的国际会议上经常可以听到大学校长已经成为企业经理的议论,于是产生了高校治理到底应该是学院型(collegial)还是经理型(managerial)的争论。也就是说,大学从单纯的学术文化机构转型为"多元化的巨型大学"时,其治理方式也必然发生变化。

从这个意义上来说,我以为将大学行政管理人员区分为"政务官"和"事务官"两类是有必要的。"政务官"是大学举办者的代表,他把握方向,为贯彻办学宗旨、实现大学定位所要求的文化学术方针和目标而服务。在这样的大前提下,"事务官"则秉承举办者的意志,在政务官的领导下具体处理各种繁杂琐碎的事务,应对校内外的各种复杂关系。他们的工作应十分细致和周到。大体上,高校的书记、校长,各院系的正职领导人应该属于政务官范畴,而秘书长、教务长、总务长(或其相应职务的人员)等,以及学校职能部门领导人都是"事务官"。政务官可以由大学举办部门指派,或从教师中遴选,他们应有宽阔胸怀、远大见识和抱负,而且还要具有相当的学术造诣和鉴赏力。而事务官是专家型的,对其所管辖领域的业务充分熟悉,具有处理烦琐事务和应对突发事件的能力。具体到教务部门来说,就要对全校的学科分布、规模大小、力量强弱,以及它们与学校定位与社会发展是否匹配等做到心中有数,以便使学科建设措施有根有据;对教学计划、培养目标、课程设置、教学方式与教学内容、师资配备、各种教学环节的运用、学生成绩考核、转专业转系转学之处理、毕业学位之获得,以及相关的规章制度的制定修改,都胸有成竹;对于科研,则须详细掌握与外部环境、社会需求、提供项目和经费的单位等相关的信息。当然,这些事务也有不同职能部门之分工。总之,这里的要求是非常烦琐细致的,而且要分寸恰当地进行处理。比如,对于学生违规的处分,既不能讲人情,迁就姑息,也不能过于严峻,并且应尽可能给予出路(我们曾将一些学习成绩不合格而必须退学的学生,推荐到层次稍低的学校继续学习,结果这些学生学得不错①)。对教师学术

---

① 我个人有经验:一名学生在我校学习不好,三门功课不及格,按理应予退学。我们考虑到该生并非学习不用功,而是在北大"群雄争舞"的情况下自卑感严重,心理负担太重所致。我在一次会议上跟连云港的一位高校领导人谈起此事,说可否将此同学转到该校试读,承蒙答应。我们就将他改为转学,后来他在该校建立了学习信心,学得很不错。可惜在我国目前条件下,难以将这种办法制度化,虽然在1993年的教学研讨会上,我们也将它作为一种意见提了出来,却难以普遍落实。再如:当年物理系有一位学生,对物理课不大投入,也有课程考试不及格。而他对计算机极为热衷,竟解决了一个图像处理上极为复杂的难题,深得信息中心老师的赏识。我们就将他转到相关信息技术系科,结果也学得很出色。这就是"因材施教"的威力。教学制度绝不能一刀切,否则就会埋没人才!

不端行为的处理也应秉持同样的原则。例如,舆论曾曝光北大一位教师的论文有抄袭内容,闹得沸沸扬扬。我们仔细调查后得知,是国外获得学位的论文中有大段内容来自他本人以前发表的论文。此现象确实不符合学术规范,因为即使是重复使用自己已发表过的论述,也要加注和说明。我们征求了国外授予学位的学校的意见,他们表示授予学位无错,不应处理。我们指出了这位教师的错误,但顶住了舆论压力,并未做过于严厉的处理。所有这些问题,都要做仔细的调查研究,处理时宽严有度,切忌受外来影响。此外,处理一些事务还得讲究"及时"。学校里不少问题往往因"误时"而导致"误事"。比如,向某机构申报科研项目就曾因不及时而丧失大好机会。在教学上,还曾出现过教师因未及时审阅学生试卷而未上报该课成绩,当系主任下学期追问时,试卷竟被弄丢了。由此,也得到一大教训:系主任必须在学期末收齐所有课程的学生成绩。为了让新上任的系主任能明了必须及时处理的事,我们曾专门制定了一个"系主任工作日程",以使新上任的系主任心中有数,老主任也可随时参考。

总之,大学行政管理是极其细致的事,必须从大处着眼,小处着手,做到"事无巨细"。

不过"政务官"和"事务官"之区分也不是绝对的。有的政务官也不得不处理相当纷繁的具体事务。而有管理经验又有学养的事务官,在必要时也可升任为政务官。但是,如果说政务官在执掌大政方针之余还可以教点书、做点有关本专业的学问的话,那么,事务官由于日常事务太过繁杂,一般是难以抽身再去从事专业教学与研究的。我在从事行政管理工作之时,特别是参加过几次国际性大学行政管理人员的会议之后,是将自己定位为"事务官"的,所以将组织关系从系里转到了教务长办公室,此后一直落在那里。但是,由于我坚信自己的专业方向有朝一日国家必会发展,所以还竭力保持了一支队伍,做点力所能及的教学科研工作。结果是造成"脚踩两只船"欲进不前的状况,两头都做得不理想。

三、北大教师

评判一所大学的好或不好,大量学生在校及其毕业后的表现是重要标准,而要使学生在校及毕业后有优异表现,最根本的还是要依靠一大批教师。"所谓大学者,非谓有大楼之谓也,有大师之谓也。"梅贻琦说到点子上了。教师是名副其实的高级知识分子。能否为他们服务好,跟他们打好交道,和谐相处,充分调动他们的积极性,使他们与大学荣辱与共,协调发展,是高校管理中最重要的事。

20世纪末的20年,中国知识分子,尤其是高级知识分子,与当下的、新中国成立后出生的,甚至是"文革"后出生的("80后")的大学教师相比,有许多明显的特点。不过既然都是"知识分子",总还有一些共同的本质特征。2002年在北大召开的"知识分子与社会发展"学术讨论会上,赵宝煦教授在总结发言中说,"知识分子"的本质特征大体上有三方面:一是有社会良知,爱国,有社会责任感,忧国忧民,以天下为己任;二是有独立的人格,追求科学,不盲目跟着他人转;三是有自由思想,不唯上,不唯书,能创新[①]。他们大体分为两类:一类是新中国成立前大学毕业或新中国成立初从国外留学回来的,彼时一般都已超过60岁,行将退休。他们中身体健康、学有所成、一直被认作是骨干的仍在工作,起着承前启后的重要作用。另一类是新中国成立后或"文革"中毕业的,而"文革"中毕业的实际学习年限较短,一般都经过攻读"回炉班"或研究生等方式继续深造,达到原来文理科五六年学制毕业的水平,业务上可以胜任各种基础课和专业课的教

---

① 赵宝煦:《知识分子在社会发展中的作用》,载赵宝煦著《政治学与和谐社会》,北京大学出版社2009年,170页。

学。其中少数骨干在20世纪80年代至90年代初还到欧美日等的大学进修或访学过,个别的还获得了博士学位,能够开设学科前沿的课程、从事尖端科研。他们是教学、科研的中坚力量。这两类人的共同特点是经历过新旧社会,既见识过国民党统治时期的贪污腐败、各业萧条、通货膨胀、民不聊生,又经历了新中国成立初期的全面建设、百废俱兴、欣欣向荣,并感受到共产党干部吃苦耐劳、廉洁奉公的优秀品质。尽管有思想改造、阶级斗争,以及越来越频繁的政治运动冲击,尤其是"文化大革命"中许多荒谬绝伦的遭遇,甚至本人还受到过严重伤害,但他们中多数坚信这不过是前进过程中的挫折,并未对国家前途和前进方向丧失信心。所以"文革"之后,他们依旧勤勤恳恳、劲头十足,要在事业上有所作为,而在生活上却并无奢求。他们认同高等教育在"文革"前17年所走的道路,认为只要根据改革开放后的世界大势做点修补调整即可。所以在经济转型大潮中,学校内部对教育教学进行重大改革的动力不足。教师们往往以自己的成长模式作为参照系来"复制"学生。他们总是想:当年我就是这样学过来的;或那时候就是这样来教学生的,效果不错。以致社会舆论上曾有过这样的说法:大学是改革的最后一个堡垒。

当下有一种舆论,认为中国知识分子最无骨气,缺乏独立自由的精神,"士为知己者用",是"奴性"的表现,谄媚、依附于权势。他们好"窝里斗",互相整来整去,以至于整个知识分子群体完败,无一幸免。这种对知识分子的看法未免偏颇,过于苛责,不够公允。历次政治运动中,知识分子之所以总处于挨整的地位,根本原因还是中国知识分子以"爱国""克己"为首要的传统道德规范。他们看到新中国成立前后的鲜明对比,认为自己落后于形势,负有阶级出身的"原罪",因而自觉地"改造思想"。"学以致用""读书做官",以及视"爱国"等同于"忠君"的儒家思想,往往在某种程度上成为读书人遵守的"底线","独立"和"自由"等虽是科学的固有品格,却是外来的,在"爱国""克己"的知识分子传统道德规范面前,只好退居其次了。这是那一代中国知识分子的悲哀!

所以"爱国""克己","先天下之忧而忧,后天下之乐而乐",既是那一代知识分子的极大优点,却也反映了他们的不足,与真正的知识分子气概还有点距离。不过,仅凭这些优点就足以使他们在新时期奋发有为。20世纪80—90年代,在生活条件十分清苦的情况下,他们仍能保持孜孜不倦的钻研精神和谆谆善诱的教学态度,而改革开放后的清新空气也给了他们以发扬独立和自由精神的条件。那时,大学行政管理人员的职责就是要尽可能为教师在教学、科研和生活上创造更为方便、体面和多出成果的条件,使他们不要只满足于"安贫乐道",而能"安居乐业";还要激励他们在改革开放中更加独立和自由地去思考、去探索,开发出新的教学模式和方法,钻研出新的科学成果,开拓新的学科方向,将爱科学和爱祖国高度统一起来,为"科教兴国""科技强国"事业做出更大贡献!

为了发扬追求科学所必需的"独立之精神,自由之思想"(陈寅恪语),学校要特别尊重知识,尊重这批高级知识分子。学校的各种决策,尤其是涉及学科建设、教学科研等的决策,必须征求教师的意见,听取教师的建议,学校各类管理或行政的委员会应该有教师代表参与。

长期以来,北大以培养文、理基础学科的研究和教学人才为学校的基本定位。这种学科侧重对形成一所大学独特的氛围和风格具有重大影响。基础学科追求科学的终极真理,所用的武器是科学理性,对任何事物都要问:是什么?有什么?为什么?要求厘清概念,分析结构,论证因果,明确是非,追求规律。科学理性的前提就是独立和自由。在蔡元培掌校时就确立了北大以文、理两科为主干的学校定位(对此他后来有所修正,1949年新中国成立时,北大已有文、理、法、工、农、医六个学院,但文、理始终处于主导地位),崇尚科学理性,提出了"思想自由,兼容并包"的办学方针,而自由和包容就成为北大的一种传统,成为北大知识分子的显著特征。这固然是优点,但同时也会成为缺点。以至于后任校长蒋梦麟在1931年发表的《北大之精神》一文中说:"我们有了这两种的特点,因此而产生两种缺点。能容则泽宽而纪律弛;思想自由,则个性发达而群治弛。"这种强调独立、自由、包容和发展个性的风格对于北大的治理有时确实会成为障碍,以致蒋梦麟曾想"整饬纪律,发展群治,以补本校之不足"。不过之后因种种缘故,他的计划并未实现。

这种"不足"的第一种表现就是"清高",教师追求学术的高深而对行政管理不尊重。行政管理本来是学校提供的一种服务,其目的是提高教育教学质量,促进科研发展、学术繁荣。但是,知识分子的自尊心较强,如果职能部门的工作人员态度不够谦逊,作风还有点"衙门化",管理就很容易被认为是"管卡压",引起教师的反感,产生行政管理人员和教员之间的矛盾。上面第六章中已提到过,学者、教研人员看不起行政管理人员是绝大多数大学的通病,学者、教员总觉得行政管理人员在学校是多余的、碍事的。我国目前高校"行政化"比较严重,发生行政权力凌驾于学术权力之上的事司空见惯,所以某些行政管理人员似乎还显得"神气"一点。但是在我管事时的北大,出现问题时行政管理人员首先要放下架子、扪心自问,检讨哪儿还做得不周。前面提到过的物理系杨威生教授,在极其艰苦的条件下做出了原子力显微镜,用硬纸板拼凑搭起了"防震设备"。我们看了十分心酸,要他申请个科研课题,争取点经费,他却说:"我花不起那闲工夫。"确实,为了这点钱,今天写材料,明天汇报,后天评审,再来检查,科学家是不愿干这些事的。后来是系主任跟科研处商量,给他弄到了一笔经费,得以改善一点条件。然而,行政管理人员也难以就此得到某种感激或报偿。全世界各种科研论文和得奖演说中的"致谢"里,极少提到行政管理人员的辛劳,不落埋怨已是上好了。这就是一心只问学理事的"学者风度"。为学者、教员们创造理想的工作条件是我们行政管理人员的本分,我们不能因而心生怨恨,只能以"公仆"的态度更好地为他们服务。而同时,要想从这群学者、教员中遴选和动员一些人来担任院系或学术部门的领导职务也是相当困难的。

相关表现的另一种说法是北大人显得有点"狷狂","不食人间烟火"。申报项目、奖励是科研处的一大难事,总要几次三番催报才能收到一些申报材料,而且申报的等级往往偏低。这似乎符合竺可桢先生所提倡的"只问是非,不计利害"的科学精神。但正因为如此,在社会上,北大人也不大会"抱团取暖"。"内仗外打"的事屡有发生,在一些评奖或评审头衔的场合,北大人常会揭自己人之短,而扬他人之长。这看起来似乎很公正,但在当今社会里,却未免显得过于"迂腐",单位和个人"吃亏"也就在所难免了。当然,这种"学者风度"也并非都是坏事,北大人的这种正直有时也会获得一些社会赞誉,在一定情况下也会稳操胜券。

"不足"的第二种表现是"醒得早,起得晚"。知识分子总是胸怀全局的,虽然他们对学校的行政事务看不上眼,但对学校里发生的种种事情,会追问其是否应该发生,何以发生;还会对学校教学科研、社会服务与学生活动等各项工作提出许多意见和建议。由于他们经常在思考,因此,他们提出的意见往往是及时甚至是超前的。比如,早在开展文化素质教育工作之前,就有人提出校园景观应该有标牌说明,以体现大学的文化气息(原燕京大学校园中的花木都是挂有标牌的,标牌上还列有花木的拉丁文名,1952年我迁入北大后通过这些标牌知道了不少花木名称);北大应该将历史上或当前国内领先的科研成果在博物馆或公共场所陈列,以发扬科学精神,激励后人;校内的学术活动公告,应集中展示,以呈现学术氛围,方便人们参与;如此等等,不一而足。但结果常不了了之。"景观说明牌"经教务处副处长杨承运等人的努力,终于实现,结果却引起了无穷的争议,最后只好拆了许多,也是无果而终。所以人们说,北大人总是"醒得早,起得晚"。这一点,北大和邻居清华有很大不同。北大人做一件事总要问:应不应该?为什么要做?总要弄清是非,说明道理,却很少去想怎么做、是否可行。而清华人更多考虑如何做以及如何做好，注重事情的可行性。这可能就是文理基础学科与工程技术学科的不同吧！对此，清华出身、曾在北大担任了十年党委书记的任彦申在他的《从清华园到未名湖》一书中有精彩的描述。有一次李岚清副总理来北大，在谈话中他也说到，对知识分子的意见，一定要倾听，但不一定全照着办，一定要仔细考虑可行性，因为提意见的人可能想不到那么多。他的这种切身感受，非常符合北大人的情况。北大人就是想法多，至于能否办到，是否可行，就管不了那么多了。这种"不足"也与北大人多好"坐而论道"而比较缺乏"起而行道"，亦即"脱离实际"的状况有关。这在前面第七章讲到"兰州会议"后拜访甘肃省长时已提到，我们有些问题的研究不够"接地气"。我曾非常赞扬林毅夫教授为解决中国"三农问题"提出了"建设社会主义新农村"观念。但我想真正要解决"三农"问题，没有长期扎根农村从农民中汲取智慧是不成的。北大能出像潘文石教授那样长期扎根秦岭和广西崇左来研究熊猫和白头叶猴与中华白海豚的生态问题，并得出实实在在的结果的人还是太少了。"接地气""密切结合中国实际"还是努力方向！

至于第三种表现则是高傲，文人相轻，难以协作。当今大科学时代，学科的交叉综合、边缘重叠的现象给予创新千载难逢的机会。我的一个主要任务就是要组织若干个交叉学科的"研究中心"。这种"中心"由来自不同院系、研究所的人员组成，多的有十几个院系、研究所，少的也有两三个。将不同学科专业的人才汇聚起来共同研究一个特定的问题，其价值和意义就在于他们的视角不同，方法各异，可以互相取长补短，发挥各自优势，使问题迎刃而解。但是，这里遇到的最难解决的问题，就是不同专业人员之间缺乏共同语言，各学科专业语言不同、词汇各异。专业语言是各门学科的一种"范式"，专家们所"专"的就是各自的"行话"。"行话"有别，要这些操不同"行话"的人协调合作，很不容易。专家一般还都认为自己的学科最重要，不大看得起别的领域的人,更不肯轻易迁就他人。第二章第三节说到在组织石油天然气研究中心过程中关于"偏光显微镜"名称的"偏光"与"偏振"之争,就是这种情况的反映。以"包容"为原则的人现在却不能包容了!要是大家都说一样的话,有相同的见解,何必要合作呢!后来该中心人员以各自不同的专业知识(地质、无线电、数学等)发扬求同存异、取长补短的协作精神,从彼此合作中找到了共同语言,做出了优异成绩。但是,也有一些合作伙伴,就是同在一个院系,却往往由于研究领域不同而内耗不止,有的甚至不得不散伙。这是高校管理中一个需要巧妙处理的问题。

为办好大学,大学的领导人和管理工作者一方面必须依靠教授,依靠高级知识分子,虚心听取他们的意见和建议;另一方面,也要充分了解他们的优势和不足,不能盲目跟从。要高屋建瓴,掌握全局,明辨其建议、意见的可行性,这样才能行止有度,胸有成竹,顺利前进。对内部争吵,不必斤斤计较,动辄上纲上线,多数应息事宁人。

大学如此之大,不仅需要高级教研人才,各行业技术人员、能工巧匠,都是宝贝。我们相当长的一段时间忽视此事,对后者的培养锻炼和工作待遇关注不足。前面提到过的,如果没有像金瑞鑫、倪国杰、董石如、石志光、唐照亮、胡海帆等一批人,我们在教学科研上的成绩也会大打折扣。在这方面,我们的胸怀和见识,远不如老一辈科学家叶企孙、饶毓泰等人。

时代变了,这里所说的恐怕已经不能代表当今北大的师资状况了。由于经济转型,社会上的一些负面影响侵入高校,权力寻租、钱权交易的歪风在大学里也时有所见。独立、自由的精神正在褪色,而急功近利、浮躁虚夸、庸俗媚俗的风气已逐渐在高校蔓延。我们今天在审视传统、反思传统时更应珍惜传统,并发扬优良传统!

四、自由统一

我任教务长和副校长之后,曾多次到华中理工大学(后更名为"华中科技大学")开会。那时候华工前书记朱九思已经退下来了。他对华工建设发展的贡献很大,华工的一些老领导非常尊重他。他退下来后专心研究高等教育,写过很多文章,在中国高等教育界颇有名气。因为1964年北大社教运动建立的特殊关系,他跟我校前教务长、之后担任第一任高等教育研究所所长的汪永铨很熟,针对高教研究中的问题两人常有交流。他对我和北大的情况也十分熟悉①,我去华工时常拜访他,谈话中他曾几次语重心长地对我说,北大要统一思想,要有一个共同目标,这样才好凝聚人心。我将他的话铭记在心,并常常思考。他太了解北大了,这句话可以说是抓住了北大的"命门"。一些人不愿来北大工作,尤其是当领导,主要缘由就是北大太为世人瞩目,又是"是非之地",觉得北大内部意见多,分歧也多,很难取得统一认识。从反右派、"反右倾"、社教运动,直到"文化大革命",北大都闹得鸡犬不宁,四分五裂,北大工作之难做,从中可见一斑。这不仅是因为高级知识分子大多以追求科学为职志,崇尚独立、自由,好发表言论意见,人多言杂,众说纷纭,自由散漫,各行其是;而且还因为北大以文科著称,很多学科处于意识形态的风口浪尖,顶层领导十分关注,一不小心,就会酿成大事。而北大还有一批能"通天"的学者和干部,能量很大。一些领导人物插手,更将这个被称为"池深王八多"的地方搅得沉渣与污浊翻腾。此外还有一个原因,北大干部队伍中有不少"外来人",这与邻居清华颇为不同。"文革"前不少系一级的中层领导,例如系

---

① 关于朱九思跟北大和汪永铨与我的关系,详见第三章第一节中的社教遗事。

党总支书记,多为革命干部,他们对学科专业不太熟悉,却要担负起外行领导内行的责任。其中一些人受过一点高等教育,对高校情况有所了解,又能虚心学习,与知识分子打成一片,对北大建设发展做出了重要贡献。如动员我担任系总支副书记的无线电系前任总支书记谭继震,就是这样的人。但也有少数人,号称要为无产阶级占领文化阵地,斤斤计较个人地位,成事不足,败事有余。"文革"中打头一炮的"全国第一张马列主义大字报"的作者聂元梓就是这样的人。

在这样一个"庙小神灵大,池深王八多"的地方要大家"统一思想",谈何容易!

确实,这种"不统一"是明摆着的。当今全国高校都有校训、校歌,唯独北大阙如,就是一例(近几年,在集体场合,北大学生常常会唱起《燕园颂》,但要正式将其定为"校歌",似乎还需时日)。校园景观的说明牌之所以引起争议,就是因为北大现在所据为原燕京大学校址,一草一木多是燕京遗物,而燕京曾被说成是"帝国主义文化侵略"的产物,说明词中如提及"燕京"二字,就会有人抗议,说是"为帝国主义张目",乃至戴上"卖国"的帽子,争论不休,有人甚至因此而"告御状"。

但是,任何一个机构、单位,如果没有统一思想、共同目标,各自为政,大概是难以成事、事情也难有进展的,更谈不上取得辉煌成就了。而北大这样一个为国家和人民所瞩目的高等学府,果若一直处于此等状况,何以向祖国人民交代?所以朱九思对我所说的那句话真是发自肺腑、为北大着想的。

不过细想起来,北大其实还是有"统一"思想和意志的。比如,"科学、民主"作为北大所竖起的大旗,至今被视为共同珍宝。1998年北大百年校庆时确定的"爱国、进步、科学、民主"的北大传统,大体已是北大人的共识。至于蔡元培提倡的"思想自由,兼容并包"虽曾一度消声了,但今日终究成为《北京大学章程》所规定的"学术精神"了。有点讽刺意味的是,当下北大可公认为"统一"且引以自傲的独立自由和兼容并包精神,其后果恰恰是造成了"不统一"。这使北大陷于在统一的"不统一"中求"统一"的悖论中。

如何摆脱这种悖论?我认为应从以下几方面着手。

第一,领导人必须认清形势,有一根主心骨,要倾听各种意见,要周密考量,做到胸有成竹。例如,在前述北大建设目标的确定上,我们早在1986年就提出了建设世界一流大学的宏伟目标。当时提出来,是作为一个努力方向,用以凝聚人心,并未确定具体进程和细致要求。之后,尽管在是否必须冠以"社会主义"的定语上有过争议,且因受到上级干预而一度停止公开使用这个目标口号;但当时以及之后的历届领导都没有放弃这个目标,这表现在"211工程"建设规划和1994年制定的《北京大学改革与发展纲要》上。但在提出这个目标的当时,校内确有人议论纷纷,讽刺挖苦说:办学经费只有人家的百分之一左右,还想办世界一流大学,这是"妄想",是"说大话"。但是,当时及之后的领导不为所动,坚持此方向,并分阶段制定具体规划,做到逐步接近,以臻于成。

说到规划,我在IMUA的会议上多次听到外国同行这么说:70年代(指20世纪)人人都说要做规划,80年代人人都在定规划,90年代谁都忘了规划。这可能是实际情况。我们国家方方面面不知制定了多少规划,但是有多少规划曾经被认真落实和检查过?有多少后任领导人仔细研究过前任花了很大精力制定出来的规划?即使是规划制定者本人,恐怕几年后真正记得当年规划的具体内容的也不多。然而我并不认为制定规划全是在做"虚功"。制定规划的基本功能是使领导人能够摸清情况、通晓现状、明确目标、理清头绪和思路、确定方略,做到心中有数。所以规划不应是字面上、本子上的,而应在领导人的头脑里。这才有效!

第二,要提口号,又要慎提口号。一个机构、一个组织,要统一思想、凝聚人心,口号很重要。新中国成立以后,在各项政治运动和经济建设中,党和政府提出过大量口号,包括:"教育必须为无产阶级政治服务,必须同生产劳动相结合","鼓足干劲,力争上游,多快好省地建设社会主义","又红又专,做一颗永不生锈的螺丝钉",等等。口号言简意赅,方向明确,响亮易记,能凝聚人心,发挥激励作用。一条好的口号,可以统一认识,使群众朝着一个目标齐心合力去奋斗,是实现组织的共同目标的重要手段。但是口号也容易流于片面和简单化,往往会有抓住一点不及其余的毛病,而且由于过去口号提得太多太烂,有的还被实践证明是错误的。因此社会上,特别是北大知识分子,对口号和口号式的语言十分反感和厌烦。所以,要慎用口号或口号式的语言,要顺应民意,瞅准时机。有的口号,是由群众自己提出来的,很得人心,就要大力宣扬。比如,1981年3月,我国男排在比分落后的情况下,以5∶2顽强战胜韩国队,使我国体育得以"冲出亚洲,走向世界",消息传来,北大学生异常兴奋,自发组织游行,喊出了"团结起来,振兴中华"的激动人心的口号,成为改革开放鼓舞国人的"国家口号"。1987年,在党的十三大提出要实行"市场经济"之后,我们深感以前按计划体制培养学生的模式已经面临危机,迫切要求深化教育教学的改革。当时已经想到了后来所提的"十六字方针"。为了使大家易于接受而没有使用口号式的语言。对于"淡化专业",一开始将其表述为"拓宽专业面,淡化专业界限",只将其作为一种合理的指导思想或方针,而且没有将十六个字的四句话连贯起来,防止人们对口号厌烦。这样的表述显然没有后来的"十六字方针"醒目好记。但当时这样做反而易于为大家所接受,改革的阻力就小得多了。

　　第三,以时间求得共识。在各行其是的知识分子中,要求取统一的共识,难上加难。不过,既然大家都处于同一机构,具有共同的任务与职能,总能找到一致的目标和相差不多的道路。大学里学科专业众多,教师治学的思想、方法和"范式"不尽相同,因而对如何办好大学自然会有意见分歧,然而,都想"止于至善"、臻于完美却是一致的。由于总目标相同,分歧在一定程度上也可趋于一致。不过,这需要时间,需要等待;不能急于求成,强制执行。还是以上述"淡化专业"的方针为例。从"拓宽专业面,淡化专业界限"到简化为"淡化专业"四个字的过程中,我们遇到过强烈反对。有的教师说,我们专业教学科研水平国内领先,靠的就是专业课程教学质量高,教师在学科专业上研究能力强。专业淡化了,我们的优势到哪里去了?这不是自暴自弃么?我们说,"淡化专业"是对本科教学而言的,在加强基础之上淡化专业是为了使本科毕业生将来的深造与就业范围可以更宽。实际调查证明,我们的毕业生毕生后从事与所学专业相关的工作的不过三分之一左右,有必要让他们花很多时间进行很窄的专业培养吗?其次,现在研究生教育发达了,硕士生、博士生人数的比例大为提高,专业训练和研究能力的培养放在这个阶段不是更为有利吗?教师的学术造诣和研究能力可以在指导研究生上发挥,充分表现自己的水平!大约经过三年,到20世纪90年代初,就没有什么人再反对这个方针了。所以,可以用时间求得共识。这种等待是值得的,它会让人在平和的氛围中统一认识。

第四,要学会求同存异。要想所有人在所有问题上都取得一致意见,实在是奢求,能在大事上取得共识就很不错了。北大更是如此。在一些与学校运行无直接关系的问题上,大可不必斤斤计较,应允许模棱两可,允许有不同意见。党的十四大后,在市场经济冲击下,在"211工程"建设规划和在《北京大学改革与发展纲要》中,我们都提出过"面向社会、适应市场、发扬优势、增强活力、办出特色"的办学和改革方针。在后一文件中,为了不显得过于"口号式",在字面上做了一点模糊处理。当时所谓的"适应市场",无非是想在师生员工的生活待遇等方面,根据市场情况调整变动,否则不但吸引不来人才,还会导致人才流失。这对当时北大很有现实意义。可是,有人就是不同意"适应市场"的提法,将北大办科技公司之举归罪于学校引入了"市场"。至于"增强活力",不过是针对当年学校经费奇缺,想多开辟筹集经费的渠道而已,这都是彼时经济形势下所必要的。对此,我们在对具体运作不产生阻力的情况下,采取不置可否、也不解释的态度。

一些不同见解就在实践中逐渐化解了。"求同存异"更重要的是为了充分发挥所有师生员工的个体积极性,允许大家以不同的方式为学校建设和发展大业做出自己独特的贡献。

第五,以理服人,实事求是地解释处理。对于本科教育教学,我们每年都召开一次教学工作会议,还都有一个重点主题。而对科研和研究生工作,则一般隔一年开一次会议,广泛听取意见,讨论方针、政策和措施。在1988年、1993年,两次对教学改革的思想、理念进行了深入探讨。我们总是利用这些场合,以及针对某些专门问题所召开的干部会,对学校的一些方针措施进行详细的宣讲解释。我这个人不善言辞,但学校一些干部说,他们还比较喜欢听我的讲话,因为我总是就事论事,摆事实、说道理,从不讲空话、官话、套话,从不夸夸其谈、以势压人。对于存在的问题则要切实处理。比如,个别人曾以"适应市场"为名,将教学设施(如教室与体育场地)用来赚钱。这就要严肃处理,并根据实际情况制定规范,以正风气。这样,就可以防止有人故意歪曲学校方针政策,钻空子,营私舞弊,败坏学校的名声,助长歪风邪气。

第六,创造良好的环境和气氛,潜移默化地用正确的主张来统一思想、凝聚共识。办学目标、指导思想、方针政策、校风学风,要被广大的师生接受并践行,光靠少数领导人嘴说口讲还不够,需要动员校内一切资源来营造良好的环境和氛围。有时候,多讲反而会引起人的反感与厌烦,产生逆反心理。1986年,我们发现在商品经济的影响下,学生的学风浮躁,普遍不安心学习。在常委会上通过了"勤奋、严谨、求实、创新"的八字学风后,我们请书法家李志敏教授书写了遒劲醒目的八个大字放于大讲堂东墙下,在"三角地"学术橱窗和《校刊》题名补白处也刊登这几个字,在各种活动与集会场合展示这个学风要求。渐渐地就得到了群众公认,并以之要求自己,以至不少人甚至某些北大资深教授,将此八字误认为是北大的"校训",可见其给人印象至深。

因此，尽管北大知识分子崇尚独立、自由，以学理为圭臬，而学科众多，各有典范，难以在各种问题上取得一致认识；但是，只要尊重知识，尊重知识分子，不自以为是，又胸怀坦荡而有"主心骨"，做深入细致的工作，还是可以在主体上谋得共识，汇聚合力，使事业走上健步发展的康庄大道的。

五、此生无悔

回顾从1985年到1999年这20世纪最后的15个年头，我将主要精力奉献给了北京大学的建设、改革和发展。虽说这并非我主动的选择，却也符合我的心愿。在1983年我出国进修访学之前，我从我专业的发展中已深感从事一个实验科学的理科专业，在脱离工程技术学科支撑的情况下很难走到世界前沿，因而曾向学校建议将我校建设成"真正的综合大学"，而不仅是只有文理两科的、由院系调整之后所产生的"综合大学"。正如上面第十章第一节所说，曾主张"学为基本，术为支干"的蔡元培本人，在20世纪30年代已经改变了原有想法，认为大学不仅要设文、理、法、商、工、农、医、师范等"八院"，而且提议"使已有之大学或新成立之大学亦注重技术教育"。可见，院系调整将理工分家、文法拆开的做法之落伍。所以，我到学校从事行政管理工作后就抱着这样一个目标，一心想将北大恢复为理、工、文、法等学科结合在一起的新型综合大学。从这个角度说，我担任学校行政管理工作也有自觉自愿的成分。不过，我并未为此做好充分准备，出国访学是为我能在自己所从事的专业学科取得成绩而"充电"的。

建设新型综合大学当然不是一蹴而就的，而是渐进的。这里涉及许多内外部的条件准备。从外部说，当年希望国家教委批准成立"技术科学学院"尚不可得，更谈不上想建设新型工程科学。从内部看，冀图走基础—应用—技术—工程之路，也需要相当长的过程。这里不仅涉及工程技术学科的专业内容，而且牵涉到思想观念的转变。工程技术的目标是直接"为人"的，密切关注人与社会需求和市场供需情况。这与"只问是非，不计利害"的科学态度与精神有很大区别。此外，这种"建设"总是连带着需要规模的扩张和资源的保障。而这对于北大来说尤其要命。20世纪八九十年代，资金非常短缺，连维持日常运转都已经捉襟见肘，何谈扩展规模。所以历届领导人都一方面筹谋建设发展，另一方面却又总要强调控制规模，陷于自相矛盾之中。我的这种"宏图"，当然也非我的自作主张，至少从陆平任校长之时，已经展现出他的雄才大略：将物理系一分为四（物理系，原子能系——后更名为技术物理系，无线电电子学系和地球物理系），筹划了拥有5000多亩地的昌平十三陵的理科分校，并已建成了拥有建筑面积18000多平方米的教学大楼和50000多平方米的四栋学生宿舍的数学力学系园区。实际上就是要突破1952年院系调整后北大只有文理两科的格局。以后历任校长大概也都有此类愿景，只是日常运行事务已经让人焦头烂额，无暇顾及此奢望罢了。丁石孙校长任上，从科研着手谋划学校的"破局"。我秉承原定规划，大力发展交叉学科中心，而且顺应科技体制改革的有利形势，到处奔走，终于在我的任期里，北大从无到有，建立了15个国家级的重点或专业实验室和2个工程研究中心。它们对此后北大学科和科研格局的形成，是起了点铺路石作用的。这当然不是我的功劳，但我的确为此尽心尽力了，因而也为之自豪。当下，我们欣喜地看到，北大不仅有了医、工学科，而且还在筹组新农科，几代人的目标即将实现！

之后，我投入到教学改革上的精力更多些，这一方面是由于我看到经济体制改革以后，我校过去那种在计划体制下一切依赖于政府所形成的优势将会丧失，我们必须在人才培养、科学研究和社会服务中闯出一条自己的路来，由社会的评议和选择来确立自己在高等教育界的优越地位和领先水平。对此我深怀紧迫感和危机感，我总有一种感觉：北大人过于满足，缺乏朝气，对外界不屑一顾，有点坐井观天的味道，尤其是行政管理部门。为此，我鼓励教务管理部门向沪宁几所大学学习，提倡以"八字学风"和"十六字方针"深化教改、凝聚人心，以大学管理的国际经验来推动其专业化。在这个过程中，我也将自己投入进去。我深深感到，在大学管理中、在教育教学中，有许多深奥的学问可以探索、需要钻研。蜻蜓点水、浅尝辄止是不行的；拍脑袋，跟着感觉走，凭经验办事，更不足取，是会败事的。另一方面，是跟我的性格有关的。我做行政工作，开始主管理科科研；后任教务长，校长给我的任务也是先将北大科研搞上去。我为此做了不少组织工作，自认为使北大学者得到较多的科研项目与较好的工作条件是我的本分。但是，这些都需要跟校内校外方方面面的人物、跟政府各部门的人员打交道。而争取科研项目和经费，在某种程度上说就是"求人"。而这是我最不愿干，也羞于干的事。而为了学校的利益，为了保证我们的教师和学生们能顺利开展研究，我有时候不得不硬着头皮自己出面或跟着我们的一些学者到领导部门去做"说客"，有时难免还得说些大话，甚至吹点牛，以不知为知，说点违心话。这使我很不自在。1997年，国家教委科学技术委员会换届，科技司让我去兼一个副主任的职，还是"常务"，要定期到国家教委去"上班"（要求每周一次，我没有做到，甚至基本未去。科技委副主任人数较多，大都是两院院士，一般只是每年开会时有任务，平时工作不多）。这个工作我是硬着头皮干下来的。2002年换届时，我虽因年龄大而不能再当副主任了，但教育部仍要我继续任委员，我坚决辞去了。我觉得抓教育教学，着重于对"人"的研究，很有意思，大有干头。而从组织科研工作的经历中，我也学到了很多。比如，对不同学科的知识分子互相看不起、难以合作有了切身的体会，这实在是阻碍他们在学术上取得杰出成果的陋习。我曾写过一篇关于"教学"的随笔，曾提到"教学教学，所教是学"。就是说，学校里老师所教的应是让学生学会"学"；还写了一篇题为《进入21世纪的中国高等教育追求什么样的教育质量》的文章（收入《谈学论教集》），提出了要建立"两种态度，两种能力"的见解。这两种态度、两种能力，就是渴望追求知识的态度和主动获取知识的能力，尊重人与自然的态度和表达交流、待人接物的能力。只有如此，才算是学会了如何"学"。这后一种态度和能力就是我从组织交叉学科研究机构时所得的经验教训中总结出来的。

上面说过，我虽想将教育教学管理作为"专业"来做，但实际上还是"脚踩两只船"，欲进不前。这是因为我在做行政管理工作的同时，始终还惦念着自己所从事专业的教学科研工作。分心！我为什么不肯放弃自己的专业研究呢？因为我的研究方向非常窄，波谱学与量子电子学这个学科的研究方向已经很窄了，而我后来所从事的原子频标（通称"原子钟"）方向更窄，国内从事此项研究的团队也就十来个，我们的科研团队是国内最早出成果的单位之一。"文革"中，由于备战需要，该项研究曾经是国家重点，我们的专业在停止了一段时期（5年）工作后就迅速恢复了相关的教学与研究。但在20世纪80年代改革开放的大潮中，这项研究在国内却几乎全部中断。当时电子工业部鉴于我们曾经取得过一点成绩，有一些能力，在撤销项目的同时给我们一年2万元科研经费，以使这项研究得以苟延残喘。但这仅够买一个元件！而我从1983年出国访学一年多的经历中，意识到这是一门物理学前沿的学科。确实，从1989年起，相关研究每四年得一个诺贝尔奖，直至2005年，之后到2012年又得一个。我所访问的法国和美国大学研究所于1997年、2001年、2005年、2012年分别获得了诺贝尔物理奖。我以主访的研究单位和选定引为"导师"的学者后来（几年或十几年后）都得了诺贝尔奖而沾沾自喜（苏、法、美、德共四位，而我的研究生导师凭其科学成就也是应得的，可惜英年早逝，其所开创的研究方向的后继者得了诺贝尔奖），觉得自己的科学鉴赏眼力还不错！但是这种研究在20世纪最后20年内对国家的经济发展似乎没有什么帮助，对老百姓生活水平的提高不起作用，对小国弱国没有必要。而中国要想成为大国强国，则无此不成！当年全国十几个研究团队多已散伙,所剩者也是"奄奄一息"。在这种情况下,校长要我出来做点学校行政管理工作,我是抱着能为其他学者做点服务工作的愿望来做的。当时学系的领导也要我改行,做点热门的如光通信方面的研究,为此我也做了力所能及的工作。然而,我仍坚守自己的本行,坚信其终有出头之日。彼时有人直截了当讽刺我坚守本行是因为我没有接受科技新事物的能力。我直言,我现在是学校行政管理人员,做好职能部门的工作是我的本分,我确实无力再投入另一门对我说来是新的学科的研究。然而,我们这一行的科学研究在国际上进展飞速,我坚信它将来会很有用,是成为强国的必需!但如果当它真"有用"的时候我们却因没有事先准备而完全跟不上了,这样的"坚持"确实不过是"无能"的表现而已!所以,虽然只是"苟延残喘",我却还要不断跟踪国际前沿。由于我有在该研究方向的国际前沿研究单位访学的经历,跟他们保持着不断线的联系,并不时被邀参与了一些出席人数很少的国际前沿学术研讨会,还是一些系列国际会议程序委员会的成员,也使我能比较及时了解国际学术动态。20世纪90年代后期,国家开始重视这个前沿研究领域,我得到了一个自然科学基金重大项目的研究课题,并且在"激光冷却原子"(这是一个20世纪80年代才发展起来的新的物理研究领域,对于提高未来原子钟的性能具有突出效能,后来得过几次诺贝尔物理学奖。由于它所需要的设备比较庞大、技术复杂,当时实用原子钟还很少使用这种技术)研究上实现了几个国内"第一"(最早获得这种实验现象)。为此,我得经常跟研究生在实验室里熬夜。这对我这个大学管理的"事务官"而言,确实是勉为其难了。不过我们所做的只是跟踪国外的研究进展而已,真正属于"创新"的很少。所以,我的两条船都是摇而不前。

我从学校行政岗位上退下来之后,不久即被一些单位聘为"首席科学家"或"专家组长"之类。我似乎又回到我的本行了。有的单位还认为我这是个"美差",很想来争。甚至说,我们单位某某是院士,也是个行家,怎么不请他啊,我们推荐他!我的领导说,可以!请他也像王义遒那样,不参加任何相关科研项目,不在论文上署名,不拿科研经费,"裁判员不当运动员",我们照样请他。于是,就没有下文了。所以我的岗位是只有"评说权""参谋权",而没有"研究权"的。因此,我没有任何相关科研项目,没有任何科研成果,在相关文章上也找不到我的名字。我成了不做"科学"研究的"科学家"了(还是"首席"呢!)。不过,我确实也起了点作用。比如在一次会议上,为了使外行对我们这一行的重要性有所了解,冲口说出了一句"狂言":"在精确打击时代,原子钟比原子弹更重要!"此话一出,自知失言,因为这对不起为"两弹一星"而奋斗的无数科技人员。但是,一言既出,驷马难追,已经收不回来了,它在业内颇为流行。当然,这话也有点道理,因为原子弹杀伤力太大,一般是不会也不敢使用的,而原子钟是人们分秒也离不开的。我们日常所说的时间、时刻,溯源到头,都来自原子钟。现在通信技术发达,手机一刻也离不开身,而那些信号都是原子钟在控制着呢!可是全世界做原子钟研究的人寥寥无几,家里用不着放一台原子钟,关于时间的精确信息都可以从电信网络得到。现在,GPS满天飞,我们的"北斗"技术也跟上来了,而且做得更好。当下原子钟引领着几乎所有科技测量,凭它可以得到18位有效数字的量度。将来一切的量都可以而且应该用时间频率来计量。比如,长度已用时间来做单位了。多长算是1米?光走过299 792 458分之一秒的长度就是1米!测量长度通过测量时间来取得,听起来不可思议,世界就这样美妙地被时间统一了。全球做原子钟研究的人大概只占千万分之一,我是其中之一分子!所以,我不能置之不顾!

当1996年吴树青不再担任校长,由陈佳洱接任时,我自以为我这个副校长也应卸任了,因为我与吴校长同龄,只比他小半岁。国家教委主任朱开轩跟我谈话,要我继续留任,说是要"辅佐"陈校长一段时间。陈校长原来就是副校长,对学校情况一清二楚,用得着我来

"辅佐"吗？怎么还要我在吴校长卸任之后继续留任呢？而且，一年以前（1995年），我的一名业务上的得力助手王庆吉英年早逝，面对完成国家自然科学基金重大项目的实验困难和研究生培养任务，我感到心急如焚、心力交瘁，曾提出过辞去副校长职务，但未获批准。正好1996年"中法原子物理科学合作协议"年末期满，国内科研院所该去的人都已按协议去法国访问过了，业界说，剩下的一个3个月的访问计划是留给我的。于是，我利用这个难得的机会再次去法国，并顺便到德国相关单位做了学术考察。我想，回来以后就用不着再"辅佐"了。

这次学术考察回来后，许多日常工作确已由新任常务副校长迟惠生来主持了。对于诸如"百年校庆"这样的重要工作，我一概不插手。但与"211工程"和"985工程"相关的工作，名义上还要由我来抓，并且我继续任"常务副校长"！需要两个"常务"吗？所以我尽量只当参谋，只在"CALIS"、昌平校区和一些相关科技设施机构（核磁共振中心、以强场核磁成像设施为主体的生物医学交叉学科中心等）工作上花了些精力，还管了一点临时分配给我的事，如圆明园校区之类。我对北大扩张地盘特感兴趣，因为北大太缺地了。我曾极力主张贷款买下双榆树高压线下的上百亩地，终因彼时主管财务的副校长坚决反对"借债"而作罢。对此我一直耿耿于怀。陈佳洱校长要我主管昌平校区规划，当时文科一年级学生已搬至昌平校区，我拟再将理科低年级也搬过去，以增加"人气"，然后在那里逐渐开展某些学科专业的主体建设，再建造一批青年教师住宅，试图使之成为北大另一个主体。我还想，科学的基本问题的解决，总需要有一些大的科学工程设施来支撑（我参观过几个欧洲和美国的大科学工程），而有影响的大学应该掌管一些这类设施。这在海淀地区是根本不可能的，我寄希望于昌平校区。当时，北京高校中，中国化工大学、中国石油大学、中国政法大学诸大学都已在昌平建有较大规模的分校，昌平地方领导也将北大园作为当地科技开发区的主要项目。我甚至已经说动了物理系，准备将普通物理实验室迁移过去。可是当时（1998年）校内反对之声很强。而我即将离任，不能将难以收拾的摊子甩给别人，只好按兵不动，不做勉强之事。第二年，我退下来不久，那里就因一位女生被害而将全部学生撤回。此后，该地虽不能说是荒芜，但对北大确实是无足轻重了。我对昌平校区之所以情有独钟，还有个人因素——那里是我事业立基之地。1963年，我们无线电系的年轻人热烈响应陆平校长的号召，将主体搬到那里。我们专业的基业，主要是在那里开创出来的。我又热爱山水，工作之余，登山望水（那里离十三陵水库很近），心旷神怡。我认为这才是做学问的神圣之地！没有将昌平校区建设好成为我在北大工作的最大遗憾，而且总觉得有点对不住陆平校长的期望！

我退下来之后，本来是可以专心致志地从事本专业的工作的。尽管我不能参与原子钟的研究项目，但在当时的原子激光冷却的国际前沿领域，我还是可以进行深入研究的。在这一领域，我花了五年时间编写出版了一本有600多页的专著——《原子的激光冷却与陷俘》，它作为该领域的入门书，是许多科研院所的研究生们的必读书。国际出版机构"World Scientific"曾多次要求我将它译为英文，我因英文功底和时间精力不足而未能实现。我在此领域的创新工作很少，有点想法也未能在实验上实现（有两个想法由国外的研究机构实现了，但我并无贡献，不过英雄所见略同而已）。我和同事们合著、于1986年出版的《量子频标原理》，曾被誉为我国该领域的"奠基性著作"，科学出版社多次希望"再版"。我对原书的编写并不满意，且还有不少印刷错误，曾几度酝酿修订，但终因要阅读20多年来国际上有关该领域进展的大量文献，实属不易，不敢动手。虽然该书早已绝版，但该领域的工作者几乎人手一册，都是复印来的。我还翻译了法国原子物理学的一部巨著和两本教材，它们是建立在百年来世界原子物理学界深厚的研究底蕴和法国学派的独特理论根底之上的，又反映当前科学前沿，是我们中国人一时难以写出来的。我认为使国内年轻人了解一门学科发展的脉络很重要，它是实现创新的前提，我也愿意为此做一些自己力所能及的工作。另外，我虽也算得上在此专业领域的一个"公众人物"，却未能在学术上给同事和学生们带来更有利的工作机遇与条件，对北大贡献亦甚少，问心有愧。这些成了我在学科专业上难以弥补的遗憾！

这些都与我的性格弱点有关。有人说，性格决定人生，我深有体会。我总是抹不开面子，人家有求于我的，只要力所能及，总会答应。由于在兰州会议上的一个报告，我被选为之后成立的全国高等理科教育研究会理事长。我深感高校人文教育的薄弱，积极投入到大学生文化素质教育工作中，被教育部聘为这项工作教育指导委员会的副主任。1998年，教育部在高教学会下设立了一个高等学校教学研究会，我又被举为副理事长，并在同时成立的教育部教学研究中心中担任研究部主任的职务。这些职务都给我增添了不少日常事务。除了教育部科技委副主任工作之外，我还担任过研究生教育学会的学术委员会主任，后来还担任了一个教育部与国家自然科学基金委联合设置的关于"研究型大学"研究课题的负责人。2005年，教育部在酝酿制定我国"中长期教育规划"时，我还曾被聘为高等教育专家组的组长。这样，我当然就得对我国高等学校教育教学继续给予关注，实际上是延续了我在学校的任务。这自然也成为我终身事业的一部分。但是，比起那些专事高等教育学和高等教育管理的学者来，我自认为只是个"票友"，我与这舞台上真正的演员还有一定距离。我认为自己的工作称不上"研究"，因为作为专业研究，总要占有大量材料，进行定量分析、归纳，并做出一些假说，再经过仔细论证和实践检验。这些，我都没能亲身做到（只通过协作做到了一点点）。对高等教育学及高等教育管理学的一些问题，我曾试图通过与高教所的教师联合带研究生的办法，做一些专业研究（我没有带教育学研究生的"资格"），但北大高教所的导师，连研究生名额都不够分配，我能再增添他们的麻烦吗？所以我的绝大多数文章都是"单干"的，只能说是些"个人感悟",而不能说是严格的"研究"——尽管"感悟"也有一定意义和作用。不少世界高等教育名著其实就是著名大学主要领导人的办学经验、教训、总结、感悟。

从北大行政管理岗位退下来后,我自以为干得还比较满意的只有一件事。1999年我从学校行政管理岗位上退下来不久,教育部开展了高等学校教学评估的试点工作,先后任命我为南京大学和南开大学的评估专家组组长。我没有拘泥于各种报表数字,而是仔细考察了它们的发展历史,关键时刻和转折关头学校领导应对的指导思想和处理的方略与对策,以及著名学者的治学理念和见解对教学与研究的影响。我认为由此形成的教育与办学主旨、传统、优势和特色,对学校教育教学具有重要作用。我在总结中着重对此做了概括,两所学校的领导都觉得我讲得比较中肯,说自己是"身在此山中",而我能点到学校的"魂","还是外来和尚会念经"。所以此后相当长的时间里,我跟这两所学校的领导都保持着友好的关系。教育部听到反映,大概认为我做教学评估组组长还算比较成功,要我在教育行政学院的培训班上做了一次教学评估讲话,介绍我们的"经验"。我的讲话大概并没有令教育部满意,因为没有完全按照教育部的教学评估的套路来说。后来我的讲话整理成文发表了,做了不少修改,比较符合教育部的"套路"了。此后我参与这种事不多,记得一次是到内蒙古大学,任组长。内蒙古大学的校长说,是他们点名要我去的;另一次是到上海交大,清华的党委书记方惠坚任组长,我是副组长。在高等理科教育和文化素质教育方面,以及后来在大学文化方面,我也花了一些功夫,有一点影响。

如果说学校行政管理干部还要做到管理和专业教学研究"双肩挑",而且要两个肩膀同时挑两副担子,我是不合格的,挑不起来。我是两个肩膀轮着挑,一会儿挑这副,一会儿挑那副。所以我不能领先,只能殿后,能走到中间就非常满足了。这就是我对自己的要求和评价。我认为,要做个"事务官",就应当以此为"专业"。但我的处境又使我做不到。因此,我总是处在两难境地,这使我有点遗憾:一事无成。在科学研究上,我从来没有"独立"和"自由"过,我的专业研究都是服从于"任务"的。但是作为一个中国科学工作者,我无怨无悔,中国传统的知识分子是"士","士为知己者死",是依附于他人的。我的"知己者"就是我们的国家,我这个"时代"的国家![1] 在我作为"事务官"的事业上,我也没有取得所期望的成就。

不过,我从不后悔。因为我没有偷过懒,我一生尽力而为。我很欣慰,因为我被人所需要。今年我85岁了,十多年一直保持着"国航"金卡旅客的身份,也就是说,我一年坐飞机出差总有二三十次(要坐五六十趟飞机)。这是"两副担子"对我的"贡献"!还有人要我做个"参谋",还有学生愿意站着听我讲座,不但报以热烈掌声,还提出了刁钻问题,促我思考。这使我不觉得自己老,而感到幸福。我记住了我所服务的苏联专家柯诺瓦洛夫临别时在未名湖边对我说的话。他说他觉得自己在中国的一年是幸福的,因为他被中国人所需要。"为人所需要就是幸福",我记得他的话,现在我也有同感。当然这个"人"还要做个注解,起码是大写的"人"!

我不是"天才",也不是"地才",也许勉强可以说得上是个"人才"。人是各种各样的,有"高人",有"凡人",我只能算是个"中庸之人""中人",是"中国人",我所处时代的"中国人"。就这个材质而言,我实现了自我,因而也可以说是获得了"自由"!

---

[1] 详见王义遒,2012年9月20日在原子频标与冷原子物理学术报告会暨王义遒先生八十华诞庆祝会上的"答谢词",以《八十感言》为题详细摘载于《北京大学校报》2012年11月5日,1299期,四版。

后 记
POSTSCRIPT

终于写下了最后一个字,整整一年半的辛劳就要结束了。

一年半来,写写停停,有时候,两三个月不着一字。幸亏写前我根据自己的"效率手册"和"工作笔记"已经整理出了一个我15年北大行政管理工作的"要事日辑"。据此,我大体上拟订了一个以北大教育教学改革、转变和建设、发展的大事为线索的章节大纲。以史为序,以事为纲。但由于一件事前后拖延很久,时序颠倒、内容重复之处在所难免。而且由于记忆力衰退,写到后头忘了前头的情况时有发生,尽管在统稿时做了一些修正,但因格局已定,修补的印迹仍然明显。

既是"史",首先要保证事实正确无误。写这"史"我才知道做到这一点很不容易。"口述"的当然是自己亲历,并且印象深刻的事。但这样的事却并非全是真切的。有的事我自以为是"千真万确"地记住了的,对照文字记载和当时报刊旁证,却发现原来时间记错了,乃至因果关系都颠倒了。所以我就不敢"确信"自己的记忆了,凡事都得找个"旁证",其中最主要的就是王学珍、王效挺、黄文一、郭建荣主编的《北京大学纪事 1898—1997》(北京大学出版社 1998 年版)。没有这本书的帮助,我的回忆有时简直就难以为继了。其次是当年的《北京大学校报》。另外,好在我的工作笔记基本还保存着,所以绝大部分的"事",还是有根有据的。

北大的事,不少影响全国,有的还是带了头的。因此,我尽量做到详尽记录,这就不免显得啰嗦。比如有些数字,与北医合并时的各种谈话,我想,也许对想探究点"史"的后人,